巴黎评论
作家访谈 8

美国《巴黎评论》编辑部 编　　陈新宇 等 译

人民文学出版社

著作权合同登记号　图字 01－2024－3105
THE PARIS REVIEW INTERVIEWS Vol.8

Copyright © 2024 by THE PARIS REVIEW
This edition arranged with The Wylie Agency(UK) Ltd.
Simplified Chinese edition copyright © 2024 Shanghai 99 Readers' Culture Co., Ltd.
All rights reserved.

图书在版编目(CIP)数据

巴黎评论・作家访谈. 8 / 美国《巴黎评论》编辑部编；陈新宇等译. -- 北京 : 人民文学出版社，2024.
ISBN 978-7-02-018797-3
Ⅰ. K815. 6
中国国家版本馆 CIP 数据核字第 20248PR398 号

| 责任编辑 | 卜艳冰　骆玉龙 |
| 封面制作 | 钱　珺 |

出版发行	人民文学出版社
社　　址	北京市朝内大街 166 号
邮　　编	100705

| 印　　刷 | 上海盛通时代印刷有限公司 |
| 经　　销 | 全国新华书店等 |

字　　数	380 千字
开　　本	890 毫米×1240 毫米　1/32
印　　张	13.25
版　　次	2024 年 8 月北京第 1 版
印　　次	2024 年 8 月第 1 次印刷

| 书　　号 | 978-7-02-018797-3 |
| 定　　价 | 75.00 元 |

如有印装质量问题，请与本社图书销售中心调换。电话：010－65233595

the PARIS REVIEW
INTERVIEWS *vol. 8*

By the editors of *The Paris Review*

目 录

罗伯特·潘·沃伦（1957） 陈新宇 / 译 1

安东尼·伯吉斯（1973） 陈新宇 / 译 26

克里斯托弗·伊舍伍德（1974） 刘雅琼 / 译 63

琼·狄迪恩（1978） 龙荻 / 译 97

J.G. 巴拉德（1984） 胡凌云 / 译 115

詹姆斯·索特（1993） 雷韵 / 译 140

比利·怀尔德（1996） 李祎然 林逸超 / 译 177

马克·斯特兰德（1998） 李以亮 / 译 201

马丁·艾米斯（1998） 陈以侃 / 译 227

盖伊·特立斯（2009） 贝小戎 / 译 250

杰夫·戴尔（2013） 叶芽 / 译 282

阿莉·史密斯（2017） 刘慧宁 / 译 306

乔治·桑德斯（2019） 卢肖慧 / 译 332

劳伦斯·费林盖蒂（2019） 李以亮 / 译 364

恩里克·比拉-马塔斯（2020） 俞冰夏 / 译 388

罗伯特·潘·沃伦

◎陈新宇 / 译

这次采访是在拉尔夫·埃里森位于罗马美国学院的寓所里进行的。房间很舒适，到处都是书籍和图片。沃伦先生，可以说是一个眼中闪烁着光芒的金发男子。他坐在一张扶手椅上，手持录音机和笔记本的两位采访者则坐在直背椅上。埃里森夫人偶尔走进房间给大家添酒，冰碗叮咚作响。大家喝的都是法国茴香酒。

——拉尔夫·埃里森[①]、尤金·沃尔特，一九五七年

《巴黎评论》：首先，如果你同意的话，沃伦先生，我要提供一些你的生平细节，先给你一个"定位"……我相信你是一位罗德奖学金获得者[②]。

罗伯特·潘·沃伦：是的，从肯塔基申请的。

《巴黎评论》：肯塔基大学？

沃伦：不，我在范德比尔特大学[③]读书，但我是在肯塔基州获得的罗

[①] 本访谈与《巴黎评论》第八期所载拉尔夫·埃里森访谈具有内在联系。——原注（拉尔夫·埃里森访谈全文中译本见《巴黎评论·作家访谈6》。——编者注）
[②] 罗德奖学金是英国矿业大亨罗德在1902年设立的奖学金，为全世界精英学生前往牛津大学深造之用，是全球最难申请的奖学金之一。
[③] 私立大学，位于美国田纳西州纳什维尔。

LAETITIA

(To the audience, with the air of compulsively going over and over something, almost whispering.)

I made the settlement. They took me down.
I rolled my head on the pillow, and I tried to pray.
Oh, God, even if You're God, and made the world,
And take a mind, with one big huff-and-puff
Could blow the moon and stars off, down the sky,
Like a boy blowing dandelion fuzz -- oh, God,
Even if You're God, even God hasn't got the right
To keep me from knowing the reason things happen to me.
If I don't know that, then I'm nothing, and God, all I want
Is a name to name it, and not be nothing, just nothing, God.

WRITER

So all you demand is definition, too,
Just like poor Lilburn. Well, now would you hate him less
If you thought that he, like you --

LAETITIA

Oh, I don't hate him!
Oh, he could be sweet, so sweet. Once we walked in the woods,
'Twas fall, and the sunshine bright, and the trees bright-colored,
And one big sweet-gum golder than the sun.
You know how a sweet-gum is, the leaves like stars.
He cut a branch and held it in his hand.
Then, "Stop!" he said --

LILBURN

(Suddenly appearing with a sweet-gum bough of gold, star-shaped leaves)

Stop! ah, Tishie, dear Tishie --
Your hair's all gold, Laetitia, gold, and now --

(He begins putting gold leaves in her hair, like a coronal.)

The stars are in it gold -- I put them there!

(Standing back to admire his work)

Oh, Tishie, you're an angel from the sky.

(He stares at her a moment, silently, then steps abruptly to her side, seizes her wrist, leans at her and speaks in an intense whisper.)

罗伯特·潘·沃伦正在写作的一部诗剧中的一页。该诗剧取材自他的叙事诗《与龙为伍》。

德奖学金。

《巴黎评论》：你当时在写作吗？

沃伦：正如我现在一样，试着写。

《巴黎评论》：你是在大学里开始写作的吗？

沃伦：我上大学时对写作没有兴趣。我只喜欢阅读……哦，你知道，就是诗歌和一般的小说……我的抱负是纯科学，但大一时糟糕的化学课和精彩的英文课很快就把我这毛病治好了。

《巴黎评论》：哪些作品对你来说特别有意义？哪些书……嗯，为你打开了大门？

沃伦：好吧，我马上想到了几本书。首先，六岁的时候，准确地说，是当他们为我念这本书的时候，我觉得《桥上的豪拉提乌斯》[1]非常宏伟。

《巴黎评论》：其他的呢？

沃伦：还有《他们如何将好消息从艾克斯带到根特》[2]（大约九岁时读的）。我认为这几乎是人类成就的高峰。我不知道是纵马疾驰还是这首诗本身给我留下了深刻印象。我无法区分这两者，但我知道这里面一定有什么了不起的东西……然后是《利西达斯》[3]。

《巴黎评论》：你当时多大年纪？

沃伦：大概十三岁吧。到那时我已知道，重要的不是诗歌里写了什么，而是诗歌本身。我已经上升到了另一层境界。

---

[1] *Horatius at the Bridge*，英国诗人托马斯·巴宾顿·麦考利发表于1842年的一首长诗。豪拉提乌斯是古罗马的独眼英雄。

[2] 此处沃伦记忆有误，原诗标题应为《他们如何将好消息从根特带到艾克斯》(*How they Brought the Good News from Ghent to Aix*)，是罗伯特·勃朗宁讲述骑手送信经历的一首长诗。

[3] *Lycidas*，约翰·弥尔顿创作于1637年的一首田园挽歌。

《巴黎评论》：那可是一条重要的界线。散文作品呢？

沃伦：后来我发现了巴克尔的《文明史》①。你读过巴克尔的书吗？

《巴黎评论》：当然读过，还有莫特利的《荷兰共和国的崛起》②。大多数南方人的书架上都有这本书。

沃伦：还有普雷斯科特③……还有《俄勒冈小径》④总是盘旋在某处。巴克尔让我感兴趣的是，他对一切都有一个宏大的答案：地理。历史总是靠地理来解释的。读了巴克尔的书后，我可以解释一切。这让我比其他孩子厉害多了，他们没有读过巴克尔。我知道一切问题的答案。巴克尔是我的马克思。也就是说，他给你一个适用于任何事情的答案，而且绝对肯定。在我十三岁那年（不管我那时到底多大吧）接触到巴克尔和他的唯一答案体系之后，当马克思和大萧条冲击我和我的工作时，我对马克思和他的唯一答案体系有了一定的免疫力，那时我大约二十五岁。我对马克思的看法并不轻率。但是当我在一九三〇年开始听到一些朋友们谈论他时，我想，"又是这一套，伙计们"。我此前已经掌握了通往宇宙的钥匙：巴克尔。而在这一过程中，我已经失去了这个理念，即永远只有一把钥匙。

但是，再说回书架上的书吧，莫特利、普雷斯科特和帕克曼，现在写的大多数历史作品与他们的书相比简直没法读，可笑吧？

《巴黎评论》：嗯，还有塞缪尔·艾略特·莫里森⑤。

---

① 亨利·托马斯·巴克尔（Henry Thomas Buckle，1821—1862），英国历史学家，著有《文明史》一书（未完成），被誉为"科学史之父"。
② 约翰·洛斯洛普·莫特利（John Lothrop Motley，1814—1877），美国作家、外交家。三卷本《荷兰共和国的崛起》是其最著名的作品，另著有四卷本《荷兰史》。
③ 威廉·H. 普雷斯科特（William H. Prescott，1796—1859），美国历史学家，代表作有《墨西哥征服史》《秘鲁征服史》等。
④ 全名为《俄勒冈小径：大草原与落基山脉生活速写》，是美国历史学家弗朗西斯·帕克曼出版于1849年的一本游记。
⑤ 塞缪尔·艾略特·莫里森（Samuel Eliot Morison，1887—1976），美国海军历史学家，曾凭借传记作品《哥伦布传》《一位水手的传记》两度获得普利策奖。

沃伦：是的，一位优秀的作家。另一位是 C. 范恩·伍德沃德①，他写得确实很好。还有布鲁斯·卡顿②。但卡顿也许不算，他不是一位专业的历史学家。如果他想写一本关于历史的书，那肯定会是好历史、好文笔，没有任何研究生院能够阻止他。

《巴黎评论》：你很小就受到历史写作的影响，这真有意思。你在作品中如何运用历史，一直很吸引人，比如《夜行者》(*Night Rider*) 一书就这样。

沃伦：哦，这不是一部历史小说。那些事情发生在我小时候。我记得肯塔基州宣布军事管制的时候，军队开了进来。当我写这部小说时，我可没有把它当成历史。首先，它所描述的那个世界在某种意义上仍然存在。你仍然可以和那些曾经经历此事的老人交谈。我记得，一九三〇年代，我去见肯塔基州的一位法官，他当时已经很老了，为人正直，声誉卓著。他经历了那个时期，而且众所周知，他也被卷入其中。他的父亲以前以种植烟草为生。他谈起肯塔基州的那个时期时说："好吧，我不会说谁参与了、谁没有参与，但我会观察一下，我发现，那些反对烟草公平价格的人的儿子最后不是私酒贩子就是捐客。"他是那种老派人，对他来说，贩卖私酒和当捐客没什么区别。这样的人在三十年前看起来一点也不"历史"，而现在看起来就像长毛象的一根大腿骨。

《巴黎评论》：看来很清楚了，你不写"历史"小说，因为它们总是关注紧迫的问题，但是历史意识似乎是你作品的核心。

沃伦：我觉得我写的不是历史小说。我试着寻找那些能让我关注的故

---

① C. 范恩·伍德沃德（C. Vann Woodward, 1908—1999），美国历史学家，主要关注美国南部种族关系。
② 布鲁斯·卡顿（Bruce Catton, 1899—1978），美国作家、历史学家，主要研究南北战争。1916 年，卡顿就读于欧柏林学院，由于"一战"爆发，他没有拿到学位就辍学参军了。退役后，卡顿曾两次试图完成学业，都因工作而未能如愿。1956 年，欧柏林学院授予他荣誉学位。

事,这些故事中的问题似乎以一种比它们通常更为纯粹的形式展现出来。

《巴黎评论》:一种清晰的时事性话题?

沃伦:我在三十年代写了两部未发表的小说。《夜行者》是我童年的世界。《在天堂门口》(*At Heaven's Gate*)是当代的。我出版的第三部作品《国王的人马》是我所见识过的世界。所有的故事都是当代的。我现在正在写的小说,以及我计划中的两部小说,都是当代的。

《巴黎评论》:《与龙为伍》(*Brother to Dragons*)就设定在过去。

沃伦:它有历史背景,但这并不是一种背离。它只是以一种更具神话的形式处理问题。我讨厌古装小说,但也许我写了一些而不自知!我对美国的历史物件有一种浪漫的兴趣:马鞍、鞋子、修辞格、步枪,等等。它们价值连城。帮你聚焦。美国历史有一种非同寻常的浪漫。只能用一个词来形容它:我行我素。你知道,祖父们、曾祖父们怀有这样的想法:他们的生活和他们的决定是重要的;他们走南闯北的这种生活是重要的;这样生活下去是一个男人的责任。

《巴黎评论》:基于这一点,你是否觉得有一些主题是美国经验必不可少的,尽管某一特定时期的整体写作可能忽略或回避了它们?

沃伦:首先,不需要系统地思考,不需要花上一周的时间祈祷,脑海中浮现的第一件事就是美国是建立在一个巨大的承诺之上的——一个伟大的承诺:《独立宣言》……当你必须在这个承诺的指引下生活,特别是当你要赚钱,要出人头地,要打开世界市场,完成各种任务,抚养孩子等等时,那可不得了。美国一直是一七七六年写在纸上的自我定义的那副模样,这就像在美国形而上学的马鞍下放了一根刺——你看,马鞍偶尔会跳动,刺就会偶尔扎一下。美国经验中还有另一件事,形成了一种奇特的抽象概念。我们突然不得不在一夜之间定义自己和我们所代表的东西。没有其他国家有过这种经历。只有一个人做到了。托马斯·杰斐逊,一位高瞻远瞩的人。当然,你可能会说,他是滞留在大陆边缘、背靠荒野的一百多万人的代言人,这个说法有一定道理。但总得有人提出这个概念——事实上,不管这个制定背景有多复杂,反正它一夜之间就制定出来了——而且我们从那时起就一直坚守着它。它所用的字眼就是——"自由和平等"。你知道波兰作家亚当·古罗夫斯基(Adam Gurowski)吗?他出身于一个地位显赫的波兰家庭,来到华盛顿担任公务员。他自称是间谍,暗中观察美国的民主。如果我没记错的话,一八五七年他出版了《美国》[①]一书,他在书中说道,美国在世界各国中独一无二,因为其他国家因地理或种族原因偶然形成,只有美国是基于一种理念而建国。在美国国庆日上宣扬这一理念颇有喜剧意味,但其背后则是"信必得救"的庄严理念。抽象的东西有时会变得具体,这是美国体验的一部分,也是美国问题的一部分——观念与事实、文字与肉体之间的差距。

《巴黎评论》:那么历史时间呢?美国在这么短的时间内发生了这么多事情。

沃伦:糟糕的是太多东西压缩在其中。美国生活在两种时间之中,一是自然时间,一是历史。最后一位领取养老金的一八一二年战争军人遗孀几年前刚刚去世。当最后一场针对印第安人的全面战斗——我想是配有火炮的几个团的正规军——打响时,我父亲已经到了可以投票的年龄。

《巴黎评论》:从一开始,你的作品就非常明确地关注道德判断,甚至是在许多美国小说只以一九三〇年代的"无产阶级"和"社会现实主义"小说的狭隘方式关注道德问题的那个历史时期。

沃伦:我想我应该说,在《夜行者》和我接下来的那部小说《在天堂的门口》的背后,不仅有那个时期许多事件的阴影,还有那个时期的小说的阴影。我现在比当时更清楚这一事实。当然,只有白痴才不知道他在

[①] 完整书名应为《美国与欧洲》(*America and Europe*)。

《夜行者》或《在天堂门口》中想写一部某种意义上有关"社会正义"的小说。我想，在某种摸索的过程中，我意识到要找到故事的戏剧冲突点，这一点与当时一些小说的戏剧冲突点有些不同，也更深刻。我想强调的是，我是在摸索，而不是按照计划和已经达成的信念去写作。你开始写作时，并不知道最终你想写什么。你试图通过写作找到它们。你摆弄这些东西，希望它们有意义，不管是什么样的意义。

《巴黎评论》：至少你可以说，身为一个南方人，你对某些问题更为敏感。我猜想，无论你有什么样的审美兴趣或其他关注，你都无法忘记美国社会现实的复杂性。

沃伦：当我开始写小说时，除了南方生活，我从未想过我还能写什么别的东西。我从来没有想过我还知道其他事情。所谓"知道"，也就是知道得足够多，多到可以写下来。没有别的什么东西还能让你不得安宁，激起你的想象力。但是我很晚才开始摸索着写小说。这一点我必须自己说明。当时，也就是读大学期间，我对小说一直没什么兴趣。我读诗歌读得昏天黑地，伊丽莎白时代的诗歌和现代诗歌，叶芝、哈代、艾略特、哈特·克兰。我没有看到我周围的世界——也就是说，没有以与小说直接有关的眼光去看待这个世界。让我永远感到羞愧的是，当时斯科普斯审判[①]就在离我几英里的地方进行，我甚至懒得去看。我满脑子都是约翰·福特[②]、约翰·韦伯斯特[③]、威廉·布莱克和T.S.艾略特。如果我想写关于南方的小说，我应该在田纳西州的代顿安营扎寨，而且应该像新闻工作者那样到处走动。可惜伊丽莎白时代的人让我未能参与其中。至于开始写小

[①] 斯科普斯审判（The Scopes Trial），俗称"猴子审判"（Monkey Trial）。1925年7月，美国田纳西州高中教师斯科普斯被指控违反了该州的《巴特勒法案》，该法案规定教师在任何由州政府资助的学校教授人类进化论均属非法。案件在田纳西州代顿市审理，斯科普斯被判有罪，罚款一百美元，但判决因技术问题被推翻。这场审判在当年轰动全美。
[②] 约翰·福特（John Ford，1586—约1639），英国剧作家、诗人，代表作为悲剧《可惜她是个娼妇》。
[③] 约翰·韦伯斯特（John Webster，约1578—约1632），英国剧作家，以悲剧《白魔鬼》和《马尔菲公爵夫人》闻名。

说的原因，完全是偶然。一九三〇年春天，我在牛津大学读研究生。我想当时我是想家了，但我自己并没意识到。保罗·罗森菲尔德当时正在与范·维克·布鲁克斯、刘易斯·芒福德一起编辑旧版《美国文学年鉴》，他写信问我何不试着为他们写一部长篇小说。有一天晚上，他很有耐心地听我吹嘘儿时的夜行故事。所以，牛津大学和思乡之情，或者至少是回望故乡，以及保罗·罗森菲尔德，这些因素加在一起，让我写出了《顶级烟叶》（*Prime Leaf*），一个中篇小说，后来收录在《美国文学年鉴》里，再后来成了《夜行者》的雏形。我记得我把学业抛到一边来写这个东西，并发现写小说真是一种享受。这是一种看待事物的新方式，我满脑子都是肯塔基州和田纳西州各种事物的样子，就像回到了十二岁那年去钓鱼等种种情境。那是一种自由和兴奋的感觉。

《巴黎评论》：当你开始写作时，在技巧上和主题上，你和你圈子里的人有什么共同关注点吗？

沃伦：我想你指的是在纳什维尔被称为逃逸派[①]的诗人们——艾伦·泰特、约翰·克罗·兰色姆[②]、唐纳德·戴维森、梅里尔·摩尔[③]这些人？

《巴黎评论》：是的。

沃伦：嗯，从某种意义上说，我不知道这个圈子里的人彼此之间有什么共同之处。我想，认为逃逸派诗人背后有一个系统性计划是大错特错了，根本没有这回事，而且成员们的气质、彼此的美学理论都存在着深刻的差异。他们是由地理和诗歌维系在一起的，因为他们都住在纳什维尔，

[①] 逃逸派诗人（the Fugitive Poets），由位于田纳西州纳什维尔的范德比尔特大学的一群诗人和文学家组成，他们在1922年至1925年期间出版了一本名为《逃逸者》的文学杂志，该团体由此得名。
[②] 约翰·克罗·兰色姆（John Crowe Ransom，1888—1974），美国教育家、文学评论家、诗人、散文家和编辑。他被认为是新批评派文学批评的创始人。
[③] 梅里尔·摩尔（Merrill Moore，1903—1957），美国诗人、精神病医师，著有诗集《时代的噪音》等。

而且又都对诗歌感兴趣。有些人是教授,有些人经商,有一个是银行家,还有几个是学生。他们非正式地聚会,争论哲学问题,互相阅读各自写的诗。对他们中的一些人来说,相对于他们关注的东西而言,这些兴趣只是附带品罢了。而对另外几个人来说,比如泰特,则要么诗歌,要么死亡。他们的活动并不是什么"学派"也不是什么"计划"。相互的尊重和共同的兴趣,这就是他们在一起的原因,此外乡下闭塞也是原因之一。

《巴黎评论》:你与他们在技巧或主题上是否有共同之处?

沃伦:你看,这个答案不适用于这个群体。但非常重要的是,这个团体教会了我很多东西。我通过他们认识了一些作家,阅读了一些诗歌和书籍。我见识到有活力、范围广泛的谈话和辩论。我听到了关于技巧的讨论,技巧被视为表达的手段。但最最重要的是,我感觉到诗歌是一种重要的活动,它与思想和生活有关。我很晚才加入这个团体。我是胆怯的,我想,我也是怀有敬畏的。我他妈就应该是这样。总之,在那些日子里,我们几乎很少讨论小说。然而,没过多久,这些人当中有几个人,确实以一种非常具体的方式让我了解到文学如何与地域和历史相关。

《巴黎评论》:你思考了二十年代以前南方人的写作,这非常引人注目。有人认为,当时南方很少有作家像今天的作家这样有才华、有能力,或者有信心。尽管它有具体的区域性,仍让我们感到这是一个非常美国的文化现象。你会认为这是发生在比如说十九世纪三十年代新英格兰地区的情况的一次再现吗?

沃伦:是的,我确实看到南北战争前的新英格兰和第一次世界大战后至今的南方之间有某些相似之处。对一个几乎封闭和静止的社会产生"冲击"或"文化冲击"是个旧观念,你知道,在文艺复兴时期的意大利或伊丽莎白时代的英国发生过更大规模的冲击。一九一八年以后,现代工业世界冲击着南方,开始了各种发酵,有好有坏。至于具体到作家个人,那个时期的作家几乎都在南方以外的地方有过一些重要经历,然后又回到南方——他们的经历中连续性和断裂性兼而有之——一种参差不齐的特质。但除了一般文化上的冲击或个人冲击外，南方还受到一种道德冲击，一种从种族状况中产生的紧张关系。这种道德上的张力一直存在，但在一九二〇年之后，有了新的、恶化的趋势。首先，黑人日益增长的自我意识为扩大经济和文化视野提供了可能性。其后果是，南方人的忠诚和虔敬——请注意，这是真正的价值观——有时会与他的宗教观和道德感相对立，而这二者也同样是真正的价值观。在我看来，几乎所有重要的想象力无不来自这种冲击、这种失衡，这种"再活一次"和重新定义生活的需要。

《巴黎评论》：在我们看来，你自己的作品，从《我将坚持我的立场》①到小说再到《隔离》（*Segregation*），有一个令人兴奋的螺旋式的重新定义过程。这些作品似乎标志着与过去斗争的不同阶段。在第一部作品中，观点似乎是正统的和未被解构的。怎么说呢？近年来，你的作品变得更加激烈，并带有个人忏悔的成分，这种忏悔太明确了，比如，人们甚至有意将《隔离》和《与龙为伍》两本书视为同一态度的两个方面。

沃伦：你们在这里向我抛出了几个不同的东西。让我试着把它们整理一下。首先，你们提到了一九三〇年有关南方农村的书《我将坚持我的立场》，然后又提到了我最近写的一本小书《隔离》。我在《我将坚持我的立场》中的文章是关于南方黑人的，它是对种族隔离的一种辩护。如果我没记错，从一九三〇年起我就没有再读过那篇文章，我已记不太清里面写了些什么。但我确实非常清楚地记得写作它时的背景。我在牛津写这篇文章的时候，也正是我开始写小说的时候——这两件事是有联系的——从遥远的地方回望故乡。我记得写这篇文章时的琐碎和纠结，以及文章中的某种

---

① 全名为《我将坚持我的立场：南方与农业传统》，是一本专题论文集，收录了包括沃伦在内的十二位南方"重农学派"作家的文章。他们表达了捍卫个人主义的理念，反对北方的科学技术和工业文明对南方的侵蚀，留恋农业社会、往昔的田园生活和古老的传统美德。此书引发了关于历史、文学、种族、性别和地区认同的争论。

不适,我想还有写这篇文章时的某种逃避感,与写中篇小说《顶级烟叶》时的自由感、看到新鲜事物的感觉、度假的感觉以及我内心深处的激荡形成了鲜明对比。在这篇文章中,我想力图证明什么,而在那部中篇小说中,我试图发现一些东西,看到一些东西,感受一些东西——存在。不要误解我的意思。客观地讲,天底下没有一种力量可以改变一九二九年的种族隔离制度——南方没有准备好,北方没有准备好,黑人也没有准备好。如果我没有记错的话,法院也刚刚重申了隔离制度。不,我说的不是客观事实,而是与客观事实有关的主观事实,鄙人的。并不是南方以外的地方让我改变了看法,我是回到家乡以后才改变的。没过多久,我意识到我根本不可能再写那种文章。我想是尝试写小说让我认识到这一点的。如果你真的想写小说,你就不会允许自己像写散文那样逃避。但有些人看不懂小说。一位评论家——专业批评人士——说《一群天使》(Band of Angels)是对种植园制度的道歉。这部小说既非道歉亦非攻击。它只是想就某些事情说点什么。但是,天啊,你必须为某些人,特别是某类职业的"正义卫士"阐明这一点,他们以坚持正确思想和欣赏自己的道德中心为职业。好吧,这已经偏离正题了。你们还问了我什么问题?

《巴黎评论》:你是否认为,每本书都标志着通过与过去的斗争来重新定义现实?标志着从传统到高度个人化的现实的发展?标志着一种忏悔?

沃伦:我从未想过要与过去做斗争。我想我更多的是在寻找对我们有价值的东西,寻找我们中间的、穿过我们的那种连续性。我现在说的是具体的南方的过去。至于战斗,我想真正的战斗总是与你自己的战斗,南方人或其他任何人都一样。你一场接一场地打仗,尽你所能。可能有一些模式,不管这些模式是什么,它们无法提前规划,它们发展成那种非常基本的模式,我是说,那种你生活于其中的模式。至于忏悔,我没有想过,但我确实知道,在过去十多年间,我个人与写作的关系发生了一些变化。我从未费心去定义这种变化。我有几年放弃了写诗,也就是说,我先开始写诗,写了很多,然后觉得我与诗歌之间并没有共鸣。我有好几年没有写完一首诗，我感觉它们很假。后来我又开始写，这就是我在《一群天使》之后所做的大部分工作——一本新的诗集，即将在夏天出版。当你试着写一本书时，即使是很客观的小说，你也必须由内而外来写，而非从外及内。从你自己的内心写起，你必须找到你的内心里的东西，你不能预言它，只能挖掘它，并希望你有值得挖掘的东西。这不是"忏悔"——这只是尽量利用上帝让你染指的东西。当然，你必须有足够的常识和结构感，知道什么与此有关。不是你选择故事，而是故事选择你。你不知不觉就和这个故事走到了一起……你被它缠住了。它吸引你肯定是有原因的，而你在写它的时候就是想找出这个原因；证明它的合理性，找到这个原因。回首往事，我总能记起最初让我产生写那个故事的念头的时刻，一个清晰的闪光点……

《巴黎评论》：你的酝酿期是多久？几个月？几年？

沃伦：我读过或看过的东西会在我脑子里停留五六年。我总是记得我第一次被打动时的那个日子、那个地方、那个房间、那条路。就拿《世界够大，时间够多》(World Enough and Time) 这本小说来说吧，凯瑟琳·安·波特和我当时都在国会图书馆担任研究员。我们在同一处，办公室彼此挨着。有一天，她拿着一本旧的小册子走进来，是关于博尚杀死夏普上校的审判[①]。她说："瑞德[②]，你最好看看这个。"就这样，我只用五分钟就读完了，但是我写这本书花了六年时间。我写的任何一本书都从灵光一闪开始，但需要很长的时间才能成型。初稿的所有东西都在你的脑子里，所以当你坐下来写的时候，你的头脑里已经有了一些框架。

---

① 博尚-夏普惨案，又称肯塔基悲剧，是1825年11月7日美国肯塔基州青年律师杰里波安·O.博尚谋杀新任州众议员所罗门·P.夏普的案件。青年女子安娜·库克于1820年声称死产的私生子是夏普所生，但被夏普否认。库克后来接受博尚的追求，并在同意结婚时要求他杀死夏普维护名节。两人于1824成婚，婚后不到一年半，博尚前往州府法兰克福，在夏普家中将其杀害。

② 瑞德（Red）是亲友们对罗伯特·潘·沃伦的昵称，因为他拥有一头红发。

《巴黎评论》：社会学研究和其他研究与小说的形式有什么关系？

沃伦：我认为这纯属偶然。对一位作家来说，大剂量的这种东西可能没事，可是对另一位作家来说没准这就是毒药……我认识很多人，其中一些是作家，他们认为文学是你"加工"出来的材料。你不可能"加工"文学。他们点名左拉，但左拉并没有这样做，德莱塞也没有。他们可能认为左拉他们这样做了，但他们并没有。他们不是在"加工"什么——从某种意义上说，是什么东西在加工他们。你尽你所能来看这个世界——也许有某人的研究帮助，也许没有，视情况而定。你尽可能多地观察，你感兴趣的事件和书籍应该基于你是一个人，而不是因为你想成为一名作家你才对它们产生兴趣。这样，这些东西对你日后成为作家可能会有些用处。我不相信在处理素材方面有什么章法可循。为写一本书而进行研究让我觉得很下作。我的意思是，为找到一本书来写而进行研究。一旦你被一个主题所吸引，沉浸在你的书中，你就会有一些想法，你可能想做一些调查，也可能不想，但你应该以你在黄昏散步时思考问题的同样精神来做这件事。你不能通过调查来写一本书。你是无意中发现的，或者希望能无意中发现。也许，如果你生活得对的话，你会找到它。

《巴黎评论》：谈到技巧，你在开始创作时，对小说的戏剧性结构有多少认识？我这么问是因为在你的作品中，有相当多的次级形式、民间传说和场景片段，如《比利·波茨的歌谣》或《国王的人马》中的卡斯·马斯特恩章节。这些都是作为戏剧性结构的一部分提前计划好的，还是你随着创作流顺势而为的？

沃伦：关于其他人的创作技法，我努力思考了很多——这是我漫长的教学生涯中的一部分。你一直在解释诸如《哈姆雷特》第一幕是如何开始的……思考事情是如何完成的……我想有些东西会沉淀到你的身体里。到你自己创作时，你已经做了一些客观的决定，比如由哪个角色来讲故事。这是一个重要问题，一个统摄全书的问题。你必须做出判断。你发现一个角色比其他人物更引人注目、更敏感、更突出。至于结构和技巧的其他方面，我想，在实际的写作过程中或构思中，我尽量让自己完全沉浸于创作动机之中，去感觉它的意义，而不是去设计一个结构或策划各种效果。有时候，你知道，你必须试着与上帝融为一体，这样才能冷眼审视你正在做的事情，然后再次开始写作，全身心地信任自己，相信到目前为止你所有的努力。困难的地方、客观的事情必须在下笔之前完成。如果有人梦见《忽必烈汗》，那一定是柯勒律治①。如果这些都做到了，这个梦就会降临到已经做好准备的人身上，这可不是泛泛之梦。我写完之后，会尽量严格要求自己，挑剔一点。但该死的是，到那时可能为时已晚。但这就是人的命了。我想说的是，当我真正创作时，我会尽量忘记抽象概念。我与其他作家交谈时，他们谈到的一些其他方法，我不太理解。比如，有人说他们唯一的兴趣就是实验。好吧，我认为你应该尽你所能去了解它并实行它。我不知道"实验"这个词是什么意思，但你要玩就该玩真的。

《巴黎评论》：是的，人们对二十年代的所谓"实验性写作"仍然非常推崇。你怎么看乔伊斯和艾略特？

沃伦：什么是"实验性写作"？詹姆斯·乔伊斯没有搞什么"实验性写作"——他写了《尤利西斯》。艾略特没有搞什么"实验性写作"——他写了《荒原》。你在某件事情上失败了，你就称之为"实验"，这是对失败的粉饰。仅仅因为诗行不规则或漏了大写字母并不算什么实验。专门讨论实验性写作的文学杂志通常充斥着中年人或老年人的作品。

《巴黎评论》：或者说中年青年。

沃伦：年轻的老古董。当然，从某种程度上说，所有好的写作都是实验性的；也就是说，它是一种探索可能性的方法——什么样的诗歌、什么样的小说是有可能的。实验——他们把它定义为向自然界提出问题，这对严肃写作来说也一样。你质疑人性，尤其是质疑你自己的本性，看看会有

---

① 《忽必烈汗》(*Kubla Khan*) 是英国诗人柯勒律治的一首诗。根据柯勒律治自己写的序，这首诗的灵感来自他读了一部描写忽必烈时代元上都的作品后，晚上吸食鸦片后做的梦。

什么结果。这是不可预测的。如果它可以预测的话,那么它毫无价值。而从这个意义上说,它就不具实验性。

《巴黎评论》:《南方评论》里有许多优秀作品,但很少有纯粹的"实验性"作品,是吗?

沃伦:是的,《南方评论》里有很多优秀的年轻作家,非常年轻的作家,也不全是南方人——我应该说,大约有一半。

《巴黎评论》:我记得阿尔格伦[①]的一些早期作品就登在那里。

沃伦:哦,是的,两个早期的短篇小说,还有一首关于棒球的长诗。

《巴黎评论》:还有这个故事,《给母亲的一瓶牛奶》。

沃伦:还有短篇小说《二头肌》。还有尤多拉的早期短篇小说中的三四篇也登在那里——尤多拉·韦尔蒂,以及凯瑟琳·安的一些长短篇小说(novelettes)——凯瑟琳·安·波特。

《巴黎评论》:里面还有很多批评家——也是年轻的批评家。

沃伦:哦,是的,总之,那时年轻多了。肯尼斯·伯克、F.O. 马蒂森、西奥多·斯宾塞、R.P. 布莱克默、德尔莫·施瓦茨、L.C. 奈特[②]……

《巴黎评论》:说到批评家让我想起,你除了写诗歌、戏剧和小说外,还写过评论。间或有人会说,做文学批评这个行当对其他文体的写作有害,你怎么看?

沃伦:在文学批评这件事上,让我感到震惊的是,现在流传着这样一种观点,即认为文学批评与文学创作对立。绝对对立。当然,文学批评可

[①] 纳尔逊·阿尔格伦(Nelson Algren, 1909—1981),美国作家,代表作有短篇集《霓虹荒野》、长篇小说《金臂人》等。

[②] L.C. 奈特(Lionel Charles Knights, 1906—1997),英国文学评论家、莎士比亚研究权威。

能是一个陷阱，它可能摧毁创作冲动，但是酗酒、金钱或名望也能。文学批评是一种完全自然的人类活动，而且不知何故，最枯燥、最技术性的批评可能与充分的创造力有关。伊丽莎白时代的批评都是或几乎都是技术性的：音韵批评，如何把一行诗组织起来；厨艺批评，如何做蛋糕。对艺术深感兴趣的人对"如何"二字最感兴趣。我并不是说只有这样的批评才有价值。任何一种能让人更深入了解事物本质的批评都是好批评——马克思主义分析、弗洛伊德研究、与某个文学或社会传统的关系、某个主题的历史。但我们必须记住，没有一种单一的、正确的批评，没有完整的批评，只有不同的视角。成功的话，它们能给出不同的见解。而在某个特定的历史时刻，一种见解可能比另一种更为人所需要。

《巴黎评论》：但是，你不觉得现在美国，很多优秀的批判性思想在一堆术语中、在不知所云的表达中丢失了吗？

沃伦：每个时代，每个群体，都有自己的行话。如果行话偏离了见解，那不好。当然，很多人认为如果他们有一套专业话术，他们就掌握了真理的钥匙。而很多现代批评跑偏了，使用行话套话，变成了学术形式主义——那种错误的学术主义，它假装是非学术的。真正的学术批评是吸收某种想法，将其与其他思想结合成一种观点，而不是把它稀释成专业术语。至于专业术语，确实有一些非常好的批评家可能热衷于生成并使用一套固定的批评词汇。好吧，你不能这样使用，除非在极狭窄的范围内。这是科学主义的一个陷阱。

《巴黎评论》：你是否在当代文学批评界发现了一些新观点？

沃伦：没有，我没有发现。我们已经有了弗洛伊德先生和马克思先生，还有……

《巴黎评论》：弗雷泽先生和《金枝》。

沃伦：是的，还有柯勒律治先生、阿诺德先生、艾略特先生、瑞恰慈先生、利维斯先生和亚里士多德先生，等等。我们已经有了许多相互竞争的批评，现在依然有，但我没有看到新的批评，或旧有批评的新发展。这是一个仍在探索的时代。

《巴黎评论》：新批评呢？

沃伦：让我们列出一些人名吧——瑞恰慈、艾略特、泰特、布莱克默、温特斯①、布鲁克斯、利维斯（我猜）。天啊，你怎么能让这帮人睡在同一张床上？没有足够大的床，也没有足够大的毯子能把他们全盖住。当兰色姆写下他那本名为《新批评》的书时，他指出了批评家中的各种报复行为，并说他不同意他们中的任何一个。从某种意义上说，"新批评"这个术语是一个没有任何所指的术语，也可以说是一个所指太多的术语。这是一个属于历史阴谋论的术语。很多人——主要是害怕失去声望的年迈保守的教授、害怕得不到晋升的年轻导师、中庸的杂志编辑，还有零星几个被历史抛弃的批评家，他们都有一个名叫"新批评"的共同噩梦，以解释他们隐约的不安。我觉得那是他们吃错了什么东西。

《巴黎评论》：你是什么意思？阴谋吗？

沃伦：那些人全都有一个偏执的噩梦，认为有一个名叫"新批评"的阴谋，就是要跟他们个人过不去。不，事情远没有那么简单，但这里面有一些是真的。其一，很多所谓的新批评家有一个共同点，就是愿意对文学对象进行长时间的认真观察，但观察的方式可能大相径庭。艾略特与阿诺德和坎特伯雷大主教的关系比他与伊沃·温特斯的关系要密切得多，而温特斯与欧文·白璧德的关系比他与瑞恰慈的关系要密切得多，布鲁克斯的种种诠释与柯勒律治的关系比其与兰色姆的关系要密切得多，等等。关于这个主题的无稽之谈比我能想到的任何主题都多。而这些无稽之谈的很大一部分，无论从哪一方面来说，都是来自一种假设，即任何批评都是"正

---

① 伊沃·温特斯（Yvor Winters, 1900—1968），美国诗人、文学评论家，著有诗学论著《为理性辩护》等。

确"的批评。但是,根本就没有正确或完整的批评。

《巴黎评论》:你曾经在《新共和》上发表过一篇文章,讨论福克纳的技巧。你强调的一点是福克纳"静止瞬间"的技巧。我已经忘了你到底是怎么说的了。一种暂停,在这种暂停中,时间似乎被悬置了。

沃伦:是凝固的时刻。时间凝固。在某种程度上,福克纳本人几乎是以一种双关语的方式,用浮雕(frieze)的形象来形容这种行为凝固的时刻。这是他作品中的一个重要特点。这种瞬间让事件变得坚实,通过固定它而赋予它意义。时间的流动与时间的固定相对。在福克纳的作品中,这是戏剧背后的戏剧。再看看海明威。海明威的作品里没有时间,只有瞬间本身,行动的瞬间。没有父母,也没有孩子。如果有父母,那也是远在美国某个地方签支票的祖父母,就像《永别了,武器》中的祖父。在海明威笔下,你从未见过一个小孩。你会在分娩时看到死亡,但你从未看到过一个孩子。一切都在时间进程之外。但在福克纳的笔下,总是有老人和小孩。时间在蔓延,时间是重要的,也是可怕的。那里有巨大的流动性,事物朝四面八方流走。尚未成形的时刻已经等在那里,我们感觉到它们的存在。比如说,我对《喧哗与骚动》中的杰森印象最深的是,当孩子们制作和出售风筝时,他管钱,钱却落入了他自己的腰包。你还记得凯蒂把她的衬裤弄得满是泥点。一切都已经存在,只待发生。你有一种感觉,在时间中,小的变大,大的变小,时间席卷一切。这就是凝固的、抽象的瞬间与暴力的重大行动之间的平衡。这些凝固的瞬间是福克纳的游戏。海明威的游戏则完全不同。在海明威那里,根本就没有时间。他整个地置身于历史之外。从某种意义上说,他企图否认历史,他说历史是垃圾,跟亨利·福特一样[①]。

我并不是要在这两位作家之间,或者说在他们对时间的特殊用法之

[①] 第一次世界大战时,美国国内就美国是否应该介入战争发生过争论。汽车大亨亨利·福特在1916年接受《芝加哥论坛报》记者采访时称"历史是垃圾",为自己的不干涉信念辩护。

间进行惹人反感的比较。他们都是具有强大表现力的作家。但是，你知道吗？这两位作家在时间问题上的两极分化，几乎太敷衍、太模式化了。说到成对的作家，以普鲁斯特和福克纳为例，也许有很多比较这对作家的文章，但我读得不多。涉及时间这个问题时，他们是一对奇怪但有启发的研究对象。

《巴黎评论》：你是否觉得，早期的海明威似乎有意不在小说中设置一个过高的意识中心？他笔下的人物可能具有高度的道德意义，但他们很少讨论问题，他们更喜欢暗示。

沃伦：当然，海明威偷偷摸摸地把它写进去，但他是一个有强烈意识的甚至是个哲学性的作家。当偷偷摸摸塞进来的东西或姿态奏效时，其效果非常强大。相比之下，法国小说的主人公通常主动地处理这些问题，他是自己行动的合唱团，也是念出类似伊丽莎白时代独白的人。十九世纪的小说也涉及这些问题。这些小说可以通过男女之间的关系来讨论这些问题，或者从你是否要帮助一个奴隶逃跑的角度讨论，或者从一个痴迷于与以白鲸为代表的邪恶、与大自然做斗争的男人该怎么做的角度来讨论，诸如此类。

《巴黎评论》：你自己的作品似乎也有这种明确的特征。在《国王的人马》中，杰克·伯登是一个意识中心，一个具有高度自觉意识的形象。他在作品里不是全知全能的，而是迫切地想要发现什么。他置身其中。

沃伦：伯登走到那一步是个意外。他在此书的第一个版本中只有一两句话。此书第一版是诗剧，小说是从这个版本发展而来的。

《巴黎评论》：你为什么要做这样的改变？

沃伦：我不知道。伯登是一个不知名的新闻记者，是刺客童年时代的朋友，是刺杀政治家威利·斯塔克的年轻医生在行凶前说点什么的借口。两年后，当我拿起诗剧版，想把它变成一部小说时，这个不知名的新闻记者成了叙述者。结果,从某种程度上说,他对这个故事的看法比故事本身更重要。我想他之所以成为叙述者是因为他给了我写小说所需的那种兴趣。他使我有可能控制它。他既是一个旁观者,又参与其中。

《巴黎评论》:十多年来,美国一直有人说,种族问题是黑人作家的心病,可惜它在文学中没有地位。但是,黑人作家怎么能避免种族问题呢?

沃伦:当你都无法找到一位能避免种族问题的南方白人作家时,你怎么能指望一个南方黑人不写种族问题呢?不管是直接还是间接地写。

《巴黎评论》:我必须说,通常是北方白人在表达不同意见,只不过有几个黑人受到诱惑而已。他们这么做通常是基于审美考虑。

沃伦:我想在这里补充一些历史因素,在我看来,它们对这个一般性问题很重要。现在写为抗议而抗议的东西的黑人给我的感觉是不合时宜的。"为抗议而抗议"否认了生命的质地。问题是要让种族意识全方位融入生活。我并不是在暗示没有什么可抗议的,但除了适当的政治、社会学和新闻关切之外,问题在于我们应在与其他事物的关系中看待抗议。种族问题并不是一件孤立的事情——我的意思是既然它存在于美国——它成了各种问题的总象征。它们都汇入其中,又从中流出。谢天谢地。它给生活带来了一点多样性。同时,它也宣告了生命的统一。你知道有一种人,他们会摆出一副嘴脸,大谈"解决"种族问题之道。那么,当你听到"解决性欲问题"这句话时,你也会遇到同样的人和同样的表情。这也许是个不恰当的类比,但也算是一种类比吧。从根本上说,问题不在于"解决""种族问题"或"性欲问题"。你不能解决它,你只能经历它、领会它。

《巴黎评论》:也许这就是威廉·詹姆斯所谓"战争的道德等价物"[①]

[①] 《战争的道德等价物》是美国心理学家、哲学家威廉·詹姆斯于1906年在斯坦福大学发表的一次演讲,1910年出版单行本。詹姆斯在其中主要讨论如何在没有战争或可信威胁的情况下维持政治团结和公民美德。

的另一个版本。你争论,并尽量让争论清晰,让人类的复杂性一览无余。

沃伦:我想说的是这个。几年前,我和一些思想正确的朋友坐在一个房间里,他们认为每一个答案都要从书的后面去找——在 A 种情况下采取 A 种态度,在 B 种情况下采取 B 种态度,按该死的字母表顺序以此类推。发展到后来,他们想要一个所有东西都一模一样、所有人都一模一样的世界。他们想要一个生产人脸和人的态度的流水线,他们想要每个客厅的桌子上都摆着同样的书。

《巴黎评论》:见鬼,谁会想要这样一个世界?

沃伦:首先,"思想正确者们"想要。我不想要那样的世界。我想要的是多样性和多元化,还有欣赏,在某种公正和体面的情境下的欣赏,还想要行为和个人生活中的选择自由。我想要这样一个国家,在这个国家里,每个人都有最大限度的机会去发现自己的才能,发展自己的能力,发现最完整的自我,并通过这样做学会尊重其他人。人类因差异而有趣。问题在于你如何看待这些差异。我并不赞成差异本身,但是你就让这个世界活出差异、活出自己、活出精彩,看看事情会如何发展。我对于企图通过立法来消除差异的做法深有感触。这与试图通过立法来规定差异一样,都是暴政。这也适用于健康与不健康、犯罪与非犯罪之间的任何差异。此外,你不能在任何方面对任何人的未来进行立法。不能靠立法来决定我们曾孙辈的感受和行为。你也不能立法规定美德。美国自由主义的一大半悲剧就在于试图为美德立法。你不能立法规定美德。你只需努力创造有利于美德成长的条件。但是,这永远不会让美德恶霸们满意,也不会让美德的拥趸们满意。他们感兴趣的是流水线式的美德戳印,是书后面的态度 A,而不是为正义和体面创造条件,让人类的欣赏力能够得以发挥。听着,我给你讲个故事。二十多年前的一个夏天,我在路易斯安那州的一个小镇上生活了一段时间。和那里很多人一样,我也是靠着去看当地的谋杀案审判来消磨下午的时间。有一起案件是一名老年黑人男子枪杀了一名年轻黑人妇女,因为她对他的宝贝女儿说了些难听的话。他用十二号口径双管猎枪在八英尺①的范围内射杀了受害者,当时受害者正在掷骰子赌博。有十几个目击者目睹了这次事件。而且,他在房子门外的一个树桩上坐了半个小时后才动手。他等着,因为他的一个朋友输给了这位受害者六美元,这位朋友要求老人先不要动手,等他有机会把钱赢回来再说。当这位朋友拿回六美元后,老人才开枪。他完全不否认自己的所作所为。他非常仔细地解释了这一切,以及他不得不这么做的原因。他爱他的宝贝女儿,他没有别的办法。如果他不认罪,他会被审判并被定罪——他们不可能不定罪——他就会被判处死刑。相反,如果他承认犯有过失杀人罪,他会被从轻发落。但他不愿意这样做,他说他没有犯任何罪。整个镇子的人都卷进了这件案子。好吧,最后他们终于让他屈服了。他认了罪,被轻判。每个人都很高兴,当然——他们没有卡在某事之上,他们感觉良好,品德高尚。但他们也感到很难过,他们失去了一些东西,一些他们大家珍惜的东西。我曾想过要把这个故事写成一部小说,但我没有这样做,它太完整了,作为事实,它太自洽了。接着说回那个老人。人们花了三天时间才让他屈服,而当他屈服后,他就什么都不是了。现在我们不赞成他的作为——社会学家称之为"身份凶杀"(status homicide),那是最糟糕的一种凶杀,比为了利益杀人更糟糕,因为身份凶杀是非理性的,它毫无道理,它是低社会阶层的标志。但是,正因为身份凶杀是低社会阶层的标志,我们该如何看待这位老人为保持尊严而进行的三天斗争呢?难道我们要因为"他们"的底层生活方式而否认这种尊严的价值?

《巴黎评论》:那么,你是否觉得,从悲惨经历出发创作严肃小说的一大障碍,就是假定自己站在正确的一边?

沃伦:一旦你开始像这样说明美德,你最好还是别写小说,去干点别的吧,比如说青少年工作,或者加入一个委员会。作为一个作家,你的任

---

① 一英尺约合 0.3 米。

务不是诠释美德，而是展现一个人如何走向美德——或者远离美德。

《巴黎评论》：马尔罗说："人们不能以认罪的形式揭示人类的奥秘。"

沃伦：也不能以指控的形式。

《巴黎评论》：那魔鬼的代言人呢？

沃伦：他可以有一个角色，他可以是乔纳森·斯威夫特，或者其他什么人。

《巴黎评论》：我想知道，当这些思想正确的人面对一个象征着下等人的比方说黑人时，却发现他原来是一个人渣，他们会有什么感觉？他们会怎么做——开个会来决定如何对待他？

沃伦：他们肯定有麻烦了。

《巴黎评论》：还是这种人，在有黑人参与的场合，比如白人黑脸歌舞滑稽演出时，他们不得不先问问自己是否能发笑。整个纯美国式幽默和一些优秀歌曲就在那种混乱中全丢失了。

沃伦：但你不得不承认，要厘清那些带有象征意义的指控实在是太难了。有时，象征性指控太沉重了，你很难挖掘出其中的真正价值。我想，如果语境合适，你总是可以的。但该死的是，很多人都看不明白这其中的来龙去脉。

《巴黎评论》：这就像《威尼斯商人》中夏洛克的问题。

沃伦：是的，人们压制该剧，是因为它可能冒犯了犹太人。还有《雾都孤儿》。好吧，象征性指控只能从其自身的角度和历史的角度来考虑和看待。事实上，这种象征性指控或多或少地存在于一切关系中，只不过在特定的历史和社会环境中，它们被强化和特殊化了。很难在不得罪人的情况下，在没有一些隐含的冒犯的情况下讲故事。例如，连环漫画《亚比拿奇遇记》①一定会让某些所谓"阿巴拉契亚白人"感到自卑和羞辱。这些事情有程度高低之分，也有区别之处。语境就是一切。还有一颗相对纯净的心，相对纯洁。如果你有一颗绝对纯洁的心，你根本就不会干写作这个行当。我们自己也是如此。如果有可写的东西，我们能写些什么。你能把什么说出来。你的内心和你的耳朵听到了什么声音。

（原载《巴黎评论》第六期，一九五七年春/夏季号）

---

① 或译《丛林小子》，是由美国漫画家艾尔·凯普于1930年代开始连载的一部讽刺漫画，1977年完结。主人公亚比拿是一个生活在虚构美国山区小镇道格派奇的淳朴乡下人。

安东尼·伯吉斯

◎陈新宇 / 译

本访谈的大部分内容是通过一九七一年六月至一九七二年夏天的往来信件进行的，还有一小部分访谈是一九七二年十二月二日在威斯康星大学二十世纪研究中心进行的录音采访。在为期两天的访问中，伯吉斯的日程安排十分紧凑，几乎没有休息。课堂讲学、乔伊斯作品朗读和访谈，在这些活动安排之后，伯吉斯显得疲惫不堪，但他的回答没有丝毫迟缓停顿的迹象；他的口头采访与之前的书信交流拼接在一起，看起来就如书面稿一样完美。

——约翰·卡利南，一九七三年

《巴黎评论》：有人指责你过于多产，还有人说你的小说过于隐晦，对此你是否感到困扰？

安东尼·伯吉斯：可以说，自从布鲁姆斯伯里集团——特别是福斯特——把便秘般的写作当成一种良好习惯以来，多产一直是一种罪恶。让我烦恼的不是他们讥讽我多产，而是诋毁我写得多就是写得差。我写得很谨慎，甚至有些缓慢。只不过我每天花在写作上的时间比有些作家多而已。至于含义隐晦，我想是指文学上的引经据典——这无疑古已有之。任何一本书的背后都有所有其他已经写就的书。作者知道它们；读者也应该

安东尼·伯吉斯手稿

知道它们。

《巴黎评论》：你通常在一天当中的什么时候写作？

伯吉斯：我认为这并不重要。我在上午写作，但我觉得下午写作也很好。大多数人在下午睡觉。我一直认为下午是一段好时光，尤其是如果一个人午餐吃得不是太饱的话。这是一段安静的时候。这时候人的身体不是最活跃，感受力不是最好——身体静止，昏昏欲睡，但大脑却相当敏锐。同时我还认为，无意识思维习惯于在下午表现自己。上午是有意识的时间，但在下午我们应该更多地与意识的腹地打交道。

《巴黎评论》：很有意思。与此相反，托马斯·曼几乎每天从九点到下午一点都在虔诚地写作，就像打卡一样。

伯吉斯：是的。一个人可以从九点工作到一点，我认为这很理想，但我发现下午必须利用起来。下午对我来说一直是段好时间。我想这是我在马来亚① 开始写作时养成的习惯。我整个上午都在工作。我们大多数人在下午睡觉；那时非常安静，连仆人都在睡觉，狗也在睡觉。一个人可以在阳光下安静地工作，直到黄昏降临，这时再为晚上的活动做好准备。我主要在下午写作。

《巴黎评论》：你想象过你作品的理想读者是什么样子的吗？

伯吉斯：我小说的理想读者应该是一个退了教的天主教徒和失败的音乐家，近视，色盲，有听觉障碍，我读过的书他也读过。他还应该和我年龄相仿。

《巴黎评论》：确实是一个非常特别的读者。那么，你是在为有限的、受过高等教育的读者写作吗？

---

① 今称马来西亚半岛。

伯吉斯：如果莎士比亚只考虑专门的读者群，那他能得到什么？他做的其实是尽量吸引各个层次的读者，为极少数的知识分子（他们读过蒙田）提供一点点东西，而为那些只懂得欣赏性和血腥的人提供的东西则多得多。我喜欢设计一个有较广泛吸引力的情节。就拿艾略特的诗歌《荒原》来说，它博大精深，通过更为通俗的元素和基本的修辞魅力，吸引了那些起初读不懂它、但愿意努力让自己去理解它的读者。这首诗是艾略特博学之旅的终点站，却成为其他人博学的起点。我想每个作者都想造就自己的读者，只不过是用他自己的形象来制造，他的首位读者其实是一面镜子。

《巴黎评论》：你在乎评论家的看法吗？

伯吉斯：有些批评家故意拒绝看清我的作品的真正含义，他们的愚蠢让我愤怒。我感受到了恶意，尤其是在英国。我敬佩的人给我写的差评对我伤害很大。

《巴黎评论》：你会不会因为批评家的意见而改变一本书或某个写作计划的走向？

伯吉斯：除了《发条橙》最后一章的删减之外，我想，没有人要求我对我写的东西做任何修改。我的确认为，从结构、意图等方面来看，作者必须最了解他所写的东西。批评家的工作是解释作者无法知道的深层原因。至于说作者在哪些方面——严格来说，在品位等方面——出了问题时，批评家并不比作者知道得更多。

《巴黎评论》：你提到过有可能与斯坦利·库布里克合作拍摄有关拿破仑生平的电影，那么在构思你手头正在写的关于拿破仑的小说[①]时，你还能保持完全独立吗？

伯吉斯：拿破仑这个写作计划始于库布里克，但现在已与库布里克无

[①] 指长篇小说《拿破仑交响曲》(*Napoleon Symphony*)，于访谈次年即1974年出版。

关。我发现自己对这个主题的兴趣并不在于将其改编成电影,现在我正在创作的东西库布里克无法使用。金钱上我感到遗憾,除此之外,我很高兴我自由了,没有人干涉我。

《巴黎评论》:你的专业书评人身份对你的小说创作有帮助还是有妨碍?

伯吉斯:没有坏处。它并没有妨碍我写小说,反而提供了便利。它迫使我进入那些我不会主动进入的领域。它还能支付账单,而小说很少能做到这一点。

《巴黎评论》:它是否让你无意间接触到于你而言很重要的新主题或新书?

伯吉斯:对一位作家来说,评论他本来不知道或不感兴趣的书是件好事。为《乡村生活》①这样的杂志(它闻上去有股马的气味,而不是小牛皮装订的气味)写评论,意味着要读一批非常博杂的书,这往往会为一个人的创造性工作开辟一些有价值的领域。例如,我必须评论关于马厩管理、刺绣、汽车发动机的书籍,都是非常有用扎实的东西,是小说的好材料。评论列维-斯特劳斯关于人类学的小论文(没有人愿意审阅),让我开始写小说《MF》②。

《巴黎评论》:你强调过守时对一个好的书评人的重要性。你是否认为,一个创造性作家也需要严格遵守工作进度计划?

伯吉斯:准时完成委托工作是一种礼貌。我不喜欢在约会时迟到;我

---

① 《乡村生活》(*Country Life*),创刊于1897年的英国周刊杂志,内容涉及园艺、乡村建筑、室内设计、艺术、书籍等诸多门类。
② 《MF》(或写作《M/F》)是安东尼·伯吉斯于1971年出版的一部小说,内容晦涩难懂。伯吉斯在他的回忆录《你有了的时代》(*You've Had Your Time*)中提到过这部小说的两个灵感来源:第一个灵感来源是威廉·康拉德(William Conrad)的一句俏皮话:"穿上黑色的俄狄浦斯外衣,称其为'狗娘养的'(Mother-Fucker)。"第二个灵感来源是克洛德·列维-斯特劳斯的《人类学的范围》中关于阿尔贡金人的神话。

不喜欢编辑们纵容作家错过最后期限。良好的新闻执业态度往往会让你在创作中有一种自律。以一种紧迫感来写一部小说很重要,写作时间拖得太长,或者写作时断时续,作品往往会前后不够统一。《尤利西斯》就有这个问题,结局与开头不同,写作手法在中途发生了变化。乔伊斯在这本书上花的时间太长。

《巴黎评论》:你是说在技巧上小说结尾摩莉·布卢姆的独白与写斯蒂芬·迪达勒斯的开篇前三章不同而使全书不太统一?

伯吉斯:我不是单指《尤利西斯》的结尾。我的意思是,从"独眼巨人"这一章开始,乔伊斯决定抻长他的章节,使阅读时间与想象中的标准时间相对应。从这一点来说,这本书在技术上并不像人们以为的那样是一个统一体。比较一下"埃奥洛"和"太阳神的牛"这两章,你就会明白我的意思。

《巴黎评论》:考虑到普鲁斯特花在他的小说上的时间和托马斯·曼花在《约瑟和他的兄弟们》上的时间,对于《尤利西斯》这样一部伟大的作品来说,七年真的算长吗?那么,乔伊斯在《芬尼根的守灵夜》上挥霍的十七年时间怎么说?

伯吉斯:花在一本书上的时间也许与读者无关,真的。(《包法利夫人》是一本相对较薄的书,但写作时间肯定比"约瑟四部曲"长。)问题是,在很长一段时间内,作家能否保持不变,仍是同一个人,仍怀着不变的目标和写作手法。《尤利西斯》作为一部创新作品,在写作过程中不得不不断创新,这使它成为一部前后不统一的作品。而《芬尼根的守灵夜》虽然花的时间更长,却很早就确立了它的基本技巧。

《巴黎评论》:据我所知,你的新书《快乐的刺》[①]很快就要出版了。

[①] *Joysprick*,全名《快乐的刺:詹姆斯·乔伊斯语言导引》。主书名也可谐音译为《乔伊斯刺》。

它与《再论乔伊斯》侧重点是否有所不同？

伯吉斯：它们有一些相同之处，并不太多。此书试图考察乔伊斯语言的性质，但不是从严格的语言学角度，而是从一种介于文学批评和语言学之间的角度来研究；它对乔伊斯的语言进行了语音分析，没有使用太多专业术语。现在没有几位语言学家能做到这一点。语音学是一门相当古老的学问。但这本书的确研究了《尤利西斯》中使用的方言，以及在《芬尼根的守灵夜》中确立一种发音的重要性，是对乔伊斯构造语句的方式的一种分析。这不是一本深奥的书，它只是研究乔伊斯语言的入门指南。探究乔伊斯语言的真正工作必须留给比我更有学问的人去做。

《巴黎评论》：你说你研究乔伊斯的语言采用的是所谓老式语音学方法，而在《MF》中你却使用了列维-斯特劳斯的结构主义。你是否有兴趣从结构语言学的角度来研究乔伊斯？

伯吉斯：我不会这样做，我认为这必须留给学者。我想大学里会有这样的人，不是像我这样出书、教学、四处讲演，过着相当多样的"演艺"生活的人；这工作适合冷静的学者。我没有资格做这件事。我对乔伊斯在写下摩莉·布卢姆和利奥波德·布卢姆以及其他小人物的讲话时听到了什么声音感兴趣。我认为这是一个具有重大文学意义的问题，因为摩莉·布卢姆的最后一段独白的说话方式有点特殊，这与她宣称的背景不一致。在乔伊斯笔下，摩莉·布卢姆是一位少校的女儿，在直布罗陀驻军中长大，来到都柏林后，她的言谈举止和思维方式却与都柏林的下层渔妇无异。这有些难以置信，似乎完全不符合事实，而且之前根本没有人提出过这个问题。我比乔伊斯更了解直布罗陀，也比大多数乔伊斯学者更了解它。我正在努力研究这个问题。

《巴黎评论》：如果摩莉的独白过于优雅，那么乔伊斯的一个观点不正是让诗意从通俗中浮现吗？

伯吉斯：还不够优雅。我指的是她使用爱尔兰惯用语，比如

"pshaw"①。她不会使用这种措辞,她不能。

《巴黎评论》:这里有一个地理上的问题。

伯吉斯:这里面隐含着一种模式,一个社会问题。在直布罗陀这样一个非常小的驻防小镇,这个男人,特威迪少校,他的前妻是西班牙人,他的女儿有一半西班牙血统,她要么把西班牙语作为母语(而且不是通常的语法),要么把英语作为母语。在第一种情况下她说话应该是安达卢西亚式的,在第二种情况下她说话应该有强烈的阶级身份,但可以肯定的是,她说这两种语言时都应该用伪贵族的方式。她不可能一回到都柏林,突然就像都柏林的渔妇那样说话。

《巴黎评论》:所以从社会背景考量的话,摩莉的语言可能更接近诺拉·巴纳克②的语言。

伯吉斯:的确如此。这个最后形象是诺拉·巴纳克的形象,根本不是摩莉的形象。而且我们从诺拉的书信中知道,乔伊斯一定研究过这些信件,并从这些信中学会如何设定这种温暖的女性说话模式。诺拉写信完全不用标点符号,有时很难看出诺拉的信和摩莉的最后独白之间的区别。

《巴黎评论》:我很期待这本书。你有没有想过写一部大长篇小说?

伯吉斯:我脑中有两部长篇小说:一部是讲述一个戏剧家族从中世纪至今的故事,另一部是关于一位伟大的英国作曲家的。这两个项目都太大了,我不敢动笔。

《巴黎评论》:你能先截取其中几段,把它们写成短篇小说吗?

伯吉斯:我写不了短篇小说,反正不容易写。我宁愿让我的小说待在黑暗中,直到它可以见光为止。我曾经犯过一个错误,在《跨大西洋评

---

① 英语感叹词,常用来表达蔑视或不耐烦的语气。
② 诺拉·巴纳克(Nora Barnacle,1884—1951),詹姆斯·乔伊斯的妻子。

论》上发表了一部小说雏形中的一章节选，结果看到那冷冰冰的铅字，我就放弃了这个项目。这是我的一部未完成的小说。

《巴黎评论》：你还想写那部关于忒修斯遇上弥诺陶洛斯的小说吗？还是说罗克利夫在恩德比系列①中的情节已经让这个计划夭折了？

伯吉斯：说到弥诺陶洛斯的这个念头，我曾经想过出版一册恩德比的诗歌全集，它们将包括《宠物兽》[顺便说一下，它后来成了意大利语版《恩德比先生的内心世界》的书名——《甜蜜野兽》(*La Dolce Bestia*)]。我明白假装别人为你写书的意义，尤其是为你写诗。它让你摆脱了责任——"听着，我知道这很糟糕，但这不是我写的——是我的角色写的。"《堂吉诃德》《洛丽塔》《艾达》——这是一个虽然古老但仍然活跃的传统。除了出版商，没人会让我有写作障碍，但我确实对我写的东西感到非常恶心，恶心到不想继续写下去。

《巴黎评论》：你是否像乔伊斯·卡里②那样先写大场面？
伯吉斯：我从头开始写，一直写到最后，然后停笔。

《巴黎评论》：每写一本书你都会事先拟定提纲吗？
伯吉斯：我会先大致拟定一点，人名清单、各章节的粗略概要，等等。但也不敢过度计划，绝大部分都是边写边出现的。

《巴黎评论》：写非虚构作品时有什么不同吗？
伯吉斯：过程是一样的。

---

① 伯吉斯创作了"恩德比四部曲"，它们分别是《恩德比先生的内心世界》(*Inside Mr. Enderby*, 1963)、《恩德比的外部世界》(*Enderby Outside*, 1968)、《发条遗书》(*The Clockwork Testament, or No End to Enderby*, 1974) 以及《恩德比的黑女郎》(*Enderby's Dark Lady, or No End to Enderby*, 1984)。小说主人公恩德比是一位诗人，罗克利夫为第二部中的一个人物。
② 乔伊斯·卡里（Joyce Cary, 1888—1957），英裔爱尔兰小说家，代表作有长篇小说《约翰逊先生》《马嘴》等。

《巴黎评论》：你在打字机上打初稿,对定稿的影响大吗?

伯吉斯：我不写草稿。我会把一页写上很多很多遍,然后再写第二页。我把一张又一张的纸摞起来,每一张都是终稿,最后我有了一本在我看来不需要任何修改的小说。

《巴黎评论》：那么你完全不修改?

伯吉斯：我刚才说了,修改是在每一页上进行的,我不会一章一章地修改或修改整本书。重写一本书会让我感到厌烦。

《巴黎评论》：为什么几年后你决定续写《恩德比先生的内心世界》,即恩德比系列的前半部分[①]?

伯吉斯：我本打算将这部作品写成长篇,在美国出版,但是,因为我已经接近医生给我的一年寿命的终点[②],在一九五九年至一九六〇年间,我最多只能写完前半部分。出版商不愿意出版《恩德比先生的内心世界》(它在英国被称为"第一部"),这让我推迟了第二部的写作计划。其实我在一开始就已构思好了整个系列。

《巴黎评论》：你在文莱的教室里晕倒后,被医生诊断为脑瘤,你为什么选择在那个"临终之年"写作而不是旅行?你当时是否因半残疾的状态而行动受限?

伯吉斯：我不是半残疾。我非常健康和活跃。(这让我怀疑诊断的真实性。)但环游世界需要钱,而我没有钱。只有在小说中,"临终之年"的男人才会有积蓄。事实是,我和妻子需要吃饭,而我唯一能做的工作(谁会雇用我呢)就是写作。我写得很多,因为我的报酬很少。我没有什么身后留名的野心。

[①] 本次访谈发生时"恩德比四部曲"后两部尚未诞生,仅有前两部存世,有时也以前/后半部分称之。
[②] 1958年,伯吉斯在文莱担任教职期间,上课时突然晕倒,被诊断患有无法手术的脑瘤,且只剩一年的生命。他因此辞职回英国,专职写作。

《巴黎评论》：在那一年里，死亡判决对你的风格有影响吗？你的风格是否有变化？

伯吉斯：我觉得没有。以我当时的年龄足以建立起个人叙事风格，但我真正的风格，当然是后来才形成的。我在这个所谓的准临终之年——虚假的临终之年——所写的小说，你知道，写得并不快；我只是每天都在努力工作，每天都在非常努力地写，写一整天，晚上也在写。我在作品中投入了大量的精力，而人们只在看似过量的产出中寻找粗心的证据。可能会有一点，但这不是因为速度过快造成的，而是我自己在虚构时的瑕疵。我认为不能说某部作品明显是在临终之年写的。我觉得各种小说之间并没有任何质的区别，当然我也没有意识到这种认识对我的风格和写作方式有任何影响。

《巴黎评论》：在你的好几部小说中，不同人物都写诗。你有没有考虑过重新开始诗歌创作？

伯吉斯：我已经写出了我自己的《大鼻子情圣》①，是用韵文写的，而且效果很好，正如我所期望的那样。但我没有出诗集的打算——太过直白，太私人化。我计划进一步翻译舞台剧——《培尔·金特》、契诃夫的《海鸥》，而且我正在创作音乐剧《尤利西斯》。我更有可能回到音乐领域。有人请我写一首单簧管协奏曲，我为《西哈诺》创作的音乐也很受欢迎。

《巴黎评论》：你在构思小说时有没有使用过音乐形式？

伯吉斯：啊，有的，从音乐形式中可以学到很多东西，我正计划以古典交响乐——小步舞曲之类——的风格写一部小说。我的想法纯粹是形式上的，这样，性幻想发生的展开部分可以放在现实的论述之后，既不用解

---

① 或译《西哈诺·德·贝热拉克》，是由法国诗人、剧作家埃德蒙·罗斯丹创作于1897年的一部诗剧。1970年，受美国泰隆·格思里剧院委托，伯吉斯为该诗剧翻译了一个新的英文版本，上演后大获成功。1972年，伯吉斯与作曲家迈克尔·刘易斯合作将该剧改编为百老汇音乐剧《西哈诺》，并因此获得次年的格莱美最佳配乐奖提名。

释，也无需过渡手段，回到展开部分（现在是重述）时，同样不需要心理上的理由，也不需要形式上的技巧。

《巴黎评论》：作曲家们大量地使用变调。这种采用类似音乐手法进行文学创作难道不是一种"形式花招"吗？读者至少也得是业余音乐家，才能更好地理解吧？

伯吉斯：我认为，音乐确实教会了其他艺术从业者有用的形式手段，但读者不必知道它们的出处。这里有一个例子。作曲家通过使用"双关"和弦——增六和弦（双关是因为它也是一个主七和弦）——来进行变调。在小说中，你可以通过在两个场景里使用相同的短语或语句，来从一个场景转换到另一个场景——这很常见。如果这个短语或语句在不同的语境下有不同的含义，那就更具音乐性。

《巴黎评论》：人们注意到，《战争的远景》(*A Vision of Battlements*)的形式有意与恩尼斯①所写的帕萨卡利亚舞曲相似，但在文学和音乐之间，一般说来，除了最勉强的类比关系外，还能建立其他联系吗？

伯吉斯：我同意音乐与文学的类比可能相当脆弱，但在最广泛的形式意义上——奏鸣曲形式、歌剧，等等——我们还没有开始探索其间的可能性。我正在写的关于拿破仑的小说在形式上模仿了《英雄交响曲》——第一乐章（直到拿破仑的加冕）激昂、快速、敏捷；第二乐章缓慢、悠闲，有一个约束性的节拍，暗示着葬礼进行。这不光是花哨：这是试图在大约十五万字的相对简短的空间内，将大量的历史材料统一起来。至于读者必须懂音乐的问题——这其实并不重要。在一部小说中，我写道："管弦乐队猛然奏出一个由十二个音符组成的响亮和弦，所有音符都不相同。"音乐家能听到其中不和谐的声音，非音乐家则听不到，但他们并不会感到困惑，这也不会阻止他们继续阅读。我不懂棒球术语，但我仍然可以欣赏

---

① 恩尼斯是伯吉斯的小说《战争的远景》中的主人公，一位"二战"时驻扎在直布罗陀的英国陆军中士。他在那里创作了一首帕萨卡利亚舞曲。

马拉默德的《天生好手》(The Natural)。我不打桥牌,但我发现弗莱明的《太空城》中的桥牌游戏很吸引人——重要的是传达的情感,而不是玩家的手在做什么。

《巴黎评论》:电影技术对你的写作有什么影响?

伯吉斯:舞台对我的影响远比电影大。我写的场景太长,不适合用不中断的电影方式来表现。但我喜欢在写下一个场景之前,先在脑海里过一遍,看看一切如何发生,听听一些对白。我为电视和电影都写过剧本,但不是很成功。太过文学化了。我被历史电影的制作者叫去修改对话,结果后来他们还是把对话恢复到原来的样子。

《巴黎评论》:恩德比系列和《不似骄阳》的电影改编怎么样了?

伯吉斯:由于制片人在戛纳电影节上突然去世,恩德比系列的电影改编计划流产了。莎士比亚项目几乎是在华纳兄弟公司被出售时提出的,新管理层上台后,现有项目全部被取消。不过,该项目仍有可能实现。电影人对对话非常保守:他们真心以为,对词义的直接把握比节奏和情感对声音的影响更重要。人们认为,更聪明的做法是,假装过去的人如果有幸知道如何说话的话,他们会跟我们现在一样说话,他们会很高兴有机会从我们的角度来看待他们自己和他们的时代。人们认为电影《冬狮》成功地解决了中世纪的对话问题,但是它当然不怎么样。

《巴黎评论》:你正在创作的小说有什么特别的语言问题吗?会给斯坦利·库布里克带来麻烦吗?

伯吉斯:从对话的角度来看,关于拿破仑的这部小说是很难的,但我的直觉告诉我,要使用与我们的节奏和词汇相差无几的语言。毕竟,拜伦的《唐璜》几乎也可以是今天写的。我想象士兵们说着今天士兵们会说的话。

反正他们说法语。至于《拿破仑》这部电影,库布里克必须走自己的路,而且他会发现这是一条艰难的路。

《巴黎评论》:你还打算写更多的历史小说吗?

伯吉斯:我正在写一部小说,打算用多斯·帕索斯的手法来表达爱德华三世时期的英国的感觉。我相信历史小说有很大的空间,只要不是玛丽·瑞瑙特①或乔吉特·海尔②的那种作品。我小说中的十四世纪将主要依靠气味和直观感受来展现,它将带有普遍嫌恶的底色,而非什么无意义的怀旧情绪。

《巴黎评论》:你会使用多斯·帕索斯的哪些技巧?

伯吉斯:我在脑中构思了一部关于黑太子爱德华的小说,我已经写了一个九十页的计划。我认为,公然盗用多斯·帕索斯的"照相机之眼"和"新闻短片"技法,特别是将其用于黑死病和克雷西战役以及西班牙战役之上,会相当有趣。其效果可能是十四世纪存在于另一个星系之中,而那里的语言和文学却不知为何进入了二十世纪。这种技术可能会使历史人物看起来很遥远,而且相当滑稽,这正是我想要的效果。

《巴黎评论》:玛丽·瑞瑙特对希腊神话的重述有那么糟糕吗?

伯吉斯:哦,并不是它们不好,完全不是。只要你喜欢,它们是很好的读物。只不过它们没有让我感到兴奋,仅此而已。这无疑是我的错。

《巴黎评论》:你是否打算再写一部未来小说,比如《发条橙》或《想要的种子》(*The Wanting Seed*)那样的?

伯吉斯:我没有这个打算,但是我想写一个疯狂的中篇小说。在这篇小说中,英国已经成为一个由美国操纵的摆设。

---

① 玛丽·瑞瑙特(Mary Renault,1905—1983),旅居南非的英国女作家,她在20世纪50年代创作了多部以古希腊为主题的历史虚构小说。
② 乔吉特·海尔(Georgette Heyer,1902—1974),英国历史小说、推理小说作家,她开创了历史罗曼史小说流派。

《巴黎评论》：英国会不会干脆变成一个超级旅游景点，或者成为美国的第五十一个州？

伯吉斯：我曾经认为，英国可能会成为一个名胜地，就像J.M.巴里的《玛丽·罗斯》中的那个岛一样，但是现在我看到，许多值得一看的古老事物正在消失，因此英国可能会变成一个巨大的洛杉矶，到处都是高速公路，到处走动比真正到达哪里更重要。英国现在正在加入欧洲，而不是像我曾经预料甚至希望的那样变成美国，而且我认为它现在有欧洲的缺点而没有它的优点。十进制货币是个怪胎①，很快就会出现《一九八四》中的升装啤酒，而不再有廉价的葡萄酒或卷烟。同化，不管怎样，因为英国要么同化他人，要么被他人同化。拿破仑已经赢了。

《巴黎评论》：你提到英国版《发条橙》的最后一章在美国版中被删掉了②。这是否让你不快？

伯吉斯：是的，我讨厌同一本书有两个不同的版本。美国版少了一章，因此数字被打乱了。另外，书中隐含的暴力青少年需要经历然后才能成长的观点，在美国版中没有了，这使得这本书变成了一个单纯的寓言，而它本来应该是一部小说。

《巴黎评论》：第二十一章中发生了什么？

伯吉斯：在第二十一章中，亚历克斯长大了，意识到极端暴力有点无聊，是时候有一个妻子和一个叽叽喳喳叫他爸爸爸的小坏鸡仔。这本来是一个成熟的结论，但在美国没有人喜欢这个想法。

---

① 英国货币进制原本较复杂，1英镑等于20先令，1先令等于12便士。直到1971年，英国宣布改用国际通行的十进位制，规定1英镑等于100新便士。伯吉斯此处即就此事进行评论。

② 英国版《发条橙》全书共三部分，每部分七章。伯吉斯表示，全书共二十一章是有意为之，因为二十一岁被认为是人类成熟的一个里程碑。美国版中删掉了具有救赎意义的最后一章，这样故事的结尾就变得更加黑暗，亚历克斯又变成了以前那个极端暴力的自己。

《巴黎评论》：斯坦利·库布里克是否考虑过按海涅曼版①拍摄？

伯吉斯：库布里克在影片拍摄到一半时才发现这最后一章的存在，但要想改变观点已经太晚了。总之，他是一个美国人，他觉得它弱爆了。我不知道现在该怎么想。毕竟，我写完这个东西已经十二年了。

《巴黎评论》：你是否想在美国出版完整版？

伯吉斯：是的——这么说吧，我对这本书本身很没有把握。当我写这本书时，我的经纪人不愿意把它交给出版商，这很不寻常。而英国的出版商对这本书也很犹豫。因此，当美国出版商对最后一章提出反对意见时，我觉得自己并不处于强势地位。怎么评价这本书，我自己有点犹豫不决；我太熟悉它了。我想：嗯，他们可能是对的。因为作者的确难以把握自己的书的价值（尤其是在一本书完成之后）。也许我的让步有点太软弱，但我主要考虑的是经济问题。我希望它能在美国出版，我想从中赚到一些钱。所以我说"好吧"。现在我是否还会说"好"，我不知道，但我被许多批评家说服了，他们认为这本书的美国版更好，所以我说，"好吧，他们最懂"。

《巴黎评论》：美国出版社是否有可能推出一个限量精装版，将删除的那一章作为附录收入书中？

伯吉斯：我认为这应该是可行的。最好的办法是推出带有这最后一章的注释版——我的出版商抵制这个想法，我不知道为什么。我很想知道普通读者，比如说，美国学生怎么看待这两个版本之间的差异，因为我现在无法清楚地判断自己是对还是错。你的看法是什么，你对此有什么感觉？

《巴黎评论》：我觉得最后一章有问题。因为它虽然为作品创造了一个完全不同的情境，但在第二十章老亚历克斯的漂亮复活之后，它似乎有点令人扫兴。

---

① 即英国版。海涅曼指英国伦敦的海涅曼出版社，《发条橙》最初由该出版社于1962年发行。

伯吉斯：是的。

《巴黎评论》：但它仍然应该被保留。由于砍掉这一章，你的意思被改变了。

伯吉斯：就我所知，最无理的一例是福特·马多克斯·福特的《队列之末》(*Parade's End*)。在博德利·黑德出版社出版的英国版中，格雷厄姆·格林自作主张将《队列之末》作为三部曲来介绍，说他认为最后一部《最后一岗》(*The Last Post*)不合适，他觉得也许福特会同意他的看法，因此他擅自删除了最后一本。我认为格林错了。无论福特说过什么，这部作品都是四部曲。由于最后一本书的缺失，整部作品严重受损。在这种事情上，作者的判断并不可信。作者们通常对自己的书持中立态度。当然，他们对自己的书早已腻烦，不想再对它们做出任何严肃的评判。你看，当人们阅读伊夫林·沃的《一抔尘土》时，问题来了，因为那个可怕的结局（托尼·拉斯特被判无限期地给那个丛林混血儿读狄更斯的书），以前在一个短篇小说里出现过。人们如果读过那个短篇小说的话，就会对这本书产生一种奇怪的态度，觉得这个结局是故意粘贴在这儿的，最后出现的伟人并不是自动从书中产生，而是从另一部作品中任意抽取而来的。也许这种事人们不应该知道太多。当然，我们也无法回避。塞缪尔·巴特勒的《众生之路》有两个版本——这就提出了问题：我们更喜欢哪个版本？哪个版本才是对的？我们最好只知其一，对版本背后发生的事还是不知道为好。

《巴黎评论》：这难道不是反对出版完整版《发条橙》的一个理由吗？因为二十章的版本已经深入人心了。

伯吉斯：我不知道，两者都有关联吧。在我看来，它在某种意义上表达了英式生活态度和美式生活态度之间的差异。在这部小说不同呈现方式的差别背后，也许有些非常深刻的东西。我不知道，我无法判断。

《巴黎评论》：在《发条橙》，尤其是在恩德比系列中，你对青年文化及其音乐的嘲讽始终存在。难道它们没有一点好的地方吗？

伯吉斯：我鄙视任何明显短暂但却被标榜为拥有某种终极价值的东西，比如披头士乐队。大多数青年文化，尤其是音乐，都是建立在对传统一知半解的基础上的，而且往往把无知上升为美德。想想那些自诩为"编曲家"的音乐文盲吧。青年人过于墨守成规，对叛逆价值毫不关心，以存在而非创造为荣，以为有且只有自己才懂。

《巴黎评论》：你曾经在一个爵士乐队演奏过，有没有希望借助年轻人对摇滚乐的兴趣把他们引向爵士乐，或者甚至引向古典音乐？

伯吉斯：我现在仍然演奏爵士乐，主要是用四个八度的电子管风琴演奏，我更喜欢这样做，而不是听爵士乐。我觉得爵士乐不是用来听的，而是用来演奏的。我想写一部关于爵士乐钢琴家的小说，或者，最好是关于酒吧钢琴家的小说——我曾经在酒吧里弹钢琴，在我之前我父亲也一样。我不认为摇滚会让人们喜欢爵士乐。孩子们的口味一成不变，令人沮丧。他们需要文字，而爵士乐在没有歌词的情况下也表现很好。

《巴黎评论》：在你的两部小说中，莎士比亚和恩德比这两位语言大师都受到了缪斯女神的启发。但你也说过，你喜欢把你的书看作"待售工艺品"。

伯吉斯：《不似骄阳》中的缪斯不是真正的缪斯，而是梅毒。恩德比系列中的女孩其实是性，这个和梅毒一样，与创作过程有关。我的意思是，你不可能是一个性无能的天才。我仍然认为，灵感来自制作一件工艺品、一件工艺作品的行为。

《巴黎评论》：艺术作品是力比多旺盛的产物吗？

伯吉斯：是的，我认为艺术是升华了的力比多。你不可能成为一个阉人神父，也不可能成为一个阉人艺术家。我曾在一家精神病院工作过一段时间,那里住的全是GPI①病人,就是在那个时候我开始对梅毒产生兴趣。我发现梅毒螺旋体和疯狂天赋有关联。结核也会产生一种抒情驱动力。济慈二者兼而有之。

《巴黎评论》:你对托马斯·曼的《浮士德博士》的兴趣是否影响了你在自己作品中对梅毒和其他疾病的使用?

伯吉斯:曼的《浮士德博士》的主题对我影响很大,但我不想为了成为瓦格纳或莎士比亚或亨利八世而让自己患上梅毒。代价未免太高,我无法承受。哦,你想听一些GPI病例。有一个人把自己变成了斯克里亚宾②,另一个人可以告诉你历史上任何一天是星期几,还有一个人像克里斯托弗·斯马特③一样写诗。许多病人是演说家或大骗子。他们有点像被囚禁于一部欧洲艺术史中。还有政治史。

《巴黎评论》:你是否在小说中使用过你遇到的GPI病例?

伯吉斯:我曾一度打算写一部关于精神病院生活的长篇小说,类似于《魔山》,我想;也许我还会着手写它。当然,问题在于它会具有某种政治意义。人们可能会想到《癌症楼》这样的作品,可能会认为它展现出病人和医护人员之间的明显分野。然而,让我对专门治疗麻痹性痴呆的精神病院感兴趣的是疾病和天赋之间的关系。这些病人所表现出的一些巨大的技能——这些巨大的疯狂能力——都源于螺旋体。我在几部小说中(至少在一部小说中)探讨了这个问题,但要在更大范围内探讨这个问题,需要一种理论依据,但我还没能解决它。我不想把它写成一部纯粹的纪实小说,仅仅展现这类医院生活;但我认为这确实与某种象征有关——与一种内在

---

① 即麻痹性痴呆(General Paralysis of the Insane),一种因梅毒螺旋体侵入大脑而引发的神经性精神疾病,以神经麻痹、进行性痴呆和人格障碍为特点。
② 亚历山大·斯克里亚宾(Alexander Scriabin,1872—1915),俄国作曲家、钢琴家。他是由浪漫主义音乐过渡到无调性音乐的先驱,同时也是一位神秘主义者。
③ 克里斯托弗·斯马特(Christopher Smart,1722—1771),英国诗人,曾因宗教狂热被关入疯人院多年,其间写下了《欢愉在羔羊》等诗歌名作。

的、更深刻的意义有关。当然，我们永远不知道这种意义是什么，但《魔山》在自然主义的表象下有其深层含义。我不想模仿它。恐怕人们需要等待——有时要等很久——等待自己的经历以可行的形式呈现出来，以一种可以被塑造成艺术作品的形式呈现出来。

《巴黎评论》：你选择像乔伊斯这样的巨匠作为你的文学偶像，同时又把自己归类为"二流作家"，你认为这是否矛盾？

伯吉斯：为什么矛盾？不过我从未真正将乔伊斯视为文学偶像。乔伊斯无法模仿，我的作品也没有模仿乔伊斯。你能从乔伊斯身上学到的只是准确使用语言。"二流作家"指约翰逊博士以及我们可怜的专栏作家们，而且约翰逊是语言的精确使用者。

《巴黎评论》：你肯定对乔伊斯研究得很透彻。了解他所做的一切，是否能为你打开而不是关闭更多扇门？

伯吉斯：乔伊斯只为他自己的狭窄世界打开了更多扇门；他的实验只为他自己。但是所有的小说都是实验性的，《芬尼根的守灵夜》并不比诸如《奔跑的黑鬼》[1]或《他的猴妻》[2]这类实验更出色。它看起来出色，是因为它的语言。不管你信不信，《MF》是一个完全原创性的实验。

《巴黎评论》：乔伊斯试图用几乎整部小说来描述"无意识"，这难道不是一种纯粹的语言学实验吗？

伯吉斯：当然是。守灵夜世界之所以狭窄，是因为它一直沉睡着，只专注于一组冲动，人物太少。

《巴黎评论》：难道当代作家不模仿乔伊斯就不能使用他的某些技巧吗？

---

[1] *Prancing Nigger*，英国作家罗纳德·菲尔班克的长篇小说，首次出版于1925年。
[2] *His Monkey Wife*，英国作家约翰·科利尔的长篇小说，首次出版于1930年。

伯吉斯：只要你使用乔伊斯的技巧，你就成了乔伊斯。技巧和素材是一体的。除非你是贝多芬，否则你不可能像贝多芬那样创作。

《巴黎评论》：纳博科夫对你的写作有什么影响吗？你曾高度赞扬过《洛丽塔》。

伯吉斯：阅读《洛丽塔》意味着我很享受使用《回答的权利》[①]中的一系列事物。我没受什么纳博科夫的影响，我也不打算这样。在我知道他这个人之前，我就按我自己的方式写作了。但在过去十多年间，没有第二位作家给我留下如此深刻的印象。

《巴黎评论》：然而，你被称为"英国的纳博科夫"，可能是因为你写作中的世界性和言语的独创性。

伯吉斯：没有影响。他是俄罗斯人，我是英国人。在某些气质禀赋上，我和他不谋而合。不过他太不自然了。

《巴黎评论》：在什么方面？

伯吉斯：纳博科夫天生就是国际舞台上的花花公子，而我只是一个害怕穿得太花哨的外省男孩。所有的写作都是不自然的，而纳博科夫的作品只有在叙述部分才不自然。他的对话总是自然而精湛的（只要他想）。《微暗的火》之所以被称为小说，是因为它无法被归入其他文学类别。它是一部集诗歌、评论、案例集、寓言、纯粹的结构于一身的文学杰作。但我注意到，大多数人仅仅读那首诗，而不读与那首诗有关的东西。当然，那是一首好诗。我认为，纳博科夫错就错在有时听起来很老套——这是节奏问题，就好像对他来说，于斯曼[②]是一位出色的现代作家，其传统值得继承。

[①] 《回答的权利》（*The Right to an Answer*）是安东尼·伯吉斯1960年创作的一部黑色喜剧小说，也是他从殖民地返回英国后的第一部作品。小说的主题之一是流亡者归来的幻灭感。

[②] 若利斯-卡尔·于斯曼（Joris-Karl Huysmans，1848—1907），法国象征主义作家，代表作为长篇小说《逆流》。

约翰·厄普代克的作品有时也有同样的问题，也很老套——词汇和意象都很华丽，但节奏缺乏力度。

《巴黎评论》：纳博科夫是否与乔伊斯并列榜首？

伯吉斯：他不会被作为最伟大作家载入史册的。他不配为乔伊斯脱鞋。

《巴黎评论》：最近有没有出现你认为今后肯定会成就一番伟大事业的新兴作家？

伯吉斯：在英国我一个都没有想出来。美国作家的问题是，他们在成为伟大作家之前就死了——纳撒尼尔·韦斯特、司各特·菲茨杰拉德等。诺曼·梅勒会成为一个了不起的自传体作家。拉尔夫·埃里森只要能笔耕不辍，会成为伟大作家的。像约瑟夫·海勒那样靠一本书出名的人[①]太多了。

《巴黎评论》：毫无疑问，美国作家往往很早就把自己写死了。你认为一个作家要想获得"伟大"的称号，仅有一本书不够吗？

伯吉斯：一个人可以写出一本伟大的书，但这并不能使他成为一个伟大的作家——他只是一本伟大的书的作者。塞缪尔·巴特勒的《众生之道》是一部伟大的小说，但没有人称巴特勒是伟大的小说家。我认为一个作家要想成为伟大的小说家，既要博大，也需精深。

《巴黎评论》：菲茨杰拉德写过一部伟大的小说吗？

伯吉斯：我并不觉得菲茨杰拉德的书有多伟大——风格太过浪漫，缺乏创意，远不如你在海明威身上看到的那种奇特的新鲜感——我认为，海明威是一位伟大的小说家，但是他从未写过一部伟大的长篇小说（一部伟大的中篇小说呢？写过）。我觉得美国喜欢让它的艺术家英年早逝，以救

[①] 原文为拉丁语 homines unius libri，意为一本书之人。

赎物质主义美国的罪孽。英国人把英年早逝留给了迪伦·托马斯和贝汉[①]这样的凯尔特人。但我无法理解美国的文学阻滞——以埃里森或塞林格为例——除非它意味着受阻的人并非因经济原因而被迫写作（不像英国作家通常缺乏校园的接纳和经济上的补贴），因此可以承受得起批评家对他们的疯狂扑杀，比如批评他们的新作不如他们的上一部（或第一部）作品。美国作家在"受阻"的时候会喝很多酒，而酗酒——作为一种艺术的替代品——会使受阻更严重。我发现最好少喝酒，特别是自从我的第一任妻子比我喝得少却死于肝硬化之后。可是我抽烟很凶，这可能比每天喝五杯马提尼酒更糟糕。

《巴黎评论》： 你曾经高度评价过同时身为小说家和务实记者的笛福，而且你也很欣赏作家斯特恩。这些十八世纪的作家对你有什么特别的吸引力？

伯吉斯： 我钦佩笛福，因为他工作勤奋。我钦佩斯特恩，因为他做到了法国人现在笨拙地想要做到的一切。十八世纪的文章具有强大的生命力和广阔的空间。不过，菲尔丁不行，多愁善感，矫揉造作。斯特恩和斯威夫特（乔伊斯说，他们应该交换名字[②]）是我们可以一直学习其写作技巧的作家。

《巴黎评论》： 说到法国——相较其他文学传统，你那些充满趣味的思想小说似乎更具法国文学传统。这是否让它们在英美两国难以为人所知？

伯吉斯： 我的小说在思想上是真正中世纪天主教式的，而今天人们不要看这些东西。它们绝不是"法国式的"。如果阅读的人不多，那是因为词汇量太大，而人们在阅读单纯的小说时不喜欢查字典。反正我也不在乎。

[①] 布兰登·贝汉（Brendan Behan，1923—1964），爱尔兰诗人、作家，死于酗酒。
[②] 斯特恩（Sterne）姓氏词根 stern 有"严厉、认真"之意，斯威夫特（Swift）姓氏本意为"迅速"，恰好与两人的写作风格形成反差。

《巴黎评论》：你的小说经常被拿来与伊夫林·沃的小说进行比较，这在一定程度上说明了你对天主教的重视，但你说过你并不觉得沃的天主教贵族思想有什么吸引力。你喜欢他的什么作品？

伯吉斯：沃很风趣、很优雅、很节俭。我鄙视他的天主教信仰，就像所有天主教徒鄙视皈依者一样。天主教是他身上对我最没有意义的东西，事实上，它有损于他的作品《荣誉之剑》。

《巴黎评论》：人们经常将这一指控与多愁善感一起用于批评《故园风雨后》，但是《荣誉之剑》通常被视为有关"二战"的最佳英文小说。沃（或盖伊·克劳奇贝克①）的天主教信仰怎么削弱了它？

伯吉斯：克劳奇贝克的天主教信仰削弱了《荣誉之剑》，因为它使该书宗派化了——我的意思是，我们有了克劳奇贝克关于战争的道德观，但这还不够，我们还需要一些隐藏在宗教之下的东西。在我们这个时代，以天主教神学作为小说的基础是一个弱点，因为这意味着一切都成了老生常谈，作者不需要重新思考问题。格林的《问题的核心》的弱点在于作者对神学的迷恋：主人公的苦难是神学的苦难，在天主教的狭窄领域之外是无效的。当我在马来亚向学生讲授沃和格林的时候，他们经常发笑。他们会说，如果这个人想要两个妻子，为什么不可以呢？当你和一个不是你妻子的女人上床时，吃神父给你的那点面包有什么不对？等等。可他们从不嘲笑古希腊和伊丽莎白时代的悲剧英雄。

《巴黎评论》：自小笃信天主教和后来皈依天主教之间的差异是否会对作家的创作产生本质的影响，以至于你可能更喜欢弗朗索瓦·莫里亚克这样的作家而不是格雷厄姆·格林？

伯吉斯：皈依天主教的英国人往往会被天主教的魅力所迷惑，甚至在其中寻找比实际更多的魅力——比如沃，他梦想着一个古老的英国天主

---

① 小说《荣誉之剑》的主人公。

教贵族；而格林，以一种非常冷血的方式对罪恶着迷。我倒希望我更喜欢莫里亚克这个作家。事实是，我更喜欢皈依的天主教徒，因为他们恰好是更好的小说家。我在读格林的作品时，会尽量忘记他是个天主教徒。我想，他现在也在努力忘记。《喜剧演员》算是一种哲学上的转折点。《与姨母同行》除了一种令人非常愉快的颠倒式道德观之外，美好得没有任何道德色彩。

《巴黎评论》：在一篇关于沃的文章中，你提到"每个英国天主教徒身上都有清教徒的影子"。你在自己的写作中看到过这种清教徒的痕迹吗？

伯吉斯：当然，我身上有。我们英国人很认真地对待我们的天主教信仰，而意大利人和法国人则不然，这使我们对罪孽认真而执着。我们非常重视地狱——这也许是一个非常北欧的概念——并且在通奸时会想到地狱。我是彻头彻尾的清教徒，以至于我在描述一个接吻时都会脸红。

《巴黎评论》：你认为作者在陈述有争议的主题时，语言使用上是否应该有所限制？

伯吉斯：我之所以不喜欢在作品中描述情爱细节，可能是因为我非常珍视肉体之爱，不想让陌生人知道。因为，毕竟，当我们描述交媾时，我们是在描述我们自己的经历。我喜欢隐私。我认为其他作家应该做他们能做的事，如果他们能像我的一个美国女学生那样，用十页纸来描述口交行为而不觉难堪，那祝他们好运。但我认为，巧妙规避禁忌比所谓的完全放任自流能带来更多的艺术愉悦。当我写我的第一本恩德比小说时，我不得不让我的主人公说"for cough"，因为"fuck off"（滚开）在当时是不被接受的。到出版第二本恩德比的时候，时代变了，恩德比可以自由地说"fuck off"，我反而不高兴。这太容易了。所以他仍然说"for cough"，而其他人则说"fuck off"。一种妥协吧。然而，文学因禁忌而兴旺，正如艺术因技术难题而繁荣一样。

《巴黎评论》：几年前你写道："我相信错误的上帝正暂时统治世界，

而真正的上帝已经消失了。"你还说，小说家的天职使你倾向于这种摩尼教的观点。你仍然这样看吗？

伯吉斯：我仍然坚持这一信念。

《巴黎评论》：为什么你认为小说家倾向于从"本质对立"的角度来看待这个世界？与摩尼教派不同的是，你似乎保持着传统基督教的原罪信仰。

伯吉斯：小说是关于冲突的。小说家的世界是一个人物性格、愿望等基本对立的世界。我只是最广泛意义上的摩尼教徒，相信二元对立是终极现实；原罪这一点其实并不矛盾，尽管它确实把人引向令人沮丧的法国异端，比如格雷厄姆·格林自己的詹森主义，以及阿尔比教派（圣女贞德的宗教）、清洁派，等等。作为一名作家，我可以接受各种神学思想。

《巴黎评论》：在规划你的小说时，你是否考虑过像西默农那样把它们分成"商业"和"非商业"作品，或者像格林那样，分成"严肃小说"和"娱乐小说"？

伯吉斯：我所有的小说都属于一类——旨在认真地娱乐，没有道德目标，无所谓庄重严肃。我就想取悦他人。

《巴黎评论》：你这难道不是将道德与美学剥离了吗？当然，这种观点与你在《莎士比亚传》中否定盎格鲁-撒克逊人"伟大的艺术家必须具有伟大的道德"这一观念一致。

伯吉斯：我不会把道德和美学分开。我只是认为，一个人的文学成就并不代表他的个人道德水平。我真的不认为文学的任务是教我们如何做人，但我认为它可以通过展示生活的本质，使道德选择这件事显得更加清晰。它追求的是真理，而真理并不等于善良。

《巴黎评论》：你曾说过，小说中隐含着一套源自宗教的价值观，但其他艺术，如音乐和建筑，与虚构的小说不同，是"中性的"。在这一点上，这是否多少使其他艺术更具吸引力？

伯吉斯：我喜欢写音乐，正是因为它脱离了信仰、行为等"人"的考量。纯粹的形式，仅此而已。但我又往往鄙视音乐，就因为它是如此无心。我一直在根据莎士比亚《爱的徒劳》中用 sol-fa 记谱法向我们抛出的一个音乐主题（主旋律为 CDGAEF）编写弦乐四重奏。这是一种至福。我已经完全被它吸引了，在飞机上，在酒店房间里，在我无事可做而又没有播放该死的背景音乐的地方。（难道播放背景音乐的人就没有考虑过那些真正需要写音乐的人吗？）对于音乐只涉及纯粹的形式问题，现在我仍有些惭愧。因此，我在对纯粹形式的渴求和对文学的认识之间摇摆不定。文学之所以有价值，可能就在于它总是言之有物。

《巴黎评论》：政治中立在这一切中是如何体现的？在你的小说中，中立者，如《意图的颤动》(*Tremor of Intent*) 中的特奥多雷斯库先生，通常是反派。

伯吉斯：如果说艺术应该是中立的（如果可能），那么生活应该是坚定的（如果可能）。政治和宗教的中立与音乐等有幸实现的中立之间没有任何联系。可以说，艺术是胜利的教堂，而生活的其余部分则是好斗的教堂。我相信善恶是存在的，尽管它们与艺术无关，而且邪恶必须被抵制。我的审美观与这种道德观截然不同，这并不矛盾。

《巴黎评论》：你最近的几部小说都有异国背景，尽管你几年前曾说过，艺术家应该穷尽"此时此地"的资源，以此作为对其艺术的真正考验。你改变主意了？

伯吉斯：是的，我改变了主意。我现在发现，受限于我的个人性情，只要不在英国，世界上的任何其他地方都可以令我感动、令我兴奋。这意味着我的所有场景都必须是"异国情调"的。

《巴黎评论》：为什么你认为英国是一个如此沉闷的话题？

伯吉斯：对我来说沉闷，对别人来说不是。我喜欢有冲突有活力的社会。换言之，我认为，小说应该涵括整个社会，而不仅仅是里面的一个小口袋。英国小说有点像这些小口袋——上流社会的爱情故事、鲍威尔[①]的波希米亚贵族、斯诺[②]的权力人物，狄更斯给了你很多东西，像巴尔扎克一样。许多现代美国小说给了你很多东西。你甚至可以从菲利普·罗斯的《乳房》这样的疯狂幻想中重建整个现代美国。但是可能我对英国有种个人情结——一种排斥感。很简单的一件事，就像喜欢极端的气候、酒吧里的争斗、异国的海滨、鱼汤、大量的大蒜等等一样。我发现想象一个超现实主义的新泽西比想象一个古老的英格兰更容易，尽管我看到一些美国天才在继承希思先生[③]的遗产的基础上创造出了一个完全陌生的世界。正如托马斯·品钦从未去过瓦莱塔、卡夫卡从未去过美国一样，可能最好还是想象自己的异国他乡。我在去巴黎之前就写了一篇很好的巴黎记，比真实的巴黎还好。

《巴黎评论》：这是《虫与指环》（*The Worm and the Ring*）中的情节吗？

伯吉斯：是的。巴黎是我一直试图回避的城市，但我最近越来越多地来到巴黎，发现我笔下的巴黎（尽管一股地图和旅游指南的味道）与现实并无二致。乔伊斯在《尤利西斯》中描写的直布罗陀也是如此；一个人写一个国家不需要亲临其境。

《巴黎评论》：而你在《献给熊的蜜》（*Honey for the Bears*）中描绘的列宁格勒却很不错。

[①] 安东尼·鲍威尔（Anthony Powell，1905—2000），英国作家，代表作为十二卷本长篇小说《随时间之乐起舞》。
[②] C.P.斯诺（C. P. Snow，1905—1980），英国作家、物理化学家和政府官员，代表作为长篇小说系列《陌生人和兄弟们》，其中包含多达十一部小说。
[③] 指爱德华·希思（Edward Heath，1916—2005），英国保守党政治家，英国第46任首相。

伯吉斯：哦，我知道列宁格勒。是的，没错，但不是太了解，因为如果对一个城市太了解的话，那么对它的印象不但不会鲜明，反而会模糊，也就没有兴趣去写它了。总之，有趣的一点是，人们首先通过气味来认识一个城市，在欧洲尤其如此。列宁格勒有它自己独特的气味，久而久之，你就会对这些气味习以为常，忘记了它们是什么；而且，如果你对一个地方太熟悉，你在写它的时候，反而无法用那些高度感性的词语来描述它。如果你在某个地方待上一个月，你就无法保留感性的印象。就像巴黎一样，你刚到时闻到了高卢香烟的味道，但时间一久，你再也闻不到高卢香烟的味道了。你已完全习惯了这种气味。

《巴黎评论》：你曾说过，列宁格勒很像曼彻斯特。它们有什么相似之处？

伯吉斯：我想这只是建筑给我的感觉，列宁格勒的建筑相当破旧，让我感觉那里有大量工人阶级，他们穿着相当寒酸。我想在某些方面，曼彻斯特的气味——我总是把曼彻斯特与制革厂的气味联系起来，非常刺鼻的气味，你也知道。我在列宁格勒也闻到了这种味道。这是件小事，但这些小事有一个奇怪的习惯，就是会变得很重要。你会想要记住一个地方。我不知道密尔沃基的味道是什么，我觉得美国城市没有任何味道，这可能是它们相当不容易记住的原因。嗅觉是最难以捉摸的感官。但对小说家来说，它却是最重要的感官。

《巴黎评论》：你也说过，严肃的小说家应该做好准备，在一个地方停留下来，真正了解这个地方。你现在想在意大利长期停留吗？

伯吉斯：我似乎又改主意了。我想我要创造一些地方，而不仅仅是再现它们。请不要把这怪罪于《爱达或爱欲》的影响。我接下来的四部小说将分别以中世纪的英格兰、现代的新泽西、过去五十年的意大利和简·奥斯丁时代的英格兰为背景。

《巴黎评论》：旅行是否让你对各种类型的人有特别的感受，比如福斯特笔下的戈德布尔教授？

伯吉斯：从本质上说，人都是一样的，我在不同种族中生活了很长时间，对这一点有足够的把握。《印度之行》中的戈德布尔是一个古怪的神秘主义者，任何文化里都有这种人。

《巴黎评论》：此时此刻，你认为自己是侨居国外的英国人还是一个流亡者？

伯吉斯：口舌之争罢了。我自愿流亡，但不会永远流亡。尽管如此，除了度假之外，我想不出有什么好理由要回英国。但是，正如西蒙娜·薇依所说，忠于自己从小到大的饮食习惯，这也是一种爱国主义。我有时会因为想念兰开夏郡的食物——火锅、炖杂烩等——而身心不适，我必须吃这些东西。我想，我对兰开夏郡是忠诚的，但还没有强烈到想回那里生活的地步。

《巴黎评论》：什么是"火锅"和"炖杂烩"？

伯吉斯：火锅，又叫兰开夏火锅，做法如下：取一个陶瓷盆，先铺一层切好的羊肉，在上面铺一层洋葱片，然后再铺一层土豆片，就这样一层一层地码到顶。加入调味的高汤。在最上面摆上蘑菇或更多的土豆片，使其变色。如果你愿意，也可以加入牡蛎或腰子。放进烤箱，中火烤较长时间，最后配上酸菜一起吃。炖杂烩是利物浦的一道水手菜（利物浦人被称为斯高斯人[①]），做法非常简单。将土豆和洋葱切成小块，在锅里加入调味汁煮。当它们快熟的时候，去掉多余的汤汁，加入一两罐切成方块（或丁）的腌牛肉。稍稍加热。与什锦腌菜一起吃。我喜欢做这些菜，而且人们一旦吃过，都会喜欢吃。它们朴实而简单。兰开夏郡有极好的美食，包括著名的商店美食——就是那些你可以在商店里买到的美味佳肴。历史上兰开夏郡的妇女们都在棉纺厂工作，只有在周末才做饭。因此，你可以

[①] 斯高斯人（scousers 或 scowsers），该称呼派生自 scouse，一种源自斯堪的纳维亚半岛的炖菜，也就是伯吉斯此处所说的炖杂烩（lobscouse）。

在熟食店买到食物——炸鱼薯条、伯里布丁、埃克斯蛋糕、牛肚、牛蹄、肉馅饼（热的，肉汁从壶中倒入饼上的小口内），等等。我认为，炸鱼薯条现在已是国际公认的美食。肉加土豆馅饼也许是兰开夏郡最美味的菜肴——比兰开夏火锅稍干，馅饼皮极薄。

《巴黎评论》：我很想去曼彻斯特看看。另一位旅居海外的英国作家劳伦斯·达雷尔曾说过，既然美国和俄国将决定我们的未来，那么当一个人在这两个国家时，最好停止旅行，开始思考。他说，这与去意大利不同，那纯粹是一种享受。你同意吗？

伯吉斯：达雷尔还从未说过一句我同意的话。他让我想起了美国电视节目中的那个女人，弗吉尼亚·格雷厄姆。我不知道他到底什么意思。我在美国和俄罗斯，跟在意大利一样，我见人、喝酒、吃饭。我没有看到任何纯粹形而上学的迹象。把那些留给政府吧，政府是我尽量忽略的。所有的政府都是邪恶的，包括意大利政府。

《巴黎评论》：这听起来有点无政府主义的影子，起码很不美国。你是否在读大学时有过一段马克思主义时期，就像《长日消逝》(*The Long Day Wanes*)①中的维克多·克拉布一样？

伯吉斯：我从来不是一个马克思主义者，尽管我读大学时，一直打算玩玩马克思主义游戏——比如用马克思主义术语分析莎士比亚，等等。我一直热爱辩证唯物主义。但从一开始，这就是一种站在结构主义者角度的热爱。把社会主义与最低限度的社会化（这是美国所迫切需要的）认真地对立起来，这是很荒谬的。

《巴黎评论》：难道"最低限度的社会化"不需要加强中央政府的规模和权力吗？只有美国联邦政府才能为类似英国或斯堪的纳维亚的医疗计划

---

① 全名为《长日消逝：马来亚三部曲》，是安东尼·伯吉斯以马来亚去殖民化为背景创作的喜剧三部曲小说。

提供资金；这里亟须平价医疗服务。

伯吉斯：我厌恶国家，但也承认社会化医疗是当今任何文明国家的当务之急。在英国，我妻子最后生病期间，社会化医疗使我免于破产（尽管私人医疗保险也许可以解决这个问题。不过，你不能选择退出国家计划）。社会化医疗——无论如何，在英国这是一个自由主义的想法——并不意味着一切收归国有的彻底的社会主义。如果美国实行社会化医疗，那么只有医生和牙医才会想方设法阻挠社会化医疗发挥作用。但是，就跟英国一样，私人诊所为什么不可以与国家医疗机构并存呢？在英国你去看牙医，他会问你："私人医疗保险还是国家医疗保险？"治疗上几乎没有差别，但国家医疗保险所支付的材料（补牙填充物、眼镜等）会比私人医疗保险支付的材料要差。

《巴黎评论》：那么，这些观点是否使你成为政治保守派？你说过，如果你在英国的话，会勉强投保守派一票。

伯吉斯：我想我是詹姆斯党人，也就是说我是传统的天主教徒，支持斯图亚特君主制，并希望看到它复辟，我不相信强加的变革，即使它看起来是为了更好的发展。老实说，我认为美国应该成为君主制国家（最好是斯图亚特王朝），因为有限君主制国家没有总统，而总统是政府中的又一个容易腐败的因素。我讨厌所有的共和政体。由于天主教詹姆斯党人的帝国君主的理想并不可行，我想我的保守主义实际上是一种无政府主义。

《巴黎评论》：许多美国人认为他们的总统任期制已经演变成一种君主制了，这种结果令人不快。你认为无政府状态是一种可行的政治选择吗？

伯吉斯：美国总统制是都铎君主加上电话。你要么选择回到英联邦的那种有限君主制——立宪君主至少不参与政治，不会变得肮脏或腐败——要么选择将权力下放到非联邦的各个州，为大型发展计划提供一个松散的合作框架。无政府主义是一个人自己的事，我认为在美国这样大的国家，现在才考虑将其作为一种可行的制度或非制度，为时已晚。布莱克和梭罗的无政府主义是正确的,我对他们非常钦佩,但我们再也不会如此热血沸腾了。我们所能做的就是不断地挑政府的刺,违抗我们所敢于违抗的政府命令(毕竟,我们还要生存),多追问原因,保持不信任的习惯。

《巴黎评论》:你曾敦促艺术家同行通过"挖掘神话"来寻求深度。创造新神话,或者重新检视旧神话,就像你在《战争的远景》中对《埃涅阿斯纪》所做的那样,你对哪个更感兴趣?

伯吉斯:目前,我感兴趣的是结构主义能给我们带来哪些关于神话的启示。我不认为我能创造出我自己的神话,而且我仍然认为,对于像伊阿宋/金羊毛这样的神话(顺便说一下,我计划以此为题材写一部小说),我们很可以重新虚构一番。现有的神话蕴含着有益的深度和深刻的内涵,为小说家省去了许多创作上的麻烦。

《巴黎评论》:伊阿宋追寻金羊毛的故事如何嵌套于我们这个时代?

伯吉斯:如果我写的话,我的伊阿宋小说,也只会是将阿耳戈故事放在恶棍式冒险的框架之下。没有更深的意义。

《巴黎评论》:你是否考虑过像托马斯·曼在《错位》中所做的那样,以与东方宗教有关的神话为基础创作一部小说?

伯吉斯:奇怪的是,我一直在考虑将曼的《错位》改编成一部音乐剧——这部小说非常迷人,但它不过是游戏之作罢了,尽管有时它被认为具有深刻的心理学意义。我在东方生活了六年,对东方的神话并无太大兴趣,除了爪哇人无休止的皮影戏,那倒有点像《芬尼根的守灵夜》。但是我曾想过根据文西阿都拉的《阿都拉传》[①]写一部小说。德国人对东方的那种渴望——黑塞以及曼——真是奇怪。如果他们是殖民地军官,也许就不会如此浪漫了。也许那才是他们真正想成为的人。

---

① 文西阿都拉(Munshi Abdullah,1796—1854),马来亚作家。他创作的《阿都拉传》是马来亚一部重要文学作品,也是最早商业化出版的马来文学作品之一。

《巴黎评论》：结构主义在《MF》中占有重要地位。它对作为一个思想小说家的你而言有多重要？

伯吉斯：结构主义是对某种神学信念的科学证实——生命是二元对立的，这是一种双重宇宙，诸如此类。我的意思是，本质对立的概念——不是上帝/魔鬼而只是X/Y——是最为根本的概念；这是一种纯粹的结构主义观点。我们最终认为形式比内容更重要，认为言语和艺术是情感交流过程，而那些重大的道德问题不过是空中楼阁。马歇尔·麦克卢汉一直在这条道路上蹒跚而行，独立于列维-斯特劳斯之外。妙的是，人的本质分叉在以列维-斯特劳斯的名字命名的裤子①中得到了体现。

《巴黎评论》：除了建立语言和神话之间牢固的联系之外，你还指出了小说的未来："只有通过对语言的探索，个性才能逐渐揭示更多秘密。"对此你能进一步解释一下吗？

伯吉斯：通过词汇的扩展，通过句法的精心变形，利用传统上由诗歌垄断的各种韵律技巧，肯定可以比欧文·斯通或欧文·华莱士等人的风格更好地呈现某些不确定的或复杂的思想领域。

《巴黎评论》：你是否想过像福楼拜在《一颗简单的心》中那样，把复杂的文体挥霍在一个简单的主人公身上？

伯吉斯：试着让你的语言更符合你对主题的理解，而不是主题本身。"这个愚蠢的人精雕细琢为一个叫全福的女佣写了一部伟大的作品。"但福楼拜关心的，肯定是那颗高贵的心，故浓墨重彩于此。风格与其说是当务之急，不如说是长期存在的问题。我的意思是，要为主题找到合适的风格，而这必然意味着主题先行，风格在后。

《巴黎评论》：你自称是"严肃的小说家，试图拓宽小说主题的范围"，

---

① 此处指著名的牛仔裤品牌李维斯（Levi Strauss & Co.，简称 Levi's），其品牌名与列维-斯特劳斯同名。

你有哪些尝试?

伯吉斯：我写过垂死的大英帝国、厕所、结构主义，等等，但是我真的觉得，我在说这句话时，脑子里真没有想到主题什么的。我的意思是改变英国小说的情感，这我可能已经做到了一点，非常少。新领域更多是技术性的，而不是主题性的。

《巴黎评论》：在《现代小说》(*The Novel Now*)中，你说小说是我们唯一仅存的重要文学形式。你真是这么认为的?

伯吉斯：是的，小说是我们仅存的一种大型文学形式。它能够涵括从戏剧到抒情诗的其他较小的文学形式。诗人们做得很好了，尤其是在美国，但他们无法达到史诗（现在小说已取而代之了）背后的那种结构技巧。音乐和诗歌中的那种短暂、尖锐的爆发力是不够的。今天，小说已经垄断了形式。

《巴黎评论》：就算小说居于这种有限的首要地位，但令人不安的是，小说的销量普遍下降，公众的注意力更多地集中在非虚构作品上。你是否想过今后更多地转向传记写作?

伯吉斯：我会继续写小说，并希望附带得到一些小回报。传记是非常艰苦的工作，没有发挥的空间。如果我现在是个年轻人，我做梦也不会想成为职业小说家。但总有一天，也许很快，我就会重新认识到，阅读想象中的人物和他们的冒险是世界上最大的乐趣。或者说是第二大乐趣。

《巴黎评论》：第一大乐趣是什么?

伯吉斯：这取决于你自己的口味。

《巴黎评论》：你为什么后悔成为一名职业小说家?

伯吉斯：我想是精神上的压力、焦虑，你知道，还有自我怀疑，这些都不值得。创作的痛苦和对自己灵感缪斯的责任——所有这些都让人无法忍受。

《巴黎评论》：如今，靠写高质量的小说来维持生计的可能性是否更大了？

伯吉斯：我不知道。我只知道我越老越想活，而我的机会却越来越少。我想我不愿被某一种艺术形式束缚住，仅靠一种艺术形式建立起个人身份，这么说吧，就像是弗兰肯斯坦创造的怪物。我希望我可以活得轻松一些；我希望我对艺术没有责任感。更重要的是，我希望我没有不得不写的小说，那种因为没有人愿意写，所以必须写的小说。我希望我更自由，我喜欢自由。我想如果我是一个殖民地官员，用业余时间零零碎碎写些小说，我会更快乐。那样会比当一个靠文字谋生的职业文人更快乐。

《巴黎评论》：小说被改编成电影对小说有没有帮助？

伯吉斯：电影对它们所改编的小说有帮助，对此我既反感又感激。感谢亲爱的斯坦利，我的《发条橙》平装本在美国的销量超过了一百万册。但我不喜欢受制于单纯的电影制作人。我想通过纯文学获胜。当然，这是不可能的。

《巴黎评论》：谈到你的第一部小说《战争的远景》时，你说它"就像我此后所有的故事一样，是对幻象缓慢而残酷的剥离"，但是你经常被称为喜剧作家。喜剧的本质如此残酷吗？抑或你认为自己更像是一个讽刺作家？

伯吉斯：喜剧和悲剧同样关注真相；正如柏拉图所认识到的，两者在本质上有一些共同之处。它们都是剥离的过程；它们都撕去外在的东西，揭示人是一个可怜的分叉动物。讽刺是一种特殊的喜剧，它局限于特定的行为领域，而不是人类的普遍状况。我不认为我是一个讽刺作家。

《巴黎评论》：可以说你是一个黑色幽默大师吗？或者所有这些分类都

太过局限了?

伯吉斯：我想我是个不折不扣的漫画家。我的《拿破仑》写得很滑稽，当然这并非我本意。我想我不知道什么是黑色幽默。讽刺作家？讽刺文学是一种困难的媒介，昙花一现，除非这种形式本身具有强大的生命力，如《押沙龙与亚希多弗》①《澡盆故事》②《动物农场》。我的意思是，即使讽刺的对象被遗忘，作品也必须作为故事或诗歌而存在。讽刺现在只是其他体裁中的一个元素而已，其本身并不是一种体裁。我喜欢别人称我为小说家。

《巴黎评论》：大约十年前，你写道，你认为自己是个悲观主义者，但是你相信"这个世界有很多慰藉——爱情、食物、音乐、种族和语言的巨大多样性、文学、艺术创作的乐趣"。今天你还会列出同样的慰藉清单吗？

伯吉斯：是的，没有变化。

《巴黎评论》：另一位专业人士乔治·西默农曾说，"写作不是一种职业，而是一种悲惨的使命。我认为艺术家永远不会快乐"。你认为这是真的吗？

伯吉斯：是真的，西默农是对的。我八岁的儿子有一天说："爸爸，你为什么不写着玩呢？"连他也知道，我写作时很烦躁、很绝望。我想，除了我的婚姻之外，我最快乐的时候是我教书的时候，放假时不用操心什么，而写作时的焦虑却是难以忍受的。并且，我与西默农的不同之处在于——经济上的回报根本无法弥补我精力的消耗、兴奋剂和麻醉品对健康的损害、对自己作品不够好的恐惧。我想，如果我有足够的钱，我明天就会放弃写作。

（原载《巴黎评论》第五十六期，一九七三年春季号）

---

① *Absalom and Achitophel*，英国诗人约翰·德莱顿发表于1681年的著名讽刺诗，讲述《圣经》中押沙龙背叛大卫王的故事。
② *A Tale of a Tub*，乔纳森·斯威夫特的第一部重要讽刺作品，首次出版于1701年。

克里斯托弗·伊舍伍德

◎刘雅琼/译

克里斯托弗·伊舍伍德的家位于加利福尼亚州圣莫尼卡边缘的"峡谷"。这是一个宁静的波希米亚风格的街区,房子粉刷成各种颜色,居住的人大多是艺术工作者。这里保留了三十年前的大部分特色,当时,这里刚刚成为从广袤而混乱的洛杉矶逃出来的难民的避难所。但是,恶魔一般的变化就在眼前。一九七三年,圣莫尼卡正在变得像迈阿密一样。毫无生气的公寓楼拥有造作的名字(高地格兰、日落塔),在四周拔地而起,海岸线堆满了混凝土。

不过,开发商还没有攻占峡谷(尽管在伊舍伍德家的上方,马路上尘土飞扬,开发商正在拓宽道路)。你可以看到远处蔚蓝的大海波光粼粼,冲浪者的衣服都浸湿了,他们像一只只海豹,随着波浪起起伏伏。房子建在峡谷陡峭的一侧,你必须沿着车道蜿蜒而下,经过一个并排停放着两辆大众汽车的车库,才能来到门口。伊舍伍德亲自开门,把访客带入客厅。他穿着海军蓝的夹克,衬衫敞开,灰色的裤子熨烫得很平整,看起来一丝不苟,非常整洁。他的身材也非常匀称:个头矮小,精神抖擞(弗吉尼亚·伍尔夫说他像"职业赛马骑师"),瘦削的脸庞被太阳晒得黝黑。最引人注目的,是他酷似凯尔特人的瘦高鼻子和明亮的蓝色眼睛。他的眼睛盯着你时,有一种奇特的催眠效果,仿佛既不是在观察你的衣着,也不是在观察你的举止,而是在观察更深层次的东西。我们准备喝点茶,他说:"我沏茶,你们尽管四处转转。"

客厅很高,是白色的,有点禁欲主义的味道。客厅很凉爽,尽管当时正是炎热的七月午后。几乎所有的画作都很现代,包括几幅表现悬浮在太空中的立方体和圆锥体的图案。客厅里书籍很多,家具很少,没有杂物,带着一个露台("我们通常在这里吃早餐"),露台上爬满了藤蔓。一座座小房子从山谷下面延伸至远方。这就是《单身男子》中描述的可爱街区,大家公认那本书是伊舍伍德十部小说中最出色的一部。这里甚至有一家同性恋酒吧,正好是小说主人公最喜欢去的地方,"在海洋公路拐角处、海滩对面,圆形的舷窗灯闪烁着绿色的光,迎接你的到来"。但是,它的名字叫"朋友之船",而不是"右舷"。

当被问及为什么会住在加利福尼亚时,伊舍伍德惊讶极了:"为什么呢?这是我的家呀。我几乎在这儿过了大半辈子。"最初,因为奥尔德斯·赫胥黎和杰拉德·赫德[①]住在这儿,他想和他们讨论和平主义,讨论即将来的战争。当时他去纽约旅行,在大学做讲座,坐着公共汽车在美国转。在战争期间,他登记成为拒绝参战者之后,曾经在哈弗福德的贵格会难民收容所工作过一段时间:"不过除此之外,我觉得我对这个国家并不十分了解。我成为美国公民——竟然快三十年了,但我看起来还是很像英国人,就连我自己也这么认为。我在美国住过十一个地方,所有这些地方都能从这扇窗户里看到。"

近年来,和许多其他作家和艺术家一样,伊舍伍德对同性恋的利弊直言不讳。他在报刊和电视(《迪克·卡维特秀》)上讨论过这个话题。他说:"作为作家,我认为这从来不是一个同性恋的问题,而是他者的问题,是从一个独特的角度看问题的问题。如果同性恋是常态,我作为作家,不会对这个问题感兴趣。"

伊舍伍德每天早上工作,接着,他通常步行至海边游泳。因此,这次访谈录制于下午晚些时候,大概是茶歇的时间。这次谈话很可能反映了这一时段的一些情况。

——W.I. 斯科比,一九七四年

[①] 杰拉德·赫德(Gerald Heard,1889—1971),美籍英国历史学家、科普作家、哲学家,与赫胥黎、H.G. 威尔斯等人交好,著有历史著作《人类的五个时代》等。

In my last letter I think I mentioned the still-lingering influence, here, of the British Raj. You feel its ghost rather wistfully haunting the present, now powerless to exert any direct authority and regarding the scene with the reproachful air of an unwanted adviser. The architecture of the older buildings is full of funny charming evocations of Victorian England. For instance, there's a gateway which leads into the grounds of the Monastery; it's just down the lane from our guest-house. Now the moment I set eyes on this gateway I felt a sort of confused recognition, and after looking it over carefully a couple of times I suddenly realized what it reminded me of --- one of the back gates of our college at Cambridge, over which I sometimes had to climb, when I returned from trips to London, after hours ! This gateway was probably built

克里斯托弗·伊舍伍德的一页手稿

《巴黎评论》：你介意我录音吗？我的记忆力太不好了。

克里斯托弗·伊舍伍德：当然不介意，我也是。

《巴黎评论》：首先，我想了解你是怎样开始写《河畔相会》(*A Meeting by the River*)的，这部小说好像和你早期的小说很不一样。

伊舍伍德：你肯定知道，在我生活在美国的几乎所有时间——到现在三十多年了，我一直和一位印度教僧侣斯瓦米·普拉巴瓦南达①保持着联系。几年前是维韦卡南达诞辰一百周年，他是罗摩克里希那的主要弟子，也是甘地的伟大启蒙者，对印度的未来拥有各种各样的想法。所以在那一年，全国举行了盛大的庆祝活动，尤其在孟加拉。那年人们决定和外国的演讲者一起开一次会——人们很喜欢这些会议；斯瓦米问我是否一起过去。我就去了。与此同时，吠檀多寺庙的两名僧侣准备出发去印度，进行最后一道立誓，即遁世②。因此，我对他们的感受、他们在遁世之前所有的困境都有近距离的了解。很长一段时间，我都想写一部关于冲突的故事：某种事物的代表人物遇到了另一种事物的代表人物。突然我发现，这就是写作这样一个故事的办法。后来，我在写作时和僧侣们聊了很多，对细节进行了大量的核实工作。一九五七年，我曾经和唐·贝查迪③去过那个寺庙一次，不过只停留了一会儿……那儿比加尔各答的旅馆舒适多了，干干净净的，小小的房间漂亮又简单，还有一个可以用桶装水冲凉的地方。

《巴黎评论》：你与吠檀多的联系是否改变了你的生活？

伊舍伍德：确实带来了巨大的改变，不过，我没办法准确地向你描述这种改变是什么。或者说，我只能说我从这段经历中得到了什么。我只是开始相信——我认识斯瓦米·普拉巴瓦南达很久了，现在我开始相信存在

---

① 斯瓦米·普拉巴瓦南达（Swami Prabhavananda，1893—1976），印度哲学家、印度教僧侣，1923年移居美国传教，奥尔德斯·赫胥黎、杰拉德·赫德等作家均曾受教于他。
② 指遁世期，印度婆罗门教四行期的最后一个阶段。信徒在此阶段要舍弃一切财富，托钵乞讨，云游四方。
③ 唐·贝查迪（Don Bachardy，1934— ），美国人像画家，伊舍伍德的生前伴侣。

像神秘的世界或者神秘的知识这样的事物。说到这儿，我们陷入了可怕的语义学，其实就是说存在诸如神秘体验这样的东西。这是我曾经完全不相信的事情。对我来说，这似乎才是不同寻常的。

《巴黎评论》：在你的一本书里，有一段写道当你和奥登坐火车时，你猛烈地抨击宗教，奥登说："小心点，朋友，如果你继续这么猛烈抨击的话，总有一天你会皈依的。"你会这样认为吗？是一种皈依吗？

伊舍伍德：对，我宁愿这么认为。我曾经有过各种各样的想法。我一度觉得我自己可能出家。

《巴黎评论》：那意味着什么呢？现实地说？

伊舍伍德：那可能意味着我将住在洛杉矶的吠檀多中心；我很可能会花很多时间帮着翻译印度教经典，增加对吠檀多哲学的了解；如果我成为一名印度教宗教导师，我可能会做讲座，如果我坚持下来的话，现在我应该已经成为一名印度教宗教导师了——大约再过十二年，你才会进行最后的立誓。我认识斯瓦米·普拉巴瓦南达不久，战争开始了，我和贵格会的人一起在费城一家难民收容所工作。一九四一年珍珠港事件后，我自愿加入贵格会派往中国的救护队，但他们只需要有资质的医生或汽车修理工——能修理救护车很关键。这样的话，我原本应该被登记为由于宗教原因而拒服兵役者，然后去森林营地从事消防工作——就像"保罗"[①]里的人物一样。结果，在战争期间，他们突然提高了对年龄的限制，我不能参加服务了。我完全不知所措，因为我已经放下了所有的负担；这时，普拉巴瓦南达说："你为什么不来中心帮我翻译《薄伽梵歌》呢？"我们就开始翻译了。当时大家都觉得我可能会出家，但是我后来决定，无论对也好，错也好，我都没有这样的使命。但我一直与斯瓦米·普拉巴瓦南达保持着联系；事实上，我每周都会见到他。

---

① 原文为"Paul"，是伊舍伍德长篇小说《南下访问》(*Down There on a Visit*) 的第四章，后文会再次提及。

《巴黎评论》：我一直不太懂人们所说的使命是什么。

伊舍伍德：那么，你会不会认为文学可以是一种使命？这么说吧，你知道有这样一种人，他们总想着"我希望我是个作家"，可能他也能写点什么，最终，他的朋友们说，好吧，问题是他没有天赋。确实，天赋就是使命；的确有人对某种生活方式有天赋。不是谁都能当僧侣。

《巴黎评论》：那应该是一种超乎寻常的渴望。

伊舍伍德：对，做某件事的渴望胜过其他一切。最终，它可能意味着放弃我写作的一整块领域。

《巴黎评论》：而且你可能会保持单身。

伊舍伍德：是的，他们很重视这一点。

《巴黎评论》：所有宗教都是这样的，是不是？

伊舍伍德：按照印度教的说法，人应该从两个角度看待这个问题。一是保持单身可以存储能量。既然只有一种生命力，只有一种能量，你就在以这样或那样的方式使用它。印度教的这种观点对我而言甚至是一种巨大的启示。我从小受到清教徒式的教育，总是会区分肉体与精神、低与高、欲望的力量和……其他的力量。但是他们认为在不同的层面，这都是同一件事。印度教徒脑海里有这样一张图，他们称之为蛇力——这种力量从不同的中心上升，就像一部从底层的欲望楼层上升到其他楼层的电梯一样。这是其中的一个方面，和运动员总是被告知的法则差不多：训练时要好好休息。从另一方面讲，需要全心全意去寻找，需要避免人与人之间的纠葛，需要全心全意地爱神。当然，印度教最早认为，所有的爱都是相连的，一个人如果对另外一个人全心全意地付出，他可以走得很远很远。人们总说爱一个人很简单，很轻松，实际上，这也可以是很艰辛的事情。

《巴黎评论》：《河畔相会》的戏剧版在洛杉矶很成功。

伊舍伍德：我太高兴了。一个人的朋友最令人欣慰的表情之一，就是他们由衷地惊讶于你有这样的能力。戏剧比小说的情节真实多了，它将兄弟俩之间悬而未决的决斗演绎得更为激烈，因此喜剧的本质也体现得更明显一些。

《巴黎评论》：你为什么选择将这本书改编成戏剧呢？你曾经形容《河畔相会》是一本"相当隐秘的小书"，况且，书信的形式也似乎令人望而生畏。

伊舍伍德：实际上，我从来没想过我们能把这部小说改编成戏剧。主要是因为詹姆斯·布里奇斯，他是我的老朋友，他一直坚信我们可以。于是，我们就想：这件事有可能吗？后来，它成了一项挑战。再后来，我们发现除了两位主角以外，其他角色都在别处，这件事构成了一项很有趣的技术：人在那儿，人又不在那儿，就像生活中一样。

《巴黎评论》：我对《河畔相会》有一个疑问，它似乎相当抽离于宗教体验中狂喜的这一面，对其有所掩饰，它没有陀思妥耶夫斯基式的痛苦和狂喜。你觉得这种宗教体验可以通过写作传达出来吗？

伊舍伍德：我觉得这很难，但未必不可能：陀思妥耶夫斯基比大多数其他人都做得好。一天，有人给了普拉巴瓦南达一本《卡拉马佐夫兄弟》。现在，尽管他看过各类书籍，他也当然没有去限制自己，他仍然没有读过小说。结果他说："可是，这本书太精彩了！"他感到很震惊；他崇拜佐西玛神父这一角色。他确实觉得小说就应该这样写。恐怕他会感到失望。但我觉得，很多人开始冥想式宗教时都会有这样的体验，当你一开始产生这种想法时，你会有非同寻常的喜悦感。这种兴奋的感觉之后会消失，只有你不断继续，这种感受才会再次出现。毫无疑问，普拉巴瓦南达肯定有这样的时刻，后来，他成了大人物。不过，在《河畔相会》里，奥利弗比较沉闷：他的性格使他很难感受到那种快乐。他有类似的体验——当他坐在修道院的石凳子上时,他感到斯瓦米一直坐在他的身旁。这是我们在戏剧中重写的内容,我们当时试图把这个场景更强烈地表现出来,仿佛迸发一般:"是的是的,我看到他了!他真的在那儿!"大概是这样的吧。现在写出来的剧本,演员更容易呈现那种狂喜的快乐。那是一种释然,这种感觉真的特别好,到最后,这一切都是真的!你一直在告诉自己这是真的,但是你并没完全相信这一点,只有你有过这样的体验,你才能意识到真的是这样的:永远都会有一个信仰的维度,是你认为自己不曾抵达的。我想在书里面,这一部分内容是缺失的,我希望戏剧里没有缺失。

《巴黎评论》:期待痛苦可能是一种西方基督教式的态度。我大概想表达的是,印度教可能更快乐。我发现自己漏掉了苦难。

伊舍伍德:对,印度教不会这么在意苦难,他们并不认为苦难是多么了不起的事情。罗摩克里希那的确说过,人们为了家庭,为了银行账户,流了那么多眼泪,但是他们不曾为神掉一滴眼泪。不管怎么说,孟加拉人绝对不像北欧人,他们活泼、快乐、性情多变,如果他们哭泣,也不会哭太久;他们更像意大利人。

《巴黎评论》:爱德华·厄普沃德曾说,你在前往中国目睹战争之后成为一名和平主义者。这对你来说是一个转折点吗?

伊舍伍德:我一直很讨厌听起来很理性的解释。我很确定,在我的一生中,我一直有强烈的和平主义倾向。不过,这么说很方便,也并不是谎言。看到人们在空袭中丧生的样子,看到毒气坏疽对男孩士兵造成的影响,看到数百万无辜平民被拖入一场他们既不希望也不理解的战争,确实会让人对一切有更清楚的理解。

《巴黎评论》:《南下访问》里有段话让我很感兴趣。"二战"开始时,叙述者正经历着某种和平主义危机,他说:"假设我拥有一支五百万人的军队。我只要按下一个电动按钮,就能立刻摧毁它。在这个军队里,第五百万个人是瓦尔德玛①。我会按下那个按钮吗?不,当然不会,即使那四百九十九万九千九百九十九人是毁灭世界的恶魔。"这是否是你成为和平主义者的很基础的个人理由呢?

伊舍伍德:哦,是的,因为一旦你因为瓦尔德玛而拒绝按下按钮,你就永远不能再按了。因为瓦尔德玛当然可能是任何人!从那时起,我就有机会这么说,试图这么想可能会被认为是一种自以为是、任性妄为的论调,但出乎我意料的是,人们说,这句话比一些听起来冠冕堂皇的和平主义者的理由更能说服他们。他们认为这是合情合理的。但是实际上,我只是想描述一下,当你没有退路时,是什么让你做出这样的反应。

《巴黎评论》:吠檀多平时教什么呢?

伊舍伍德:这个问题不一定。印度教徒相信一个人的佛法,一个人的职责,一个人的天性;他们说最需要做的事情是发现自己的佛法,当然,这在今天是一个巨大的谜。在古代印度,你有自己的种姓,你的种姓有自己的职责。如果你属于第二个种姓,即武士,你要么去打仗,要么出家……就像中世纪一样。

《巴黎评论》:我想,为战争辩护的基督教式的立场是,邪恶者会因人们的顺从而获利,并且得寸进尺。

伊舍伍德:但是这其实是一场政治争论。这种争论对我们正在讨论的事情不起什么作用……首先,在我小时候,我记得老年人宣扬战争时多么令人厌恶,这给我的印象深刻极了。他们早就过了去战场送死的年龄了。我常常和自己说,当我老了,不能像他们一样。不过你知道,我认识的最好、最高贵的人之一,伯蒂·罗素②,的的确确变成那样了。我们谈论了这件事情,他很了不起,他说这让他感到很不好意思,但是他确实相信这场

---

① 瓦尔德玛(Waldemar),伊舍伍德长篇小说《南下访问》第三章的出场人物,是小说主人公"伊舍伍德"的四个人生导师之一。
② 即英国哲学家伯特兰·罗素。

战争，"二战"，不一样。你知道，他无所畏惧地反对"一战"。我说，我觉得你不能只反对一些战争。就像后来我有时候会和一些人争论，他们只反对越南战争。除非在政治层面，人们才完全有权力这么做。

《巴黎评论》：你写小说时有固定的作息时间吗？比如每天写多少个小时？

伊舍伍德：我没有特别的规律。重要的是每天都写。对我来说，这项法则适用于任何事情：任何微小的行动都要比什么都不做强。

《巴黎评论》：你打字吗？

伊舍伍德：是的，很多年了，我都用打字机写作。

《巴黎评论》：你写一本书一般需要多久呢？

伊舍伍德：很难说。《单身男子》写了十八个月，两年吧。当时我写了三稿。年轻时，我常常像攀岩运动员一样：我必须到达某个点，然后我就认为我已经征服了之前的一切。但是现在，我完全不这么做了。我一般先快速地写下来，如果碰到一些废话，一些多余的话，我会先写着，等写完再说。一开始我一点都不是完美主义者，我会在终稿上进行所有的打磨工作。年轻时，我疯狂极了。我当时是手写，我不能忍受纸上有任何修改的痕迹。在那时，还没有修正液这种了不起的发明，我经常用剃须刀把字刮掉，再用大拇指指甲把纸擦亮，再写上去。这太糟糕了！我浪费了太多的精力！

《巴黎评论》：你的书籍是否被翻译成很多别的语言呢？哪些国家的读者喜欢你的书？

伊舍伍德：我的所有作品都已经有法语译本和意大利语译本，少量作品有德语、瑞典语、丹麦语和荷兰语译本。有一个小故事叫《诺瓦克人》(*The Nowaks*)，有俄语译本。有两本书有捷克语和西班牙语译本。但我不认为这些译本真的很受欢迎。这可能是个很微妙的问题。法国人的确很喜欢这些书,他们比任何人都更有同情心。你可能会觉得德国人大概会对我的书感兴趣,但他们并不那么感兴趣。在某种程度上,他们对《柏林故事》(*The Berlin Stories*)更感兴趣一点;戏剧《我是一个相机》(*I Am a Camera*)在德国演出过。有些东西很难翻译:半双关语、隐蔽的引语等等诸如此类的细节。

《巴黎评论》:你的作品中有没有哪些特别的地方是你自己不喜欢的呢?

伊舍伍德:可能我的态度就像本丢·彼拉多:我所写的,我已经写了①,你知道的;我没办法想象——就像有些作家一样——把一本书仔细检查一遍,再出修订本。有一些很不应该出现的错误,我应该改掉——如果我还记得的话。比如德语的错别字……诸如此类的蠢事。

《巴黎评论》:你修订的内容多吗?

伊舍伍德:多,很多。我更愿意坐下来,彻底改写,而不是挑出一些问题。《单身男子》和《河畔会面》,我都写了整整三稿草稿。在为每一个草稿做好笔记以后,我都会坐下来重新修订一遍。我发现这比修修补补好得多。得重新思考整件事。

《巴黎评论》:我注意到,最初刊登在《伦敦杂志》的《兰开斯特先生》②的版本和小说的最终版本有很多不同之处。

伊舍伍德:你真的很认真!不过你说得很对。我在一些部分完全改变了自己的态度。

---

① 耶稣被钉上十字架之前,罗马帝国总督本丢·彼拉多在其十字架上挂了一块牌子,上写"拿撒勒人耶稣,犹太人的王"。在遭犹太人祭司长们质疑该说法时,彼拉多做出文中回答。事见《圣经·新约·约翰福音》(19:19—22)。
② 原文为"Mr. Lancaster",是《南下访问》的第一章。

《巴黎评论》：你工作的速度快吗？

伊舍伍德：我不知道。我似乎需要一些时间才能写完一本书。据说劳伦斯常常写两稿，而且从来不看第一稿。

《巴黎评论》：为什么你把"保罗"那一章里关于吸食大麻的场景删除了呢？我觉得这个场景最精彩了。

伊舍伍德：哦，因为它和保罗这个人物没什么关系，只和我有关系。我觉得我们离保罗太远了。

《巴黎评论》：我后来在《挖掘》(*Exhumations*)里读到了这部分，我很希望你把这部分留着。

伊舍伍德：哦，校样时我们还留着这部分。我到最后一刻才把这部分删除了。可能我不应该删除。

《巴黎评论》：有件关于安布罗斯①的事情让我觉得很惊讶：在同一本书（《南下访问》）里，他明显对希腊缺乏热情。你绝对没有英国文学里很特别的对希腊的崇拜。

伊舍伍德：对，这不是游览希腊的最佳方式；我们就这样被困在这个岛上，已经习以为常了。但是我记得，希腊的一些事情曾经让我极其感动。

《巴黎评论》：但是这种希腊综合征，这种对希腊的迷恋，从来没有在你的文字里出现。我在想……达雷尔……以及拜伦以后的很多人。希腊对他们的意义就像意大利对 E.M. 福斯特的意义一样。

伊舍伍德：哦，我年轻时对学术世界的价值观抱有很大的偏见。从那时起，我又有了另外一种偏见，因为我认为印度哲学关切的问题比柏拉

---

① 安布罗斯（Ambrose），《南下访问》第二章的出场人物。

图等人的哲学体系宽广多了。这可能是性情使然，不过我也的确不觉得希腊有多么令人震撼。我并不觉得"一切都始于希腊"或者"如果没有他们，什么都不会有"。我敢说这是我的无知，但这就是我的感觉。意大利的一种景色更令我感到激动。我年轻时从来没去过意大利——尽管这有点不同寻常。我第一次去意大利是一九五五年，和唐一起；我们去意大利时就像两个幼稚的孩子一样，自然感到震惊极了。我去意大利的那年，大概是五十一岁？我第一次看到这一切。当时是那年晚些时候，人很少，是最美妙的暖秋。我们开车穿过托斯卡纳。在米兰，我们遇到了老朋友金·维多，他当时正在拍摄《战争与和平》，还拍摄了一些荒诞的家庭电影。他所有的好场景都被毁了，因为意大利的群众演员从桥上掉了下来，大家哄堂大笑，欢乐极了。最后，这一切都以一种——我觉得——很平淡的方式结束了，这是那场旅行中最精彩的部分。我们去了威尼斯，抵达威尼斯时浓雾迷蒙。我们住在一家豪华酒店的大套间，因为是旅游淡季，价格降到平时的十分之一。清晨，我走到窗前，映入眼帘的是瓜尔迪画作般美丽的阳光、威尼斯潟湖、安康圣母教堂。这一画面瞬间令我感动，我不禁热泪盈眶。我从来没有这样强烈的感受——可能除了我去约塞米蒂时吧，不过还是很不一样的。

《巴黎评论》：你写哪本书时遇到了最大的困难呢？

伊舍伍德：那本悲惨的《夜晚的世界》（*World in the Evening*），因为它是几本不同的书[①]。这样说吧，我甚至讨厌那本书。我恨她[②]，恨她的痛苦，恨她的心脏病——这是我从一本叫《当医生是病人时》的书里读到的。这本书是由几位有不同疾病的医生写的，其中一位医生对心脏病的描述非常精彩，我从这部分抄录了几个场景和情境，比如她的恐惧，等等。当然，

[①] 《夜晚的世界》是一部结构较为复杂的长篇小说，其中包含一部同名长篇，由小说人物伊丽莎白·莱达尔创作。伊舍伍德因有此说。
[②] 指《夜晚的世界》中的出场人物伊丽莎白·莱达尔。她是小说的核心人物，一个凯瑟琳·曼斯菲尔德式的小说家。——原注

我把它们完全改写了。但这是一本很精彩的书。这位医生捕捉到了事情的戏剧性，而且他对此很客观。在他害怕的时候，他说"有趣极了"。在描述伊丽莎白·莱达尔和她的心脏病时，我试图抓住这样的瞬间。

《巴黎评论》：那本书的问题出在哪里呢？

伊舍伍德：我开始写一本关于"我"在贵格会医院工作的书。后来我想，故事里的"我"太奇特了，所以必须解释他是怎样进入医院的。于是我决定，他的生活中一定有什么令人沮丧的事情，我没有执着于描写事实——事实会有趣很多，我给这位年轻的绅士设计了一位对他不忠诚的太太。从那时起，我们就陷入了麻烦。一个谎言导向另一个谎言，一切都是那么做作、那么虚假。在《夜晚的世界》的第一章，有一对夫妇在外面的娃娃屋待着。这是真实存在的。我认识瑙玛·希拉①的儿子，我和他一起去了她的海滨别墅，看到了这样一个娃娃屋。这个娃娃屋大极了，足够孩子们钻进去。我第一个念头就是，这个地方太棒了。所以整个场景都是从这个念头来的。拍成电影会很好看。简，那位太太，实际上是整本书里唯一一个体面的人物。在贵格会的姨妈不算太坏，也许还有点太圣洁了。主人公斯蒂芬是一位道貌岸然的人，总是假谦虚。我很知道我应该在那本书里面完成什么。我本应该从一个小人物、一个有点敌意的人的角度来写。这样就都好了。这样的话，听起来我像一个讨厌的人。在小说里这很好，有一个有点敌意的小人物。毛姆大概就是这么写的。他在旁观，想看看其他人物生活中的谎言是什么。当他找到这个谎言时，会不失时机地幸灾乐祸。

《巴黎评论》：有没有哪本你写的书，是你自己最喜欢的呢？

伊舍伍德：哦，《单身男子》。我想这是我唯一一本多多少少做了我自己想做的事的书。它没有失去控制。

---

① 瑙玛·希拉（Norma Shearer, 1900—1983），美国好莱坞演员，曾被誉为"好莱坞第一夫人"。

《巴黎评论》：这也是语调最激烈的一本书。

伊舍伍德：啊，你这么觉得吗？我觉得这本书很克制了。

《巴黎评论》：我指的是乔治在高速公路上开车时脑海里的复仇幻想，诸如此类。

伊舍伍德：哦，对，我想展现的是，看不见的地方有东西在沸腾。但是这本书是精心写出来的。它不是用"因愤怒而颤抖的手"写出来的。

《巴黎评论》：你有没有在后来的小说，也就是在美国写的小说中，有意识地将宗教思想或者吠檀多思想作为小说的思想根基？

伊舍伍德：以某种方式吧。和吠檀多结缘后，我写的第一本书，完全是试图让自己回到生命的早期阶段，所以我很小心把吠檀多的影响排除在外。在《普拉特的紫罗兰》(*Prater Violet*)的结尾有一段独白，语气非常悲观。这一段是我精心构思的，因为我想把自己当时的感受真真切切地记录下来。当然，这确实是因为接触吠檀多的缘故。

《巴黎评论》：吠檀多最终在《单身男子》中出现了吗？

伊舍伍德：有一些痕迹，比如岩石区潮水滩尽头的画面。退潮时，这些水滩一个个是独立的，涨潮时，它们涌成一股意识的洪流，你不能说哪个水滩和别的水滩是分开的。当然，这个故事关注的，并不是一个从任何维度看都有宗教信仰的人。《单身男子》中的男主人公是一个隐忍的人，一个处在绝境的角色。

《巴黎评论》：但是，有可能你对吠檀多的信仰让你在创作乔治这个人物时采用了非常不同的方式；如果不信仰吠檀多，你可能不会这么写？

伊舍伍德：可能我对他的感觉更客观。我真是很佩服乔治这样的人，和我根本不一样。这类人一无所有，只有某种现在日渐消逝的像动物一样的生命力，但是他战斗着，像獾一样战斗着；为了幸福，他不断提出要求、不断抗争。我觉得这种态度太了不起了。如果我是乔治，我可能会想到自杀，因为我不如乔治。乔治像英雄一样。

《巴黎评论》：但是乔治的生活方式对你来说很可怕，会不会？

伊舍伍德：我们应当很小心地去定义什么是"可怕"。我不是说我从道德层面谴责这种生活，而是我如果没有某种支撑的话就无法践行它。

《巴黎评论》：假使你现在才开始以作家的身份出道，你会写更多同性恋题材的作品吗？

伊舍伍德：是的，我会写很多。这是一个很有意思的话题，而且我没办法，或者说我觉得我没办法深入挖掘。它很有意思，是因为它比字面的"同性恋"包含的内容多太多了；不论它有多么不方便，就某种意义而言，它很珍贵。你从一个不同的角度看问题，你看到一切因此发生了变化。

《巴黎评论》：毛姆从隐秘的同性恋视角创作男性人物的习惯，给他的作品带来一种奇特的含混。

伊舍伍德：我觉得他的书里最具同性恋色彩的是《偏居一隅》。我觉得这是我最喜欢的一本书。这本书浪漫极了。故事发生在一艘船上。有个漂亮的男孩，每个人都喜欢他，包括警察。有一个很好的医生，他有一个中国助手。这书让人欲罢不能。我很喜欢这本书。

《巴黎评论》：你认为美国的同性恋解放运动有什么好处吗？你觉得它的策略怎么样？

伊舍伍德：我觉得这是做事情的必要方式。这么一支巨大且不协调的队伍在各个战线前行，寻求认可、宽容，希望获得非常简单的权利时，这是其中的一个部分。我从来不想打击人们在那样的运动中所做的事情，除非他们投掷炸弹，或者有一些完全搞破坏的行为。

《巴黎评论》：你怎么看待一些人针对洛杉矶警局总部风化纠察队①行动的抗议，或者对精神科医生会议的扰乱行为呢？这些人现在好像是同性恋人群的头号敌人？

伊舍伍德：他们很重要，我很欢迎他们。把这些身体健康、装备精良的警察用在这种小事，比如在酒吧里推搡同性恋人群上，多浪费时间，多浪费纳税人的钱！总有这种极不寻常的骚扰行为，因为人们预测会有人投诉。并且与此同时，这儿的警察局说他们需要更多人手！

《巴黎评论》：不管怎样，公众的态度在发生变化。

伊舍伍德：哦，的确。不过，令我恼火的是，人们总是无动于衷地说："哦，我们的态度已经转变了。我们不再讨厌这些人了。"但奇怪的是，他们并没有消除不公正；法律仍然在书里。如果你问他们这是为什么，"哦，这很无聊，这很难，谁能怎么处理这些事情呢……"在我看来，比仇恨和积极的反对更糟糕的事情，似乎是人们面对少数群体的冷漠。让他们腐朽吧，他们并不在乎，他们一点也不在乎！而且他们还很伪善。他们假装很震惊，实际上他们根本没那么震惊。我常常觉得，比最残忍的纳粹分子更可怕的是那些德国人，他们配合迫害犹太人，不是因为他们真的讨厌犹太人，而是因为大家都这样。

《巴黎评论》：我听到过你使用"惠特曼式的同性恋"这一短语，这个表述确切的意思是什么呢？

伊舍伍德：我心里想的是，两个男人在一起生活，从很多角度来看，这种生活并不像大众认可的异性婚姻那样受到很多限制。这种生活方式会让一些人感到不安，尽管我觉得这种不安实在没什么必要。他们感到不安，是因为他们头脑中隐隐约约有种不合逻辑的恐惧——总有什么事情会发生。他们的孩子会跳起来，跟着花衣魔笛手离开，他们生活的整个结构

---

① 风化纠察队（vice squad）是美国警察系统中的一个部门，工作重点是制止赌博、毒品、卖淫和非法售酒等公共秩序犯罪。

会被改变——他们不知道威胁他们的是什么。他们不知道，是因为真的没什么威胁。

《巴黎评论》：我想问问你对福斯特的《莫瑞斯》有什么看法。这本书去年在英国的出版社出版时，受到了猛烈的批评，甚至是抨击。每个人都在批评它。

伊舍伍德：我喜欢的是这本书的激情。福斯特确实有感染力。

《巴黎评论》：比其他书更有激情吗？他总是以一种富有激情的方式说话是不是？

伊舍伍德：对，有一种巨大的、深层次的激情。但这是他第一次谈论同性恋，这是他感触很强烈的事情。他对自己一生中同性恋受到的待遇有一种强烈的愤慨。这是我喜欢的。我喜欢伟大作家带着激情写下的作品，尽管它们有时有点笨拙。我喜欢托尔斯泰言辞激烈的随笔。

《巴黎评论》：人们评价《莫瑞斯》很感性。

伊舍伍德：对，有些地方确实如此。但是，这是一种大胆的感性。这是福斯特作为一个男人的荣耀。我们不害怕所谓的色情，但是我们很害怕所谓的感性——鲁莽、轻率地表达感情。但是呢，那种感性，恰恰是我们太多人都需要练习的事情。你看过福斯特写的同性恋故事吗？这些故事快出版了。有人写信问我，我手头的故事是不是和他看过的一样。其中有一篇一样——很新的一篇，是一部充满激情和愤怒的情节剧，写得精彩极了。故事发生在从印度回来的一艘邮轮上。这篇故事很感人，很美。

《巴黎评论》：但是，也有蒙格瑞奇这样的评论家说，他"无法想象"到现在谁还会读福斯特。

伊舍伍德：福斯特永远是福斯特，肯定会有读者读福斯特。对于他这样的人物，我觉得引用托马斯·哈代对梅瑞狄斯的评价最适合："没关系，穿过世界蒸汽腾腾的空气，他的语言远远地飞翔着，就像鲜活的语言一样。"

《巴黎评论》：是福斯特关于印度和印度宗教的写作最早让你开始对这个话题感兴趣的吗？

伊舍伍德：不，我不会说是这样的一种影响。他对我的影响纯粹是因为他是一位作家，他的写作方式影响了我。我从他身上看到了一种全新的小说写作方式。他的漫不经心，他轻轻松松开始小说的方式，体现出某种非正式的感觉——尽管这种写作方式现在已经被视为理所应当了。他没有正襟危坐地设置场景，严肃地开始一部小说，他说：也可以从哪个人的信件开始。当时其他作家，比如 H.G. 威尔斯，他在某种意义上来说是现代的，但是在他的作品中，十九世纪的痕迹比福斯特的作品重。福斯特很放松，这一点好像无比重要。而且，他说自己是一个喜剧作家，我觉得这个说法不是特别准确。我觉得他的风格更像杰拉德·赫德所说的"元喜剧"（metacomic）。这种喜剧既超越了喜剧，也超越了悲剧。喜剧和悲剧走到最后，都令人厌倦、枯燥无味、空洞无物，让人很不满意。

《巴黎评论》：福斯特的写作中也有很多神秘主义。

伊舍伍德：哦，当然，他很严肃。不过，当人们装模作样时，他会打击他们，但你永远不会觉得他只是在冷嘲热讽。他这么做，是因为他觉得他们没有和当时的情境相匹配的情感。因此，从他的写作中，从对他的了解中，他教会了我很重要的一课。他自己也是这样做的。我记得西班牙内战时，我们都有点炫耀——我本来应该参加某个代表团（实际上我没去，我们后来去了中国），但是我记得我决定必须按照自己的想法来。弗吉尼亚·伍尔夫也在那儿。不管怎样，我当时有点炫耀，有人问："摩根，你为什么不去西班牙呢？"他回答说："我不敢去。"这让我们一下子就消停了。这句话太纯粹了。

《巴黎评论》：你是否很熟悉弗吉尼亚·伍尔夫呢？

伊舍伍德：不太熟悉。或者说，她是我的出版商。霍加斯出版社出版了《纪念碑》(The Memorial)、《诺里斯先生》(Mr. Norris)和《狮子与阴影》(Lions and Shadows)。不过我对她很着迷。她是我这一生中见过的最美丽的女人之一。真是太美了，一种奇异的美。当然，我认识她时，她已经人到中年了。她有躁郁症的特点，这一分钟还仿佛在天空遨游，下一分钟又陷入绝望和黑暗。就像我们现在知道的一样，她曾经有过这些糟糕的阶段，但是人们看到的是她的生机勃勃，看到的是她的乐趣盎然，她在聊天时是这样的。她喜欢喝茶聊天。有一次我们很多人都在她家，发生了一件我这辈子再也不会发生的事情。我们喝了茶，她说："一定要留下来吃个晚饭。"所以我就留下来了，完全沉浸其中，一直坐着。突然，我一下惊醒了，这时大概是晚上十点，我想起来，我本来要去和一个人踏上一次非常浪漫的旅行，对方实际上正在机场等着我呢。我完完全全忘记了。她对人就是有这样的影响力。

《巴黎评论》：是什么最早让你来到这里的呢？

伊舍伍德：我来这儿，主要是因为我在美国真正认识的人在这儿。我认识杰拉德·赫德，我很想和他谈谈和平主义。我也非常想见一见奥尔德斯·赫胥黎，我来之前并不认识他。我还一直想去西部看看，以一种浪漫一点的方式，所以我就出发了。我们坐汽车过来，在不同的地方逗留。大概用了一个月的时间。人们都说这是游览美国的最佳方式，我觉得确实如此，比坐火车好。我们从纽约出发，然后是华盛顿、新奥尔良、埃尔帕索、休斯敦，最后到了新墨西哥州。

《巴黎评论》：听起来就像亨伯特和洛丽塔的旅行。

伊舍伍德：确实。我一直喜欢《洛丽塔》的这部分内容，关于汽车旅馆的描述，关于旅行世界的描述。我也很喜欢这部电影。我是库布里克的忠实粉丝。

《巴黎评论》：赫德当然是一位和平主义者？

伊舍伍德：对，他是我见过的最令人震惊的人之一。他是一位了不起的神话创造者。我几乎就像认识荣格一样。他能非常清楚地看到支配生活运转的重要原型，他知道很多世界上正在发生的事情，知道各种科学领域真正重要的进展，知道它们彼此间的关联；他还了解神秘主义的整个领域，而且能够和他对其他领域的知识融会贯通。而且，他是爱尔兰人，有神奇的谈话天赋。他绝对能迷倒众生，但是很少有人知道他。

《巴黎评论》：可能是不是因为他写了一系列书，整体结构很复杂呢？得看完他所有的书，才能理解大概的意思……

伊舍伍德：非常复杂。而且他的文风蜿蜒曲折，非常深邃。他会用一个连绵不绝的长句开头。在《南下访问》中，奥古斯都·帕尔这个人物对他的说话方式进行了很粗糙的模仿。如果你问他："你对越南有什么看法？"他会回答："我想你当然知道，荷尔斯泰因关于兵蚁的伟大著作……"接着，他开始大谈特谈。大概过个十五分钟，你会意识到，这是回答这个问题非常恰当的方式。但是这时候，你会对他说的话非常感兴趣，以至于你都忘记了你的问题是什么。不过如果你想起来了，你也会发现他确实回答了问题。但你得坐下来听着。他的回答非常明确，但同时他也试图不那么教条。

《巴黎评论》：他觉得你对他的刻画怎么样呢？

伊舍伍德：他觉得有点太过了，有点像漫画。但是他没有觉得受到冒犯。他相当喜欢我的作品。我把《河畔相会》题献给他，因为他太喜欢这本书了。

《巴黎评论》：是不是有几年你和他住得很近？

伊舍伍德：对，很近。他去世之前病了很久很久。他经历了一次又一次比较轻微的中风，慢慢地，他不能说话了。我想这大概有三年时间。但是一直以来，你能感觉到他的头脑非常非常清醒，并没有因为生病而感到痛苦。他的生活似乎越来越趋于冥想状态，不过是意识到身体躺在那儿——这身体显然不可分离，可很快也得放弃了。最后，他非常安静地离世了，就好像他准备喝点汤一样。他有一个秘书，完全以超人一般的奉献精神照顾着他。就像我们很多人一样，他害怕的事情之一就是进医院。加利福尼亚的这些医院真的不一般。并不是说它们不厉害，只是最可怕、最不人道的死法就是死在哪家加利福尼亚的医院里。迈克尔·巴利知道这一点，所以在整个过程中，日日夜夜照顾着他。如果杰拉德没有去世的话，我觉得巴利他自己也活不了多久了。他瘦太多了，飘飘忽忽像一缕游丝。他最后连杰拉德都抬不起来。现在他的身体多多少少恢复了。他有好多好多素材，他要么把它们加工成形，要么把它们送给别人。

《巴黎评论》：奥尔德斯·赫胥黎去世的时候，他吸食了 LSD[①]，我想是这样。

伊舍伍德：剂量小到令人难以置信。他的妻子问了医生，医生说："当然，这有什么关系？"毋庸置疑，谣言四散，直到人们议论纷纷，仿佛她让丈夫安乐死之类的，真是太蠢了。我和其他一些人鼓励她把这件事情刊登出来，阻止这些无稽之谈。人们说起他时，就好像他是个不折不扣的瘾君子，但是她告诉我——她对毒品很了解——很多情况下，那些真正沉迷于毒品的孩子仅仅一个星期吸食的毒品，可能比奥尔德斯一生吸食的量还多。他使用的剂量非常非常小，而且几乎都是因为科学的用途……因为一开始就是一种科学。一位来自加拿大的科学家问他是否愿意作为科学实验来使用。他非常反对滥用，他认为人们服用得太多了。

《巴黎评论》：斯特拉文斯基在他的一本书里非常深情地、巧妙地提到了你。你关于他有怎样的回忆呢？

[①] 全名"麦角酸二乙基酰胺"，一种药用致幻剂。

伊舍伍德：想到斯特拉文斯基，我总是想到他的形象。他长得很讨人喜欢；他很可爱——他那么小，所以你想保护他。他的感情很外露，我想这是因为他是俄罗斯人，他总是喜欢亲吻，喜欢拥抱。他热情极了。他可以很不友好，冷落别人，攻击他的反对者，让人感到害怕，但是他本人是一个非常快乐、非常温暖的人。我第一次去他家时，他对我说："在我们喝醉之前，你想听听我的弥撒曲吗？"他总是谈论这些事情。在我看来，他对所有艺术都有很好的鉴赏力。他英语说得很流利，但是让我惊讶的是，他对英语写作也很有鉴赏力，尽管除了俄语之外，他更擅长德语或者法语。

《巴黎评论》：在克拉夫特[①]的那些书里，他的英文好极了。

伊舍伍德：对，好极了。在我总见到他的那阵子，我也常常喝很多酒，因为他有很多好酒。记得有一种叫马克——马克·德·勃艮第——的致命美酒。这种酒是用葡萄核酿造的，无色，但是酒劲大极了，超乎想象。我常常和自己说，糟糕，又喝醉了，伊戈尔说着这么奇妙的事情，我明早肯定什么都想不起来。过了几年，克拉夫特的书出版了，我才意识到这正是他经常说的话的精髓。

《巴黎评论》：他说有一次他播放音乐时，你睡着了。

伊舍伍德：啊，是的，肯定是。想起那些日子，我确实很古怪。我记得有一次我真的昏倒在地板上，抬头一看，在很高的地方，个子很高的奥尔德斯·赫胥黎站起来，和斯特拉文斯基说着法语，而斯特拉文斯基无论喝多少酒，好像从来都不会醉。奥尔德斯——我觉得他很喜欢我——好奇地看着我，仿佛在说："你是不是喝太多了？"这样的行为并不像我，或者像我想象的。可能确实吧。不过我突然意识到我当时是多么放松，多么自

[①] 指美国指挥家、作家罗伯特·克拉夫特（Robert Craft，1923—2015）。他与斯特拉文斯基交好，自1959年起两人合著了《伊戈尔·斯特拉文斯基访谈录》《回忆与评论》等多部研究著作。

在。我就算把抄写本弄脏了也没关系。

《巴黎评论》：马克酒起作用了？

伊舍伍德：有很多方式会让人喝醉，不过，斯特拉文斯基一家的方式最令人惬意，这真是太让人惊讶了。因为薇拉·斯特拉文斯基也在其中。她很有魅力，迷人极了，而且她非常有趣。和他们一起出去总有一种不一样的体验。有一次我们开车去红杉树林，我记得斯特拉文斯基，他个子那么小，就那么抬头看着一棵巨大的红杉树。他站在那儿沉思了很久，接着转身和我说："那是严肃的。"

《巴黎评论》：你精通音乐吗？

伊舍伍德：不，一点也不。首先，我很传统。我认为，如果你对一种艺术最现代的表现形式没什么感觉，那么你对这种艺术就没有真正的感觉。在平面造型艺术方面，我更灵活，我对各种绘画都很感兴趣。但是，尽管我很有热情，我还是对现代音乐没有什么研究。我喜欢贝多芬，等等。

《巴黎评论》：但你喜欢斯特拉文斯基的音乐。

伊舍伍德：对，不过即使是斯特拉文斯基的音乐，我喜欢上它们也用了很长的时间。

《巴黎评论》：W.H.奥登也和斯特拉文斯基一起工作过。你最开始是在学校认识奥登的吗？

伊舍伍德：是的，在我的第一所寄宿学校，但他比我小三岁。当时，他对诗歌完全不感兴趣。他是一个非常喜欢科学的小男孩——他是医生的儿子，对冶金、地质学和采矿感兴趣。他对英格兰的各种矿产非常熟悉，而且他喜欢去英格兰北部徒步旅行。他拥有一个很神秘、很强大的神话世界，这是他从童年时期起就已经拥有的。当他十八岁、我二十一岁的时候，我又遇到了他，他给我展示了他写的所有诗——这些诗和他现在出名的诗完全不一样。他当时的诗更像模仿，但是模仿得很出色，读起来有点像哈代、弗罗斯特或爱德华·托马斯。

《巴黎评论》：你和奥登合作时，你是怎样工作的呢？

伊舍伍德：他经常给我看他的作品，我们会一起讨论。有一天，是一九三四年到一九三五年的冬天，他给我寄来一部名叫《追捕》(*The Chase*)的剧本，我提出了一些充实剧本的建议。有些部分我能写，有些部分只有他能写，就这样，我们开始把这个篇幅巨大、结构松散的东西组合在一起，名字叫作《皮囊下的狗》(*The Dog Beneath the Skin*)。这部作品从来没有完整地演出过，因为太长了。在伦敦的一家剧院，这部作品特别受欢迎，我们真是觉得很惊讶。所以我们就想，好吧，我们得再合作一次。我们有意识地想到了一个主题，研究像阿拉伯的劳伦斯这样的领导人物，不过把故事用登山的方式呈现出来——我们写成了《攀登F6峰》(*The Ascent of F6*)。我们想把为登山而登山的活动和为政治目的而登山的活动进行对比，就像劳伦斯一开始是因为热爱沙漠而深入沙漠，最后却被用于政治目的一样。奥登是作曲家、诗人，我起的作用是写散文的部分和设计提纲。后来，奥登接手了一些散文的写作，但我除了几句打油诗，连一行诗都没有写。写《在边境上》(*On the Frontier*)时，奥登写的内容比我多，当然这部作品肯定还是一起合作的。合作第一部剧本时，我们大概是书信往来，把写的内容寄给对方。后来合作第二部和第三部剧本时，我们在一起工作，在葡萄牙，在别的地方。奥登喜欢在室内工作，他会在屋子里干活，而我喜欢在户外的花园里工作。奥登完成工作的速度非常惊人——包括创作最优美的诗歌。我们很少做润色工作，写完就交给出版商了。

《巴黎评论》：你经常见到他吗？或者经常和他通信吗？

伊舍伍德：哦，是的，我们是非常亲密的朋友，不过我们的生活环境不同，所以住在不同的地方。很偶尔，他会来这儿和我们待一阵子，有时我们会在纽约或英国见到他。他讨厌加利福尼亚，你知道，加州太炎热，太明亮，等等，诸如此类。他搬到了奥地利，那里经常下雨，他喜欢下雨。当然了，英国也是。

《巴黎评论》：你经常把你的作品拿给别人看吗？你会询问别人的建议吗？

伊舍伍德：是的，在很多情况下，我都会给人们看一看我的作品。有时候，我的收获很大。好的建议经常是关于结构的。有时人们会强烈地反对某些内容，我就把它删掉。

《巴黎评论》：谈论你正在创作的作品，你会觉得困难吗？

伊舍伍德：不会，除非你打开了一大罐豆子，得说一个小时才能说清楚你在做什么。但是，我常常发现，只要把自己的问题说出来，自己就会找到答案。

《巴黎评论》：关于写作，你有没有什么迷信的想法呢？

伊舍伍德：我确实会觉得有些日子吉利一些。我喜欢通过开始创作新作品来庆祝一些重要的日子。

《巴黎评论》：你迷信吗？阶段性的？

伊舍伍德：荣格心理学派说，没有什么"老奶奶的故事"；换句话说，如果人们说走在梯子底下不吉利，一定是有什么原因。我属于消极的迷信者——意思是，当然，我尊重迷信，我不是不迷信，但我会从梯子底下走过，觉得数字十三好，总是拒绝发送连环信[1]，因为我觉得屈从于连环信的邪恶魔力是不对的。人必须超越它。

---

[1] 连环信（chain letter），一种以群发式信件为载体的迷信行为，寄信者会在信中引诱收信人复制相关信息再寄给其他人，并恐吓他们若不听从就会遭受厄运、疾病甚至死亡。

《巴黎评论》：你早些时候提到禁欲可以储存能量，在你的写作中，你会有意识地实践这一点吗？

伊舍伍德：不，禁欲更多被视为一种让精神集中的方式，而不是艺术集中的方式；尽管一些艺术家的确说，在创造力强烈的时候，他们发现情欲被……我讨厌"升华"这个词……转移了。我很接受这种观点，它可以和任何事情联系在一起。但是就我而言，它与我在洛杉矶吠檀多中心努力过修道生活的那段时期有关。

《巴黎评论》：是否曾经有那么一刻，你知道你会成为一位作家呢？

伊舍伍德：我觉得我一直想成为一名作家。我的父亲呢，我觉得，在他没有意识到他在做什么的情况下，让我觉得写作是游戏而不是工作。他总是给我讲故事，总是鼓励我，总是对我的玩具戏剧感兴趣，等等。对我来说，写作似乎从来都是一种游戏，是我一直在玩的一种游戏。我倾向于认为那些让我感到无聊的作家是"工人"。

《巴黎评论》：你的父母亲都写得很好，是不是？在《凯思林和弗兰克》(*Kathleen and Frank*)里，你父亲写的信体现出了他很强的观察力。

伊舍伍德：部分原因可能是因为他是一位相当出色的艺术家。我见到的艺术家都比普通人写得好。他们注意细节的能力和描写人物的能力都很突出。我在唐·贝查迪和我的艺术家朋友身上都看到了这一点。他们的信件中有深刻的理解和细致的观察。这也是我父亲很擅长的。布尔战争时，他从南非写信来，里面有一段写得很漂亮，是写南非草原上瓦楞铁板屋檐反射的深蓝色的光线，说瓦楞铁板很难看，多有意思！他看到一样东西时会问自己："它看起来像什么？"而不是问："人们通常认为这是什么？"我记得很小的时候，有一次，我准备模仿他画画时，他问我："那棵树是什么颜色呢？"我说当然是绿色了，树都是绿色的。"不，这棵树不是。"他说。在当时的光线下，我再看时，发现那棵树是蓝色的。

《巴黎评论》：在生活中你是不是一位观察者呢？会不会有意识地观察有哪些东西能用在写作中？

伊舍伍德：我觉得我是一个很不擅长观察的人，我会直接过渡到关于人的概念，忽略与概念相反的证据，忽略这个人周围的装饰。斯蒂芬·斯彭德曾经说过一件关于叶芝的趣事——他连续好多天什么都没有注意到，但是，大概一个月一次吧，他会从窗户向外看看，会突然发现一只天鹅，或者别的什么东西。他感到惊讶极了，于是他以此为题，写了一首精彩的诗。这更像我工作的方式：我时时刻刻都在做白日梦，我沉醉于自我的世界，突然有什么东西闯进来了，我瞬间察觉到那个人、那个物件、那个情境很特别。

《巴黎评论》：你可以谈一谈把一个真实人物变成小说人物的过程吗？

伊舍伍德：当思考一个人永恒的、神奇的、象征意义的方面时，就会把他变成小说人物；这就像你爱上一个人时一样，这时，他不再只是人群中的一张脸。不同之处在于，在艺术领域——这几乎是艺术的应有之义——每个人都非常独特，不过这需要你这样去看待人们。当你写一本书时，你会问自己：是什么让我对这个人这么感兴趣——不论他是好是坏，这不重要，艺术里没有这样的词语。当你真正找到你对这个人感兴趣的东西时，你开始突出这一点。人物本身和你对他们的设想还不一样。于是，你开始创造虚拟人物，这位虚拟人物正是你在这个人本身身上看到的最核心的有趣的地方，而且你删除了这个人身上必然会有的矛盾之处，这些部分好像既不精彩，也不神奇，更不美好。你最不需要做的一件事，是了解一个人的全貌，这样你会一无所获。

《巴黎评论》：写作是否令人快乐呢？

伊舍伍德：它几乎超越了快不快乐的问题，不是吗？在健身房锻炼快乐吗？快乐，也不快乐，但是你会觉得，当你在做这件事的时候，是有积极意义的。你很专注于写作，你不会问自己写作是快乐的还是讨厌的。让自己写东西可能是痛苦的，也可能是美妙的。而意志显示了自己的权威，你又会感觉良好。

《巴黎评论》：如果给年轻作家提建议的话，你会提醒他们不要掉入哪些陷阱呢？

伊舍伍德：不好说。这更取决于你的性格，而不是你的才华。如果一个作家耐力不够，有些追求可能很危险。但是我觉得，如果你有足够的愿望、足够的毅力，很少有什么会伤害到你。很多伟大的作家不仅完成了极大量的苦力活，而且还能从里面获得诀窍。比如在报社工作过的作家，他们没有怨天尤人，没有把自己当成奴隶、妓女，他们实际上学会了怎么能写得更简洁一些。乔治·博罗①的作品数量巨大，而且都是很辛苦的工作，耗费了他巨大的精力，但是，他仍然能写出《拉文格罗》(*Lavengro*)和《罗姆·罗依》(*The Romany Rye*)——对我来说，这两本书是有史以来最引人入胜的作品。

《巴黎评论》：那么，你觉得住在加利福尼亚、置身娱乐行业的作家，是不是在某种程度上做了妥协？或者这是一种虚构？

伊舍伍德：我敢打赌莎士比亚一定经常妥协；娱乐行业的每个人在某种程度上都是如此。但是，你准备沉下去还是游泳？你所写的一切都应该很"完美"，其他作品都要小心翼翼地毁掉，这样才不会损害你的形象——这是一种最糟糕的讲究。这也往往是一种危险的虚荣心。天知道，我写过很多我讨厌的东西，但它们就在各个电影制片厂的地下室飘来飘去；有时候，我也为电影院写过好作品。如果你想赚钱，想以这种方式生活，你就得接受它。我想，在理想的情况下，我会建议，可以从事其他职业，只为自己写作。亨利·约克很神奇，他用"亨利·格

---

① 乔治·博罗（George Borrow，1803—1881），英国小说家、游记作家，其长篇小说《拉文格罗》被视为19世纪英国文学的经典之作。

林"① 这个名字写作。在成年后的大部分时间里，他都在经营一家大公司，但他每天都会为他的某部小说投入一定的工作量。只要你有耐力，你能经受住任何考验。

《巴黎评论》： 关于娱乐行业的小说，你最喜欢哪本呢？

伊舍伍德： 我很喜欢菲茨杰拉德未完成的最后一部小说《最后的大亨》。我从来没有见过他，但我不认为菲茨杰拉德特别在意"妥协"：他为杂志之类写了很多不符合自己标准的东西。

《巴黎评论》： 你是否为了写作，曾经有意识地改变你的生活方式，或者采取某种生活方式，或者结交一些朋友呢？

伊舍伍德： 不，我不会。比如说，我去德国，是因为我认为那是一片没有开垦的热土，可以好好开发一下。我个人相信，一个人会有一部分潜意识在指导他的生活，所以我的一部分潜意识呢，是执行长远的计划。我相信，我的这部分意志也知道我什么时候离世，我还有多少时间，等等。我相信它也有一些总是因为我的无知而遭到挫败的计划——这些计划不一定总是最好的。但是我很愿意假设，正是这一部分意志，使我去了德国，或者去了加利福尼亚……我认为某些地方是一个人的潜意识的象征。我发现"远西"（Far West）这个概念浪漫极了。我曾经因为"极东"② 这个表述激动不已。如果你告诉我布雷海德③ 是欧洲的最西端，我马上会有一种想去那里的小小冲动。但是，没有任何有意识的声音告诉我，去德国或加利福尼亚是一件明智的事情。对一位作家而言，坐牢或者被判死刑且在最后一刻获得缓刑可能是件好事，就像陀思妥耶夫斯基一样。我敢说，这给他的写作带来了奇迹，可能就是这种潜意识的力量引导他走上了这些道路。

---

① 亨利·格林（Henry Green，1905—1973），英国作家，代表作有长篇小说《派对》《生活》《爱》等。他本名亨利·约克（Henry Yorke），在写作的同时长期经营其家族所拥有的一家啤酒装瓶机厂。
② 原文为法语：l'extrème Orient。
③ 布雷海德（Bray Head），位于爱尔兰东部威克洛郡的一处濒海岬角。

谁能说清楚呢?

《巴黎评论》：你有没有在哪本书上完全卡住过?
伊舍伍德：哦,有。

《巴黎评论》：后来怎么解决的呢?
伊舍伍德：耐心。坚持。放一放,再回来写。绝对不能让自己太疯狂。重复告诉自己："没有截止日期。写完的时候,才是结束的时候。"有时候,刺激一下无意识,也能有好用的点子。故意写一些废话,突然这个点子就出现了,好像在说："好吧笨蛋,我来吧。"

《巴黎评论》：你喜欢电影《歌厅》[①]吗?
伊舍伍德：哦,还行吧……

《巴黎评论》：你现在有在进行的作品吗?
伊舍伍德：我现在正在写的内容呢,只不过是以前有一些日记没写下来,我重新去完成。从一九三九年到一九四四年,我有一个比较连续的记录。我不仅写日记,还写了一些段落来解释缺少的东西。当时大概是这样的。接着,从一九五五年到现在,我一直断断续续地写着日记,一个月至少写几篇。但是从一九四五年到一九五三年,中间有一段是空白,我现在补的就是这段时间的日记。我有一些线索——因为除了写日记之外,我还写了一本日志,里面记录了日常,比如谁来过我们吃晚饭的房子,我们有没有看一场电影或看一场戏剧。这样的话,很方便记起来名字,记起来发生的事情。从这些日志当中,我试着还原多年之前发生的事情。当时,我不像现在这么谨慎。当我看着二十五年以前或者更早之前的日志时,我发现自己记不清这些人是谁了,这真是太可怕了。"比尔和托尼经常来来去

[①] 《歌厅》(*Cabaret*),美国导演鲍勃·福斯根据伊舍伍德长篇小说《别了,柏林》改编的电影,首次上映于1972年。

去。我们去了拉荷亚^①"——等等。我完全不知道他们是谁！这需要进行大量的研究——前几天，我在 UCLA［加州大学洛杉矶分校］花了一些时间查找相关资料。这很有趣，但是这会不会让别人觉得有趣是另一回事。我做这件事完全是为了我自己。写日记太有用了。我从日记里——从其他的日记里挖掘了很多东西用在我的书中。

《巴黎评论》：你有没有想过在你的有生之年把你现在写的东西出版呢？

伊舍伍德：不，不会在我的有生之年出版。写这些日记时，我开始对"性"这件事情感兴趣：我开始思考为什么一个人会做某些事情，为什么一个人会被特定的人吸引——一个人的类型，就像人们常常说的，一个人的理想型。真的是这样的吗？一个人真的有"类型"吗？或者说，人们把什么东西作为原型来呈现呢？我的经验是，而且我相信很多人也有这样的经验：你会想象有一个理想的人是你的……嗯……梦想，但是如果你审视你的生活，你似乎会发现，如果你的的确确遇到了一个类似理想型的人，你和他却根本没有任何关系，或者只有令人很不满意的联系，而真正重要的关联发生在你和其他人之间。那么，问题来了：为什么？我一直在探索这些问题，我使用的文本是我这段时间的真实人际关系。但是，我对这个话题太着迷了，所以我又回到早年的经历，想去充实相关内容。这可能是一件只适合晚年做的事情。有时候你会遇到一个人，这种相遇令你感到特别令人震撼，以至于你希望这种相遇完全是象征性的——这实际上根本不代表什么。就像一家餐厅：这家餐厅不错，因为它是查森餐厅。你并不会真的思考这家餐厅好不好吃，你只会说"哇哦……我在'四季'^②吃饭"，或者其他什么饭店。但这只是那些年恰好发生的事情而已。总体来说，我在日记里格外小心谨慎。

---

① 拉荷亚（La Jolla），美国加州圣迭戈市北郊的一个海滨城镇。
② 查森餐厅（Chasen's）和四季餐厅（Four Seasons）分别为美国西好莱坞和曼哈顿中城的著名餐厅。

《巴黎评论》：你在其他地方谈到过被叫作"我的书的自传"的计划。

伊舍伍德：对，我甚至在伯克利做过系列讲座，大概在一九五九年①。我想我可以讨论我书里的主题，可以指出每位作家都有特定的主题，他们会一次又一次地写这些主题，而且大部分人的书都是关于某些主题的变体。我想，我希望写一本这样的书。后来我意识到，我对我作品的主题还不够了解——包括我的父亲和母亲、家乡、一个人离开家乡的渴望，以及它所代表的东西：他乡。所以我开始研究我父母的书信和日记，我开始写《凯思林和弗兰克》。我放弃了其他计划，但是如果谁想了解我书里的内容是从哪里来的，他们可以在《凯思林和弗兰克》里找到答案。

《巴黎评论》：你有没有想写、但是还没写的书？

伊舍伍德：我有兴趣写一些关于现在的事情。晚年生活。好像只有纪德的《筹码越来越少》②比较好看，是关于晚年生活很精彩的书，其他都一般。

《巴黎评论》：这个主题人们不太喜欢。

伊舍伍德：对，的确不太喜欢，这是人们觉得无聊至极的主题之一。

《巴黎评论》：很多欧洲人抱怨这里庸俗、粗鲁，等等，你好像从来不会因此感到很烦恼。

伊舍伍德：我觉得我已经做好准备了。一九三九年，当我在美国旅行看到种族隔离现象时，我感到震惊极了。我永远也不会想到在这件事情上，我个人也会成为其中一员。有一次，我在火车上坐错了车厢，造成了极大的困扰。我又热又累，急急忙忙地跳上一节车厢，这时我慢慢意识到，这节车厢是给黑人坐的。我想，好吧，现在是在加利福尼亚，我们并

---

① 伊舍伍德在伯克利做讲座实际是在1963年。——原注
② 《筹码越来越少》(*The Chips Are Down*)，英译本全名《就这样吧，否则筹码越来越少》(*So Be It Or the Chips Are Down*)，是纪德去世前写完的一本回忆录，在他去世次年首次出版，英译本出版于1959年。

没有实行政策上的种族隔离。但是我很快意识到,我的的确确让人们感到很不安,每个人都想让我离开。我不明白所有的这些区分。

《巴黎评论》:你是不是对南加州的生活方式有种特别的喜爱?

伊舍伍德:嗯,有些事情你必须慢慢适应,比如在高速公路上开车,有些人觉得很震撼,也有些丑陋——但只有旁观者会觉得丑陋。这里美不胜收,海岸线仍然很壮观。不过,对我来说,这儿是理想的工作的地方。现在这里是我的家。我在这里生活了半辈子,比在其他任何地方生活的时间都久。我年轻时到处旅行,从来没有一个家。这个地方似乎很适合我,就像手套一样。而且,这里很有活力。

《巴黎评论》:好像你有时候在书里很维护美国。比如在《单身男子》里,乔治批评了一个总是夸赞墨西哥比美国更自然的女人……

伊舍伍德:以前回英国时,我常常听到很多反对美国的声音。人们的态度特别高高在上。他们根本不了解在这里的感受,不了解这里的一切。我觉得指责这个国家太容易了,但是他们不明白,这里本就是用来犯错误的地方——因为最先犯错误,所以我们能最先得到答案。我对这件事情很有感触。我觉得我们谈论失败的方式很不可思议。你知道,爱德华·厄普沃德的一部小说里有句奇怪的话,类似"我们不会灭亡,因为我们不害怕谈论我们的失败,所以我们将学会克服我们的失败"。这是斯大林的名言!真的!但是在这儿也可以这么说。尽管我们有失败,尽管林林总总各种因素,我们确实在这里做了很多事情,发表了很多意见。很残酷。这是一个暴力的国家,至少从历史上看,这是比较暴力的国家之一。这里不适合想安安静静躺着休息的人。

(原载《巴黎评论》第五十七期,一九七四年春季号)

琼·狄迪恩[1]

◎龙荻/译

通常是由采访者来写这段关于采访当日情况的文字，但这篇采访遇到的情况是，琳达·凯尔（Linda Koehl）在整理完采访录音之后不久就去世了。琳达和我在一九七七年八月十八日和二十四日这两天里，从早晨十点一直聊到下午早些时候结束。两次采访都是在我丈夫和我在洛杉矶北部海边房子的起居室里进行的，那个房子现在已经不是我们的了。那房间的墙是白色的，地面是磨得很光滑的陶土瓷砖。海上的波光反射在房间里特别耀眼，以至于相比之下房间的暗处变得尤其暗，坐在这屋里的所有人都会向房间中那些较暗的角落移动。多年来，这间房逐渐变成了一个唯一舒服的椅子远离窗口、摆在阴影下角落的地方。我提起这些是因为我记得我关于被采访的种种恐惧，其中之一便是我会被看成一个拥有差不多三百度海景房间，却要把所有的椅子都藏在壁炉后的傻子。琳达的智慧让这些恐惧即刻消失了，她对写作技术性的兴趣和精确把握让我放松下来，甚至对谈话颇有热情，我很少会这样。事实上，这种对讨论的热情着实让我更像我自己。当我重新读我们的聊天记录的时候，我看到的是一个作家营生里的学徒水管工，作家里的不顾陈规的初学者[2]，但我们的聊天就是这样。

——琼·狄迪恩，一九七八年

---

[1] 本访谈于1978年发表于《巴黎评论·作家访谈》"小说的艺术"子单元，编号No.71。后狄迪恩于2006年以非虚构作家身份再次接受《巴黎评论》访谈，那篇访谈被收入"非虚构的艺术"子单元，编号No.1，中译本已收入《巴黎评论·女性作家访谈》一书。

[2] "不顾陈规的初学者"原文为a Cluny Brown，源自刘别谦电影《克卢妮·布朗》(*Cluny Brown*, 1946)，这是一部关于一个不顾社会陈规的美国工人阶层女孩的喜剧。

"I can't seem to tell what you do get the real points for," Charlotte said. ~~"I mean I seem to miss getting them."~~

~~"So what."~~

~~"So what."~~ "So I guess I'll stick around here a while."

And when his plane was cleared to leave she had walked out to the gate with him and he had said again <u>don't you want to see Marin</u> and she had said <u>I don't have to see Marin because I have Marin in my mind and Marin has me in her mind</u> and they closed the gate and that was the last time Leonard Douglas ever saw Charlotte alive. ~~The last time I ever saw Charlotte was the night two weeks later when she pinned the gardenia on my dress and dabbed the Gres perfume on my wrists like a child helping her mother dress for a party.~~

VICKY: — SPACE BREAK —

¶ The last time I ever saw Charlotte alive was the night two weeks later when I left for New Orleans.

¶ When she pinned her gardenia on my dress.

¶ When she dabbed her Gres perfume on my wrists.

¶ Like a child helping her mother dress for a party.

琼·狄迪恩长篇小说《祈祷书》的一页手稿

《巴黎评论》：你说过写作是一种带着敌意的行为。我一直想问你，为什么这么说？

琼·狄迪恩：写作之所以带着敌意，是因为你想让别人用你的方式去看，试图把你的想法强加于人，让人看到你所看到的图景。想要如此去操纵他人的想法是带有敌意的。很多时候你想告诉别人你的梦想和噩梦。好吧，没人想听别人的梦，不管是好梦还是噩梦；没人想带着别人的梦生活。作家却总想骗读者听他们的梦。

《巴黎评论》：你写作的时候是否会意识到读者的存在？你写作的时候会考虑到他们在读你的文章吗？

狄迪恩：很显然我会听到读者的反馈，但我只会听到一个读者，那就是我自己。我一直在写给我自己。所以很可能我一直对自己做着一件有攻击性和敌意的事。

《巴黎评论》：所以当你在许多非虚构文章中问"你明白问题的关键了吗？"时，其实你是在问你自己有没有明白其关键。

狄迪恩：是的。每隔一段时间，当我开始写文章的时候，我就会试着写给我自己以外的读者。我总会失败。我会僵住，写不下去。

《巴黎评论》：你什么时候知道自己想要写作的？

狄迪恩：还是个小女孩的时候我就开始写故事了，但我并不想成为作家，我想当演员。当时我并不明白两者的动机其实是一样的。都是虚构的，都是表演。唯一的不同是作家可以独自完成这一切。几年前当我们的一个朋友——一个女演员——和一些作家朋友在我家吃饭的时候，我突然意识到了这一点。我突然发现，她是房间里唯一一个无法计划自己要做什么的人。她需要别人来找她去工作，这是很奇怪的谋生方式。

《巴黎评论》：你有过写作老师吗？

狄迪恩：我在伯克利读本科的时候马克·肖尔[①]在那里任教,他帮助过我。我的意思不是他帮我改过句子或者段落——没人有时间这样去改学生作业;我是指他让我对写作是什么以及写作的意义有了一定的认识。

《巴黎评论》：有没有哪个作家对你的影响多过其他的作家?

狄迪恩：我总会回答是海明威,因为他教会我句子是如何运作的。在十五六岁的时候我会把他的句子打出来以学习他句子间的关系。同时我也学会了打字。几年前我在伯克利教一门课的时候,我重读了《永别了,武器》,又一次被那些句子迷住了。我的意思是,那些是完美的句子。很直接的句子,像平顺的河流,花岗岩上清澈的流水,没有坑洞。

《巴黎评论》：你说过亨利·詹姆斯也对你有影响。

狄迪恩：他写的也是完美的句子,但非常婉转,很复杂。他的句子带着坑洞。你会淹死在他的句子里。我没胆量写这样的句子。我甚至觉得我也没胆量重读詹姆斯。我曾经非常爱他写的那些小说,曾因为它们而无法自拔。他小说里所有那些可能性。那种完美调和的风格。它们让我害怕写东西。

《巴黎评论》：我在想你的一些非虚构作品是不是以一个詹姆斯式的单句写成的。

狄迪恩：那当然会很理想,肯定是这样。一整篇文章——八页、十页、二十页——都由一个复杂的句子串起来的。我的非虚构文章里的句子要比我小说里的句子复杂许多,有更多的从句和更多的破折号。我在写小说的时候就没有要写那么多从句的必要。

《巴黎评论》：你说过只要你写好了第一句话,你就对整篇作品有把

[①] 马克·肖尔（Mark Schorer, 1908—1977）,美国作家、文学评论家,代表作有《辛克莱·刘易斯:一种美国生活》等。1960年至1965年任加州大学伯克利分校英语系主任。

握了。海明威也是这么讲的。只要他写好了第一句,他的短篇小说就有把握了。

狄迪恩:第一句话很难是在于写好之后你就被套牢了。所有别的东西都由这一句而来。当你写好开头两句话,你就别无选择了。

《巴黎评论》:第一句是姿态,第二句是承诺。

狄迪恩:是的,而作品里的最后一句就是另一个冒险。它需要将这个作品打开。它得能让你想回到开头从第一页开始读。那是理想的状态,但不是总能实现。我觉得写任何东西都像是走钢丝一样的行为。一旦你开始在纸上写下词句你就在抹去可能性。除非你是亨利·詹姆斯。

《巴黎评论》:我想你的行为准则,你所说的"严格的新教徒式的行为准则",并没有去掉你写作中的可能性,也没有阻碍你努力去保留文章的可能性。

狄迪恩:我想这应该是我写作的动力之一。我开始写一本书我就想把它写得完美,想让它展现所有色彩,想让它成为这个世界。但写了十页以后,我已经把它写砸了,我给它设限,破坏它的完美,我令它失色。这是很让人泄气的。那时候我恨这本书。但过了一段时间,我就和自己和解了:虽然这不是理想的结果,也不是我想要完成的完美作品,但也许——如果我继续下去把它写完——下一次我就能写好。我可能会有另一个机会。

《巴黎评论》:有什么女作家对你有很强的影响吗?

狄迪恩:我想(女作家们对我)只有作为生活方式典范的影响,并不是写作风格层面的影响。我认为勃朗特姐妹可能鼓励了我自己戏剧性的幻想。乔治·艾略特的一些特质非常吸引我。但就秉性来说我和简·奥斯丁或者伍尔夫都不合拍。

《巴黎评论》：作为一个女性作家，会有什么劣势吗？

狄迪恩：当我开始写作的时候——五十年代末、六十年代初的时候——男性作家是有一种可以遵循的社会传统的。酒鬼、肝喝坏了。好几任妻子、战争、捕鱼、非洲、巴黎，没有第二个版本。一个写小说的男人在世界上扮演一个特定角色，他可以在这个角色之下做任何他想做的事。一个写小说的女人没有特定的角色。写小说的女人很多时候被看成病人。卡森·麦卡勒斯，简·鲍尔斯，当然也有弗兰纳里·奥康纳。甚至包括他们的出版人都倾向于把女人写的小说称作是感性的。我不太确定现在情况是不是仍然如此，但当年确实是那样，我并不喜欢那种状态。我用我面对所有事的方式面对这些。我只管好我自己的事，并不太关心外界的声音，我觉得我是秘密地在工作。我的意思是我实际上没让很多人知道我在干什么。

《巴黎评论》：有什么优势吗？

狄迪恩：优势和劣势其实是完全一样的东西。有一定的阻力对谁都是有益的，它让你保持清醒。

《巴黎评论》：你能仅仅从写作的风格（style）或者感觉（sensibility）辨别出作者是男是女吗？

狄迪恩：好吧，其实如果风格就是性格的话——我相信是这样——那显然你的性别身份是能从你的写作风格中显现的。另外我也不想去区分风格和感觉。像我前面说的，你的写作风格就是你的感觉。但关于性别身份的问题是很微妙的。如果我去读很冷峻的文字，比如阿娜伊丝·宁[①]写的东西，我会说那是一个男人以一个女人的口吻在写作。我读科莱特的作品有同样的感觉，但这两个女作家都被归为极度女性化的作家。我并不太认同"女性化"（feminine）这个说法。另外我觉得《胜利》是一部相当女性

[①] 阿娜伊丝·宁（Anaïs Nin, 1903—1977），美籍法国女作家，以日记、随笔写作闻名，代表作有《阿娜伊丝·宁日记》《亨利和琼》等。

化的小说。读《诺斯托罗莫》和《间谍》[1]也是这样的感觉。

《巴黎评论》：你觉得深刻地去写异性是一件容易的事吗？

狄迪恩：《河流奔涌》（*Run River*）有一部分就是用男性视角来写的。埃弗雷特·麦克莱伦。我不记得那些部分写起来比别的部分更难，虽然很多人觉得埃弗雷特是个隐晦人物。在我看来他是书中最独特的人物。我爱他。我也爱莉莉和玛莎，但是我爱埃弗雷特更多。

《巴黎评论》：《河流奔涌》是你的第一部小说？对于第一部小说来说完成度相当高了，我觉得你应该有更早一些时候写的小说没发表。

狄迪恩：我有没发表过的非虚构作品，但没有没出版过的小说。我可能扔掉过写好的四十页然后重新再写四十页，但这都是同一部小说的一部分。我用了好几年时间在夜里写完了《河流奔涌》的前半段。那时候我白天在《Vogue》杂志上班，晚上就写这些小说的场景。并没有特定的顺序。当我写完一个场景，我会把纸粘起来，然后把这一长串纸钉到我公寓的墙上。可能我一两个月都不会去动这些场景，然后我会从墙上挑一个场景下来重写。在我写了一百五十页的时候，我把小说送去给十二个出版人看，所有人都拒绝了。第十三个人是伊万·奥博伦斯基[2]，他给了我一笔预付款。然后用那一千美元还是多少钱，我请了两个月假写完了书的后半段。这就是为什么小说的后半段比前半段好。我一直试图重新调整书的前半段，但太难操作了。它就是完成了。我用了好多年时间经历了许多不同的情绪完成了这本书。并不是说书的后半段就是完美的。它读着很顺，节奏更快，但书中也有很多没有解决的问题。我当时不知道任何写作技巧。我曾希望《河流奔涌》是一部时间线复杂的书，能从某种程度上让过去和现在同时运行，但我的技法还没成熟到可以清晰地达到目标。每个读过的

---

[1] 以上三部小说均为约瑟夫·康德拉的作品。
[2] 伊万·奥博伦斯基（Ivan Obolensky, 1925—2019），美国出版人，1960 年创立伊万·奥博伦斯基出版社。该社于 1963 年首次出版了狄迪恩的长篇小说《河流奔涌》。

人都说那样行不通。于是我调整了时间线，现在时，再回溯，再回到现在时。非常直来直去。我没有别的选择，因为我不知道别的方法。我那会儿写得不够好。

《巴黎评论》：是你还是乔纳森·凯普①把逗号加到英国版的书名里的？②

狄迪恩：我记得是凯普加上了逗号，然后奥博伦斯基把逗号去除了，但这对我来说意义不大，两个版本我都讨厌。暂定书名是《在夜晚的季节》，但是奥博伦斯基不喜欢。其实，写前半段时候的暂定书名是《收获家园》（*Harvest Home*），每个人都立刻放弃了，因为觉得一点也不好卖，虽然之后托马斯·特莱昂③写的卖得很好的那本书就是取的一模一样的名字。另外，我当时并不太相信自己，不然我就不会改书名了。

《巴黎评论》：这本书是自传式的吗？我这样问是因为很显然很多人的第一本小说都是自传式的。

狄迪恩：这本不是，除了它的故事发生地是萨克拉门托。那里很多人好像都觉得我冒犯了他们以及他们的家人，但这只是一个虚构的故事。其中的核心事件来自《纽约时报》上一篇一英寸④长的关于卡罗来纳州一个案子庭审的报道。有个人因为杀了他农场里的工头而被审判，这就是所有的故事。我想我把故事放在萨克拉门托的真正原因是我想家。我想记住那里的温度和河流。

《巴黎评论》：河流上的热气？

---

① 乔纳森·凯普（Jonathan Cape, 1879—1960），英国出版人，《河流奔涌》英国出版方乔纳森·凯普出版社的创始人之一。
② 《河流奔涌》1963年在美国首次出版时名为"Run River"，次年由乔纳森·凯普出版社在英国出版时书名更改为"Run, River"，中间多了个逗号。
③ 此处原文误作Thomas Tyron，应为Thomas Tryon，指美国演员、小说家汤姆·特莱昂（Tom Tryon, 1926—1991）。《收获家园》是他于1973年出版的一部恐怖长篇小说。
④ 一英寸约合2.5厘米。

狄迪恩： 是的，那些热气。我想这是我写这本书的最初契机。如果我不想家的话，很多那里的风景我可能永远都不会描写。如果我不想记住就不会去写。我的写作冲动源自思乡念旧之情。对作家们来说这并不是一个特别的动机。我注意到这点是在詹姆斯·琼斯死后不久，我在火奴鲁鲁读《从这里到永恒》的时候。我可以感受到完全相同的一种思乡之情，那种对一个地方的想念凌驾于所有的叙事考量之上。无数的描述性的文字。当普鲁伊特试图从他受伤的地方去城市另一头的艾尔玛的房子时，作者提到了每一条街的名字。你可以把那段摘出来画一张火奴鲁鲁的地图。那些描述对于叙事来说毫无意义。它们只是要去记住。着魔一般地去记住。我能懂这种冲动。

《巴黎评论》： 难道不是思乡的冲动成就了《河流奔涌》的说服力吗？

狄迪恩： 这本书里有很多粗心的东西。无关紧要的东西，没用的词，笨拙的东西。一些本该着重提到的情节，一些本该弱化的情节。但后来的《顺其自然》(*Play It As It Lays*)也有很多草率的地方。我没有重读过《祈祷书》(*A Book of Common Prayer*)，但我确定它也是这样的。

《巴黎评论》： 你是怎样接受了《顺其自然》里的人称写法的？你是否怀疑过你同时用第一人称和第三人称去写的能力？

狄迪恩： 我曾想都写成第一人称的，但我一开始还没有能力做到。有一些我当时不知道的技法。所以我开始用近第三人称，只是为了能往下写。所谓"近第三人称"(close third person)，我的意思不是指一个无处不在的第三人称，而是一个和主人公想法很贴近的第三人称。突然间，某天晚上我意识到内容里分别有一些第一人称和第三人称的东西，我必须两个都写了，否则我就写不了这本书。我当时被吓到了。其实我不在乎它是怎么变得可行的。当我想要加速整个情节的时候，第一人称和第三人称的穿插使用在故事临近结尾时看来相当有用。我不认为我会再这么写，但那是对那时的特殊问题的解决方案。到一定时候你得用你仅有的办法写下去。

否则就别写了。

《巴黎评论》：你总共花了多少时间写《顺其自然》？

狄迪恩：我用了几年时间做笔记和写若干片段，但真正实体的写作——坐在打字机旁边每天都写作直到写完——花了我从一九六九年一月到十一月的整段时间。然后我当然得重新过一遍这本小说——我正在写一本小说的时候我并不知道我到底在做什么，没到快要完成的时候故事的主线不会显现。在我把它重新过一遍之前，我给约翰①看了，然后我也寄给了亨利·罗宾斯，他当时是我在法拉-斯特劳斯出版社②的编辑。那个版本相当粗糙，好些地方标着"待写章节"。亨利并不介意我的写作方式，他和约翰还有我有一天在纽约吃晚饭前坐下来聊了大概一个小时哪里需要改动。我们都知道它需要哪些改动。我们都同意。在这之后我花了几周时间把小说过了一遍。只是打字把故事主线拉一遍。

《巴黎评论》：你说的"拉一遍"到底是什么意思？

狄迪恩：比如说，直到写作的最后几个星期，我都不知道在《顺其自然》里 BZ 是个重要人物。所以那些我写着"待写章节"的地方大多是我要回去把 BZ 拉出来写的地方，着重写他，为最后的故事发展做准备。

《巴黎评论》：你怎么看 BZ 在结尾处的自杀？

狄迪恩：在我写完之前我都没有意识到这和《河流奔涌》实质上是同样的结尾。故事中的女人们让男人们自杀。

《巴黎评论》：我读到过你说当你坐在拉斯维加斯的里维拉酒店的大堂，看到一个女孩走过的时候，《顺其自然》的故事才变得清晰具体起来。

---

① 指狄迪恩的丈夫约翰·邓恩（John Dunn）。
② 即后来的 FSG 出版社。

狄迪恩：我曾设想玛丽亚是住在纽约的。她可能是一个模特。此外，她正在离婚，生活在悲伤中。当我在里维拉酒店看到这个女演员的时候，我发现玛丽亚可以是一个演员。住在加利福尼亚。

《巴黎评论》：她的名字一直都是玛丽亚·怀斯吗？

狄迪恩：刚开始她连名字都没有。有时候当我写了五六十页的时候，我还依然叫其中的人物"X"。在书中的人物开始说话之前我并不清楚他们叫什么。然后我开始爱上他们。当我写完书的时候，我已经爱他们爱到想和他们待在一起了。我永远都不想离开他们。

《巴黎评论》：你小说里的人物和你说话吗？

狄迪恩：写了一段时间以后，他们会用某种方式和我对话。当我开始写《祈祷书》的时候，我只知道夏洛特说话紧张且爱讲毫无意义的故事。是一种心不在焉的声音。有一天在写美国大使馆的圣诞派对的时候，我让夏洛特讲那些奇怪的轶闻，维克托·施特拉塞尔-门达纳一直试图搞清楚她是谁，她在博卡格兰德①做什么，她丈夫是干什么的。然后突然夏洛特说："他做军火生意。我希望他们有鱼子酱。"当我听到夏洛特说这些的时候，我就很清楚她是谁了。我又回头重写了一些早些时候写的东西。

《巴黎评论》：你经常重新组合故事吗？如果是的话，是怎么做的？你用图钉或者胶带还是别的什么？

狄迪恩：写小说的开头的时候，我会写很多毫无头绪的片段。然后我会放弃它们，把它们都贴在一个板子上想晚点再捡起来用。刚开始写《祈祷书》的时候，我写了一个关于夏洛特·道格拉斯去机场的片段，我喜欢这几页，但一直在小说里找不到合适的地方插入。我一直把这个部分拿出来放到不同地方，但它总是阻断了叙事；它放在哪里都不对，但是我执意

---

① 博卡格兰德（Boca Grande），狄迪恩在《祈祷书》中虚构的一个中美洲国家名。

要用它。最后我想我把它放到了书的中间。有时候你能成功地在书的中间这么干。最开头的一百页非常微妙，最初的四十页尤甚。你必须确定你写出了你想要的人物。这是最复杂的部分。

《巴黎评论》：《祈祷书》相比《顺其自然》看上去技法复杂了许多，是因为它有更多的情节。

狄迪恩：《祈祷书》有很多情节，以及太多地点和不同天气。我想写一本质感厚重的书，于是我一直往里面扔东西，不停地承诺。比如说，我承诺会有一场革命。最后，结尾部分写了二十页的时候，我发现我仍然没有把革命写出来。我有很多条故事线，我忽略了这一条。所以我从头去把革命的准备工作写下来。把革命写进书里就好像做衣服的袖子。你知道我是什么意思吗？你会裁剪吗？我的意思是说我需要斜裁一下写入那场革命，然后用我的手指把褶皱抚平。

《巴黎评论》：所以对你来说写小说的过程就是发现你真正想写的小说的过程。

狄迪恩：正是这样。刚开始写的时候我什么都没有，没有任何人物，没有天气，也没有故事。我只知道技术上我要做什么。比方说，我想有时间去写一本很长的小说，八百页。我想写一本八百页的小说就是因为我觉得一本小说应该一气读完。如果你花多于几天或者几周的时间去读一本小说，就会弄丢故事线，怀疑悬置就会被打破。所以问题就是去写一本八百页的小说，小说里所有的线索都十分明晰不会中断，也从不会被忘记。我想知道加西亚·马尔克斯在《族长的秋天》里是不是这样做的。我不敢读这本小说，因为我害怕他就是这么写的。但我确实见过这本书，它似乎是由单单一长段话写就的。一段。就是整本小说。我喜欢这个主意。

《巴黎评论》：你有什么写作习惯吗？

狄迪恩：最重要的是晚餐前我需要有一个小时的独处时间，就着一杯酒，回顾这一天我写的东西。我不能在下午晚些时候这么做，因为这就离完成的东西太近了。另外，喝酒是有帮助的。它让我从写的东西中抽离。所以我会用这个小时把一些东西摘出来，再放别的东西进去。然后第二天我就会按照这些晚上的笔记重新写前一天写的东西。当我真的在工作的时候我不爱出去吃饭或请人来家吃饭，因为这样我就失去了这一个小时。如果我没有这一个小时，第二天开始就面对好多页写得不好的东西不知道怎么办的话，我就会没有心情写。当我快要写完一本书的时候，我会和这本书稿睡在一个房间里。那就是我会回到萨克拉门托的家中写完东西的原因之一。你睡在正在写的书的旁边的时候，书是不会离开你的。在萨克拉门托没人在意我露面与否，我只需要起床然后开始打字就好。

《巴黎评论》：写虚构作品和非虚构作品最主要的不同是什么？

狄迪恩：写非虚构作品的时候，发现的部分是在调查研究中得到的，而不是在写作的过程中。这让写作一篇文章的过程变得很枯燥。你最开始就知道了要写的是什么。

《巴黎评论》：你写的非虚构文章的主题是编辑定的还是你可以随意按自己的想法去写？

狄迪恩：都是我编造的主题。它们反映了我在当时想要去的地方。我在给《生活》杂志工作的时候写了很多关于火奴鲁鲁的文章——可能比《生活》想要的稿子还多——因为那是我当时想去的地方。昨天晚上我给《绅士》杂志写完了一篇关于加州水资源计划的文章。我一直想看看他们管理水源的那个房间，他们打开和关闭水闸管理整个州供水的地方，以及我一直都想见见我妈妈和爸爸。加州的水资源和我的父母都在萨克拉门托，所以我去了萨克拉门托。我喜欢写那种强迫我去约见不同的人的文章，但我从来都不想成为一个新闻工作者或者记者。如果我写了一个故事然后它变成了一个爆炸性新闻，各种各样来自不同报纸、杂志和电视台的团队飞来采访，那我就想找点别的事情做了。

《巴黎评论》：你说过你在《Vogue》当编辑的时候，艾琳娜·塔米[①]会教你动词怎么用。

狄迪恩：每天我都到她的办公室去给她看八行文字或者一段图注之类的东西。她会坐下来用一支铅笔修改，会因为多余的单词和没用的动词而相当恼火。除了在《Vogue》这样的杂志，没人有时间这么干。没人这么干，老师也不会怎么干。我也教过书，我试过这么干，但是我和学生都没那么多时间。在一段八行的图注中，所有的元素都必须有用，每个词语，每个逗号。虽然最后它们都成了《Vogue》的图注，但从文字本身来说必须是完美的。

《巴黎评论》：你说你珍惜隐私，说过"我的家人认为能够独处和不管别人的闲事是人类最高尚的努力"。这个说法和你写的讲私人故事的文章结合起来怎么说得通呢？尤其是你给《生活》写的第一篇专栏里说，你感到你必须向读者交代，本应是在准备离婚的时候，你却住在皇家夏威夷酒店里。

狄迪恩：我不知道。我可以说我当时是在给自己写东西，我当然是，但情况要比那复杂一点点。我的意思是，我并没忽略掉差不多一千一百万人都会看到那一页这个事实。写作、表演以及炫耀对我来说都是很不可思议的。我认识一个歌手，她每次上台之前都会呕吐。但是她依然会上台表演。

《巴黎评论》："琼·狄迪恩的脆弱感"这个传说是怎么开始的？

狄迪恩：我猜是因为我是个小个子，我跟我不认识的人不会说很多话。我写的大多数句子都是飘忽的，没有结尾。这是我为之沉迷的习惯。我不善和人相处。我觉得这种和人不能保持联系的样子也是我开始写作的原因之一。

[①] 艾琳娜·塔米（Allene Talmey, 1903—1986），美国专栏作家、编辑、记者，在《Vogue》杂志供职三十余年，1963年至1971年曾任该杂志副主编。

《巴黎评论》：你是否觉得有些书评人和读者将你和你书中的人物混为一谈了？

狄迪恩：确实有种倾向是把《顺其自然》看成一本自传式的小说，我猜可能是因为我住在这里以及在照片上看着也很瘦小，以及没人知道关于我的任何事。事实上，我和玛丽亚唯一相同的地方只是偶尔语调的改变，正相反，这是我在写那本书的时候从她那里学来的。我很喜欢玛丽亚。玛丽亚很强大也很坚强。

《巴黎评论》：这就是为什么我很难理解很多书评人对你书中女人们的评价。在我看来，她们一点也不脆弱。

狄迪恩：你看过《纽约书评》上戴安娜·约翰逊对《祈祷书》的评价吗？她说这些女性角色要是放在一个浪漫故事里的话就是强大的，她们是浪漫的女主人公，而不是现实情境中实在的女性角色。我觉得这样说应该是对的。我觉得我写的是浪漫故事。

《巴黎评论》：我想问一下你书中反复出现的事物。你在一篇短篇小说和一篇文章中都写过公园大道上的"脏郁金香"。或者那个大的方形祖母绿戒指，在《河流奔涌》中莉莉戴过，在《祈祷书》里夏洛特也戴过。

狄迪恩：莉莉也戴过吗？可能她戴过。我一直都想要一只，但是我永远都不会买。有一个原因是因为绿宝石——当你凑近看的时候——它们总是令人失望的。它们的绿色总是不够蓝。理想的情况下，如果绿色够蓝的话，用余生来欣赏这块绿宝石都是有看头的。有时候我会想到凯瑟琳·安·波特的那些绿宝石，有时候我会好奇它们是不是够蓝。我并没有计划在《祈祷书》中让绿宝石这样反复出现。那只是我觉得夏洛特会有的一件东西，但当我继续写下去的时候绿宝石就变得很有用了。我总想多写一点绿宝石的作用，到了小说的结尾部分，它几乎快变成叙事线本身了。我和这块绿宝石相处愉快。

《巴黎评论》：那父母一方的死呢，这好像也是你作品里经常出现的主题之一？

狄迪恩：你知道儿童医生总会让孩子们讲故事吗？然后从故事里他们得出什么是让孩子们害怕的，什么是让他们焦虑的，孩子们在想什么。一部小说就是一个故事。你在讲故事的时候会弄懂一些东西。

《巴黎评论》：堕胎或孩子死去的情节也是？

狄迪恩：孩子的死去总让我害怕。我总是想到它。我竟然能意识到这件事，我通常并不知道我在想什么。总的来说，我并不太多去想我为什么要写我写的东西。如果我知道我在做什么，我就不会去做，我什么也不能做了。《顺其自然》里的堕胎情节是我写了相当一部分之后才想起来要写的。这本书需要一个主动的时刻，一个对于玛丽亚来说情况改变的时刻，这非常非常重要，在这个时刻玛利亚在好几页里是台上的主角。不是在某个派对上对别人做出反应。也不是仅仅去想她在生活中的位置。在一个很长的部分里，她是主要的演员。堕胎在这里是一个叙事手段。

《巴黎评论》：堕胎在《河流奔涌》中也是叙事手段吗？

狄迪恩：实际上，那是一个跑题去写风景的借口。莉莉在旧金山堕了胎，然后她坐灰狗大巴回家。我总是在想灰狗巴士而不是堕胎。写坐巴士的部分对所经城镇景象的描写很细致。那是我在纽约的时候写的东西。可以看出我是想家了。

《巴黎评论》：那反复出现的高速公路呢？

狄迪恩：实际上，我不会在高速上开车。我会害怕。我在高速的入口处就会僵住，在那个你必须放手加入高速上的车流的瞬间。我偶尔会开上高速路，通常我是带着羞耻开上路的，在我脑海里这是很特别的经历，所以我会用它。

《巴黎评论》：还有位于好莱坞日落大道和拉布雷亚大道相交处拐角的那个白色空间？你在一些故事里提到过它，然后在《顺其自然》里也提到过。

狄迪恩：我从来没想过为什么，但是我总会想起一句《四个四重奏》里的一句："在旋转的世界的静止点上。"我想我总在靠近静止点。我把赤道想成一个静止点。我想这就是我把博卡格兰德放在赤道的原因。

《巴黎评论》：是一种叙事手段？

狄迪恩：其实这整个关于怎么去设计叙事结构的问题都是一个谜。很多不做这事的人想象不出很大程度上这都是随意为之。我开始写《顺其自然》的时候，我给了玛丽亚一个孩子，一个女儿凯特，她正在上幼儿园。我记得写过一段，凯特从幼儿园回家给玛丽亚看了很多她画的画，橙色和蓝色的蜡笔画，当玛丽亚问她画的是什么的时候，凯特说："着火的游泳池。"你能看出来我并没有写好这个小孩。所以我把她放进了医院。你从未见过她。现在看来，这么写是非常重要的——凯特在医院里是《顺其自然》里很重要的一部分——但这都是因为我不会写一个小孩而起的，没有别的原因。同样的，在《祈祷书》里，玛琳炸掉了泛美大厦是因为我需要她这么干。我需要夏洛特的生活中出现危机。虽然在此刻，现在，我想到泛美大厦的时候就一定会想到玛琳和她做的炸弹以及她的金色手链，但在最开始的时候，这都是非常随意的决定。

《巴黎评论》：你在生活中对抗着哪些误解和错觉？在一个毕业演讲中你曾经提到过有很多。

狄迪恩：各种各样的。我是那种用读到的东西来看世界的孩子。我对经验总有一种文学性的想法，然后我也不知道谎言都在哪儿。比如说，试图飞行的人总是会被炸成火焰然后下坠。这可能根本就不是真的。事实上人们真的飞行，并且能安全着陆。但是我并不真相信是那样。我还是会看到伊卡洛斯①。我似乎并不拥有任何实际事实的认识,似乎我也不知道事物是如何运行的。我只是对它们怎么运行有一个自己的想法,这总是个麻烦。就像亨利·詹姆斯告诉我们的那样。

《巴黎评论》: 你好像总是生活在危机边缘,或者说,至少是生活在文学意义上的危机边缘。

狄迪恩: 同样的,这只是个文学性的想法,来自那些促使我在孩童时代发挥想象力的东西。我想起来我完全不相信什么折中之道,我总相信黑暗中的旅程总有可以学到的东西。黑暗的旅行更吸引我。我曾经想过写一本很轻松的小说,都是很表面的东西,只是关于火奴鲁鲁一些相处顺利只有一两个误会的人的对话和回忆。我现在就在写这本书,但是它并没有按照那个想法发展。完全没有。

《巴黎评论》: 它总会变成险境和毁灭。

狄迪恩: 是啊,我是在危险的景观长大的。我想人们比他们所知的更容易被环境和气候影响。萨克拉门托曾是一个很极端的地方。那是一个很平坦的地方,比大部分人能想象的还要平坦,我现在依然喜欢平坦的地平线。萨克拉门托的天气和景观一样极端。那里有两条河,这些河流会在冬天发洪水然后夏天干涸。冬天是冷雨和薄雾,夏天是一百华氏度,一百零五华氏度,一百一十华氏度②。这些极端的东西影响着你和世界的关系。你是个作家的时候,极端的东西就出现了。如果你是卖保险的,它们就不会出现。

(原载《巴黎评论》第七十四期,一九七八年秋/冬季号)

---

① 在希腊神话里,伊卡洛斯不听父亲忠告飞得离太阳太近,最终因黏合翅膀的蜡被高温熔化而坠入海中。
② 分别约合 37.8 摄氏度、40.5 摄氏度、43.3 摄氏度。

J.G. 巴拉德

◎胡凌云 / 译

J.G. 巴拉德是一位英国商人的儿子，在上海出生长大。过去二十多年间，他多少以隐姓埋名的方式生活在谢普敦——一片与希思罗机场毗邻的灰暗平淡的伦敦郊区。巴拉德的作品经常坐落在色情、技术和大屠杀之后的景观之中，总是关注着后现代意识所能企及的更远疆域，以至于当我们见到他本人时，不可避免地感到相当古怪。初次相会时，巴拉德有些腼腆地站在一栋朴实的两层住宅门外，住宅与街区其他所有住宅都很相似；人们会将他当成典型的郊区庄园主。他在衬衫外面套了一件棕色毛衣，以抵御夏日午后的微凉。

室内，两棵闪亮的银色棕榈树亲切地将枝叶垂在一张铝制草坪躺椅上，为这个看起来十分普通的家庭注入了唯一的幻想色彩。直到几年前，丧偶的巴拉德一直在这里作为单亲家长抚养着他的三个孩子。

我们在他的书房中坐下，它似乎曾是客厅。巴拉德的工作位置是在靠墙的一张旧餐桌前，桌上放着他已经步入中年的打字机，周围堆放着颇为整齐的信件、书籍和文件。书架上满满当当，充斥着奇形怪状的藏书，包括一本厚厚的配图解剖学著作《碰撞损伤》、全套《沃伦委员会报告》[①]、莎士比亚作品集，以及许多关于超现实主义、达达主义、未来主义和波普艺术的书籍。

[①] 《沃伦委员会报告》（*Warren Commission Report*），美国联邦政府针对肯尼迪遇刺事件的调查报告，于 1964 年出版。

巴拉德是一位口才极佳、涉猎广泛的健谈者，他对自己的想法、猜测和兴趣都表达得相当有力。他的幽默感也非常明显，他一直都对"存在"这一纯粹事实感到有趣，或者至少对其感到茫然，这是人们能够感觉到的。

在接受这次采访时，巴拉德刚完成其最新小说《太阳帝国》的初稿，该书后于一九八四年十月出版，在大西洋两岸都获得了盛赞。"这是我十五年来在美国获得的第一份好评。"巴拉德的这一看法所指的是其作品在此之前在美国受到的普遍冷遇。长期以来，巴拉德一直对这种情况感到困惑，因为他的许多作品都有意识地借鉴了特有的美国意象。然而，《太阳帝国》出版仅仅几周，便已成为他在商业上最成功的作品。这部"非虚构"小说——巴拉德在题材上的重大出走——详细描述了他青少年时代的个人经历，先是作为一位英国商人的儿子生活在战云压境的上海，接着，在珍珠港袭击之后，先后作为逃犯和战俘被关押在龙华集中营。巴拉德近期被一位采访者问起为何直到现在才尝试这项重建工作，他说："我想，我花了很长时间去忘记，然后又花了很长时间来想起。"

一个小时左右的交谈之后，醒池苏格兰威士忌加苏打水上桌了，巴拉德简短介绍了谢普敦水源的优点（附近有几个低洼的蓄水池）。当西下的夕阳穿过后院绿荫照进法式落地窗时，我们被一段郊区的宁静包围了。"我不知道自己为什么最终会来到这里，我是说真的……"巴拉德说，"事实上，郊区比大多数市区居民所想象的要邪恶得多。它们的平淡无奇迫使想象力进入新的区域。我的意思是，一个人早晨起床时必须想出一个偏离常轨的行为，仅仅是为了确认自己的自由。这种行为不需要太离谱，去踢狗一脚也是可以的。"

——托马斯·弗里克，一九八四年

J.G. 巴拉德小说《太阳帝国》原稿首页

《巴黎评论》：你准备冒险接受蜈蚣的命运吗？当被问到究竟是如何爬行时，它开枪自杀了。

J.G. 巴拉德：我会努力对着镜子检查我的双手。

《巴黎评论》：那么，你究竟是如何写作的呢？

巴拉德：事实上，并没有秘诀。只要拔出瓶塞，等待三分钟，剩下的就都由两千多年的苏格兰工艺去完成了。

《巴黎评论》：让我们从痴迷这个话题开始。你似乎有一种痴迷的方式，去反复排列一组特定的象征和兴趣，诸如时间的流逝、车祸、鸟类和飞行、干涸的游泳池、机场、废弃的建筑、罗纳德·里根……

巴拉德：我想你说得完全正确。可以说，在我的所有作品中，我都有意识地依赖于自己的痴迷，那就是，我刻意搭建了一种痴迷的精神架构。它以一种自相矛盾的方式使人脱离了痴迷的主题。这就像是拿起一个烟灰缸，使劲盯着它看，以至于沉迷于它的轮廓、角度、质地，等等，而忘记了它是一个烟灰缸——一个用来掐灭烟头的玻璃盘子。

《巴黎评论》：所以说，你是靠一种迷恋的引力来前进的？

巴拉德：是的，事业的统一性永远存在。整个宇宙都可以被包在一个果壳里面。当然，一个人为何会选择某些主题作为自己痴迷的对象则是另一码事。我为什么痴迷于撞车？它真是一个奇特的想法。

《巴黎评论》：对啊，为什么？

巴拉德：所有的痴迷想必都是等待着诞生的极端隐喻。我所完全相信的整个私密神话，是个人清醒的精神与那些痴迷之间的合作，一个接一个地，这些痴迷让自己以垫脚石的面目出现。

《巴黎评论》：你的作品有时似乎具备某种预言性。你在写作时是否意识到了这一点?

巴拉德：我对自己接下来要写的东西几乎一无所知，这一点是肯定的，但与此同时，我对我前方的一切，甚至是未来十年的一切，都有一种强烈的预感。我想表达的并没有任何自命不凡的意思。我想，那些有意识地利用自身痴迷的人——当然更包括了富有想象力的作家——之所以这样做，部分原因是这些痴迷就像垫脚石一样摆在他们面前，他们的双脚被它们吸引过去。在任何时刻，我都能意识到自己的精神和想象正朝着一个特定的罗盘方位出发，整座大厦正准备朝一个方向倾斜，就像一间摇摇欲坠的巨大谷仓。

《巴黎评论》：这些年来，你对自己痴迷的这种操纵是否有任何机械性的感觉？

巴拉德：我确实是以一种算计好的方式利用自己，不过，人们都必须记住一个关于实验室老鼠的老笑话："我把这位科学家训练好了——每当我按下这个杠杆，他就会给我一粒食物。"

《巴黎评论》：这也许是一种共生关系。

巴拉德：我理所当然地认为，对于富有想象力的作家来说，练习想象是应对现实的基本过程的一部分，就像演员需要一直表演来弥补自我感的某种不足一样。几年前，我坐在雅典美国运通大楼外的咖啡馆里，看着英国演员迈克尔·雷德格雷夫（瓦妮莎·雷德格雷夫的父亲）在午餐时分的人群中穿过街道，去一间杂志亭买了《时代》，与店主简短交谈，坐下，点饮料，起身离去——其中的每一个瞬间，每一个手势，都明显是表演出来的，也就是说，是以一种自己意识得到的方式强调和夸张出来的，尽管他显然认为没有人知道他是谁，也不认为有人在观察他。我认为，同样的过程也适用于作家，只不过作家将自己创造的角色分配给自己。对某些正在聚集的痴迷和角色，对某些下一段狩猎即将发生的野外角落，我是有感知的。我知道，假如不写作，比如在假期，我就会开始感到不安和焦虑，我觉得不被允许做梦的人也会有这种状态。

《巴黎评论》：我相信我曾经读到过——也许是与作品集《朱沙》（*Vermilion Sands*）有关——你其实很喜欢"文化颓废"这个概念。

巴拉德：颓废？我不记得我是否曾经说过自己喜欢这个概念，除非是指那些干涸的游泳池和废弃的酒店，而我并不真正将它们看作颓废之地，它们仅仅像是精神在沙漠之中的零产位①，或者借用大富翁游戏的术语，是"出发点"。

《巴黎评论》：不过，干涸的游泳池、废弃的酒店——你这不是在招引最糟糕的精神分析式解读吗？

巴拉德：啊，干涸的游泳池！这是我永远也不想去窥探的谜团——不过别人也不一定就会对此感兴趣。令我最开心的，莫过于能描写干涸的游泳池和废弃的酒店。但我不知道这究竟是颓废，抑或只是尝试将平凡生活进行逆转和倒置，将袜子反过来穿。我一直对这种逆转或任何逆转感到好奇。这可能就是我对解剖学发生兴趣的原因。

《巴黎评论》：对于"颓废"这个概念，人们在当下认为它只是一种不良嗜好。

巴拉德：不良嗜好概念也是不应被去除的，而"追求一种痴迷"这件事，就像若利斯-卡尔·于斯曼的《逆流》中的黑色主题一样，在到达仅凭美学或概念上的考量就能维持并获得合理性的程度后，就不再受任何道德约束了。无论如何，生活的很大一部分就发生在那一区域。

《巴黎评论》：和许多小说家一样，你最初也是学医的。当时你认为自己的未来在何方？

---

① 妇产科术语，指胎儿头部位置与坐骨棘持平的位置。

巴拉德：医学当然本来应该是我的职业。我想成为一名精神科医生，这是一个青春期的理想，当然，许多精神科医生都实现了它。我笔下的医生/精神科医生角色都是某种另一个自我，假如我没有成为作家，我就会成为那样的人——这是我在小说中注入的个人幻想。

《巴黎评论》：你的作品似乎也深受视觉艺术的影响。

巴拉德：是的，有时我觉得自己的一切写作都只是一个不成功的画家所进行的补偿性劳动。

《巴黎评论》：你写过萨尔瓦多·达利和马克斯·恩斯特，特别是超现实主义者，他们似乎最能激发你的想象力。

巴拉德：是的，超现实主义者们对我有着巨大的影响，不过，严格来说，"佐证"这个词才是正确的描述。超现实主义者们展示了精神重建世界的能力。按照奥迪隆·雷东的表述，他们用可见事物的逻辑服务于不可见的事物。他们确实在我的生活中扮演了非常重要的角色，远远胜过我所知道的任何其他作家。

《巴黎评论》：这种兴趣是如何产生的？你小时候被带去参观过博物馆吗？

巴拉德：我一直对此感到困惑，因为在我被养育成人的上海并没有博物馆。

《巴黎评论》：或许上海本身就是某种博物馆？

巴拉德：我回望上海和那里发生的战争，应该是觉得它像是某个巨大梦魇场景的一部分，以暴力和华丽的方式展现了自己……人们在超现实主义中发现的那个被重建的世界。也许我一直试图回到上海的景观中去，回到我在那里瞥见的某种真实中去。我在自己所有的小说中都应该运用了超现实主义的技法，将现在重建为至少与过去相和谐的东西。

《巴黎评论》：也许我们可以谈论一点写作的精神机制。在职业生涯的这个阶段，你一定对小说写作的整个过程演化出了大致清晰的认识。

巴拉德：我想，写小说是现代人的"过渡礼仪"[1]之一，它将我们从一个关于满足、醉酒和愉悦的纯真世界引向慢性焦虑和不断查看银行账单的状态。到了第十八本书时，人会有一种把自己砌进壁龛的感觉，成了别人家鸽子的栖息地。我不会推荐这种状态。

《巴黎评论》：对你来说，一本书是如何成形的？

巴拉德：这是个巨大的话题，坦率地说，我很不明白。即便是创作主题从某种意义上直接取材于周围世界的自然主义作家，要想理解某种特定的虚构是如何自我推行的，已经是足够困难了。但一位富有想象力的作家，尤其是像我这样与超现实主义有很深渊源的作家，几乎注意不到发生了什么。反复出现的想法将自己集合起来，痴迷将自己凝固起来，一个人创造了一套生效的神话，就像为了激励全体船员而编造的黄金传奇。我认为，此人正在经历的过程非常接近梦境，一系列场景，它们的设定使一些貌似不可调和的想法变得融洽。就像大脑视觉中枢构建了一个完全人工的三维宇宙以便我们在其中有效地移动一样，精神作为一个整体也创造了一个想象的世界，只要不断更新，便能令人满意地解释一切。于是，长短篇源源不断……

《巴黎评论》：所以，这或多或少是一个持续性过程？

巴拉德：对。我认为，一个人其实一直都在写同一本书。关于中国的那本书我刚完成了第二稿，虽然在主题上和以前相比是一个极端的偏离，但它自身为我成形的方式，以及我写下它的过程，与我写过的其他作品并没有什么不同。

---

[1] 过渡礼仪（rite of passage），人类学术语，指人们在人生各个重要过渡时刻，基于一定的传统文化规范所执行的特殊礼仪形式。

《巴黎评论》：我想知道，来自"真实世界"的素材是如何融入《高层公寓》①《撞车》或《混凝土岛》的封闭空间中的？

巴拉德：嗯，比如说，在开始创作《撞车》之前的一九六九年，我在伦敦的新艺术实验室举办了一次撞车展览——在正式的画廊氛围中停放了三辆被撞毁的汽车。中心展品是一辆被撞毁的庞蒂亚克，它来自最后一个伟大的尾鳍时期。整场展览呈现了我上一本书《暴行展览》(Atrocity Exhibition)②中的一个场景，我的英雄人物特拉维斯举办的那场同样令人绝望的展览。我当时所做的，是对自己为车祸多义性所给出的假设进行测试，而这种多义性正是此书的核心。我雇了一个无上装女孩，通过闭路电视采访人们。宾客们在开幕派对上狂暴而过度兴奋的反应，是我蓄意强加给他们的虚构超负荷，目的是测试我自己的痴迷。这些汽车在一个月展期中遭到的后续破坏——人们向它们泼洒油漆，扯掉左右后视镜——还有无上装女孩在开幕派对时险些在庞蒂亚克汽车的后座上被强奸（这一幕本身简直像来自《撞车》），都说服了我应该写《撞车》。后来，那个女孩针对那次展览在一份地下报纸上撰写了一篇充满敌意的评论。

《巴黎评论》：你在几年前的一次采访中曾说过，你自己认为《撞车》是一本堕落的书。

巴拉德：我有十年没读过它了。那次采访应该是在一九七三年或一九七四年，那时《撞车》和《暴行展览》还占据着我的精神。如今，我早已走远了，来到一片更加宁静的草地。偶尔步入时光机是有趣的。那是一段令人兴奋的岁月，是的，六十年代是鲜活的昨天，而不是消失的时代。正如我昨晚对女朋友所说的那样，相比之下，我们如今所关心的事情显得多么无趣。《撞车》是一本堕落的书？我姑且相信自己年轻时说的话吧。

---

① 《高层公寓》(High-rise)，国内或译《摩天楼》，但和"摩天楼"相对应的英文应是skyscraper，译作"高层公寓"更能体现其公用和居住特性。
② 《暴行展览》在美国以《爱与凝固汽油弹：出口美国》为名由格罗夫出版社出版。——原注

《巴黎评论》：是否可以将那种写作视为一种"文化针灸"？

巴拉德：我不知道。我不喜欢"安全阀"的概念，也就是说，看到几个基督徒被扔给狮子吃掉，我们就能开开心心回家去。我当然相信，我们应该将自己沉浸到破坏性元素中去。有意识地这样做，总比发现自己一不注意被扔进池子里要好得多。

《巴黎评论》：尤其是在池水已经干涸的情况下。你还有其他这类研究的例子吗？

巴拉德：一般来说，比较有想象力的假设都是在我自己的脑海中进行检验的，尽管我总是期待自己的预感得到证实。在开始创作《高层公寓》之前，我有一年夏天住在布拉瓦海岸罗萨斯的一栋海滩高层公寓里，离达利在利加特港的家不远。然后我注意到，住在底层的法国人中有一个被楼上接连不断扔下来的烟头逼疯了，他开始在海滩上巡视，并用变焦镜头拍摄违规者。然后，他把照片钉在小区门廊的告示板上。这是一个非常奇特的展览，我认为它是为我的想象亮起的又一盏绿灯。

《巴黎评论》：在开始写作之前，你是否通过任何形式的提纲或笔记来规划自己的道路？

巴拉德：是的，一直如此。对于短篇小说，我会先写一个大约一页纸的简短故事梗概，只有当我觉得这个故事可以作为一个故事，作为一个戏剧性的叙事，以适当的形状和平衡抓住读者的想象力时，我才会开始将它写出来。即使在《暴行展览》的碎片式文字中，显然的混乱里也包含着有效的故事。在"我为何想×罗纳德·里根"以及书末的其他章节中，甚至有着一个故事的些微痕迹。就长篇小说而言，故事梗概要长得多。拿《高层公寓》来说，故事梗概大约有两万五千字，是以一份社工报告的形式写成的，内容是这栋公寓楼里发生的奇怪事件，是一个扩展版的个案记录。我希望我还保留着它；我认为它比小说更好。就《梦幻无限公司》（*The Unlimited Dream Company*）而言，我花了一整年的时间写梗概，它最终大约七万字，比最终的小说还长。事实上，我在写小说的同时也在删减和修剪梗概。我所说的梗概并非指草稿，而是以完成时态进行的流水账叙述，对话采用间接引语，没有思考式段落和作者观点。

《巴黎评论》：你是否会同时创作多个项目？

巴拉德：我从未同时创作过一部以上的长篇小说，不过，假如我认识的杂志编辑要求我写短篇小说，我也会打乱节奏，写个短篇。但有一点，那就是我只在晚上或周末写短篇，这样的话，长篇的想象连续性和投入状态就不会被打断。

《巴黎评论》：你的日常工作习惯是什么样的？

巴拉德：每周五天，每天一样。现在用手写，没有敲打字机那么累。写长篇或短篇时，我给自己定的目标是每天写七百字左右，有时会多一点。我先用手写完成初稿，然后用手写非常仔细地完成一个修改版，最后打字完成定稿。我以前是先打字，再用手写修改，但我发现现代签字笔比打字机省力。也许我应该试试十七世纪的羽毛笔。我经常修改，所以文字处理机①听起来是我的梦想。我的邻居是英国广播公司的录像带编辑，他愿意把他的文字处理机借给我用，但我发现除了伤眼的微光之外，它的编辑功能也非常难用。我听说人们已经可以看出用文字处理机创作的小说与用打字机创作的小说之间的区别。使用文字处理机写出的文字，在逐句逐段的层面上都非常精致和清晰，但在逐章的整体结构上是杂乱的，因为，比如说，你几乎不可能对二十页内容进行快速浏览。他们都这么说。

《巴黎评论》：你每天伏案几个小时？

巴拉德：上午晚些时候两个小时，下午早些时候两个小时，然后沿着河岸散步，为第二天做计划。然后在六点钟，喝苏格兰威士忌加苏打水，

---

① 文字处理机（word processor），一种用于文本撰写、编辑、格式化和打印的电子设备，带有小型屏幕，流行于 20 世纪 70 年代至 80 年代，后逐渐被装有文字处理软件的个人电脑取代。

忘记一切。

《巴黎评论》：这听起来像是一个高效率工人的日程安排。

巴拉德：嗯，注意力从来就不是问题，而且如今也很少有分心的事情。令朋友们感到绝望的是，我住在离伦敦十七英里①的偏僻闭塞之地，这个我几乎一个人都不认识的小镇，我想这并非完全是巧合。然而，就在五年前，我在这里还有三个进入了青春期的孩子，而在十多年前，也就是创作《撞车》的时候，我还在开车接送他们上学放学，作为单亲家长彻底卷入琐碎的家庭生活中。我们在西班牙时，我的妻子患急性肺炎去世了。但即使在那些日子里，我也保持着同样的工作时间，虽然我在那时喝完酒的时间和如今开始喝的时间差不多。在我创作《晶体世界》(*The Crystal World*)的时候，以及属于《暴行展览》的那五年里，我习惯于在送孩子上学回来之后，早上九点半的时候，用一大杯苏格兰威士忌开启一天的工作。它将我与家庭世界隔离开来，将一针大剂量的奴佛卡因②注射到现实中，这和牙医安抚暴躁患者，让自己得以去搭建精巧牙桥的方式是一样的。

《巴黎评论》：你的孩子们现在如何？他们是否曾是你小说的任何灵感来源？

巴拉德：孩子们已经二十多岁了，儿子搞计算，一个女儿搞美术，另一个在英国广播公司。他们完全没有出现在我的作品中，这一点很奇怪，因为我和他们一起生活这么多年，他们对我来说比我自己的小说更重要。我想象的来源，应该至少可以上溯到我成年之前的世界。

《巴黎评论》：你算是喜欢记笔记的人吗？在写梗概之前，你会随手划拉几笔、做些实验吗？

---

① 一英里约合 1.6 千米。
② 一种临床麻醉药物。

巴拉德：是的，我不工作的时候会在机器上自言自语，也就是说，打出一些想法，让思绪四处游荡。一般来说，我在开始写一本书时都会做一大捆笔记，从主题到设定的细节和主要人物等都包括在内，所有这些都是我在动工之前几个月里每天都在推敲的。当前，我已经在为也许是下一部长篇小说做这种准备了。我从未遇到过创作瓶颈，运气不错。我在刺激自己的想象力方面从未有任何问题。反过来倒有可能。有时，我需要抑制它。

《巴黎评论》：听起来你似乎一直在工作。在写完一本书之后和开始另一本书之前，你会休息一段时间吗？

巴拉德：我的思路并不是那样的。通常情况下，就像现在这样，当我完成一部长篇时，下一部长篇的构思就会出现——即使只是一小颗沙砾——在差不多六个月之内，我就可以开始动工了。但在此期间，作品会不断地为自己收集素材，我打算进行的想象基本上就在这个过程之中。

《巴黎评论》：谈到刺激，是否有任何六十年代的精神活性药物为你的写作提供了线索？

巴拉德：我想我算是个中度到重度的嗜酒者，但自从一九六七年一次可怕的麦角酸二乙酰胺[①]之旅之后，我就再没有使用过药物。那是个噩梦般的错误。它打开了一个地狱的通风口，耗费多年才得以关闭，导致我对阿司匹林都怀有戒心。从视觉角度看，它就像我一九六五年的长篇《晶体世界》，有些人认为这本书的灵感就来自我的麦角酸二乙酰胺之旅。那次体验令我相信，足够强大和痴迷的想象可以在无需外部帮助的情况下到达精神的最深处。（而我知道，麦角酸二乙酰胺通向了一种终结。）想象是任何两个可想象的点之间的最短路径，胜过身体对大脑功能的任何重新安排。

[①] 简称 LSD，一种致幻剂。

《巴黎评论》：在六十年代，马丁·巴克斯和你作为《安比特》(*Ambit*)杂志的编辑，曾举办过一次药物比赛。

巴拉德：巴克斯博士和我在《安比特》上举办了一场比赛，征集在药物影响下写出的最佳散文或诗歌，它带来了许多有趣的作品。总的来说，大麻是最好的兴奋剂，但麦角酸二乙酰胺也引发了一些好作品。事实上，写得最好的是安·奎恩①，她是在避孕药的药效中写作的。

《巴黎评论》：巴克斯博士也是一位小说家，对吧？

巴拉德：马丁是一名内科医生、儿科研究者和伦敦一家医院的顾问，他的《医疗船》(*The Hospital Ship*)（由新方向出版社在美国出版）是在我读过威廉·巴勒斯之后所遇到的最杰出、最具原创性的长篇小说。

《巴黎评论》：巴勒斯为美国版《暴行展览》写了一篇个性化的序言，古怪而充满赞誉。你认识他吗？

巴拉德：巴勒斯，当然认识，我的钦佩方式算是偶像崇拜的另一面，从《裸体午餐》开始，然后是《车票》②、《软机器》(*The Soft Machine*)和《新星特快》(*Nova Express*)。我不太喜欢他后来的作品。就个人风格而言，他是个天才。遗憾的是，他与药物和同性恋的关系让他成为了反主流文化的代表人物，但我认为和他真正相关的是杰克·凯鲁亚克、艾伦·金斯堡和"垮掉的一代"。不过，我觉得他更像是一个体制内的人物，就像斯威夫特教长③一样，对自己所属的政治和职业体制感到一种绝望的厌恶。在过去十五年间，我见过巴勒斯好几次，他令我印象深刻的是中西部上层阶级的形象，对黑人、警察、医生和小镇政客有着与生俱来的高人一等的态度，就像斯威夫特对待他那个时代的这类人一样。他们对中产阶级的价值

---

① 安·奎恩（Ann Quin, 1936—1973），英国作家，以其实验性写作风格著称，代表作有长篇小说《伯格》等。
② 该作品全名应为《爆炸的车票》(*The Ticket That Exploded*)。
③ 即作家乔纳森·斯威夫特。他是圣公会神职人员，晚年成为都柏林圣帕特里克教堂教长，故有此称呼。

观、节俭、勤劳、为人父母等等有着同样的嗜粪式迷恋和忧心忡忡的蔑视,而这些不过是小资产阶级贪婪和剥削的借口。但我对巴勒斯的钦佩胜过任何其他在世作家,胜过大多数已故作家。顺便说一句,这与他的同性恋倾向无关。我并非"同性恋国际"[①]的成员,而是终生都喜欢与女性而非大多数男性为伴的异性恋者。《撞车》和《暴行展览》中的一些同性恋元素、×里根之类的,都是以和性无关的原因存在的——事实上,这种存在是为了展示一个超越了性的世界,或者说,至少超越了明确的性别。

《巴黎评论》:你写一部长篇小说一般需要多长时间?

巴拉德:大多数作品都花了一年到十八个月的时间。《撞车》用了两年半,《梦想无限公司》也用了两年半;前者,是因为它是一个持续的道德挑战——而我有三个年幼的孩子,他们不停地横穿马路,到如今都没有改正——后者,则是因为它在想象上非常辛苦,是一套兼顾各方的真正较量。

《巴黎评论》:你的书名是自然而然地从作品中生出来的,还是需要你自己去寻找?

巴拉德:书名往往是以自荐的方式涌现的,无需寻找,虽然如今回想,我感觉有一两个书名算是失误。例如,"梦想无限公司"听起来像是一家牛仔裤专卖店。还有一些书名是来自出版商的强烈要求,违背了我的心愿;我给《高层公寓》起的原书名是"向上"(Up)。我经常围绕那些吸引我的标题创作短篇小说,虽然我确信自己早晚都会把这些短篇写出来。有一个标题,"维纳斯的微笑"(Venus Smile),激励我写了一个短篇,但当它出版之后,我发现编辑把标题改掉了。于是我用这个标题写了另一个短篇。

[①] 20世纪30年代在英国开始使用的一种称谓,被用于指代同性恋艺术家和作家。

《巴黎评论》：你是否有过进展顺利却发现必须放弃某些东西的情况？你的改稿方法是什么样的？

巴拉德：我从未中止或放弃过任何东西，这也许是因为我所写的一切在我脑海中都有了充分的准备。在回到开头之前，我会先完成初稿，当然，我是根据非常详细的梗概来写的，所以对整体结构很有把握。然后，我会对虚浮的语句进行大量删减，偶尔也会包括整段或整页的内容。每本书都是按阅读顺序连续写完的，从不乱序。故事，我所描述的虚构世界的客观性，这个世界与我自己思想的彻底分离，我对这三者的重要性怀着强烈的信念，而我觉得自己对梗概的使用反映出了这种信念。这是一种老式的立场（或者说似乎是，尽管我可以极力辩解说它不是），它显然将我与后现代主义者概念中明确承认作者与文本不可分割的那种反思式的、自我意识的小说区分开来。我认为整个后现代主义者的概念是一个令人厌倦的死胡同，任何想象力丰富的作家，或对其主题有任何道德紧迫感的作家，都会从中摆脱出来并感到巨大的快慰。当然，我承认，一位富有想象力的作家，就像一位具象画家一样，认为透视、幻觉空间和画面的无限景深都是理所当然的，而对于更极端的想象力类型，如超现实主义者（或者我自己），则需要双重的幻觉——不仅需要接受画面或叙事文本的幻觉空间，还要接受在这个幻觉空间中发生的奇异事件。有趣的事，人类大脑要做到这一点似乎毫无困难，至少可以说，假如梦境、神话和传说都充当了向导的功能，那么人类大脑甚至似乎就是为此而设计的。解构主义批评家——我听说他们在美国很流行——提出的概念，亦即一张公交车票和——举个例子——米考伯先生[①]，这两者没有区别，都是等价的虚构。而在我看来，这种概念似乎忽略了一点，那就是假如我们一想到米考伯先生，就必须做出那种老式的想象跳跃，而这种跳跃正是解构主义者竭力要摧毁的。

《巴黎评论》：除了曾有想成为一名精神科医生的青春期梦想之外，你

[①] 狄更斯小说《大卫·科波菲尔德》中的人物。

还做过其他关于另一种生活、另一种职业的白日梦吗?

巴拉德:我并没有另一种生活的私密幻想,哪怕纯粹的白日梦。我喜欢在墨西哥的一个山坡上喝酒喝到死的想法。我和马尔科姆·劳瑞[①]是剑桥雷斯中学的校友,离奇的是,一九三九年九月,我和父母一起等船横渡太平洋回上海时,住在温哥华和维多利亚岛附近一间租来的公寓里,而他的小屋就在同一条海岸线上。他父亲和我父亲同属曼彻斯特棉纺织业。小地盘也能建造大神话。

《巴黎评论》:古典文学在你的学习中占有很大比重吗?

巴拉德:是的,拉丁语非常重要。在结束剑桥大学的医学学习后,我在伦敦大学读了一年英语,并且辅修拉丁语——从一套拉丁语标签到另一套拉丁语标签。我们在学校——雷斯中学——甚至尝试过拉丁语对话。大家一致认为,我们宁愿参加拉丁语口语考试,也不愿参加令人讨厌的法语口语考试。

《巴黎评论》:你从事过一系列工作,后来才成为全职作家。你是如何实现这一转变的?

巴拉德:我的第一部小说《无由之风》(*The Wind from Nowhere*)是用两周时间草就的,目的是让自己能够实现突破,进入全职写作阶段。我全职担任一家科学杂志的副主编,直到三十二三岁的时候,我觉得我需要放弃新闻工作,以便有时间创作一部更严肃的长篇小说。幸运的是,我做到了这一点。

《巴黎评论》:你的作品受到了评论界的广泛好评,美国的出版商却没有给你礼遇——尽管我们似乎正在经历科幻小说的繁荣时期。

巴拉德:我的作品与《星球大战》或《星际迷航》没有任何共同之

[①] 马尔科姆·劳瑞(Malcolm Lowry, 1909—1957),英国作家,代表作为长篇小说《火山下》。他终身酗酒成性,据传最后死于饮酒过量。

处，与美国科幻小说也没有多少真正意义上的共同之处，后者已经偏到了纯粹的逃避主义幻想之中。我没有带来"好消息"……虽然实际上我觉得我带来了——在我眼中，《撞车》是一部有圆满结局的小说。但对于我的作品无法在美国出版，经纪人和我自己都无能为力。也许美国出版业的盈利考量需要一个在短期内能达到的较高的精装本销量，而我的古怪小说达不到这一点。平装本也是如此。整个六十年代，我在美国都有作品出版而且一直可以买到。我一直努力做到尽可能地国际主义，以摆脱五十年前《伦敦泰晤士报》[①]头条所概括的狭隘观点："海峡大雾——大陆隔绝。"事实上，我的十八本书几乎全部在英国、法国、德国、意大利、西班牙、日本和荷兰出版、再版和重译，正是这些国家——它们（日本除外）离这里比洛杉矶和旧金山离你们的东海岸更近——给了我拥有读者的感觉。我想，一种新的欧洲感正在毫无疑问地增强，尤其是在过去十五年里成长于西欧高速公路和高层公寓文化的大学生年轻人中间。他们从我的小说里看到了美国人所错过的某些政治问题。也许，曼哈顿岛周围也弥漫着一些迷雾。我很遗憾自己没有在美国取得更大的成功，但是，大西洋比二十年前宽广得多。我有时觉得，假如需要再有一本被美国读者接受的长篇小说，就意味着我必须去写一只精神焕发的哺乳动物，它加入了自然公社，爱上了一棵树。事实上，从目前的情况来看，你和一位很棒的纽约少年很可能是我在美国仅有的两位读者。也许我该介绍你们认识？

《巴黎评论》：你的书都是专业书店进口的，不过价格贵得离谱。我上次买的时候，书还是从柜台后面拿出来的。

巴拉德：滞销的存货，放在柜台下面——我想，下一步就是地下出版了。几捆不整洁的打印稿将以秘密的方式流传，被纽约出版商的思想警察一一铲除。当然，我是开玩笑……还是说真的？

[①] 即《泰晤士报》。这一别称在某些国家广泛使用，以区别于当地同名的其他报纸。

《巴黎评论》：你能详细谈谈这种新的欧洲感吗？

巴拉德：六十年代以来的西欧年轻人在一个非常统一的环境中成长，这包括了战后高层公寓、高速公路和购物中心的建筑风格，服装和流行音乐中所包含的时尚、去西班牙和希腊的海滩假期，还有他们对社会整体和自己在其中位置的态度——对欧洲夹在两个超级大国（美苏都是被容忍但不被信任的超级大国）之间位置的态度。我想，这是人们在西欧第一次看到这样一代人，他们发现自己生活在理智、公正、普遍人道的社会——铁幕以西享受全民福利的社会民主主义国家——之中，同时对这些社会深表怀疑，而事实上却分享着这些社会所代表的所有价值。年轻人认为国家提供免费大学教育、免费医疗和繁荣的消费品经济是理所当然的，却又似乎怀疑这一切背后隐藏着某种看不见的阴谋。最极端的例子莫过于西德的巴德-梅茵霍芙组织①，他们的恐怖主义行为看起来毫无意义和理性可言。不过，这当然正是这些行为的意义所在——在一个完全理智的社会中，疯狂是唯一的自由。我认为我自己的很多小说——比如《暴行展览》《撞车》《高层公寓》——都触及了这种妄想和绝望的情绪。此外，社会阶层之间有着各种巨大的制度化鸿沟，存在于精英阶层和永远不会再工作的救济金阶层之间，存在于正向未来硅谷迈进的人群和被遗弃在二十世纪死胡同里的人群之间。很多来找我并谈及《暴行展览》的年轻人都将其视为一部政治作品。在他们眼中，我所描述的贪婪的媒体景观就是一台被用于政治剥削的机器。

《巴黎评论》：我知道你曾经做过一些文字拼贴。作为一个不成功的画家，你是否曾受到诱惑，想以更视觉化的方式进行创作，比如通过电影或电视？

巴拉德：事实上，我确实在电影和电视领域做了点小作品，但肯定不想推荐给你。

---

① 一个成立于1970年的西德极左翼激进组织，安德列亚斯·巴德和乌尔丽克·梅茵霍芙均为其早期领导人。

《巴黎评论》：像巴勒斯那样的偶然方法怎么样？在《安比特》杂志上有一幅你的肖像，我注意到肖像里你的书桌前端有一把剪刀。

巴拉德：画家需要剪纸，所以要来了这把剪刀，然后把它放在桌子上，将它融入了画中。总的来说，我没有使用那种方法。我需要对素材进行大量的再加工，才可能有完整的成品出现。不过，就像达利的画作一样，拼贴元素比第一眼看到的要多。大量的纪录性材料最终进入了我的小说之中。

《巴黎评论》：能举几个例子吗？

巴拉德：嗯，《暴行展览》当然是一个例子，我在其中采用了一种伪科学报告文学的风格，它是以相似的科学论文为基础的。还有《不久将来的神话》(Myths of the Near Future)中的一篇《战争剧院》，其中的所有对白，除了评论员的部分，全都取自越战新闻片的文字抄本。在《混凝土岛》中有一个场景，女孩珍妮·谢泼德在斥责梅特兰。那是我秘密录制的一段录音，内容是我当时的女朋友正在发火——呃，"秘密"这个词用得不对；她实在是太生气了，以至于根本没注意到我启动了录音机。

《巴黎评论》：那么，《美国世代》(The Generations of America)呢？它完全是由一串人名组成的，用"还有"(and)和"枪击了"(shot)交替连接——而不是"导致"(begat)？

巴拉德：名单这种事物是令人着迷的，我几乎可以写一部名单长篇。那些人名取自《时代》《新闻周刊》和《财富》的编辑部名单——当然，这也是玩笑的一部分，因为前两家刊物在我所描述的耸人听闻的暴力死亡和暗杀事件中扮演了重要角色。

《巴黎评论》：鉴于你作品的主题和意象存在着一个确定的中心，那就是它们基于六十年代的事件和人物，而且你的作品在当时的美国比现在更容易买到，你认为时代精神的主要变化是什么？

巴拉德：对于大家多年来一直在说的话，我不知道自己还有什么可补充的。六十年代是一个可能性无限增殖的时代，一个在很多方面都真正无私的时代，是越南战争和太空竞赛、迷幻和流行音乐之间的巨大网络，通过媒体景观以各种可能想象的方式联系在了一起。我们都生活在一部巨大的小说之中，这是一部受即时性支配的电子小说。从很多角度看，时间并不存在于六十年代，它只是一系列不断增殖的当下。时间在七十年代又回来了，却没有任何未来感。如今，时钟的指针无处可去。不过，我讨厌怀旧，这可能是因为类似的串烧也许会再次出现。另一方面，严肃地说，未来可能会很无聊。我的孩子和你们的孩子都有可能生活在一个没有事件的世界里，想象力将消亡，或者只在精神病理学领域里表现自己。在《暴行展览》中，我提出了一个观点，那就是，也许精神病理学应该作为想象力的宝库，也许是想象力最后的宝库，继续存在下去。

《巴黎评论》：说到媒体景观，你似乎很少提到音乐。你都听些什么音乐？

巴拉德：我想我是认识的人中唯一一个没有唱机或唱片的人。我一直不明白个中缘由，因为我的外祖父母终生都是音乐教师，而我的父亲作为儿童唱诗班成员曾在曼彻斯特大教堂独唱。但我似乎没有这种基因。我经常听收音机里的古典音乐，但从不作为背景音乐。我无法忍受那些等到想喝一杯的访客踏进家门就去启动唱机的主人。我们必须做出选择：要么聆听莫扎特或维瓦尔第，要么聊天。把这两件事放一起做似乎很傻，就像在观看《卡萨布兰卡》时进行对话一样。事实上，我通常会立即彻底闭嘴，等待音乐结束，令主人很不解。

《巴黎评论》：你担任《安比特》杂志散文编辑已经有一段时间了，但这份杂志似乎主要致力于诗歌，而且，我必须说，刊登的诗歌也非常糟糕。

巴拉德：我同意。事实上，当人们问我，作为所谓的散文编辑，我的考量是什么,我的回答是,要摆脱诗歌对杂志的骚扰。当然,《安比特》一开始就是一份纯粹的诗歌杂志,我的猜想是,它的大部分读者都是现在和未来的诗歌作者。

《巴黎评论》:你的大部分作品都取材于现实或想象中的景观,谢普敦及其周边在其中扮演了重要角色。当然,美国,或者至少是美国的形象,在许多作品中都非常显要,在最近的长篇《你好,美国》(*Hello America*)中更是如此。我想知道你是否常在美国旅行,或者,是否像卡夫卡在他的《美国》中一样,编造了属于你自己的美国?

巴拉德:我旅行的话,通常是去地中海,几乎每年夏天都去。一九三九年,还是个孩子的我访问了美国;一九五四年,我在加拿大生活了六个月,在五大湖周边做了一些短途旅行,去了底特律、布法罗、尼亚加拉等地。我从未去过纽约或洛杉矶,尽管我很想去看看。我不认为这妨碍了我写作《你好,美国》,事实恰恰相反。查尔斯·普拉特[①]最近批评了这本书,不是因为它的准确性(accuracy)——他说它完全准确——而是因为它缺乏真实性(authenticity)。我觉得他搞错了。《你好,美国》讲述的是美国在本世纪选择向全世界所展示的形象。这个形象是由电影明星和黑帮成员、总统和谋杀他们的刺客、酷炫的汽车、摩天大楼、拉斯维加斯、迪士尼乐园、肯尼迪角、黑手党、无所不能的广告、很容易就能拥有的枪支、可口可乐、蓝色牛仔裤、街头暴力、毒品等等组成的,没有哪个国家在展示自己的形象方面如此一致或者有效。在新加坡、悉尼、瑞典或其他地方,路人在街头被拦住询问时,首先想到的就是这些。它们与美国的实际生活有关系吗?我敢说,只有那么一点点。但我所做的,是试图只用这些形象来构建一个社会。我估计你会得到的是曼森总统[②]在拉斯维加

[①] 查尔斯·普拉特(Charles Platt, 1945—),英国作家、记者、电脑工程师,20世纪70年代移居美国。
[②] 此处系指《你好,美国》中的人物查尔斯·曼森(Charles Manson)。历史上的查尔斯·曼森是20世纪60年代加利福尼亚州连环杀人案的主谋。

斯玩核轮盘赌。这并不是一个不可思议的理论，因为我们如今正有一位好莱坞演员在白宫玩核轮盘赌，使用五角大楼最新的"核战可赢"战略。与普拉特似乎所想的正相反，《你好，美国》是亲美的，它以我那位老年玻璃飞机发明家身上所体现的十九世纪美国北方佬美德的胜利而告终。

《巴黎评论》：从某种意义上说，在技术衰落和超载的情况下，你所坚持的观点是保守的，但它同时又以自相矛盾的方式对技术表示了友好……

巴拉德：我当然不是卢德分子[①]。对于我思想脉络的整体漂移，我在自己的作品中阐述得非常清晰；简单地说，人必须将自己沉到现代科学技术带来的危险可能性中，然后努力游向这个池子的另一端。我想，我在上海的童年和在集中营的岁月塑造了我的政治观念。我讨厌铁丝网，无论它是真实的还是比喻的。马克思主义是穷人的社会哲学，而我们现在急需的是富人的社会哲学。对美国人而言，这意味着罗纳德·里根，但我想的是其他的东西，一套缓和的价值观，可以是贵族义务，亦即旧时英国上层阶级对穷人的义务，也可以是佛教徒的功德观。除此之外，现代信息交换的景观也创造了一套不同的需求和义务体系。我在很多小说中都写到过这一点。

《巴黎评论》：你的阅读呢？写作是否妨碍或左右了你的阅读？

巴拉德：我感觉自己的阅读习惯年复一年变得越来越古怪和独特。目前我正在阅读和重读马丁·加德纳的注释版《爱丽丝漫游奇境与镜中奇遇》，既为了正文，也为了加德纳精彩的旁注，但我并没有真正意识到这是为什么。我尝试着关注当下。约翰·肯尼迪·图尔的《笨蛋联盟》给我留下了深刻印象，就个人风格而言，它是一部杰作。在以研究为目的的阅读方面，朋友们令我感到幸运。多年来，国家物理实验室计算机分部的心理学家克里斯托弗·埃文斯博士（我经常拜访他，直到他去世——

[①] 19世纪英国民间对抗工业革命、反对纺织工业化的社会运动者。

他的实验室离我家只有十分钟车程），真的就把他垃圾桶里的东西寄给了我。他每隔两周就会寄来一个大信封，里面装满了科学论文和讲义、专业杂志和报告，这些我都会仔细阅读。另一位好友马丁·巴克斯博士也寄给我很多类似资料。雕塑家爱德华多·包洛齐（Eduardo Paolozzi）是一位不愿停歇的环球旅行家，他从日本和美国的杂志中寻找与众不同的材料。旧金山"Re/Search系列"的出版商韦尔（Vale）——他出版了关于巴勒斯和吉辛①的优秀丛书，以及最新的《工业文化手册》(Industrial Culture Handbook)——就像一颗单人信息卫星，持续放送着迷人的信息。我的读者寄来了很多资料，对此我非常感激。一周前拜访过我的摇滚乐队 SPK 的领队告诉我，他相信在欧洲和美国有一个由大约两三千人组成的团体，他们互相传递信息。可悲的是，本应带来极大解放的现代技术却威胁着这一切。我已经收到了第一批录像带，它们会取代塞满稀奇古怪杂志和剪报的旧信封。因为我没有录像机，这些还未看过的录像带一直放在我的书架上——一座隐形图书馆的第一批馆藏。我的一个女儿报告过一盘磁带的内容："很奇怪，全都是关于尸体解剖的。"

《巴黎评论》：关于你作品获得的各种反响，我注意到一个奇怪的现象，那就是有些人认为它非常有趣，而有些人则以极端严肃的方式去阅读它。我知道我对同一作品也有过这两种反应——但通常是在不同的时间。你对此怎么看？

巴拉德：这是个棘手的问题。我一直被指责是没有幽默感的作家。《撞车》让我觉得非常有趣，大声阅读一个段落会让我发笑，因为它在某种程度上太荒谬了。《死去的时光》(The Dead Time) 也有很强的同一种隐性幽默元素。不过，存在本身就是一种非常特别的玩笑。

《巴黎评论》：现在，聊聊老生常谈：你对年轻作家有什么建议吗？

---

① 布里昂·吉辛（Brion Gysin, 1916—1986），英国画家、作家、装置艺术家，与威廉·巴勒斯私交甚笃。

巴拉德： 一生的经验敦促我发出警告：还是去随便找件事做吧，带别人的金毛猎犬去散步，与一位萨克斯手私奔。作家的问题，也许就在于连"祝你好运"都不能说——运气在小说创作中没有任何作用。不会像摆弄颜料罐或雕刻工具那样会有导致意想不到收获的事故。我不认为我能说得出什么建议，真的。我一直想玩杂耍并且骑独轮车，但我敢说，假如我向杂技演员请教，他会说："你要做的就是骑上去，然后开始踩动踏板……"

（原载《巴黎评论》第九十四期，一九八四年冬季号）

詹姆斯·索特

◎雷韵 / 译

詹姆斯·索特是一位完美的讲故事的人。他举止精准优雅，操着流利的纽约口音，用手捋着花白的头发，笑起来像个孩子。六十七岁的他有退伍军人的健壮体魄。他讲起轶事娓娓道来，有声有色，但身上仍然有一种矜持的气质。你总觉得他有个隐秘的领域，是旁人难以进入的。

索特出生于一九二五年，在纽约市长大。一九四五年，他从西点军校毕业，被任命为美国陆军航空队的飞行员。他在太平洋、美国、欧洲和朝鲜服役十二年，作为战斗机飞行员执行了上百次战斗任务。一九五七年第一部长篇小说问世后，他从空军退役，定居在纽约市以北哈德逊河畔的格兰德维尤，此后一直以写作为生。他有三个成年子女：一个儿子和两个女儿，都是前妻所生。如今他与作家凯·埃尔德雷奇和他们八岁的儿子西奥生活在一起。他们在科罗拉多州的阿斯彭和长岛的布里奇汉普顿两地生活。

索特出版过五部长篇小说：《猎手》(*The Hunters*，1957)、《血肉之臂》(*The Arm of Flesh*，1961)、《一场游戏一次消遣》(1967)、《光年》(1975)和《独面》(*Solo Faces*，1979)。一九八二年，他获得了美国艺术文学院颁发的奖项。他有五篇短篇小说被收入欧·亨利奖获奖作品集，一篇被收入《美国最佳短篇小说》。他的短篇小说集《暮色》(1988)曾获得国际笔会/福克纳奖。

一九九二年八月，在我造访布里奇汉普顿的四天里，雨一直下个不停，但我心满意足地坐在餐桌旁，一边提问，一边聆听索特深思熟虑后的回答，几乎没有注意到天气。这栋传统的雪松木瓦双层别墅有许多法式玻璃门和落地窗，即便在灰蒙蒙的日子里，也显得十分敞亮。我们白天喝冰茶，每天晚上来一杯精心调制的马提尼酒（聊天中索特一度估算说，他这辈子已经喝掉八千七百杯马提尼）。之后会有朋友来一起吃晚餐；喝掉许多瓶红酒；采访者离席四处溜达，研究墙上那些装裱好的菜单、安德烈·德·塞贡扎克[①]绘制的双浴女蚀刻版画、谢里丹·洛德[②]描绘这座房子附近风景的微缩画。

索特在二楼的书房里写作，这是个通风良好的小房间，天花板是尖顶造型的，有一扇半月形窗户。他的书桌是一张用老松木制成的乡村式样的支架大桌。桌上随处可见他过去几年来一直在写回忆录的痕迹——写着潦草字迹的信封，一些零散的纸片，上面满是他细小的笔迹。在我独自留在书房的那天早上，我发现了两本显然被时常翻阅的书，纳博科夫的《说吧，记忆》和伊萨克·迪内森的《走出非洲》。它们躺在一张法国地图上，地图上有地名被圈起来并做了标注。我还发现了一张航空图，一沓十二页的极为详细的笔记，用红、蓝、黑墨水写的，这是一九五五年的日记，最前面写着这样一句话："每一年似乎都是最可怕的一年。"书桌旁边的小木桌上放着一沓笔记本[③]，小小的、灰色页码的软皮笔记本，每本都可能是回忆录的一章。这些自制的工作簿上密密麻麻写满了笔记——作者给自己的指示、其他作家的语录，各种内容条目都用不同的颜色标记了可能用得到的地方。"生命终将化为纸上文字。"索特曾写道。读着这些笔记，我再次确认了自己一直以来所相信的：他笔下的每一页都一丝不苟，每一章都构思谨严。一切都经过了检查和再检查，写完后修改，再修改，直到散文发出微光，熠熠生辉，坚不可摧。

走下楼梯，经过伊萨克·巴别尔的照片时，我再次表达了自己对索特

[①] 安德烈·德·塞贡扎克（André de Segonzac，1884—1974），法国画家、平面艺术家。
[②] 谢里丹·洛德（Sheridan Lord，1926—1994），美国画家，作品多以纽约长岛东部的风景为题材。
[③] 原文为法语：cahiers。

詹姆斯·索特短篇小说《彗星》的一页手稿

这部正在创作中的作品感到多么兴奋。他不以为然:"希望而非热情,才是写作者应有的状态。"

——爱德华·赫希[1],一九九三年

《巴黎评论》:你实际上是怎么写作的?

詹姆斯·索特:我都用手写。我习惯了那种亲近感,那种书写的感觉。然后在打字机上把它们打出来。然后重打,修改,再重打,一直到最后完成。虽然已经有很多次都证明了,这样做效率并不高,但我也发现,轻松地推进一个段落并不是我真正需要的。我需要的是有机会再写一遍这个句子,再对自己说一遍,再看一遍这个段落,逐行逐句、非常仔细地把全文过一遍,再把它们写出来。这里甚至可能还有某种模仿的冲动,我试着写得更像我自己,可以这么说吧。

《巴黎评论》:所以关键在于不断修订的过程?

索特:我讨厌第一稿那种不精确也不够好的表达。写作的全部乐趣来自你有机会反复斟酌,用某种方式把它弄好。

《巴黎评论》:你会边写边改吗?

索特:看情况,但通常不会。我会写上好几大段,然后就放着。不给它时间变陈变熟是危险的,如果一个东西真的很好,你就应该把它搁上一个月。

《巴黎评论》:你是以句子或者段落作为基本单位来谋篇布局的吗?

---

[1] 爱德华·赫希(Edward Hirsch, 1950—),美国诗人、文学评论家,代表作有诗集《活火》等。他是《巴黎评论·作家访谈》"诗歌的艺术"子单元的第110位受访诗人。

索特：通常我都是一句一句地写。我觉得写作最困难的部分，是你首先得把它写下来，因为你写的东西通常都很糟糕，让人心灰意冷，不想再写了。这就是我认为困难的地方——看到自己所做的一切而产生的挫败感。你就只能写成这个样子？

《巴黎评论》：你很注重单个词语的分量和质感。

索特：我是一个"摩挲者"（frotteur），喜欢用手摩挲文字，把它们转过来转过去，体会它们，掂量这是不是最好的那个词。这个词放在这句话里是不是有"电势"？它会起到什么作用？电太多会让读者的头发竖起来。还有一个节奏问题。你想要短句搭配长句——嗯，每个作家都知道这个。你的行文得松弛自如，让你写的东西好读。

《巴黎评论》：我觉得你的散文风格独树一帜，很美，毫不妥协。你是怎么找到这种风格的？

索特：我喜欢写作。写作这件事很打动我。除此之外，我没法分析它。

《巴黎评论》：你每天都写吗？

索特：不会，这个我做不到。有各种原因。要么是因为有别的事要忙，要么就是我还没把自己调整到可以写东西的状态。

《巴黎评论》：你需要大量的独处时间来写作吗？

索特：完全的独处。虽然我也会在火车上或者公园长椅上写笔记甚至故事大纲，但要完整地写东西，我需要绝对的独处，最好是一间空房子。

《巴黎评论》：在那种情况下，写作会来得比较容易吗？

索特：大小说家们常说，写长篇小说很难。我记得安东尼·鲍威尔说过，这就像执行外交政策——无论你状态如何，你必须准备好每天都去做这件事。不过,总的来说,我不喜欢写自己不十分感兴趣的东西。等待兴趣的出现可能会减慢写作速度。而且我经常旅行——对于这样的生活我很满意。去某个地方,安顿好了,坐下来,开始工作,这通常也需要一段时间。

《巴黎评论》:旅行对你的写作有帮助吗?

索特:对我来说至关重要。没有什么比得上在开阔的公路上,从全新的视角看一些事情。我习惯了到处走。这还不是说可以见到新面孔、认识新的人,或者听到新故事,而是以不同的方式看待生活。是另一场演出拉开帷幕。

旅行才是作家真正的职业,我肯定不是第一个这么想的人。作家在某种意义上是一个流放者,一个局外人,总是在记述一些事情,而四处奔波是他生活的一部分。旅行是自然而然的。而且古时候有很多人是死在路上的,这个意象很强烈。阿拉伯的国王下葬时,并没有什么大墓。他们就埋在路边普通的石头下面。很久以前我在英国见过一件事,印象很深,直到现在也常想起。当时我去一个小村庄看望一个人,从火车站出来穿过田野,我看到一个老人,大概有七十多岁,背着一个背包。他看起来像是个流浪汉,神情庄重,衣衫褴褛,带着他的手杖往前走。一条狗跟在他后面小跑。当时我想,一个生命最后留下的画面,就应该是这样一个形象。继续旅行。

《巴黎评论》:你有一次说,"虚构"(fiction)是一个粗陋的词。为什么这么说?

索特:有种观点认为,一切都可以凭空杜撰,杜撰出来的这些东西就被归为"虚构"(fiction),而其他那些想必并非编出来的作品,就被称为"非虚构"(nonfiction)。我认为这是一种武断的区分。我们知道,大部分伟大的小说并非来自完全杜撰的东西,而是来自完善的知识和密切的观察。说它们是编造出来的,这种描述有失公允。我有时候说,我从不编造任何东西——显然，这并非事实。但我对那些说一切都来自想象的作家往往不感兴趣。我宁愿和一个讲述自己人生故事的人共处一室，那个故事可能有些夸张，甚至包含谎言，但我想听的本质上是真实的故事。

《巴黎评论》：你是说它总是取材于生活的？

索特：几乎总是这样。写作不是一门科学，虽然肯定也有例外，但我认识和欣赏的每一位作家，基本上都是从自己的生活或者对生活的认识中汲取灵感的。比如说，精彩的对话很难生造出来。几乎所有杰作当中都有真实的人物。

《巴黎评论》：你会用"印象派"来形容自己的文风吗？

索特：从技术上说，印象派意味着户外题材，丰富的色彩，对古典主义的突破，是吧？有人说我是用萨金特[①]绘画的方式在写作。萨金特的风格是基于直接观察和对颜料的俭省使用——这一点与我自己的方法很接近。

《巴黎评论》：你的作品好像很独特地将一系列显然男性化的关切、考验和启蒙，与一种精致的文风结合在了一起。你自己是这样看的吗？

索特：我一直在努力培养自己的女性气质。不是指外在方面，而是对事物的反应。也许这是我们要聊的。我对自己的性别没什么不满意的，但纯粹的男性气质——我在生活中接触很多——只让人觉得乏味和不足。男人在一起聊体育、打架、战争，甚至狩猎，有时候听听也不错，但与之相对的另一种存在，艺术和美的存在，那种粗鄙的男性气质不屑一顾的东西，才是至关重要的。在我看来，真正的文明和真正的男子气概应该包括这些。

---

① 约翰·辛格·萨金特（John Singer Sargent, 1856—1925），美国肖像画家，受印象派影响。

《巴黎评论》：有些读者抱怨你的作品过于面向男性了，而你却说，女人才是真正的英雄。为什么？

索特：我认为英雄是那些肩负更艰巨的任务，毫不畏缩地面对它，而且努力生活的人。在这个世界上，女人就是这样做的。

《巴黎评论》：在《一次大胆的行动》[①]中有个人说："你将从这里踏上光荣之路。"你的作品中仍然有英雄。

索特：我相信活着和死去都有它恰当的方式。能做到这一点的人让我很感兴趣。我没有对英雄或英雄主义不以为然。我想我们说的是最广义的英雄主义，而不仅仅是指在赛场上背水一战或者银星勋章。有一种日常生活中的英雄气概。我想起尤多拉·韦尔蒂的《熟路》（"A Worn Path"），讲的是一个黑人女性在铁轨上步行数英里，到镇上为孙子买药。我认为真正的忠诚是英勇的。

《巴黎评论》：你说活着有它恰当的方式，是什么意思？你是说，我们每个人都能自己找到吗？

索特：不，我不认为每个人都能创造一种方式，那样就太混乱了。我指的是那种古典的、古老的、文化上的共识：存在着某些美德，而且这些美德永远不会褪色。

《巴黎评论》：你的很多故事都是关于人经受考验的——大多是男人——但我也想到了《二十分钟》里简·瓦雷所受的严峻考验。戏剧性存在于考验之中吗？

索特：人生就是一场巨大的考验，不是吗？你不断地接受考验。在这种考验中选择一个顶点，或者一个戏剧性的瞬间，在我看来并不稀奇。这是讲故事的传统手法。当然，有时候里面也会写到勇气。

[①] 索特回忆录《燃烧的日子》(*Burning the Days*) 中的一个章节。

《巴黎评论》：你认为你的敏感是法国式的吗？

索特：没有吧。内德·罗勒姆① 这样说过。我喜欢法国，也喜欢法国人，但不是。

《巴黎评论》：科莱特对你有什么意义吗？

索特：哦，是的。我不记得第一次读到她是什么时候了。可能是罗伯特·费尔普斯② 介绍的，但当时我也肯定零零星星地看过一些了。费尔普斯是研究科莱特的大学者，他在美国出版过六本科莱特的书，包括我觉得无比绝妙的《尘世天堂》(*Earthly Paradise*)。这本书很棒。我有一本是他题献给我的。我的大女儿意外去世之后，我把这本书和她埋在一起了，因为她也很喜欢。

科莱特是一位值得去了解的作家。法国人不多愁善感，我很欣赏他们这一点，科莱特在这方面尤其令人钦佩。她是有温度的；她不是一个冷漠的作家，但她不多愁善感。有人说过，上帝想到人间时带有多少情感，一个人在写作时就应该有多少。她很好地展示了这一点。她有个短篇小说我至少读过十几遍，《我母亲的房子》(*My Mother's House*) 里那篇《布依露家的小姑娘》("The Little Bouilloux Girl")。它讲的是村子里最漂亮的一个女孩，她比同学们都漂亮得多，成熟老练得多，很快就在镇上的一家裁缝店找到了工作。每个人都羡慕她，都想成为她那样的人。科莱特问她妈妈：我能穿娜娜·布依露那样的裙子吗？妈妈说，不行，你不能穿裙子。如果你要了这条裙子，你就得接受随之而来的一切，也就是私生子什么的——简而言之，小说写了这个女孩的整个人生。这个漂亮女孩始终没结婚，因为从来没有合适的人选。故事的高潮很绝妙，因为它是在一个很弱的小调上出现的——在一个夏天，两个穿着白西装的巴黎人碰巧来到村里的集市。他们住在附近的一栋大房子里，其中一个还和她跳了舞。某种

---

① 内德·罗勒姆（Ned Rorem，1923—2022），美国古典音乐作曲家、作家。
② 罗伯特·费尔普斯（Robert Phelps，1922—1989），美国作家、编辑、译者，曾将科莱特的作品介绍到美国。

程度上，这就是故事的高潮。她再也没有遇到其他事情。多年以后，科莱特回到了村子里。她已经三十八岁了。开车穿过小镇时，她看到一个和她年纪相仿的女人正从她面前过马路。她认出了这就是学校里最漂亮的那个女孩，"布依露家的小姑娘"，并用两三个绝对令人吃惊的句子描述了她的容貌。虽然她现在已经老了，但还是很好看，还在等那个从未出现的掠夺者。

《巴黎评论》：你是什么时候认识罗伯特·费尔普斯的？

索特：应该是在七十年代初。我收到一封信，一封很特别的信；一看就知道是一个有趣的作家的手笔，你能认出那种口吻。虽然他没有急着亮明自己的身份，但我发现他在信的字里行间藏了自己写的几本书的书名。这是一封表达钦佩的信，初次通信这是最可靠的方式，于是，几个月之后，我碰巧在纽约，我们就在那里见了面。我发现他就像某种天使，他让我知道——不是马上知道，而是过了一段时间之后——即便够不上最顶端那一小撮人，我至少可以跻身书籍和姓名的广阔天地。更多的事情完全取决于我自己怎么做。

费尔普斯郑重地向我介绍了法国作家，保罗·莱奥托①、让·科克托、马塞尔·茹昂多②，还有其他的。他的生活在某些方面跟莱奥托一样——很简单。不奢华，纯粹。莱奥托一生默默无闻，直到最后上了一个广播节目，才从籍籍无名中被解救出来，一夜之间，他引起了公众的注意——这个古怪、暴躁、充满偏见而又训练有素的戏剧评论家的声音，他是剧评家，有时还是作家和日记作者。五十年来他一直在毫不留情地审视戏剧界，住在一栋破房子里，家里养了几十只猫和其他动物，除此之外是各种热恋。其中一段恋情持续了很多年，他在日记里把那个女人叫作"天灾"

---

① 保罗·莱奥托（Paul Léautaud，1872—1956），法国作家、戏剧评论家，代表作有长篇小说《小朋友》等。
② 马塞尔·茹昂多（Marcel Jouhandeau，1888—1979），法国作家，代表作有长篇小说《潘桑格兰一家》等。

（The Scourge）。费尔普斯也有些这样的经历。他过着一种非常纯粹的生活。不符合他标准的书，他就直接搬到走廊里，要么让人捡走，要么让垃圾工带走。他定期这样做。他的书架都被翻遍了。所以在他的书架上只有最好的东西。他相信写作。尽管现代社会会有太多相反的证据，他还是坚信写作，直到生命的最后一刻。费尔普斯三年前去世了。我说过我曾经觉得他像个天使。现在我认为他是一位圣人。

《巴黎评论》：好像安德烈·纪德也对你产生过挺大的影响。

索特：是的，但我记不清具体原因了。我刚开始认真写作时读了他的日记，后来又读了《窄门》，很佩服。我在哈珀兄弟出版社有个编辑埃文·托马斯（Evan Thomas），他问我对什么感兴趣，我告诉他我对纪德有兴趣。他脸上露出一种困惑或者惊愕的表情，好像我说的是埃皮克提图[①]，然后他说，那你在读他的哪本书？我说，《窄门》，一本了不起的书。你读过吗？他说，没有。从他的语气我听出来了，这不是他读的那种东西，也不是他赞同我读的东西。回想起来，我对纪德的印象是一个不感情用事的、一丝不苟的作家。我想说，我没有看错人。

《巴黎评论》：还有其他法国作家对你产生过特别的影响吗？

索特：我读了很多。有些作家现在可能读者不太多了，其中我觉得尤其有意思的是亨利·德·蒙泰朗[②]。塞利纳是一个令人激赏的作家，但这是个令人不安的例子。他的某些残暴的作品被从书单上删除了。我们知道他的观点是什么。法国人几乎亲手处决了他。所以我们谈论的是一个道德上可疑的人物，而这个人现在被认为是法国本世纪最伟大的两位作家之一，我认为这个观点是恰当的。这是一个完全合理的提名。即使是他的最后一本书《一座城堡到另一座城堡》也非常出色。这本书一定是在你能想象到

[①] 埃皮克提图（Epictetus），公元前 1 世纪的希腊斯多葛派哲学家、教师。
[②] 亨利·德·蒙泰朗（Henry de Montherlant，1895—1972），法国随笔作家、小说家、剧作家，代表作有长篇小说《独身者》等。

的最艰难的环境下写成的。当你读到好东西的时候，你根本没心思去看电视、看电影，甚至读报纸。你读到的东西比这一切都更有诱感力。塞利纳就具备这种特质。

《巴黎评论》：福特·马多克斯·福特呢？有人说《好兵》是"用英语写成的最好的法国小说"，我觉得它和《一场游戏一次消遣》在调性上有相似之处。

索特：我很欣赏福特·马多克斯·福特，海明威觉得自己在《流动的盛宴》里把福特撕成了碎片，但我对福特的钦佩可能从来没有像在这本书里那么高过。我并不了解他的生平细节。我只知道他还是个小男孩时，他有个叫福迪的叔叔就劝告他，永远要帮助有困难的人渡过难关。福特一生都是这么做的。我非常钦佩他。第一次世界大战爆发的时候，他应该已经快四十岁了，他自愿参了军，去服役。大约就在那时候，之前或者是之后，他写了《好兵》——当时他已经写了很多书了。他说是时候好好坐下来展示自己的能力了。我觉得这很棒，当然，这本书本身也不错。

《巴黎评论》：你觉得海明威怎么样？

索特：我对海明威的感觉，就像大多数人对塞利纳的感觉一样。他是个强大的作家，但我个人觉得他的性格令人反感。我认识很多见过他的人——都说他很棒。我不这么认为。人生有一件好事是，你可以重新安排万神殿，黜落你不满意的某些人物。这不会伤害任何人。所以我把他挪了下来；他在地下室里积灰。

《巴黎评论》：你有没有觉得，你现在写的东西，是对海明威精神气质的某种修正或者重新认识？

索特：没有……我从没这样想过。当然，你永远不知道自己到底在干什么，不是吗？就像蜘蛛，你总是身处自己的网中。有一些人向我指出我作品中某些海明威式的想法和主题。每次我都觉得自己是第一次注意到。

我承认，有时候有种可怕的诱惑——当你坐在那儿想要写点儿什么，你会想，别人会怎么写？一开始，我在这么想的时候还没有完全排除海明威。你会说，三岛由纪夫或者约翰·贝里曼[①]会怎么写这个？他们会用什么样的措辞来描述这样的事情？这就为不同的方法打开了一扇门，这些方法可能并不容易想到，不过，一旦想到了，可能你就不想用它了。在你犹豫不决的时候，没法继续推进的时候，这种弱点就会出现。你的想法会晃到这些事情上。

《巴黎评论》：亨利·米勒呢？

索特：极好的作家。未来会告诉人们今天的哪些东西有价值，哪些没有，如果未来没有慎重对待米勒，我会非常失望的。我觉得他让人无法抗拒。第一次读米勒，你完全不会分心。我不认为你应该读完他所有的书——很多书是重复的。一旦进入《性爱之旅》《情欲之网》《春梦之结》和《黑色的春天》的丛林，你会像一条被报纸抽打的狗那样跟跟跄跄。但是，到了《北回归线》，你将读到一本美妙的书。书中有生命，有不羁，有灵气。我写的东西和他完全不一样。写不出来的。必须是米勒才行，这就是它的伟大之处。我总觉得阅读的时候，你真正倾听的是作者的声音。这个比什么都重要。当然了，正是米勒的声音让你在他身边流连忘返，直到打烊已经很久了，你还是想和他一起回家，继续聊天，尽管你知道最好别这样。

《巴黎评论》：在《狮子的冬天》（"Winter of the Lion"）那篇文章里，你说欧文·肖是你遇到的第一位杰出作家——一个父亲般的角色，一位朋友，一个巨大的声音。对于你的但丁来说，他这个维吉尔让人挺意外的。

索特：我欣赏他的一点是他懂得处事之道。他有胆识。他身上体现了很多我所敬重的，但之前或许说不清道不明的东西。我认识他应该是在

[①] 约翰·贝里曼（John Berryman，1914—1972），美国诗人、学者，20世纪下半叶美国诗坛的重要人物，"自白派"代表。

六十年代初。我们很少聊书或者写作,主要是因为我觉得他对作家的评价过于慷慨了。他经常赞美那些可能只是好伙伴或者他认为正派的作家。对自己的作品他是很挑剔的。

《巴黎评论》:他的第一篇《巴黎评论》访谈①,是我读过的最好斗的访谈之一。

索特:他就是这样,喜欢讨论自己的事情。你很快就会注意到这一点。我们第一次见面的时候坐在巴黎某个地方,我对他的一个短篇小说提出了一些疑问。当时我还没有经验判断该不该这样做。他的语气和举止立刻就变了,他说:"欸?这些都是好故事。"大意如此。他说,有人喜欢他的一些故事,有人喜欢他的另一些故事,还有一些他认为并不很好的故事也得了奖,所以我们怎么可能知道呢?于是你会跟自己说,还是别跟他聊这个了吧。

《巴黎评论》:你从他那里学到的似乎不是怎样写作,而是怎样过一种作家的生活。

索特:收入。还是收入。

《巴黎评论》:他都聊些什么?

索特:他有时会沉浸在回忆中。我记得有天晚上,他谈到了他一生中最伟大的时刻。他说,他一生中最伟大的时刻是《埋葬亡灵》(*Bury the Dead*)首演的那天晚上,他被叫到舞台上,观众们高喊:"作家,作家!"另一个是解放巴黎。第三个是很多年前他在布鲁克林学院校队的时候,在一场橄榄球比赛中接住了传球。还有一些别的事情。他的妻子玛丽安也在场,还有他的儿子亚当。他们可能觉得有点被忽视,虽然那时他们对此肯定已经习以为常了。但我喜欢他对美好往事的分类。

---

① 欧文·肖曾于1953年和1979年两次接受《巴黎评论》访谈,此处是指1953年那次。

《巴黎评论》：你曾说，他在你身上看到了失败者的傲慢，这是什么意思？

索特：他在我身上看到的，可能就是人们在任何一个不被认可但雄心勃勃的人身上看到的东西。

《巴黎评论》：肖说你是诗性作家，而他自己是叙事作家，你怎么看？

索特：相当准确。我试着减少对诗性风格的依赖，有评论说这跟我写的东西不相称，被刺痛之后我得出的结论是，我要再精简一些，或许再凝练一些。这样做确实会让诗意的东西更有力量。

《巴黎评论》：你有没有觉得自己是旅居海外的作家？

索特：没有。我在欧洲住过，最长的一次是在空军服役期间，当时驻扎在那儿，但我们本质上还是访客。另一次较长的时间是住在格拉斯[①]附近的小村庄马卡纽斯克。我去那儿是因为哈维·斯沃多斯[②]的建议。他是个迷人的男人，非常英俊，留着漂亮的络腮胡，浓密的头发，睿智的脸上都是慷慨和智慧的光。有一次他很坦率地说，他拥有天才的一切品质——除了天赋。其实他有天赋，但他不觉得那是最高水准的。当时他从萨拉·劳伦斯学院[③]休了公休假，要和家人去法国住一年。他说："你们为什么不一起来呢？"我们说："为什么不呢？"那个村子是奥古斯特·雷诺阿生活和工作过一段时间的地方，房子是一座古老的石头农舍，前一年罗伯特·佩恩·沃伦和他的妻子埃莉诺·克拉克就住在这里。我给埃莉诺写信询问了房子的情况，她在回信中详细描述了各种细节——海景、和房子一起的山羊、桉树。描述非常完美，最后她说："如果不被冻死，你将度过此生最美好的一年。"那地方没有暖气。就这样，我们去法国待了一年

[①] 格拉斯（Grasse），法国南部小镇，被誉为"香水之都"。
[②] 哈维·斯沃多斯（Harvey Swados，1920—1972），美国社会评论家、作家，著有长篇小说《庆典》、短篇集《布鲁克林花园之夜》等。
[③] 位于美国纽约州的一所私立文理学院。

半,但并没有打算长留在那里。约翰·科利尔[1]在那附近有栋房子,我们也成了朋友。"旅居海外"这个词太郑重其事了。

《巴黎评论》:有的美国作家到了欧洲,反而变得更像美国人,比如霍桑和吐温,也有的美国作家渴望融入欧洲,变得更像欧洲人。你觉得自己属于哪种?

索特:完全是美国人。但我欣赏欧洲人的方式。

《巴黎评论》:你认为自己是个晚熟的人吗?

索特:或多或少是吧。我希望还能再长一些绿芽。

《巴黎评论》:你的前两本书《猎手》和《血肉之臂》,似乎完全来自军旅生活的推动。

索特:前两本书,是的。之后写的东西就不是了。只有一个短篇小说和军队有关,现在正在写的这本回忆录也有关于军队的章节。我在部队十二年,如果算上被召回的时间,是十三年,这期间发生过很多事。

《巴黎评论》:你从飞行中学到过什么对写作有帮助的东西吗?

索特:时间飞逝,那些都不算数。就像八岁十岁的时候在鞋店里打工一样。都从你的文学生涯中扣除了。

《巴黎评论》:你从三十多岁开始写作。这个起步比较晚吧?

索特:我是三十多岁开始发表作品。在那之前我一直在写。

《巴黎评论》:什么时候开始的?

索特:学生时代就开始写了。在空军的时候,有更多时间可以投入这上面。一九四六到一九四七年,我写了个小说,很糟糕。当时我没意识到

---

[1] 约翰·科利尔(John Collier,1901—1980),英国小说家、编剧。

这一点。哈珀兄弟出版社拒了稿,但说他们有兴趣看看我写的其他作品。这已经是足够的鼓励了。不管怎样,我还是想再写一本书,写完后交给他们,他们接受了。这就是《猎手》,我出版的第一本书。

《巴黎评论》:是什么促使你写下这第一部长篇小说的?

索特:从一开始就有这种冲动。最初我也不知道是什么让我写作,后来我明白了。很简单:谁写它,它归谁。我想我感知到了这一点,虽然那时还没法说出来。

《巴黎评论》:你现在对前两本书有何感想?

索特:青春。

《巴黎评论》:你说过,军旅生涯是你年轻时的美好岁月,那时候的你读错单词,相信梦想。为了成为作家,一九五七年你辞去了军职,这对你来说一定很艰难吧。

索特:我已经忘了当时有多困难。但我确实还记得听说辞呈被接受时的情景。当时我们带着一个年幼的孩子在华盛顿特区,借住在一间公寓里,从公寓可以俯瞰整个城市。到晚上了,城市就在脚下铺展开,就像你第一次看到巴黎的时候,巴黎在脚下铺展开一样。所有对我有意义的东西——五角大楼,乔治城,从安德鲁斯空军基地起飞——这辈子到那时为止我所做的一切,我都抛弃了。我觉得非常痛苦——痛苦,而且失败。

《巴黎评论》:我听说,你说过"要么写作,要么毁灭"。

索特:是的,非此即彼。我想当作家,可另一方面,在此之前我把一切都给了另一种生活。我不是个叛逆的军官。凡是我有的,我都全力投入了,也得到了很多回报。这就像离婚一样。两个正派人,但根本无法相处,然后离了婚;并不是任何一方有过错,他们只是没法继续下去。如果他们已经结婚一段时间,有孩子和其他的一切,那就很难了。这就是我当时的感受。我明白必须离婚，但我并不为此感到高兴。我很担心未来，担心那前面是什么。

《巴黎评论》：短篇小说《失落之子》中的画家显然是个局外人，但他对自己可能有过的军旅生活残留了一丝余念。你现在还有这种感觉吗？

索特：就像诗人说的，失明的船长也有梦见大海的时候。秋天大雁飞过的时候你会想起它，但那一切早就过去了。被锯断的残肢已经长好了。

《巴黎评论》：约翰·契弗在战后写过："军队里的那个人，不是我。"但你不这么认为。

索特：不会，就像很多囚犯一样，你会爱上你的监狱和狱友。契弗只是没有付出足够的代价来获得这种感觉。

《巴黎评论》：如果可以选择自己的两本书流传后世，你会选哪两本？

索特：我会选《一场游戏一次消遣》和《光年》。

《巴黎评论》：《一场游戏一次消遣》是什么时候开始写的？

索特：最早的笔记，大概是在一九六一年；真正开始动笔认真写，是在一九六四或者一九六五年。

《巴黎评论》：你当时在哪儿？

索特：当时我在格林威治村有间工作室。我们住在郊区，我进城工作。

《巴黎评论》：住在纽约，却写着法国的故事，会不会感觉有点错位？

索特：那倒没有。也许需要花点时间从琐碎的生活中抽身出来，但之后你就完全沉浸在书里了。无论如何，我的方法是带足弹药，有备而来。我有很多笔记。

《巴黎评论》：写这本书，好像一下子汇集了很多概念或者说术语，关于感官和情色、食物和酒精、法国的风景和文化？

索特：我想是的。不管我之前说过什么，在欧洲那些城市我才真正成年。我第一次见到它们是在一九五〇年。除了纽约，以及在华盛顿和火奴鲁鲁待过一阵外，我没有在其他城市生活过，欧洲的城市让人大开眼界。我喜欢在那儿生活。我喜欢欧洲，因为在那里度过的时间不会惩罚你。

《巴黎评论》：我想知道你是怎么想到这个取自《古兰经》的书名的[①]。

索特：我读过《古兰经》，但我是在一篇文章里看到了这句话。

《巴黎评论》：小说的叙述者把"葱绿青黛、中产阶级的法国"视为世俗圣地。这部分似乎是自传式的。

索特：不喜欢法国是不可能的。我见过凯鲁亚克，但不熟，我知道他有一次去了巴黎，几天后回来，说了一句令人难忘的评论：巴黎"拒绝了他"。但他是个异数。只要你睁大眼睛，就会发现法国有多迷人。

《巴黎评论》：《一场游戏一次消遣》出版的时候，有评论称赞你"主持了一场情色革命的仪式"，但也有评论批评你描绘了如此"激烈的'爱情'场景"。你怎么看待这些评论？

索特：情色是这本书的核心和实质。这一点显而易见。借用洛尔迦的一个词，我希望它"淫荡"（lubricious）而纯洁，描述那些在某种意义上难以启齿但又无法抗拒的东西。到处旅行过之后，我意识到旅行在很大程度上就是寻找爱、通向爱的旅程。没有爱的远行是毫无意义的。也许这是男性化的观点，但我认为也不尽然。这本书的理念是一种将性与建筑相结合的生活——我想这本书写的就是这个，但这并不能解释它。它大致来说是一本生活指南，一种理想。

[①] 《一场游戏一次消遣》书名"A Sport and a Pastime"出自英译本《古兰经》第47章第36节："今世的生活，只是一场游戏一次消遣。"

《巴黎评论》：关于这本书写的到底是什么，人们似乎各执一词。

索特：我偶尔会听别人跟我讲他们对这本书的理解。每隔几年，就有制片人提出想把它拍成电影。我拒绝了这些邀请，我觉得试图把它拍成电影是很荒谬的。对我来说，这本书"显而易见"。我看不出有什么模棱两可之处，但你并不清楚自己到底在写什么。再说，你怎么能解释自己的作品呢？这是虚荣心作祟。在我看来，如果你对这本书有任何疑问，只要读读最后一段，就都理解了：

> 至于安-玛丽，她现在生活在特鲁瓦，或者在那里生活过。她结婚了。我想还有几个孩子。星期天他们一起散步，阳光洒在他们身上。他们会拜访朋友，聊天，傍晚时分回家，沉浸在人人向往的美好生活深处。[①]

这一段，最后一句，是用反讽的手法写的，但也许很多人并不这样理解。如果你看不出其中的讽刺意味，那么你对这本书自然就会有不同的解读。

《巴黎评论》：有人说，迪安对安-玛丽的渴望也是对"真正的"法国的渴望，两种激情是相互关联的。

索特：法兰西很美，但他的欲望无疑是指向女孩本身的。当然了，她是一个化身。即便你认出了这一点，她也会唤起一些东西的。但即使不这样，他也会喜欢她。

《巴黎评论》：这本书也有后现代的一面。小说的叙述者表示，他是出于自身的缺陷而编造了迪安和安-玛丽。

索特：那只是伪装。

[①] 译文引自杨向荣译《一场游戏一次消遣》，广西师范大学出版社／理想国，2019 年出版。

《巴黎评论》：怎么说？

索特：这本书很难用第一人称来写——也就是说从迪安的角度来讲故事。如果用安-玛丽作为叙事者，应该会很有意思，但我不知道那该怎么写。另一方面，如果用第三人称，也就是历史第三人称的话，由于露骨的性描写，会让人有点儿不适。问题就在于怎样呈现这个。我记不清是怎么想到的了，但让第三者来描述，让一个在书中并不重要、只是充当书和读者之间中间人的角色来描述，也许是让这一切成为可能的办法；总之，我就这么做了。我不知道这个叙述者是谁。你可以说是我；嗯，有可能。但事实上，根本就没有这个人。他只是一个装置。他就像舞台上移动家具的黑衣人，你可以说他不可或缺，但他并不是情节的一部分。

《巴黎评论》：他就像舞台上的解说员。

索特：没错。他站在幕布前。

《巴黎评论》：这几乎给小说带来了一种偷窥的感觉。

索特：但这就是它的吸引力所在，你不觉得吗？我说的窥私癖，不是指满足于观察生活而不参与其中。我说的是"偷窥狂"的意思，这让人很兴奋。你看到的是被禁止的东西，是绝对自然的、未经演练的东西；是不知道自己被观察的人。物理学告诉我们，被观察到的事物与未被观察到的事物是不同的。就是这样，我喜欢这个想法。

《巴黎评论》：有可能说清这本书有多少内容是杜撰的，有多少内容是真实的吗？

索特：我去过法国，也去过欧坦[①]，我确实认识这样的人。如果可以的话，我通常会提前准备一些东西以便写作。我不喜欢空手上讲台。有些表演者可以做到这一点，但我不行。所以，当我打算坐下来写一页时，我喜

[①] 欧坦（Autun），法国中东部城市，《一场游戏一次消遣》的故事发生地。

欢提前把一些事情想好。如果那是一本书的话，很多事情都要事先想好。在写那本书之前，我记下了很多东西，有些取材自生活，有些"类似"生活，有一些是杜撰的。

《巴黎评论》：《光年》是一本有很多顿悟的书，这在某种程度上与《一场游戏一次消遣》相似。它是由一系列发光的瞬间组成的。

索特：在《光年》里面，这些瞬间，比方说这些场景，本身就是叙事。它们就是作为叙事存在的。《一场游戏一次消遣》的情色片段遮蔽了其他一切，在某种程度上也构成了整本书。也许这两本书是同一种方法。

《巴黎评论》：你认为《光年》真正写的是什么？

索特：这本书是像石头一样被磨损的婚姻生活。一切美好的，一切平淡的，一切滋养或导致枯萎的事物。它持续了数年、数十年，最后就像从火车上瞥见的东西一样消逝了——这里的一片草地、一片树林、黄昏时窗口亮起灯的房子、暗下去的小镇、一闪而过的站台——除了某些不朽的瞬间、人物和场景，所有没有被记录下来的东西都消失了。动物死了，房子卖了，孩子长大了，甚至这对夫妇本身也消失了，但这首诗还在。有人批评它过于精英主义，但我不这么认为。他们两人其实并不算多么出众。她很美，但那已经过去了；他是忠诚的，但没有强大到能抓住生活不放手。书名原本是"芮德娜和维瑞"——在我的书里面，女人总是更强大的那个。如果你能相信这本书，你会看到一个建立在婚姻之上的稠密的世界，一种封闭在古老围城中的生活——的确如此。它讲的是那些仿佛永无休止的岁月的甜蜜。

《巴黎评论》：有位评论家说，生活中的不完美或不纯粹很少出现在你的小说中。我觉得这显然说得不对，虽然这些人物追求完美，但那只是表面的完美，是这样吧？

索特：王尔德说过，只有肤浅的人才不会以貌取人。这是句玩笑话，却触及了一个重要的时代问题,即表象与实质、感知与真实之间的关系。

《巴黎评论》:我读到过,《光年》的写作灵感来自让·雷诺阿的一句话。

索特:"生命中唯一重要的,是我们最终记得的一切。"是的,我喜欢这个说法。我是在写这本书的时候看到这句话的。不过没关系,它验证了我已经感受到的东西。我想把生活中那些值得回忆的事情写成一本书。这就是我的想法。我想这本书的情节就是时间的流逝,以及它对人和事的影响。这也是显而易见的,但把这两个构思结合起来,我就能抓住这本书应该呈现的样子。它至今仍然不让人失望。我很满意。

《巴黎评论》:书中的维瑞似乎非常依赖女人的爱来获得幸福。那是他情感的庇护所。另一方面,芮德娜在跟男人分开的时候似乎是最快乐的。

索特:在这一点以及其他方面,女性都更强大。女人随便做点什么都可以得到快乐,但男人除了女人没有别的对象。

《巴黎评论》:有一次维瑞说:"实际上有两种生活。一种是人们相信你在过的生活,还有另一种。惹麻烦的正是这另一种:我们渴望去过的生活。"

索特:这不就像爱伦·坡说的那本永远也写不出来的小书《我心赤诚》[①]吗?有一种被社会接受的、可以说是传统的生活,我们过着这种生活,讨论这种生活,多多少少还坚持着这种生活;还有另一种生活,思想、幻想和欲望的生活,但这种生活是不被公开讨论的。我相信,时过境迁,会有人开始谈论它,很可能还会在电视上谈,但总的来说,在大多数人的生活中,这两件事是完全不同的。我意识到了这一点,并试图写一点

[①] 1848年,爱伦·坡在《格雷厄姆杂志》上指出,有一本"小书"是没有人敢写也永远无法被写出的:一本真实而完整的自传。他认为这本书的书名应该叫《我心赤诚》(*My Heart Laid Bare*),并补充说,如果有人试图写它,书页"每一次触碰火热的笔,都会皱缩和燃烧"。

这方面的东西。

《巴黎评论》：北角出版社版的封面是勃纳尔[①]的油画《早餐室》。这幅画好像捕捉到了小说的氛围。

索特：我写东西有时候会想到某位画家，写《光年》的时候，我从一开始就想到了勃纳尔。他是个描绘私密和孤独的画家，不属于任何画派，一生都是在远离聚光灯、远离主流的环境中度过的。吸引我的不仅是他的画作，还有他的人格。

《巴黎评论》：从《光年》到《独面》，主题发生了巨大的跳跃。怎么会这样？

索特：《独面》不是我自己想到要写的一本书。它的血缘有所不同。是别人请我写的。关于这同样一群人的故事，我写过一个剧本，但事件经过和细节并不完全相同。我的好友罗伯特·金纳（Robert Ginna）当时是小布朗出版社的主编，他很喜欢这个剧本，问我愿不愿意把它写成长篇小说。起初我没什么兴趣，但他说服了我。这解释了为什么它看起来有点偏离我的创作轨道。

《巴黎评论》：我想知道它从剧本到长篇小说有哪些变化？

索特：长篇小说的完成度要高得多。中心人物的原型是加里·海明（Gary Hemming），六十年代非常著名的登山家。他是那种朋友们都接触过而且永远不会忘记的人物之一。他的身世背景有些神秘。我对此做了大量研究，包括阅读他的信件。他是个独行侠，做事有些不循常理，但他处理自己的信件非常细心。通过采访他的朋友，阅读各种材料，我对这个人有了相当的了解。书中的主要事件都是根据海明生前的真实事件改编的。他确实在德鲁号上指挥过一次非凡的营救行动。他上过《巴黎竞

[①] 皮耶·勃纳尔（Pierre Bonnard，1867—1947），法国画家，以其画作的风格化装饰性和对色彩的大胆使用而闻名。

赛》①；他成了名。我想写他的时候，他已经去世了。事实上，真正说服我写这本书的是法国电视台播放的一部片子。片长大约十分钟，是对海明的采访。他穿着一件长长的冬季汗衫，坐在夏蒙尼附近的草地上。当我看到他时，我突然意识到大家之前都在聊的是什么。他有种非凡的气质，有点像加里·库珀，那种朴实，还有他脸上的真诚。他身上有种东西仿佛是从灵魂深处在向你诉说。看完那十分钟，我对写本书的想法产生了兴趣，觉得我可以写。

《巴黎评论》：如果海明是兰德的原型，那么卡伯特是不是也有原型？

索特：哦，是的。另一位登山家是约翰·哈伦，他是同伴，也是对手。我们并不认识对方，但我们同时在德国做过飞行员。他死在了艾格峰。

《巴黎评论》：你在多大程度上借鉴了自己的登山经验？

索特：有一些。我随身带着铅笔和笔记本，但当时很少记录。总是有太多事情。和登山者在一起时听到的那些告解和轶事，对我来说更重要。我和罗伊·罗宾斯（Royal Robbins）一起攀过岩，他曾是美国攀登界最重要的道德力量，也许至今还是。我和他一起去过欧洲和约塞米蒂国家公园。他很严肃，话不多，但在我看来他是个正派人。有一次，我们攀登一个显然对他来说没多少难度的东西，但对我来说很可怕。我们沿着一对裂缝往上爬，必须横越到另一对裂缝那儿。横向大概有六七英尺。展开双臂几乎可以到。他过去了——当然是他带头——然后就轮到我。这是我能力的极限。我清楚地记得那一刻，因为我正往下看——当时高度是我很关心的问题——我想，我做不到，我要掉下去了。这并没有那么可怕，因为我们有绳索，真正让我绝望的是想到摔下去之后，无论如何还要再爬上来，再做一次。那天晚上，我们一起喝酒，我跟他说了我的感受。我问

---

① 《巴黎竞赛》(*Paris Match*)，法国著名新闻周刊杂志，创刊于1949年。

他，攀登过程中是否有过这种痛苦。他说，一直都有。我觉得他说的是实话。

《巴黎评论》：关于攀岩，你印象最深刻的是什么？

索特：就是你来到这些地方，对自己说，我做不到，我知道我做不到，我肯定我做不到，但我必须这样做，我知道我必须这样做。你愿意放弃一切，只求别在那里就好，但想这些没有用。你必须继续。最终它会以某种方式让你振作起来。

《巴黎评论》：《暮色》中的短篇小说，创作时间跨度相当长，但可以看到一些持续关注的问题和结构。你心目中的短篇小说应该是什么样的？

索特：最重要的是，它必须扣人心弦。打个比方，这就像是你坐在文学的篝火旁，各种声音从黑暗中传出来，开始讲故事。有些声音，你听着会走神、打瞌睡，但也有一些声音，你会被它的每一个字吸引。第一行、第一句、第一段，都必须牢牢抓住你。

另外，我觉得它应该让人难忘。它必须足够重大。不是说一个东西写出来了，它就有足够的理由存在。短篇小说不必让人感到意外——三岛的《忧国》拒斥意外。它无须具有戏剧性——彼得·泰勒[①]的《纳什维尔的妻子》("A Wife of Nashville")毫无戏剧性。但它必须以某种方式让人震惊，而且它必须以某种方式完整。

《巴黎评论》：你最喜欢的短篇小说家是谁？

索特：我觉得是伊萨克·巴别尔。他具有伟大的三个要素：风格、结构和确凿。当然，也有其他作家具备这三点——事实上，海明威也具备这三点。但巴别尔因为他生平的额外因素，尤其吸引我，在我看来这给他的作品增添了一种沉痛。他生活在一个艰难的时代，最后被政府谋害了。他

[①] 彼得·泰勒（Peter Taylor，1917—1994），美国小说家、剧作家，代表作有短篇集《古老森林》、长篇小说《孟菲斯的召唤》等。

消失在集中营里。谁也不知道他最后遭遇了什么。他说,"我没有时间完成一切"。我一直很惊讶,他在这里没有得到更多的认可。在我读过的所有短篇小说中,最好的篇目来自巴别尔和契诃夫。

《巴黎评论》:我听你说过,巴别尔是人间英雄。

索特:我认为他很英勇。我理解的写作,是坚定不移的、持续不断的努力,想方设法找到最合适的字词,直到你无法再往前推进一步——要么找到了,要么一无所获。巴别尔就是这样的作家。他的手稿会写很长时间;有一箱子的手稿,里面装着他还没准备好付印的作品,就这么消失了。他的言论,那些已经被翻译过来的——大约从一九三〇年到一九三六年在研讨会上发表的各种演说或谈话——给我的印象是这个人很有信心,但绝不傲慢或自负。他说过,他宁愿自己从未从事像写作这样困难的工作,而是像他父亲那样做个拖拉机销售员。与此同时你也知道,最终他不会这样做。他评论托尔斯泰的一句话非常动人。他说托尔斯泰只有三普特重——"普特"是俄罗斯人的重量单位——但这三普特是纯粹的天才。

《巴黎评论》:我觉得巴别尔的作品里有一些东西跟你的作品很相似。巴别尔有一种绝妙的敏感性,这种敏感性是在哥萨克军事行动的锻造下形成的,或者说符合这种锻造的结果。

索特:人往往会把那些自己觉得亲近的人当作楷模和钦佩的对象。很多我相信他感受到了的东西,我自己也感受到了。至于区别,我想说的是,巴别尔和哥萨克一起骑马,而我是个哥萨克。

《巴黎评论》:巴别尔的俚语对你有影响吗?

索特:你是说那些出人意料的俗语吧,像蝴蝶球[①]一样。我会尽量避开这个,因为有一位大师索尔·贝娄已经挪用过它们了。这样说或许不公

[①] knuckleball,又称指关节球、不旋转球。棒球中的一种球路,重点在于尽量减少球在飞行过程中的旋转,以使球出现不稳定、无法预测的运动。

平——他也可能是自己想出来的，但无论如何，它们和巴别尔的很相似，你不会想做个第三者的。

《巴黎评论》：你最喜欢贝娄的哪本书？

索特：《雨王亨德森》，如果你在书里值得注意的地方旁边打一个小勾，你最后会发现整页整页都打满了勾。这本书的完成度令人惊叹。贝娄劝过我写一写弗吉尼亚州的马乡。当时我跟他讲了我妻子的家族和在马乡拥有土地的岳父。我告诉他，我对马乡了解不够，写不出什么东西，因为我只去过那里十来次。然后他让我大吃一惊。他说，是啊，好吧，我写《雨王亨德森》的时候还没去过非洲。

《巴黎评论》：你几乎所有短篇小说都发表在《巴黎评论》《绅士》和《格兰街》上。

索特：有时候我会接受约稿。《绅士》的拉斯特·希尔斯（Rust Hills）给了我很大的鼓励。本·索南伯格（Ben Sonnenberg）在《格兰街》做主编的时候是非常出色的编辑。当然，《巴黎评论》发表了我的前三四篇小说，乔治·普林普顿最初创办"《巴黎评论》书系"的时候也出版了《一场游戏一次消遣》。虽然我从未出现在《巴黎评论》的刊头——那上面的人可真不少——但我还是觉得我是这个大家庭的一员。

《巴黎评论》：《纽约客》呢？

索特：我从未在《纽约客》上发表过一个短篇；所有故事都被退稿了。有一次我差点就成功了。我写了一个名叫《否定之路》的短篇，罗杰·安格尔（Roger Angell）给我写了一张便条，说请你来谈谈。我和他坐在一间灰色的小办公室里，他告诉我他非常喜欢这个故事。他说，这篇真的很不错，但恐怕我们不能接受。我很错愕。我说，为什么？他说，在《纽约客》，我们有两条从不违反的规则。第一，我们从不发表任何含有淫秽内容的文章。第二，我们从不发表任何关于作家或写作的小说。我简直不知道该说什么。那厄普代克的"贝奇"系列呢？我问。他说，哦，那是另一回事。一两年后，我和索尔·贝娄谈起这件事，他说，我想让他们发表《受害者》的节选，但他们没有接受。他们说，他们有两条从未违反过的规定。第一，他们从不发表任何含有淫秽内容的文章。第二，他们从不发表任何关于死亡的内容。

《巴黎评论》：你认为自己最好的短篇小说是哪一篇？

索特：我喜欢《美国快车》。这是最近写的一篇，也是我认为完成得最好的一篇。它有很多层次。它不只是表面上看起来那样。我喜欢它的这一点。它达到的层次是我一直想尝试的，我也喜欢它的结尾。最后，它是关于律师的，这是我一直想写的题材。

《巴黎评论》：你写的第一个短篇小说是什么？

索特：第一篇发表的是《在丹吉尔的海滩上》，挺奇妙的，这可能是我第二喜欢的故事。我喜欢这篇，是因为它基于非常细致的观察。人们读到它时，会有一种"是的，就是这样，完全就是这样"的感觉。别人的作品如果是这样，我也很欣赏。

《巴黎评论》：在你的小说中，有一件事很重要，那就是金钱。或者说，没有钱这件事有时会压垮你笔下的人物。

索特：我认为生命的主轴是性。你知道的——音乐在变化，但舞蹈始终如一。不过，你也完全可以说，财富和贫穷也是一个轴，而且我们在美国会放大这一点。我们不区分地位和金钱。二十世纪八十年代真正的大事件不是国债或者自我放任或者任何这类事情，而是出现了百年未见的大规模的财富掠夺，这让道德完全失去了平衡，让我们修改了一切事物的价值——这对社会来说不是什么好事，虽然社会总有办法自我修复。有了那么多的钱，却没法为北角这样杰出的出版社找到一分钱，让它继续存在下去，这多可悲。你还能指望什么呢？

《巴黎评论》：艺术家的死亡或失败经常出现在你的作品中，比如高迪、马勒，我对这个印象很深。

索特：我们在谈论诗人的不满，他们觉得国家和文化没有给予自己应得的荣誉或尊重，尽管有一半后来会有。我们的文化崇尚昙花一现的东西，这会把某些事和某些人排除在外。我认为，人最深层的本能还是想要做一些持久的、有价值的事情，并且投入其中，无论最终能否实现……也许这就是艺术家扮演的角色。

《巴黎评论》：你写过诗吗？

索特：在学校的时候写过，后来偶尔写一点。我喜欢简洁，喜欢名字的力量。

《巴黎评论》：我想知道，诗人是否对你的写作产生过特别的影响？

索特：很大的影响。你没法不喜欢贝里曼。你没法不喜欢洛尔迦、拉金、庞德。《诗章》深不可测，很多篇章都是。我还是个孩子的时候，我们在学校会被要求起立，我记得是站到教室后面，背诵我们记住的诗歌。那本诗集会一直伴随一个人，即便其中大部分只是节选。就像流行歌曲和广告的碎片一样，它们会伴随你的余生，你根本无法摆脱它们。英语课上也教过一些诗人。济慈和雪莱——我从没喜欢过他们，可能是因为我们被要求必须欣赏他们。我喜欢拜伦、丁尼生……一种单纯的学生诗人。我记得于斯曼，很喜欢。我说，啊，这才是个对我脾性的诗人，我喜欢他的语言。后来我才知道，于斯曼并不是多么重要的诗人，但我对他仍然有好感，就像你对年轻时认识的人一样。你也意识到，也许那时候你的感情太冲动了。

《巴黎评论》：庞德当时的想法是围绕那些发光的时刻编排《诗章》。这似乎与你在某些小说中追求的目标相去不远。

索特：是这样。

《巴黎评论》：纳博科夫是从什么时候开始影响你的创作的？

索特：哦，我忘了提他了。令人钦佩的作家。独一无二。他什么时候写的《说吧，记忆》？我在《纽约客》上读到几章，立刻被他的声音打动了。很明显，这是个诗人。你对自己说，弗拉基米尔，实话实说吧。你是个诗人，你只是写了很多散文。写得很不错，但我们知道你真正感兴趣的是什么。《说吧，记忆》在我看来就是这样一本书。总之，我认为这是他最好的作品。《洛丽塔》的前半部分非常出色。《微暗的火》是玛丽·麦卡锡的最爱，也相当出色。但《说吧，记忆》是不可磨灭的。它可以反复阅读。书中的概念、想象的飞跃，还有语言，本质上都属于诗歌。第一次读到他的时候，我对自己说，不如你还是放弃吧。但这种事情过段时间你就忘了。

《巴黎评论》：他谈到了要结合科学家的激情与诗人的精确。你觉不觉得他在风格层面上影响了你？

索特：我没有他那样敏捷的头脑。试图把脚踩在他留在地板上的粉笔记号里跳舞，这是徒劳，但他给了我很多启发。

《巴黎评论》：你不是还采访过他吗？

索特：碰巧我最早做的一次报道就是采访纳博科夫。他们说，首先，他只接受书面采访。你必须提前把问题寄来。于是我坐下来，写了十个我们认为很有深度的问题——我可不想再看到这些问题——然后寄给了他。当然了，他没有回复。不过，按照约定，如果我去了欧洲，就能跟他见上一面，聊一聊。我去了欧洲，到了巴黎，当时是冬天，我住在一家旅馆里，旅馆用的还是那种老式的法国电话，有一个单独的听筒，要举到耳朵边。我联系了安排我跟纳博科夫会面的《时代周刊》在日内瓦的人，他告诉了我一个令人沮丧的消息，采访取消了。纳博科夫改变了主意。我说，他怎么能这样？我已经来欧洲了。好吧，反正他取消了。我不知道该怎么办。他说，你为什么不打电话给他？这想法太不可思议了。就像有人说，你为什么不给教皇打电话？看来没有别的办法了，于是我打了电话。一个声音说，蒙特勒宫酒店。我说，请找纳博科夫先生。电话铃响了，我当然不知道自己要说什么。一个女人接了电话。是薇拉·纳博科夫。我向她解释了我的身份和发生了什么事。她说，哦，不，我丈夫不能接受采访。他身体不好。你得以书面形式提交你的问题。我告诉她，我已经这样做过了，但没有收到答复。她又重复说，他只回答书面问题。她说，我得告诉你，我丈夫不会即席谈话。尽管如此，我还是问她，既然我已经来了欧洲，她能不能问一问他，是否愿意给我一些时间，仅仅是为了让我有点具体的印象，有一些描述来补充书面的回答。她放下了电话，我以为她只会看一会儿窗外然后拿起电话说"对不起，他不行"。但她给了我惊喜，她说，周日下午五点，蒙特勒宫的绿色酒吧，我丈夫会和你见面。她重复了一遍日期和时间，以确保我听懂了。

星期天五点钟，电梯门打开了，走出来一位高个子、穿着休闲西装和灰色长裤的男人，我一眼就认出了他，还有一位穿着漂亮的罗迪尔套装的白发女人。是纳博科夫夫妇。他们来到桌前。我有点紧张。我不是个出色的记者；我知道纳博科夫不会即席谈话，因此我不能带录音机，而且我知道，出于同样的原因，我也不能做笔记。我唯一的力量来源是杜鲁门·卡波蒂的杜撰——我确信是杜撰——他说他在东京和马龙·白兰度喝了一夜的酒，聊了一夜的天，第二天就把整个谈话的内容原原本本地写了下来。这篇报道刊登在《纽约客》上。我想，如果卡波蒂能做到整晚边喝酒边聊天，我也一定能做到和纳博科夫清醒地聊三十分钟。我使出全部的力量，对自己说我要集中精力听他说的每一句话，倾听，不要想着耍小聪明，也不要想自己该说什么；我只想听他说话。结果听了大约四十五分钟。我们相谈甚欢，最后他说，我们再来一杯茱莉普①吧？他异想天开地指着苏格兰威士忌苏打。但我担心再喝一杯，之前聊的东西就要开始消散了。于是我推辞了。我明显感觉到我们本可以继续吃个晚饭，但我不敢。我为占用

---

① Julep，一种以威士忌和薄荷为主料的鸡尾酒。

了他这多时间道了歉，然后立即前往火车站，在那里写下了我所记得的一切。当然，那不是按顺序写的，但也有四五页纸，我从中构造出了一个访谈。我必须说，记录相当准确。我错过了火车，但我很珍惜这段记忆。

《巴黎评论》：你在记者生涯中还采访过其他人吗？

索特：嗯，短暂的记者生涯。我采访过格雷厄姆·格林、安东尼娅·弗雷泽[①]、韩素音。

《巴黎评论》：格林给你的印象怎么样？

索特：我对格林唯有钦佩。在那之前我对他知之甚少，所以为了做采访，我下功夫读了他的所有著作。仅此一点就很值得。之后，他给我写过很多信，主要特点是简短，虽然都很友好。还有就是他的签名，那是我见过的最细小的笔迹。好像只是一条横线。他问我是不是记者，我不知道是出于好奇还是怀疑。我说不是，和他一样，我是个作家，写过一些小说。他让我给他寄一本，我就寄了《光年》。他回信说，我觉得你的书非常动人，其中有三页绝对是杰作。他说明了是哪几页。我立即去看了那本书。我翻开那三页，发现它们都有一种淡淡的格雷厄姆·格林式的笔调，比如行文组织的方式，比如文字的风味。

但他很和善。他想知道这本书是否在英国出版过。我说没有，被那里的出版商拒稿了。他说，有没有投给博德利·海德出版社？他和那家出版社关系密切。他的兄弟应该是董事之一。是的，我说，但是博德利·海德拒绝了。他问，他们给出的理由是什么？我说，他们觉得出这本书赚不了钱。他说，这不是不出书的理由，我来打听一下。他安排他们出版这本书，他们也出了，事实证明他们之前的判断是对的——当然，他也是对的。

[①] 安东尼娅·弗雷泽（Antonia Fraser，1932— ），英国历史、传记作家，代表作为传记《玛丽·安托万内特：一段旅程》，后被索菲亚·科波拉改编为电影《绝代艳后》。

《巴黎评论》：你对自己的记者工作整体感觉如何？

索特：一种谋生的方式。

《巴黎评论》：你对你的编剧生涯怎么看呢？

索特：五十年代的时候，欧洲导演突然崛起——特吕弗、费里尼、安东尼奥尼、戈达尔。他们给整个电影理念带来了新的启示。纽约电影节是六十年代中期开始举办的。一切都充满诱惑力。就像乐队行进，旗帜飘扬，鼓点奏响，那个时期我当然觉得自己什么都能写——十四行诗、歌剧脚本、戏剧。有人过来说，你想不想写一部电影？于是就这样开始了。

《巴黎评论》：你根据欧文·肖的短篇小说改编的电影《三人行》在戛纳电影节上大获成功，你觉得意外吗？

索特：是个惊喜。不过，到最后它也像我做过的所有东西一样，有一些崇拜者，其中某些人还很狂热，但另一方面，公众完全漠不关心。有人说——或许是我自己说的——它本质上是一部关于美食和酒的电影。也许未必如此，但我现在明白了，我不是多么称职的电影导演。我本该花更多的时间跟演员在一起，研究他们的心理。

《巴黎评论》：你当时很想成为一位"作者导演"吗？

索特：是的，当时每个人都想成为那样的人。

《巴黎评论》：你在电影业进进出出了大约十年，但现在似乎对它不屑一顾了。

索特：应该这样。

《巴黎评论》：你后悔那段时间吗？

索特：不完全是。我见到了很多地方的内部，否则我不会看到的。

《巴黎评论》：决定不再拍电影是不是一种解脱？

索特：这不是个突然的决定。我只是说，我想少做一些。少做很多。什么都不做了。

《巴黎评论》：新闻业是个更好的选择吗？

索特：薪酬标准并不完全一样。我和洛伦佐·森普尔[1]都认为，电影编剧是世界上工资最高的群体之一。从某种程度上讲，你会愿意无偿拍一部电影，只为享受拍电影的乐趣。除此以外，你还能得到丰厚的报酬。

《巴黎评论》：有人说写电影剧本会致癌？

索特：电影本质上是用来分散注意力的。能起到安慰作用的电影非常罕见。会不会得癌症很难说。有像格雷厄姆·格林这样的人物……我觉得电影对他没有造成什么伤害，而且他还在电影行业里到处工作。有些人像约翰·塞尔斯[2]，既是小说家又是全职导演，似乎也挺过来了。但一般来说，最终还是要付出代价的。如果你一直写电影剧本，你就在一直迁就其他人。

一部电影是一次表演，它会被当作一次表演来记住。电影永远不会重演。它们不是"活着"的。有时候它们会在多年之后被重拍，但其中的一切都绝对固定，并将永远固定。它们不像伟大的散文，有位评论家说过，那些散文会先在一个地方着火，然后又在另一个地方着火。我谈起电影常常不大恭敬，但不管人们怎么说，它们都在美国文化中占据了至高无上的地位。它们无疑是写作的敌人，这是无法解决的问题。事情就是这样。我偶尔和写作专业的学生交流，不用说，这是他们最感兴趣的一件事。我甚至和那些梦想写一部电影的成功作家和教写作的教师谈过。我们知道他们

---

[1] 洛伦佐·森普尔（Lorenzo Semple, 1923—2014），美国作家，剧版《蝙蝠侠》、电影《巴比龙》编剧。
[2] 约翰·塞尔斯（John Sayles, 1950—　），美国独立电影导演、演员、作家，曾执导《怒火战线》等影片，另著有长篇小说《工会会费》等。

为什么有这种梦想。部分原因是钱,部分原因是可以跟一位著名演员一起走进一间拥挤的餐厅……也许这和跟总统一起旅行的感觉是一样的。这种幻觉具有某种真实性。但总的来说,这一切都会消失的,如果你对写作感兴趣,你花在这上面的时间就是浪费。

《巴黎评论》:写回忆录是上了年纪的标志吗?

索特:他们说,你在少白头的青年时代就应该做这件事。我可能等得有点久了。

《巴黎评论》:有那种重新思考过往经历的冲动吗?

索特:我觉得乐趣在于思考发生过什么,它的真正含义,而且能够让它栩栩如生。这是关于真相的问题。你完全有权创造你的生活,并且声称它是真实的。我们已经模糊了事实和虚构。有作家解释说,他们的书是"非虚构小说",也就是说,是"非虚构的虚构"。我赞同一个更为经典的观点。我相信就我们所知而言,客观真理是存在的。维克多·雨果的《见闻录》就是个例子。没有人能知道上帝的真理,但你写的不是上帝的真理,而是你所知道的真理——你观察到的东西。我会犯错;我们都是。书里可能存在一些错误,但它们不是失误或粗心造成的。它们只是不为人所知的错误。

《巴黎评论》:我注意到你桌上有一本《走出非洲》。你曾经称赞伊萨克·迪内森在这本书中"有省略的勇气",这是什么意思?

索特:我认为这本书是个范本。你知道,她的丈夫传染了梅毒给她;她有过童年,有一段婚姻;她有一段恋情。你会感觉到——我没有读过她的传记——在她身上发生了很多事情。这些都没有出现在《走出非洲》这个故事中。她的丈夫只是被简单提到,她的父亲也是。其他许多人物也是如此。对这个女人和她的人生,你会有一种非常强烈的感受。你觉得你了解她。但她并没有觉得自己——打个比方说——必须撩起裙子,展示床单。我很钦佩这一点。我想，写一本这样的书很有意思，你会写一些重要的事，但又不必费心描述每一个细节。

《巴黎评论》：你写过，回归家庭生活后，你不再谈论你的战争岁月，但现在你又写起了它们。

索特：谈论战争年代毫无意义。有谁会跟你聊这些呢？有人在聚会上告诉你他在普洛耶什蒂①待过，或者他在越南都干了些什么，反而会让那些事情显得无足轻重。你得有合适的听众。而且，当你把它写下来时，你就有机会按照自己喜欢的方式来安排，而且你可以假定读者会被深深吸引。

《巴黎评论》：但为什么要写回忆录呢？

索特：为了找回那些年。你可以说：这一切都是我的——这些城市、女人、房子、日子。

《巴黎评论》：你认为写作的最终冲动是什么？

索特：写作吗？因为这一切都会消失。剩下的只有文章和诗歌，书籍，那些被写下来的东西。人类发明了书，这很幸运。如果没有它，过去的一切会彻底消失，我们将一无所有，赤身裸体地活在世上。

（原载《巴黎评论》第一百二十七期，一九九三年夏季号）

---

① 普洛耶什蒂（Ploesti），罗马尼亚南部城市。

比利·怀尔德

◎李祎然　林逸超/译

比利·怀尔德是美国电影一流的编剧型导演之一，他坚称电影是"有作者的"，并且总是认为，在理想情况下，一部影片的导演过程的主体部分应当在剧作中完成。像许多伟大的电影人一样，怀尔德以担任编剧起家，不过他的独特之处在于，凡是在他执导的电影里，他都深入地参与到素材的开发过程之中。实际上，他本人的二十四部电影作品①全是他与别人合作写成的。

塞缪尔·"比利"②·怀尔德于一九〇六年六月二十二日出生在奥匈帝国的维也纳③。在当了几年记者之后——高光时刻是在同一天里采访了理查德·施特劳斯、阿图尔·施尼茨勒、阿尔弗雷德·阿德勒和西格蒙德·弗洛伊德——怀尔德受到吸引而前往柏林。他在那里当过罪案报道记者、剧评人，甚至（据他所说）还当过舞男，其后他开始为蓬勃发展的德国电影工业出产剧本，最终写了两百多个剧本，包括著名的新现实主义先驱之作——《星期天的人们》（1929）。由于希特勒的崛起，怀尔德被迫离开柏林，而他留在维也纳的母亲、外祖母和继父，后来在纳粹大屠杀中殒命。他来到好莱坞，身上只有一张临时签证，几乎不会一句英语，只能和男演员彼得·洛共住一屋，每日同分一杯羹。后来他成功将营房升级换代，住

---

① 此处疑误。从《坏种》（1934）直到《患难之交》（1981），不计《死亡工厂》（1945），怀尔德执导（同时担任编剧）的电影总共有26部。
② 怀尔德的本名在德语中读作"萨穆埃尔·维尔德"，"比利"是母亲给他取的昵称。
③ 此处说法有误。怀尔德的实际出生地应为奥匈帝国的苏哈（Sucha），今属波兰。

进了日落大道马尔蒙庄园酒店女厕所旁边的一个门厅。

怀尔德在美国的事业生涯始于各制片厂开始让某些编剧来导演他们自己的剧本——或者像一位电影监制所说，"让一帮疯子接管精神病收容所"——此举使得若干杰出的编剧型导演在这一行业大放异彩（普莱斯顿·斯特奇斯、约翰·休斯顿、约瑟夫·曼凯维奇）。彼时，早先默片时期的德国侨民恩斯特·刘别谦是派拉蒙影业的制片主管，这是历史上唯一一段导演得以执掌巨头电影制片厂的时期，而怀尔德就在这家影业公司崭露头角。

作为派拉蒙的签约编剧，怀尔德跟查尔斯·布拉克特合写了一些电影，其中包括由霍华德·霍克斯导演的《火球》、由刘别谦导演的《蓝胡子的第八任妻子》和《妮诺契卡》。尽管怀尔德一直认为自己受益于与刘别谦共事的经历，后者在电影方面对他倾囊相授，但他当时也因自己的工作成果被那些不起眼的电影制作人错误地阐释而愈发感到愤懑。他下定决心自己当导演。

怀尔德的电影类型跨幅巨大，从黑色电影到脱线喜剧①都有所涉猎。虽然他声称自己作为导演志在追求一种不事张扬的拍摄风格，他的全部作品却都标识性地带有卓尔不群的眼界——通过行动举止、别致精巧的对白，以及一种悲欣交集甚至愤世嫉俗地看待人性的视角，对人物作优雅的戏剧化呈现——而这种出色的质感主要来源于他的编剧创作。怀尔德署名为导演与合作编剧的电影包括《双重赔偿》《日落大道》《龙凤配》《倒扣的王牌》《战地军魂》《失去的周末》《热情如火》《桃色公寓》等诸多经典。其中四部由他执导且合写的电影经过评选被收录进美国国会图书馆的国家影片注册簿（National Film Registry），以示认证并做永久保存——这个数量只有共五部执导作品登记在册的约翰·福特可以超越。②

---

① 脱线喜剧（screwball comedy），又称"神经喜剧"，一种流行于美国大萧条时期的喜剧电影类型，影片主角多为处于幽默搞笑的两性斗争之中的浪漫情侣。
② 此为1996年数据。自1988年设立以来，美国国家影片注册簿每年评选收录25部发行超过十年的电影作品。截至2023年，共收录875部影片，导演中排名首位的约翰·福特已有11部作品入选，比利·怀尔德的入选作品增至7部，与另外五位导演并列第八。

他每个工作日去的办公室是一座低矮写字楼二层的简单套房。在他办公桌对面的墙上，八英寸高的镀金字母刻着一个问句："刘别谦会怎么处理？"（How would Lubitsch do it？）紧靠一面墙摆放着一张躺椅，像精神分析师的沙发一样。与之相对的墙上装点着他的私人照片，包括他和其他一些杰出的编剧型导演的合影——约翰·休斯顿、黑泽明以及费德里科·费里尼。怀尔德指着一幅宝丽来相片拼贴画，它描绘的是一张散落纸张的书桌——"这是大卫·霍克尼拍的我的办公室。"——接下来是一些他自己的创作，带着机智的娱乐感：一系列傻乎乎的纳芙蒂蒂①的石膏模半身像，每个都按照文化名人的不同特色加以涂画和装饰——格劳乔②式纳芙蒂蒂、爱因斯坦式纳芙蒂蒂、卓别林小流浪汉式纳芙蒂蒂……怀尔德有些自豪地提到，这些小雕像在附近的一个画廊里做过"个展"。

　　当被问及他知名的艺术藏品时，怀尔德说："当导演我没赚大钱，倒是做艺术品交易让我变得富有了。准确地说总共有三千四百万美金，这是我的藏品在佳士得拍卖行的出售价格。"问他收藏的要诀，怀尔德说："当然是别搞收藏。就买你喜欢的，留住它并学会欣赏。"接着他还给出了许多其他的"致富经"："赞助一些色情电影，然后，作为你平衡投资盈亏的对冲手段，考虑到家庭观念可能回涨，要买迪士尼的股票"，而且"要坚持不懈地押洛杉矶公羊队输"。

　　一个躁动活跃的人，真人比预想中更高——怀尔德戴着粗大的黑框眼镜，举手投足透出一位仁慈甚至热情洋溢的独裁官的风范。等他在办公桌后的一张大椅子上稳稳坐定后，他说："好了，我想你打算要向我提问来着。"

——詹姆斯·林维尔，一九九六年

---

① 纳芙蒂蒂（Nefertiti），公元前14世纪的埃及艳后。
② 格劳乔·马克思（Groucho Marx，1890—1977），美国著名喜剧演员。

《巴黎评论》：作为编剧和导演，你以敏锐独到的眼光而闻名。这会不会和你始终意识到自己是个局外人有关呢？

比利·怀尔德：初到美国时，一切东西对我而言都是新奇的，所以我观察得很仔细。我早先凭着六个月的旅客签证踏上这片土地，后来为了拿到移民签证待下去而历尽艰难。而且那会儿我的英语水平相当糟糕，根本无法重置口腔里的这些摆设——扁桃体啦，上腭啦。我从未失去自己的口音，恩斯特·刘别谦一九二二年来的，他口音比我还重得多，奥托·普雷明格也是。小孩们用几周的时间就能掌握发音，但英语真是一门困难的语言，因为单词里好多字母完全是没用的，例如 though 和 through。还有"困难"（tough）这个词本身！

《巴黎评论》：你投身美国电影工业时，正逢许多杰出的德国导演在此工作，你是否觉得自己属于一个特殊团体？

怀尔德：当年有好些出色的德国导演在刘别谦的提携下工作，而我只是简单地和他会面握了个手，我刚来时他对我兴趣全无。事实上，他很不情愿给德国人工作机会，四年后他才雇用了我。我在德国时已经写过一些电影剧本，一般都是孤军奋战。但由于我英语基础不行，单词量只有三百，来这儿之后必须得找人合作。后来我意识到，如果我有一个得力的搭档，能与之交谈且不必独守空荡荡的办公室，这是一件美妙愉悦之事。派拉蒙编剧部门的头儿别出心裁地把我和查尔斯·布拉克特配在了一起——这个东部来的男人非常出色，他上过哈佛大学法学院，大概比我大十五岁。我喜欢和他一起工作，他是一个极好的人。他是阿尔贡金圆桌[①]的成员。一九二〇年代，他曾在初创的《纽约客》当影评人和剧评人。

有一天，布拉克特和我被叫去见刘别谦。他告诉我俩，他有一个改编法国戏剧的模糊构想，那部戏剧讲的是一位百万富翁——一个一根筋且循规蹈矩的家伙，从不和某个女人有什么风流韵事，除非是和她结婚。结果

[①] 阿尔贡金圆桌（Algonquin Round Table），1920 年代纽约的一个著名的知识分子沙龙。

就是他结了七次婚!

这个男主角要由加里·库珀来扮演,然后计划让克劳黛·考尔白饰演爱上他的女人,此女坚称"我可以嫁给你,但得是你的最后一任妻子"。休会的时候,我对刘别谦说:"我给你的故事想到了一个浪漫邂逅(meet-cute)的桥段。(在那时候浪漫邂逅是浪漫喜剧的一个必要成分,即男孩和女孩以特别的方式相遇、擦出火花。)我们假设你的这位百万富翁是一个极其抠门的美国人,他走进法国蔚蓝海岸地区尼斯的一家百货商店想买件睡衣,但只买上衣,因为他睡觉从来不穿裤子。女主角也来到同一个柜台给父亲买睡衣,而她爸恰好只穿睡裤。"我们的关系由此变得热络,于是他让我们为这片子忙活起来,它最后成了《蓝胡子的第八任妻子》。

当然,刘别谦总能找到办法将一件事做得更好。他又给会面的剧情加了点反转。布拉克特和我那时在刘别谦家工作,休息的时候刘别谦从卫生间冒出来说道:"这样如何:让加里·库珀进店买睡衣,店员找来大堂经理,然后库珀又解释了一遍他只想买上衣。大堂经理说:'绝对不行。'但当他发现无法打消库珀的念头,便松口说:'或许我可以找店长谈谈。'店长说:'这种要求简直闻所未闻!'但还是拨通了百货商店老板的号码,把睡眼惺忪的他从床上吵醒。我们看到近景中的老板走去把电话接起,他吼道:'这简直是暴行!'——当老板挂了电话回到床上时,观众会发现他也没穿睡裤。"

《巴黎评论》:你是午餐时间见到刘别谦时,当场想到故事里这个邂逅桥段的吗?

怀尔德:不,我早就想到了。我一直盼着把它用在哪儿,刘别谦跟我们讲这片子的故事时我发现它刚好能用上。我想出过好几打邂逅桥段,每想出一个就抄在小本子上。那时候这些东西是脱线喜剧的一种必备成分,在礼则上需要严格遵守[①]。每个喜剧作者都在打磨自己的那些浪漫邂逅桥

[①] 原文为法语:de rigueur。

段,当然我们现在不再这样做了。后来,我给《桃色公寓》弄了一个邂逅的版本,杰克·莱蒙和雪莉·麦克雷恩,他们每天都遇见对方,共享这一小小的日常惯例。还有《龙凤配》里,在萨宾娜再度出现之后,威廉·霍尔登饰演的小拉若比没认出她——这个没认出来就成了浪漫邂逅的一种。当西德尼·波拉克翻拍这部电影时,我告诉他应该让拉若比家族的企业破产,让与萨宾娜竞争小拉若比的人变成日本潜在买家之女。

《巴黎评论》:你在办公桌对面的墙上安了一行金边大字:"刘别谦会怎么处理?"

怀尔德:当我想按照刘别谦路线写一部浪漫喜剧时,如果我在某个场景中段被卡住,我就会想,假如是刘别谦,他会怎么处理?

《巴黎评论》:所以他是怎么处理的呢?

怀尔德:我可以给你一个反映刘别谦思路的例子,《妮诺契卡》,这是布拉克特和我给他写的一部浪漫喜剧。妮诺契卡是一位强势且坚定不移的苏俄干部,我们寻思着怎么能戏剧化地表现出她无意间坠入爱河的情景。我们要怎么处理才好?查尔斯·布拉克特和我写了二十页、三十页、四十页!全都写得非常费劲。

刘别谦不喜欢我们写出来的东西,一点都不喜欢。所以他把我们叫到他家里另开一个会。尽管我们再三讨论,但显然我们还是,呃,被困住了。不管怎样,刘别谦借故去了卫生间,回到客厅里的时候他宣布:"小子们,我想到了。"

这非常搞笑,我们发现无论何时他琢磨出一个点子,一个真正绝妙的点子,都是在他从茅房出来之后。我不禁怀疑他在厕所马桶里藏了一个小不点枪手。

"我有办法了,"刘别谦说,"用帽子解决。"

"帽子?不是,你这帽子是什么意思?"

他解释说,当妮诺契卡来到巴黎的时候,搬运工正要帮她提行李下火车。妮诺契卡问："你为什么想要提这些行李？你不害臊吗？"对方回答："这得看小费的多少。"她说："你应该感到羞耻，一个大老爷们帮别人拎东西是不体面的，我自己来拎。"

在另外三个苏俄干部入住的丽兹酒店，有一条长廊布满橱窗，里面展示着各种陈列品。只有橱窗，没有商店。妮诺契卡路过一扇橱窗，橱窗里有三顶浮夸的帽子。她在窗前停下说道："这太荒唐了，一个人们往自己头上戴这种玩意的文明是怎么能够存活下来的？"接着她计划去参观巴黎的地标——卢浮宫、亚历山大三世桥、协和广场，不过她后来决定去参观电力工程和工厂，收集一些能用于莫斯科建设的材料。在出酒店的路上，她再次路过那扇有三顶浮夸帽子的橱窗。

现在故事在妮诺契卡（或者说嘉宝）和茂文·道格拉斯之间展开了，各种微小的元素都加上了，但我们还没看到化学反应发生。妮诺契卡打开酒店房间的窗户凭眺旺多姆广场，怡人的景色令她欣然微笑。此时三个干部来到她的房间，他们终于准备好要认真执行任务。然而妮诺契卡说："不不不，这里太美了，不适合工作。我们虽然有规定，但他们这儿有好天气。你们为什么不去看赛马？今天是星期天，珑骧（Longchamp）跑马场风景很美。"说着给了他们赌马的钱。

干部们动身前往珑骧马场观赛之后，妮诺契卡把套间和房间的门全部锁上。她回到卧室，打开抽屉，从里面拿出了帽子中最浮夸的一顶！她拾起帽子、把它戴上、揽镜自照——就这样，不发一言，什么都没有。但她已经落入了资本主义的陷阱，而我们都知道故事自此将如何发展……全部来自半页纸的描写和一行台词："这么怡人的天气，为什么你们不去悠然自得享受美好的一天呢？"

《巴黎评论》： 刘别谦从厕所回来时已经想好了这整个情节？

怀尔德： 是的，每次我们陷入停滞时都是这样。我现在觉得他去厕所的次数还不够多。

《巴黎评论》：你指出了刘别谦的灵感来源。那你自己的来源呢？

怀尔德：我不知道。我就是那么想到了。恐怕有些也是在马桶上想到的。我这里有一个黑色笔记本记满各类条目：偶然听到的一小段对话、关于角色的一个想法、一点背景信息、一些男孩遇见女孩的情境。

当我和莱蒙先生在《热情如火》这部影片初次合作的时候，我心想，这家伙是有一点聪明在的。我很乐意跟他再合作一部片子，但没想出故事。于是我翻了翻自己的小黑本，刚好找到了一条关于大卫·里恩的电影《相见恨晚》的笔记。这是一个住在乡下的已婚女子来到伦敦并遇见一个男人的故事，他们在男主角朋友的公寓里偷情。我当初写的是，那个不得不爬回自己余温尚存的床的倒霉朋友该咋办呢？

我在十年前就已经记下了这一条，却因为电影审查的缘故一直没法碰它，但忽然之间它就这么出现了——《桃色公寓》——整部电影都得益于这条笔记，还有我想与之再次合作的男演员的气质。这简直就是为杰克·莱蒙而设的，一种苦乐参半的混合体。我喜欢人们称这部影片为肮脏的童话。

《巴黎评论》：那《日落大道》呢？

怀尔德：很长时间以来，我一直想做一部关于好莱坞的喜剧。上天饶恕，我曾经想让梅·韦斯特和马龙·白兰度来演。看看这个想法最后变成了什么！结果它变成了关于一位默片女演员的悲剧——她仍然富有，但在有声片诞生之后的境遇如坠深渊。"我还是大明星，是电影衰微了！"我很早以前就写出了这句台词。除此之外我还有个点子，想要讲一个走背运的编剧的故事。这整个主意始终未能落到实处，直到我们遇见葛洛丽亚·斯旺森。

我们一开始想用波拉·尼格丽，电话联系的时候发现她的波兰口音太重了。你明白了为什么这些人中好一部分无法适应有声电影的转变。我们去 Pickfair[①] 找了玛丽·碧克馥。布拉克特开始给她讲这个故事，因为他比

---

① 玛丽·碧克馥（Mary Pickford）与道格拉斯·范朋克（Douglas Fairbanks）位于比佛利山的豪宅，因两人的姓氏而得名。

我更严肃认真。我阻止了他:"不,别这么做。"我摆手示意他打住。如果碧克馥得知自己要演的这个女人是跟一个只有她一半年纪的男人卷入桃色纠纷,她会觉得被冒犯的。我对她说:"我们很抱歉,这行不通,这个故事非常庸俗。"

葛洛丽亚·斯旺森曾是一位巨星,掌管整个制片厂。她和塞西尔·B.德米尔一起工作。有一次她身着盛装,发型打扮完美,他们让她坐在一顶小轿子上,两个壮汉抬着她到片场,以确保妆造丝毫不乱。但后来她演了几部糟糕的有声片。当我把剧本给她时,斯旺森说"我必须演这个",最终她成了绝对天使般的存在。

我在《日落大道》里对明星的起用无所不用其极。我让德米尔演大制片厂导演,还让埃里克·冯·施特罗海姆饰演执导斯旺森早期电影的导演——事实上他的确执导过[①]。我寻思着,现在,如果在默片明星府上有一个桥牌局,然后我想表现我们的男主角——那名编剧——已经沦落成清理烟灰缸的男仆,都有谁会在那儿?我找来了H.B.沃纳,他在德米尔的《圣经》电影里演过耶稣[②],安娜·Q.尼尔松,还有巴斯特·基顿,一个桥牌高手,锦标赛级别的玩家。电影工业不过五六十年历史,最初发迹的那拨人有些还在。因为旧好莱坞已经完蛋,这些人也不怎么忙了。他们有闲有钱,还有一点认可度,他们很高兴来客串这部电影。

《巴黎评论》:你曾经对工作结果失望过吗?当你构思的甚或是写过的电影没能顺利拍成的时候?

怀尔德:当然会,看在上帝的分上,我也下过好些个臭棋。有些时候你搞砸了,出了洋相,人们会说:"为时过早了,观众还没为此做好准备。"简直一派胡言。好就是好,差就是差,没有时机之别。

电影人的悲剧和剧作家的不同在于——对剧作家而言,一部戏在马

---

① 指上映于1932年的《女王凯莱》。施特罗海姆在《日落大道》中饰演的角色同时是女主角的男管家。
② 指上映于1927年的《万王之王》。

萨诸塞州的贝德福德首演,然后你再把它带到匹兹堡。如果这部戏口碑很差,你埋了它即可。假如你去检查莫斯·哈特或乔治·考夫曼[1]的署名作品,没有人会提起那个在地方上曾经演砸过并且在四次演出之后就再也不见天日的剧目。

但是电影行不通,甭管一部片子拍得多蠢多烂,人们还是会想方设法用它来榨取每一分钱。有天晚上你回家打开电视,突然发现黄金时段在电视机里回瞪着你的,是那部蹩脚的片子,那玩意,它回来了!我们并不掩埋自己这些死掉的东西,而是让它们继续在四周散发着臭气。

《巴黎评论》:你现在有想到一部这样的片子吗?

怀尔德:别硌硬我,我怕把早饭吐了。

现在我确实不得不承认,会因为一些自己觉得很不错的电影作品未获成功而失望,比如《倒扣的王牌》。我非常喜欢这部电影,但它没有让观众产生任何"必看"的想法。

另一方面,有时你会经受一段折磨,而电影的成色会变得不错。在拍《龙凤配》的时候我和亨弗莱·鲍嘉经历了一段非常艰难的共事时期。那是他第一次和派拉蒙影业合作,每天夜晚拍摄结束,大家都会上我的办公室喝一杯,有好几次我忘了邀请他来。他非常生气,再也没原谅我。

有时当你拍完一部电影,你其实并不知道它是好是坏。那会儿弗兰克·卡普拉在《一夜风流》中拍克劳黛·考尔白,最后一个镜头结束时,考尔白问:"这就是全部要拍的部分了吗,卡普拉先生?"

"是的,我们全拍完了。"

"好吧,那你怎么不去死呢?"她觉得这片子狗屁不如,却因此赢得了奥斯卡奖[2]。

所以你永远无法十分确定,自己的作品会被如何看待,或者职业生

---

[1] 莫斯·哈特(Moss Hart, 1904—1961)和乔治·考夫曼(George Kaufman, 1889—1961)均为美国著名剧作家,他们在1930年代共同创作过多部戏剧。

[2] 克劳黛·考尔白凭《一夜风流》获颁1935年第7届奥斯卡金像奖最佳女主角。

涯将走向何方。我们知道《日落大道》在首次大型试映时取得了强烈的反响。放映之后，芭芭拉·斯坦威克上前吻了葛洛丽亚·斯旺森的长袍下摆还是连衣裙来着，总之是她那晚穿的衣服，因为葛洛丽亚贡献了如此非凡的表演。随后在派拉蒙的大放映室，路易斯·B.梅耶[①]扯着嗓子嚷道："如果怀尔德对养育他的电影工业恩将仇报，我们就有必要让他滚出美国。"梅耶带着从米高梅电影公司过来的随从人员，而米高梅是当时的龙头老大，但当着他所有下属部门主管的面，我挑明了他究竟有多大能耐。我直接在招待会开始时走了出去。

尽管这部电影取得了巨大的成功，但它刻画的是一个被夸张和戏剧化的好莱坞，这的确触及了业界的敏感神经。因此走下台阶时，我不得不经过所有那些从米高梅这样的顶级制片厂来的人……经过所有那些认为本片会玷污好莱坞格调的人。

《日落大道》之后，布拉克特和我友好地分道扬镳了。共事十二年，但离别还是不期而至。这就像一盒火柴：你抽出一根在盒边擦燃，它总是会有火焰，然而有一天供你打火的砂纸只剩下小小一角。它从此消失不见了，火柴再也擦不出火花了。我们其中一个说，瞧，无论咱们彼此怎样付出和给予，它终究不够。我们可以在《日落大道》这个音符上圆满结束——这部电影对于它所处的时代而言，是如此具有革命性。

《巴黎评论》：搭档们是怎么一块儿工作的呢？

怀尔德：布拉克特和我从前共用两间办公室，两边同一个秘书。写作时，布拉克特总是在我办公室的沙发上躺着，与此同时我手里拿着根棍子在旁边走来走去。

《巴黎评论》：为什么要拿着棍子？

怀尔德：我不知道。我只是要拿点什么好让双手别闲着，但是铅笔又

[①] 路易斯·B.梅耶（Louis B. Mayer，1884—1957），米高梅公司创始人之一。

不够长。布拉克特总是带着一个法律用纸大小的黄色便笺本,他一字一句地写好,然后我们把它交给秘书。布拉克特和我在创作上无所不谈,电影的整体结构,开幕落幕时的场景——第一幕、第二幕以及电影的尾声——还有落幕前的最后一句台词。接着我们会将它拆解,具体到某一特定场景,探讨其中的情绪以及诸如此类的东西,然后我们就会弄明白在该场景的那十页纸中到底想讲点什么故事。

《巴黎评论》:跟编剧 I.A.L. 戴蒙德合作也是一样吗?

怀尔德:跟布拉克特那时几乎没区别。讨论整个故事、分解成不同场景,然后我口述他打字。要么他就坐在那儿想,我写在黄色的便笺本上拿给他看。

"这个怎么样?"我问。

"不要,不够好。"他说。但他从来不会说得斩钉截铁。

要么他会给我一些建议,而我摇头否决。他会爽快接受我的意见,把写下来的东西撕掉,扔进废纸篓,再也不纳入我们的考虑范围。

我们当时对彼此有莫大的信任。但有时写起来最后结果怎样很难讲,尤其是顶着压力写作的时候。在我们开拍《热情如火》的前一周,戴蒙德和我正在写最后一幕,情节发展到了莱蒙试图说服乔·E. 布朗"她"不能嫁给他的时刻。

"为什么?"布朗问。

"因为我抽烟!"

"这对我来说没什么要紧的。"

最后莱蒙一把扯下假发朝他大喊:"我是个男的!因为我是个男的!"

戴蒙德和我在房间里继续一块儿工作,等待着下面一句台词——乔·E. 布朗的回应,最后一句话,电影的谢幕台词——涌入我们的脑海。接着我听到戴蒙德说:"人无完人嘛。"我想了想说:"好吧,我们把'人无完人'暂时先用上。但这只是权宜之计。我们有一整周的时间来琢磨这个。"结果我们确实思考了整整一周,但我们两人都想不出一点更好的办法，于是我们就拍了这句对白，始终不是完全满意。等到我们放映电影的时候，这句台词引爆了我这辈子在剧院里听到过的最轰动的笑声之一——但是写下它的时候我们并不相信它有多好，我们压根就没法预见它的效果。"人无完人嘛"，这句台词来得太轻而易举了，就那么蹦出来了。

《巴黎评论》：据我了解，你跟雷蒙德·钱德勒的合作是不是更困难一些？

怀尔德：是的。钱德勒从来没有深入过一家制片厂，他当时为冷硬派连载杂志《黑色面具》(The Black Mask)供稿——这是本原创的廉价小说杂志——而且他还靠给网球拍拉线维持生计。就在那之前，詹姆斯·M.凯恩写了《邮差总按两次铃》，然后还写了一个类似的故事《双重赔偿》，在后期的《自由》(Liberty)杂志上连载了三四期。

派拉蒙买下了《双重赔偿》的版权，我也迫不及待要和凯恩一起工作，但他正忙着弄福克斯公司的电影《西部联盟》脱不开身。一个制片人朋友把钱德勒在《黑色面具》上发表的一些故事带给我看，你能看出这个男人目光非常敏锐。我尤其记得那些故事里的两句台词："没有什么比空荡荡的泳池更空。"另一句是马洛在盛夏时去帕萨迪纳，偶然拜访了一位耄耋老人，老人坐在温室里，身上还盖了三层毯子。他说道："他耳朵里长出的毛，长度足以缠住飞蛾了。"独到的视角，眼力极佳……然而你不知道这在电影中能否起作用，因为写作中的细节必须要有办法被影像化。

我跟乔·希斯特洛姆[①]说："我们让他试试吧。"钱德勒来到制片厂里面，我们把凯恩的故事《双重赔偿》拿给他，让他看看。他第二天回来时说："我读了这个故事，写的什么玩意，简直烂透了！"他因为看到凯恩凭借《邮差总按两次铃》大获成功而讨厌他。

他说："好吧，不论怎样我会接这个活。给我一个剧本好让我熟悉剧作的格式。今天是星期五，你们下下周一想要成稿吗？"

---

① 指约瑟夫·希斯特洛姆（Joseph Sistrom，1912—1966），美国电影人、编剧，时任派拉蒙影业制片人。

见鬼！我们通常要花五六个月来写一个剧本。

"别担心。"他说。他不知道我不仅是导演，而且还得和他合写剧本。

不到十天他带着八十页纸回来了，完全是一塌糊涂。他写出了一些不错的对白词句，但他们肯定是把某个想当导演的人写的剧本给到他手里了。他加进了淡入、叠化和各种各样摄影机运动的指令，以表明自己掌握了拍电影的技巧。

我让他好好坐下，并解释说我们必须一起工作。我们每次都是九点碰面，大概四点半的时候歇工。在合作下去的过程中我不得不向他解释说明很多东西，不过他也帮了我的大忙。我们一块儿干活真的非常来电，他是一个非常非常优秀的作家——但写起剧本来就未必了。

一天早上，我在办公室里坐着，到了十点钱德勒还不见人影。十一点过去了，十一点半的时候，我打电话给《双重赔偿》的制片人乔·希斯特洛姆，我问他："钱德勒这是咋了？"

"我正要打给你。我刚刚收到他的一封信，是辞呈。"

看样子他那会儿辞职是因为，某天我们坐在办公室里，阳光照进来，我让他把窗帘拉上，但是没有说"请"。他指责我午饭时马提尼喝了三杯之多。此外，他在辞呈里写道，自己非常受困扰，因为怀尔德先生时常接到两三通、有时甚至是四通明显由年轻女孩打来的电话。

当然了，我时不时接个电话，聊个三四分钟，比如说"我们在那家餐厅见面吧"或者"我们去这儿喝一杯吧"。钱德勒差不多比我年长二十岁，他老婆比他岁数还要大得多，老掉牙了——而我在和年轻姑娘打电话！性在那时候很随便，但我把自己的事管好就行了啊。后来，在一本传记里他说了我各种下流话——我是一个纳粹，不合作而且很粗鲁，天知道还有啥。也许这种敌意反倒有用。他是一个古怪的家伙，但我还是很高兴曾与他合作。

《巴黎评论》：为什么那么多东部来的小说家和剧作家，像 F. 司各特·菲茨杰拉德和多萝西·帕克等人，在这儿都过得很糟？

怀尔德：这么说吧，因为他们是天价高薪聘请来的。我记得在纽约的那些日子，一个作家会跟另一个说："我破产了，我得去好莱坞再偷个五万美金回来。"而且，他们不知道电影写作所必需的是什么。你在打破那些规矩之前必须对它们加以了解，而作家们纯粹是缺乏自我训练。我不光在说随笔作家或者报刊记者，甚至小说家也是如此。他们没有人把这活计当回事，而当直面上级——制片人、导演——这些有着更多话语权、在制片厂位高任重的人的时候，作家们也倾向于对他们的建议置之不理。作家们的创意简直是……垃圾，在美国这边每个人脑子里都装着个剧本——街角的警察、丹佛的侍应生……每个人，还有他们的姐妹！"我看过十部电影了，现在如果可以按照我自己的方式来弄的话……"——不是这么易如反掌的，即使要开始制作一部平庸的电影也得了解成套的规则。你必须知道如何把控时间、塑造角色，学点关于机位的知识，至少足以知道自己提出的想法是否可行——而他们对此嗤之以鼻。

我记得菲茨杰拉德，他在派拉蒙工作的时候，我也在那边跟布拉克特合作。布拉克特来自东部，先前写过小说和戏剧，当时已经待在派拉蒙好些年了。休息的时候，我和他经常去制片厂街对面的小咖啡馆歇一会儿。奥布拉特咖啡馆（Oblath's）！我们那会儿是这么叫的。这是世界上唯一可以喝到油腻腻的汤姆·柯林斯鸡尾酒的地方。每次我们在那里见到菲茨杰拉德，都会和他聊两句，但是他从来没有一次问过我们任何关于剧本写作的事。

电影有点像戏剧，它们在创作的架构和精神上有共性。一个优秀的电影编剧相当于一个诗人，只不过是一个像手艺人那样谋篇布局的诗人，他得有能力分辨第三幕出了什么差错。一个老练的编剧写出的东西可能不够好，但是保准技术正确；如果他在第三幕发现了问题，他必定知道要从第一幕中寻找问题的根源。司各特貌似对这方面的所有事情都没啥兴趣。

《巴黎评论》：福克纳似乎也遇到了各种困难。

191

怀尔德：我听说他被米高梅雇用，在制片厂待了三个月，然后就甩手不干跑回家了，而米高梅始终对此一无所知，还一直往他的老家密西西比寄支票。我的一个朋友被米高梅雇去写剧本，福克纳过去工作的办公室分给了他。在办公桌里面他找出一个黄色拍纸簿，上面写了三个词：男孩、女孩、警察。不过福克纳还是干出了一些成果的。

有段时间他跟霍华德·霍克斯合作《逃亡》，还跟他合写了《金字塔》。《金字塔》的制作严重逾期，而且大幅超出预算。在银幕上，数以千计的奴隶拖着用以建造金字塔的巨大石块，看起来像成堆的蚂蚁。当他们最后把电影拍完并放给杰克·华纳看时，华纳对霍克斯说："这，霍华德啊，如果电影里的所有人都来看这部片子，我们或许就能保本了。"

不过这儿还是有一些聪明优秀且发了一笔小财的编剧的，比如剧作家本·赫克特和查尔斯·麦克阿瑟。赫克特这人的确很讨他的合作者们喜欢。制片人和导演有时会陷入重重困境——布景弄好了、主演找好了、片子开拍了，却不料他们拿到的剧本竟然不能用。每到这时他们就会把赫克特请出来，他便躺在编剧查尔斯·莱德勒家的床上，在黄色便笺本上写出一沓稿纸，一份剧本就成型了。他们会从赫克特手里接过当晚的若干页剧本，转交给塞尔兹尼克先生[①]做一些略微改动，油印之后在早上已经递到演员手里。这种操作方式很疯狂，但是赫克特对待这份工作十分认真，尽管不至于像他自己的剧作那般认真。他们管这种活儿叫"剧本诊治"（script doctoring）。假若赫克特想要的话，他署名的电影可以再增加一百部。

《巴黎评论》：你写的剧本在你自己导演时会改动吗？

怀尔德：这和别人拍摄我与人合写的剧本一样，我对演员只有一个很简单的要求：记住你的台词。

[①] 指大卫·O. 塞尔兹尼克（David O. Selznick，1902—1965），好莱坞黄金时代最重要的制片人之一，由其监制的电影《乱世佳人》《蝴蝶梦》连续夺得 1939 年、1940 年奥斯卡最佳影片奖。

这么说来我想起一件事。萧伯纳在排演他的戏剧《卖花女》的某一版本时与一位非常知名的杰出演员合作，某某爵士吧①。这个家伙来彩排，带着微醺的醉意，然后自己开始稍事发挥。萧伯纳听了一会儿便大声叫道："停！看在上帝的分上，该死的，为什么你不把剧本记牢？"

某某爵士说："你到底在说什么？我知道我的台词。"

萧伯纳又冲他喊回去："是啊，你是知道你自己的台词，但是你不知道我的台词。"

在拍一部电影时，我会要求演员们熟悉台词。有时他们会在夜晚研究戏份，偶尔叫我过去一下，讨论各项事宜。到了上午，我们围着长桌坐下再读一遍当天的戏。跟某些演员合作是非常舒心的体验，比如杰克·莱蒙。假如我们准备九点开工，他八点一刻就会到场，拿着一大杯咖啡和前一天晚上给他的几页戏。他会说："昨晚我和费利西亚"——他的妻子——"对台词，想到了这个很棒的主意。你看看觉得怎么样？"然后他接着说下去。它有可能是一个非常好的点子，那我们就把它用上，否则我就这样看着他，他就会说："哦，这个我也不怎么喜欢。"他工作起来认真勤奋而且有很多想法，但是从不做干预导演的事。

有时我遇到格外固执的演员，那我就只好说："好吧，我们拍两版吧。"我们会先用我的方式拍一遍，然后我对助手说："这就把电影胶片冲印出来。"接着我再对演员说："嗯，现在轮到用你的方式拍了。"然而按他的法子拍的时候摄影机里并不会放胶片。

《巴黎评论》：给电影制片厂当编剧是什么样的？

怀尔德：我在派拉蒙当编剧的时候，公司里有一窝蜂的签约编剧——足足一百零四个！他们在编剧大楼里工作，除此之外还有编剧附楼、编剧附楼的附楼。我们所有人都在写！大家工资微薄但一直在写，这很有趣。

---

① 可能是指赫伯特·比尔博姆·特里爵士（Sir Herbert Beerbohm Tree，1852—1917），英国演员、剧院经理，1904 年创立英国皇家戏剧艺术学院，1909 年受封爵士，1914 年参演萧伯纳剧作《卖花女》。

我们赚得很少，但像本·赫克特这样的就赚得很多。公司要求每个编剧每周四提交十一页剧本。为什么要在星期四？谁知道。为什么得是十一页？谁知道。反正每周都会出产一千多页的剧本。

一切都处在严格控制之下。我们甚至星期六也要从上午九点工作到中午，剩下半天就翘班，以便观看USC［南加州大学］或者UCLA［加州大学洛杉矶分校］橄榄球队在洛杉矶纪念体育场的比赛。当工会谈判争取回到每周五天工作制时，高管们奔走疾呼制片厂就快破产了。

制片厂这儿有一个负责人，所有编剧都要将工作内容呈交给他——这个人耶鲁毕业，曾经在《生活》工作，当时他的两位同学亨利·卢斯和布里顿·哈登刚刚创办这份杂志[①]。每个人在这份杂志创办之初都可以选择是每周领差不多七十五美元或是把一部分薪水换成《时代周刊》的股票。耶鲁的一些建筑就是由那些持有了股票的人出资建的。不过在派拉蒙的这个家伙以前经常自豪地说："我就是爱拿现金。"

《巴黎评论》：那每周生产出来的千把页剧本最后都怎么样了呢？

怀尔德：大部分写出来净放那儿积灰了。当年有五六个制片人，每人专职负责几类不同的电影。他们会周末读剧本然后提意见。

《巴黎评论》：制片人一般会提什么意见？

怀尔德：我跟一个曾经在哥伦比亚电影公司工作的编剧聊过，他给我展示了一份塞缪尔·布里斯金[②]刚刚审阅完的剧本，这人是哥伦比亚影业的显要人物之一。我看了看那份剧本——每一页最底下都只有一个词：改进（improve）。

[①] 怀尔德此处说法不确。幽默周刊《生活》创刊于1883年，卢斯和哈登在1923年创办《时代周刊》，后哈登在1929年初因病去世，而卢斯直到1936年才收购《生活》，并将其改造成日后与《时代周刊》齐名的《生活》杂志。

[②] 塞缪尔·J. 布里斯金（Samuel J. Briskin，1896—1968），好莱坞黄金时代最重要的制片人之一，曾先后在哥伦比亚影业、雷电华影业和派拉蒙影业担任制片主管。

《巴黎评论》：就像《纽约客》的主编哈罗德·罗斯下的命令"弄好一点"一样。

怀尔德：对这些制片人来说，多一个字已经太多了，他们只会说"改进"。

《巴黎评论》：听说有很多"山鲁佐德"①，那是怎么回事？

怀尔德：他们是给制片人讲故事或复述剧本、书籍情节的一帮人。有的人一个字也不写，但总能想出好点子。其中一个点子是：旧金山，一九〇六年地震，纳尔逊·埃迪，珍妮特·麦克唐纳②。

"太好了！棒极了！"众制片人欢呼。一部电影从这些词句中诞生了。

你知道纳尔逊·埃迪他这个名字是怎么来的吗？他其实是埃迪·纳尔逊，就把名字掉了个儿而已。别笑！埃迪·纳尔逊什么也不是，而纳尔逊·埃迪就成了明星。

制片厂时代当然和今天截然不同。城里城外各家公司划地为营，分别生产着自己那一品类的电影。派拉蒙的人不会和米高梅的人交谈，甚至彼此视而不见。米高梅的人尤其不和福克斯的人共进晚餐，甚至连午饭都不会一起吃。

开拍《玉女风流》前的一天晚上，我在威廉·格茨③夫妇家吃晚餐，他们家总是有最可口的饭菜。我坐在伊迪丝·格茨夫人边上，她是路易斯·B.梅耶的小女儿④。她问起我准备拍什么类型的新片，我告诉她故事发生在柏林，我们打算在德国拍摄。

---

① 山鲁佐德（Scheherazade），《一千零一夜》中虚构的萨珊王朝君主的新娘，每夜善讲留有悬念的故事，而免于一死。
② 纳尔逊·埃迪（Nelson Eddy，1901—1967），美国演员、男中音歌手。珍妮特·麦克唐纳（Jeanette MacDonald，1903—1965），美国演员、女高音歌手。两人曾搭档出演多部音乐电影。
③ 威廉·格茨（William Goetz，1903—1969），二十世纪福克斯创始人之一，后为环球影业老板。
④ 怀尔德此处说法有误，伊迪丝·梅耶·格茨（Edith Mayer Goetz，1905—1988）实为路易斯·B.梅耶的大女儿。

"谁演男主角?"

"吉米·卡格尼[①]。"碰巧这成了他除客串的《爵士年代》之外的最后一部电影。

她问:"谁?"

"吉米·卡格尼。你知道的,就是这么多年一直在华纳兄弟的电影里演小个子歹徒的那个……"

"哦!爸爸不允许我们看华纳兄弟的电影。"因此她全然不知卡格尼是谁。

当时,每家制片厂都有自己鲜明的样式风格。你可以在任意一部电影放映中途进场,然后分辨出它是哪一家拍的。华纳兄弟出品的大部分都是警匪片,而有一阵子环球影业拍了很多恐怖片。米高梅你也能看出来,因为里面铺天盖地都是白色。米高梅的艺术总监是塞德里克·吉本森,他喜欢把所有东西都弄成白绸,不管剧情发生在哪儿。假如由米高梅公司出品斯科塞斯先生的《穷街陋巷》,塞德里克·吉本森能把整个小意大利区设计成白色。

《巴黎评论》:电影确实被视为导演的表达媒介,不是吗?

怀尔德:电影被认为是导演的媒介,是因为导演创造出了放映在银幕上的最终产物。又是愚蠢的作者论,说导演是一部电影的作者。但是导演拍的是什么——电话簿吗?编剧在有声片出现之后变得重要很多,但他们还是不得不为了自己应得的地位和声誉而发起奋勇抗争。

最近编剧工会已经和制片厂谈判,要求把编剧的署名置于导演之前,放在更显眼的位置上,把制片人挤到一边。制片人不禁高呼反对了!你看报纸上的一张广告,里面充斥着制片人的名字:一部某某和某某、某某和某某的制作,由另外四人出品!监制又是另外一位。事情在慢慢改变,但即便如此与制片厂合作的编剧的地位还是不稳固,完全无法和在纽约的剧

[①] 指詹姆斯·卡格尼(James Cagney, 1899—1986),美国演员,以扮演强盗、刻画罪犯的病态心理闻名。

院里工作的剧作家相比。那儿的剧作家在排练过程中到空空的正厅后排自己的位置落座,就坐在导演旁边,他们一起努力让排演流畅进行。如果有问题,他们会商量商量。导演对编剧说:"如果这个本该说'早上好,你好吗?'的角色一言不发地进来,这样可以吗?"只要剧作家说"不!保留'早上好,你好吗?'",那么就由他说了算。

但没有人会征求电影编剧的意见。拍电影时,剧组只是一股脑地狂拍。如果明星演员有另一部片子要开工,需要周一之前完成拍摄,那他们就会直接扯掉十页剧本不拍。为了让这种做法行得通,他们还会加上几句愚蠢的台词。

在制片厂时代,电影编剧总是在和导演或公司的抗争中败下阵来。为了向你说明编剧是怎样无能为力,我给你讲一个在我成为导演前的故事。当时布拉克特和我在写一部叫《良宵苦短》的电影。那会儿编剧是不准进入片场的。因为如果那帮演员还有导演没能正确地诠释剧本,如果他们在要插科打诨的时候重音没有精准地落在某个词上,如果他们不知道笑点在哪儿,编剧会开始大发议论。而导演只会觉得编剧在搞破坏。

对于《良宵苦短》而言,我们写了一个男人试图在证件不齐的情况下移民到美国的故事。查尔斯·博耶饰演男主角,戏里他走投无路,身无分文,困在一间名为"希望"(the Esperanza)的简陋破旧的旅馆里——在国界的那边,墨西卡利或是加利西哥[①]附近的地方。他躺在这样一张脏兮兮的床上,拿着根拐杖,瞧见一只蟑螂沿着墙壁向上爬,爬到了挂着的一面镜子上。博耶把拐杖的一头杵在蟑螂面前说:"等一下,说你呢。你这是要上哪儿去?你的证件呢?还没拿到?那你不能进。"蟑螂企图绕过这根棍子,而博耶扮演的角色一直阻止它。

有一天布拉克特和我在派拉蒙的街对面吃午饭,那时我们的剧本写到了这部影片第三幕的中间。当我们离开餐桌正要走出去的时候,我们看见

[①] 墨西卡利(Mexicali)、加利西哥(Calexico)均为美国-墨西哥边境城市,墨西卡利属墨西哥,加利西哥属美国。

了博耶,那个明星,坐在一张桌子旁边,他精致的法式午餐铺展在面前,餐巾整齐地塞好,开了瓶的红酒放在桌上。我们在他身旁停下来打招呼:"查尔斯,你好啊?"

"哦,很好,谢谢你们。"

尽管那时我们还在忙着写剧本,但米切尔·莱森已经开始执导拍摄了。我问:"那你们今天要拍什么,查尔斯?"

"我们要拍的场景是我躺在床上然后……"

"哦!是蟑螂的那段!那是精彩的一段。"

"是的,不过,我们没用蟑螂。"

"你们没用蟑螂?哦,查尔斯,为什么不用呢?"

"因为那段简直是白痴。我这么跟莱森先生说的,他也表示同意。你们怎么会认为一个人可以跟无法回应他的某个东西说话呢?"说完博耶望向窗外。就这样,对话结束。于是我们走回公司继续写第三幕,我跟布拉克特说:"真是狗娘养的,如果他不跟蟑螂说话,他就别想跟任何人说话!我们给他尽可能少的台词……把他写到直接领便当,让他从第三幕消失。"

《巴黎评论》:所以这是你成为导演的原因之一吗,因为编剧难以保护自己的创作?

怀尔德:这肯定是原因之一。我不是从剧院或者任何像斯特拉斯伯格学院①那种戏剧学校的科班出身,并没有偏要当导演、独霸摄影棚的野心。我只是想要保护剧本,而不是说我有什么想要通过当导演来表达的愿景或理论。我没什么自己的印记或风格,除了我从与刘别谦合作的经历以及分析他的影片中学到的东西——处理各种事情都要尽可能优雅和简约。

《巴黎评论》:假如总是能够和像刘别谦一样令人尊敬的导演共事,你

---

① 全名"李·斯特拉斯伯格戏剧与电影学院",是由波兰裔美国演员、戏剧导演李·斯特拉斯伯格(Lee Strasberg,1901—1982)于1969年创立的一所表演学校。

还会当上导演吗?

怀尔德：绝对不会。刘别谦导演我的那些剧本怕是会比我自己导演精彩和通透得多。刘别谦、约翰·福特或者乔治·库克。他们是非常杰出的导演，但是你无法保证自己总是和这般杰出的导演一起工作。

《巴黎评论》：我看到你的照片墙上还有费德里科·费里尼。

怀尔德：他也是从编剧转型成为导演的。我喜欢《大路》，他跟他妻子合作的第一部影片[①]，非常喜欢。我也很爱《甜蜜的生活》。

在那张照片上方是一张我自己和黑泽明先生、约翰·休斯顿先生的合影。跟费里尼先生还有我本人一样，他们也都是从编剧转型成为导演的。这张照片是好些年前在奥斯卡最佳影片颁奖仪式上拍的。

那一届颁奖典礼的计划是让三位编剧型导演颁发最佳影片——约翰·休斯顿、黑泽明，还有我。休斯顿由于肺气肿的缘故只能坐着轮椅、吸着氧气来到现场，他有很严重的呼吸问题，但我们还是想办法让他站起来和我们一起上台颁奖。主办方很仔细地编排了出场顺序以便让休斯顿第一个站上颁奖台，然后他有四十五秒的时间，直到他不得不坐回轮椅戴上氧气面罩。

简·方达带着信封登场并把它交给休斯顿。休斯顿本来要拆开信封递给黑泽明，而黑泽明要把写着获奖者名字的纸片从信封里摸出来交给我，接着我再念出获奖者的名字。结果黑泽明动作不是太利索，当他把手指伸进信封时，摸索了半天也掏不出那张有获奖者名字的纸片。我紧张得直冒汗，全世界有三亿观众正翘首以盼。休斯顿再有十秒钟左右就撑不住要吸氧了。

当黑泽明笨手笨脚地摸索那张纸时，我几乎要脱口而出葬送自己的

[①] 怀尔德此处说法不确。费里尼与妻子朱丽叶塔·马西纳结婚于1943年，《大路》拍摄于1954年，如按照费里尼的编剧作品来算，两人的首次合作或许应该是罗西里尼的《战火》(1946)；如按照导演作品来算，在费里尼的第一部影片、与阿尔贝托·拉图瓦达合导的《卖艺春秋》(1950)中两人也有合作。或许应该说，《大路》是费里尼第一部由妻子主演的作品。

话。我差点对他说,这么久你都能找到珍珠港了!幸亏他变出了那一小片纸,我才没那么说。我大声读出获奖名单,时至今日我已经不记得是哪部影片获奖了——是《甘地传》还是《走出非洲》[①]。休斯顿立即走向舞台侧面,回到后台开始吸氧。

休斯顿那年拍了一部精彩的电影,《普利兹家族的荣誉》,也被提名为最佳影片。假如他赢了,我们就得给他更多的氧气让他缓一会儿再回来接着领奖。我给《普利兹家族的荣誉》投了票,给休斯顿先生投了票。

(原载《巴黎评论》第一百三十八期,一九九六年春季号)

[①] 1986年第58届奥斯卡最佳影片是《走出非洲》,导演为上文提到的西德尼·波拉克。此前在1983年,怀尔德受邀参加第55届奥斯卡颁奖典礼,为执导《甘地传》(1982)的理查德·阿滕伯勒颁发最佳导演奖。

马克·斯特兰德

◎李以亮 / 译

马克·斯特兰德于一九三四年出生在加拿大的爱德华王子岛。他的父母是美国人，父亲从事过多种不同的工作（可以称他为商人），母亲曾是一名教师和考古学家。在斯特兰德还是个婴孩时，他们全家迁到了加拿大哈利法克斯市，然后是蒙特利尔。在他四岁的时候，他们搬到了费城。他在那里上公立学校，刚开始很少说英语，而且带着浓重的法语口音。"经常被同学们嘲笑，受到残酷对待。"斯特兰德很快学会了英语。而那时，他的父亲开始为百事可乐公司工作，将全家带到了古巴、哥伦比亚、秘鲁和墨西哥。"我到过这么多地方，上过很多学校，却从来没有找到属于我自己的地方，"斯特兰德说，"我真不知道自己来自哪里。但是幸运的是，那些年的夏天，我都是在圣玛格丽特海湾度过的，那里靠近哈利法克斯市。"在这些快乐的夏日里，他发现了一个"内化的"景观："无论我走到哪里，它都成了我随身携带的那个东西：大海、沿岸矮松林、大青苔覆盖的巨石、寒冷的早晨……"

虽然他在高中时写过一点诗，在安蒂奥克学院读书时也写诗，但他进入耶鲁大学艺术与建筑学院时是打算做一名画家。（在他十九岁时，有一年夏天，他在墨西哥担任大卫·西凯罗斯的助理，协助他创作"一种我在创作时即心生反感的艺术作品"。）而在学习绘画的过程中，他狂热地喜欢上了华莱士·史蒂文斯的诗歌。令他惊喜的是，他发现自己喜欢英语课程、写诗，并且赢得了一些英语教授的赞赏。一九六〇年，他获得富布赖特奖学金，到意大利学习十九世纪意大利诗歌。不久之后，他的诗歌开始发表在《纽约客》上，他开始觉得，他将把自己的一生献给诗歌。一九六四年，他的第一部诗集《睁着一只眼睛睡觉》(Sleeping with One Eye Open)，由爱荷华市石头墙出版社发行；一九六八年阿森纽出版社的哈里·福特（Harry Ford）出版了他的诗选集《移动的理由》(Reasons for Moving)。斯特兰德说："我成为一名职业诗人，要归功于哈里·福特。"

在六十年代，斯特兰德与诗人理查德·霍华德[1]、查尔斯·西米奇[2]和查尔斯·莱特[3]建立了友谊，这对他产生了重要影响。另一位在他生活中扮演重要角色的朋友和诗人是约瑟夫·布罗茨基，他们在七十年代相识。

斯特兰德出版了十一部诗集，一本自成一格的短篇小说集《宝贝先生和宝贝太太》(Mr. and Mrs.Baby)，以及一部以散文诗形式写成的令人不安的关于"不朽"的沉思录《纪念碑》(The Monument)。他目前任教于芝加哥大学社会思想委员会，今年秋天，他与哲学家乔纳森·里尔（Jonathan Lear）一起开设了一门关于柏拉图《会饮篇》的课程。一九八七年，他被授予麦克阿瑟奖，一九九〇年，他成为美国国会图书馆任命的美国桂冠诗人。他还翻译了拉斐尔·阿尔贝蒂与卡洛斯·德鲁蒙德·德·安德拉德的诗歌，并出版了有关威廉·贝利与爱德华·霍珀绘画的研究专著。

斯特兰德说，为了写作，他需要"一个居所、一张书桌、一个熟悉的房间。在那里要有一些书。我需要安静。仅此而已"。当被问及是否曾在某个不太安静的地方——比如火车上——写作过时，他说，曾经有过，但通常是写散文，因为"写散文不那么令人尴尬。如果有人越过我的肩头看到，像我这样年纪的人在火车上还写出很多诗，谁能理解呢？我可能会被认为是一个非常容易动感情的人"。

---

[1] 理查德·霍华德（Richard Howard，1929—2022），美国诗人、文学评论家、翻译家，代表作有诗集《未命名主题》等，同时他也是波德莱尔、齐奥朗、萨特、罗兰·巴特等人作品的重要英译者。1992年至2005年任《巴黎评论》诗歌编辑。

[2] 查尔斯·西米奇（Charles Simic，1938—2023），国内或译查尔斯·西密克，塞尔维亚裔美国诗人，第十五任美国桂冠诗人，代表作有诗集《世界未曾终结》等。

[3] 查尔斯·莱特（Charles Wright，1935—   ），美国诗人，第二十任美国桂冠诗人，代表作有诗集《乡村音乐》《黑色黄道带》等。

A flowerless funeral, a blizzard of one blown into view
From the shadow of domes in the city of domes, and, weightless,
Entered your room, and made its way to an arm of the chair
Where you, looking up from your book, saw it the moment it landed.
That's all there was to it. No more than that, than your
Solemn waking to brevity, to a notion of whiteness passing
to shadow, the lifting and falling away of attention, swiftly,
Swiftly. A time between times; Then the feeling
That this tiny piece of the storm, which dissolved to nothing,
Would come back years hence, because you believed
Out of nowhere that the Warden of Twilight would say:
It was time, the air was ready, the sky had an opening.

诗歌《风暴一页》的一页手稿，出自斯特兰德最新出版的一本书《一个人的暴风雪》

他坚持手写，并尽可能拖延打印手稿的时间。他解释说，因为"当我读一首手稿上的诗时，我是在聆听它。当我在打字稿上读它时，我只是在阅读它。因为打字稿的整洁性，一首诗看上去仿佛已经完成了，而我不希望它在成为一首诗之前，看上去已经完成。在某种程度上，一首诗被打印成稿后，它就已经被带入这个世界。在那之后，我觉得自己更像一个编辑，而不是一名诗人"。通常，他在阅读打印的东西后，会有"几周重新回到手写的状态"。

采访者多年前就结识了斯特兰德，并成为朋友。他大胆地以这次采访为借口，问了一些有关诗歌和诗人生活的问题，这些都是他一直以来想问的东西。就朋友一生研究的领域，提出一些不加掩饰的、基本的问题，通常是很困难的。尽管如此，本文的采写者，其职业是为剧院写作，也读过不少诗（虽然不能确信自己真的懂诗、了解什么是诗），他知道自己热爱斯特兰德的作品，并总是以一种难得的单纯投身其中。

本次采访是在纽约格林大街一个陈设简单的转租公寓里进行的。

——华莱士·肖恩[①]，一九九八年

《巴黎评论》：我开始读那人写的关于你的东西。很烦人，因为他不停地在谈论你写作的主题，而我没有搞懂。我不认为我真的理解"主题"这个概念。所以我不会问你诸如"你对虚无的看法是什么"这样的问题，因为我真没弄懂。

马克·斯特兰德：我也不懂。我不确定我能否清晰地表达"虚

[①] 华莱士·肖恩（Wallace Shawn，1943— ），美国演员、剧作家、散文家，以参演《曼哈顿》《公主新娘》等电影和《绯闻女孩》等剧集闻名，另创作有《我们的深夜》等多部戏剧作品。2012年成为《巴黎评论·作家访谈》"戏剧的艺术"子单元的第17位受访剧作家。

无",因为"虚无"并不允许我们对它进行描述。一旦你开始描述虚无（nothingness），最终总会得到"实有"（somethingness）。

《巴黎评论》：在什么情况下，我们读诗是因为我们对"主题"感兴趣？或者，我们读诗是为了了解他人的世界观？为了发现我们所读的诗人是否与我们一样看待事物？

斯特兰德：我们读诗并非为了那种流行于日常世界的真理。读一首诗，不是为了找到如何到达第二十四街的途径。你读一首诗，不是为了找到生命的意义。恰恰相反。那样就太傻了。现在，有一些美国诗人呈现给读者一段生活片断，比如，今天我去了商店，我看见一个人，他看着我，我看着他，我们俩都知道我们是……小偷。难道我们不都是小偷吗？你知道，这是从日常经验提取的关于生活的一段声明或一个寓意。但是，还有另一种类型的诗，诗人为读者提供了一个替代性的世界，通过它，读者阅读这个世界。在这方面，华莱士·史蒂文斯是二十世纪的大师。没有人的诗听起来会像史蒂文斯的诗。但是，也没有什么诗听起来会像是弗罗斯特的诗，或者哈代的诗。这些人创造了他们自己的世界。他们的语言是那么有力、容易辨认，你阅读他们，不会是为了验证你在世的经验的意义或真实性，只是为了让你自己沉浸到他们独特的声音里。

《巴黎评论》：嗯，你的诗歌很显然属于这一类。我们读你的诗，被你的声音吸引——然后，被领进了一个你所创造的世界。我想说，起初，我们或多或少可以想象出你用魔法变出的场景，尽管它们可能由日常世界的各种元素组成，但是，在日常世界里，它们永远不会以你安排的那种方式结合。不过有时候，你的诗里——很常见，真的——我们几乎已经到达某个点，可以说，就像芝诺的悖论，在那里，我们被要求想象那些几乎自相矛盾或确实难以想象的事物。在超现实主义的绘画里，画家能够呈现一个非常奇怪的景观，但他不可能呈现这样的东西！这样的东西根本画不出来！

斯特兰德：嗯，我认为，在我的诗里，到了某些特定时刻，语言主导，我跟随着它。这听起来不错。我信任我所说的话的含义，即使我不能绝对肯定我所说的是什么。我就是愿意随它这样。因为如果我绝对肯定我在诗里说了什么，如果我能肯定并且能够验证和核实，感觉到我说了我想说的，我不认为这首诗就会比我聪明。我认为，最后，这首诗会是被简化了的东西。是这种"超越"、你在一首诗里企及的深度，让你不断地返回它。而你好奇，这首诗在开始时那么自然，怎么最后变成了这样？发生了什么？我喜欢这样，我喜欢在他人的诗里找寻到这一点。我喜欢被神秘化。因为正是在那个不可企及，或者神秘的地方，诗才成为我们的，最后成为读者的所有物。我的意思是，在想象它、寻找它的意义的过程中，读者沉浸在诗里，即便诗中存有"缺席"。但他必须忍受这一点。最终，它存在于诗中这件事变得至关重要，以至于有某种超越了他的理解，或者超越了他的经验，或者与他的经验不那么匹配的东西，越来越成为他自己的一部分。于是他拥有了某种神秘，你知道——这是我们在生活里不允许自己拥有的。

《巴黎评论》：我们不允许？

斯特兰德：我的意思是，我们与"神秘"生活在一起，但我们并不喜欢这种感觉。我认为我们应该习惯它。我们觉得我们除了知道这或那以外，还必须知道事物的意义。我不认为人在生活中能那么能干。那种态度离诗歌远得很。

《巴黎评论》：我有一次完全沉浸于神秘的体验，是我在阅读海德格尔的《存在与时间》上半部分的时候。你知道的，那真的是完全由你来决定，在你自己的脑中如何创造出这个世界，而你脑中的世界是否就是海德格尔脑中的世界——谁又能说得清呢？

斯特兰德：嗯，读诗时，我不能想象读者头脑里的东西就是诗人头脑里曾有的东西，因为诗人的头脑里通常很少有什么东西。

《巴黎评论》：你的意思是……

斯特兰德：我的意思是，我认为诗歌的"现实"是非常梦幻的。它并不谋求小说所谋求的那种具体性。它并不要求你详细地想象某个地方；它暗示，暗示，再暗示。我的意思是，在我写诗的时候。威廉·卡洛斯·威廉斯对此有不同看法。

《巴黎评论》：但你会"暗示"你自己已经想象过的东西吗？

斯特兰德：我一边写一边想象。我将使得诗歌鲜活起来所需的东西组合在一起。有时候更完整一些，有时不那么完整。

《巴黎评论》：你说，你写诗时，常常是语言主导，你跟随它。你似乎在暗示，在你的创作中，至少在某种程度上，你是一个被动的角色。某一样东西从某个地方来找你，你收到它。但是，它来自什么地方呢？是无意识吗？那就变成精神分析学了。它来自另外什么地方，不是吗？还是说……

斯特兰德：我不知道它来自哪里。我认为其中一部分来自无意识。其中一些来自意识。其中一些来自……天知道是哪里。

《巴黎评论》：我认为来自"天知道是哪里"的那部分相当……

斯特兰德：诗歌不是梦。它们不是。诗是另外的什么东西。人们写下自己的梦，认为这就是诗，这是错误的。它们既不是梦也不是诗。

《巴黎评论》：你在写作时，是在倾听某个东西。然后，在某个时刻，你在创造这首诗的过程中扮演起了积极的角色。

斯特兰德：我一直在想它会走到哪里，因为我不知道它会走到哪里。我想知道，我想稍稍推动它。我增加几个词，然后我说，哦，不——你在错误的轨道上。

《巴黎评论》：但你描述的这一类诗歌可能会很令读者沮丧。我认识的很多人可能不得不承认，他们心目中的阅读的基本模型，可能是类似于《纽约时报》阅读经验的那种东西。每个句子应该对应一个特定的现实。如果一个人的阅读期望是那样，那么你的诗歌也许……

斯特兰德：嗯，有时候诗歌并不逐字逐句地表示什么东西。有时，诗歌只是存在于宇宙里的、你以前没有遇到过的某样别的东西。如果你要求诗歌即刻清楚地说出它到底是什么意思——当然，写这种诗歌的诗人通常能够大谈特谈自身的经验——那你阅读这种诗歌时会发生的情况就只是，它会把你不断地带回你知道的那个世界。这样的诗让那个世界变得似乎更舒适一些，因为在这里你发现别人和你有着相似的经验。但你知道，我们在这些诗里读到的小轶事、我们愿意信以为真的东西，实际上都是虚构的。它们代表的是被缩减了的现实世界。我们的经验中有那么多我们"想当然"的东西——我们不需要读诗来帮助我们更加地"想当然"。约翰·阿什贝利或史蒂文斯这样的人所做的事情恰恰相反——他们试图打破那些"缩减"。比如，阿什贝利抱着希望，想创造完美的"非推理结论"[①]，不断地让我们措手不及。他创造了一个断裂的世界。它不模仿现实。但是，从另一个角度来看，你可以说，它就是一个与我们每天活动于其中的这个世界一样断裂的、不可预知的世界。所以，在这些重新排列现实的人那里，有一种快乐的要素。在一定程度上，我们往往依附于我们经验的可预测性……唯有在特定诗人的作品中，我们才能彻底逃离它。当我读诗的时候，我想感觉自己突然变大……触及——或者至少接近那些我认为神奇或令人惊奇的东西。我想要一种惊奇的体验。而当你体验到诗人在他的灵魂深处重新架构和安排的世界，在你体验到那种陌生的新奇之感后，你再讲述你的日常世界时，这世界无论如何都变得更新鲜了。你的日常世界已经被抽离了语境。一方面，它写满了一个诗人的声音，另一方面，它好像突然变得更生动了——不再像常规的那样。

[①] non sequitur，逻辑学术语，或称"不根据前提的推理"。

《巴黎评论》：当然，你这样谈论诗，是在假设你的读者愿意投入相当多的努力跟上你的步伐——做个比较，这就与写剧本不一样，对于后者而言，同行更通常会说，人们不能理解这一点。请说得更清楚一点。

斯特兰德：我认为，诗人写诗，并不指望读者在初读或第二遍阅读时就能够理解。他写一首诗，希望这首诗会被读上不止一两遍，然后它的意义将会随着时间的推移被揭示出来，或者它的意义会随着时间的推移显露出自身。

《巴黎评论》：你说你希望一首诗被读上不止一两遍，你是指多少遍？一首诗你会读多少遍？

斯特兰德：我写诗时，会对着自己读上数百遍。读别人的诗时，我会读几十遍，有时更多。我不知道这为什么会显得奇怪。生活在"《圣经》地带"[①]的经常去做礼拜的普通人会将《圣经》里的一些段落反复读上数百遍，每一次这些段落都将给他更多的启示。

《巴黎评论》：一部戏里的演员会经历类似的过程，真的，我想，表演在某种意义上可被视为一种阅读。演员将剧本读上数百遍，在每一行文字里读出更多的暗示和可能的不同意义，同时，也看透了他起先误放进每一行里的各种陈词滥调的阐释。

斯特兰德：是的，一个好的诗歌读者很像一个在扮演角色的演员，因为一遍遍对着自己大声朗读，有时记在心里。然后它变得熟悉，最后成为他的一部分。

《巴黎评论》：演员一次又一次地体验剧本。但是观众并不如此。戏剧是如此不同于诗歌，因为剧本的写作基于这样的假设：一切都必须是即刻可被理解的。

[①] Bible Belt，指美国偏保守的基督教福音派在社会文化中占主导地位的地区，多指美国南方。

斯特兰德：嗯，戏剧是为了让一大群观众听到，所以必须在第一次体验、第一次相会时就传达许多信息。一首诗释放自己，分泌自身，过程缓慢——有时几乎是有毒地——进入读者的头脑中。它配之以节奏，配之以读者以为美的组合词，来达成效果。当然，上帝知道什么是美的。我不知道。因为五十年后被认为是美的，会是现在被认为是丑陋的，不能忍受的，或令人难以容忍的。但是，如果你太急于想要得到观众的即刻理解，如果你过分看重此时此刻，你便也太安于现状。诗人主要不是对他的读者负责，而是对他期望使之不朽的语言负责。你想想，例如，我们需要多久才能相互理解——我们在生活中给予了其他领域的知识多少余地——我们为什么不能给予诗歌多一点耐心呢？

《巴黎评论》：也许《纽约时报》读者的心态不是很适合读诗。

斯特兰德：嗯，你不能指望从《纽约时报》跳跃到约翰·阿什贝利或乔丽·格雷厄姆[①]。语言经受不同的考验。它有不同的目的。诗歌的语言是沉思的对象。你为诗歌腾出的一片精神空间，不同于你为散文留出的空间。也是在这为诗歌腾出的空间里，诗歌才真正被阅读，被倾听。

《巴黎评论》：但是，应该怎样准备这样一个精神空间呢？

斯特兰德：如果你长时间独自一人，尤其是如果你正在思考你的生活或者别人的生活，你便已经在习惯我所说的空间了。我认识的某些画家，诗的语言对于他们意义重大。这也许是因为这些人在画布前花上大量时间，独自一人，没有人可以说话，所以他们准备好了：他们准备好了要吸取诗的营养。他们的头脑中，并不是充满了大量的噪声、喧嚣、未能满足的欲求。我的意思是，你必须自愿读诗；你必须自愿在半路遇到它——因为如果是首好诗，它便不会再往前迈一步。一首诗毕竟自有其尊严。一首诗不会求你读它；如果是那样，它就可怜了。有些诗人担心，如果他们不

[①] 乔丽·格雷厄姆（Jorie Graham, 1950— ），美国"二战"后一代最重要的诗人之一，代表作有诗集《统一场的梦想》等。

取悦读者，读者就不肯倾听他们的声音，于是他们走了百分之九十的路，为读者做全了一切。但那是可悲的。

《巴黎评论》：见鬼！我倒是有点担心，我们没有正确地阅读你和你所欣赏的诗人的作品。

斯特兰德：诗，至少是抒情诗，试图引导我们重新安置自我。但是，现在我们要做的一切就是逃避自我。人们不想坐在家里思考。他们只想坐在家里看电视。或者就想出去寻开心。而寻开心通常并不是沉思默想。它并不是在重新审视个人的经验，辨别出这个人或另个人是谁。这是在消耗能量。你去看电影时，各种特效和怪异的举动让你应接不暇。事情以令人兴奋的速度铺展开来。你根本没有时间想想前面的场景，或者默想刚刚发生的某件事情——别的事情取代了它的位置。

《巴黎评论》：奇怪的是，我们觉得自己逃进了各种各样的快乐里面，但是，事实上那些明显不同的快乐最后却具有许多相同之处。

斯特兰德：我们似乎想要即时的满足。暴力电影给你带来即时的满足感。毒品给你带来即时的满足感。体育赛事给你带来即时的满足感。妓女给你带来即时的满足感。这似乎就是我们所喜欢的。但是，那种需要人付出努力的东西，那种需要更长时间才能显示自身的东西，那种需要学习、耐心或技巧的东西——阅读就是一种技巧——似乎就没有足够的时间留给它们了。我们忘记了，我们在致力于追求那些更慢的快乐时，会有一种兴奋感，我们在追求它们时所用的时间越多，那种快乐会越强烈。

《巴黎评论》：你提到的活动都是非言辞性的。或许，在这世界上的某种离奇竞争中，语言整体上在缓慢地丧失其优势。

斯特兰德：是的，但是，另一方面，我们确实也在互相交谈。而且我们也在阅读诗歌之外的其他形式的作品。如果我们不使用语言，我们会孤独。我们依赖语言。我们就是以某种方式依赖语言。而这种依赖性并没有扩展到诗歌。

《巴黎评论》：也许，人们回避诗歌，因为它莫名其妙地积极地让他们感到紧张或焦虑。

斯特兰德：他们不想有靠近未知或神秘的感觉。它太像死了一般；它太危险。这暗示着行将失去控制的可能性。

《巴黎评论》：你说太像死了一般……

斯特兰德：好吧，当我说"未知"——死亡是最大的未知——的时候，我是说，大多数抒情诗都引向了对死亡的某种承认。事实上，大多数诗歌都描写黑暗与凄凉，都涉及死亡和濒临死亡，这种或者那种"丧失"，失去爱人，失去朋友，失去生命。抒情的诗大多是悲伤的，因为如果你深刻地思考你的经验，你最终要思考你的经历——你的生活——而如果你思考你的生活，你就不能避开生命将以死亡告终这个事实。事实上，关于诗的一切——诗的音步，或诗的节奏，本身就是在提醒时间的存在。甚至是重复的一行话：我们又回来了。我认为，十九行二韵体诗或使用叠句的诗歌的流行，主要是由于这样一个事实：它们仿佛是对时间按下了暂停键，它们似乎给了我们短暂的缓刑，让我们从诗歌的通常主题或内容中解脱出来。所以，尽管这首诗可能是关于死亡或濒死的，也会一直有诗行重复着，似乎在说，我们真的哪里也没去，我们又回来了。但最终，那只是帮助我们牢牢抓住这首诗里的"丧失"不放。它帮助我们记住它。

《巴黎评论》：在你的一些诗里，死亡是令人不安的，但在另一些诗里，死亡并不是那么糟糕。

斯特兰德：这是不可避免的。我感觉自己在慢慢走向它。所以它存在于我的诗歌中。有时人们会认为我是一个阴郁的人。但我不认为自己是阴郁的。在我的诗里，我总是对死亡说"哈哈，哈哈"。

《巴黎评论》：在契诃夫的《海鸥》里，多恩医生说："对死亡的恐惧是一种动物性的恐惧。你必须将它压制。"

斯特兰德：不过，我们是动物。哦，我们可以短暂地克服它。它并不总是存在于头脑里。

《巴黎评论》：就我个人而言，我一直认为，生命是令人惊讶的。大多数事物是死的，它们一直都是如此。岩石、水、沙子，等等。然后，一只松鼠出生。我们出生。生命仿佛短暂的泡沫。然后，它终止。为什么不停止呢？我的意思是，对死亡的恐惧，动物性的恐惧，我在半夜醒来时可能感觉、认为自己得了一种可怕的疾病……

斯特兰德：这就是生命维持自身的方式。

《巴黎评论》：是的。有这种恐惧是一个进化优势。但是，除了这愚蠢的恐惧……

斯特兰德：嗯，这是害怕"不存在"的恐惧。

《巴黎评论》：我觉得我太麻木了，并不介意。

斯特兰德：哦，我也不介意。但我也不愿意现在马上或者明天就离开。

《巴黎评论》：不，不，那会太让人伤心了。但不知怎么的，我总是有点难过——早从我记事起，我妈妈就会走过来，对我说，华莱士，发生了可怕的事情。我会说，是什么事？她就告诉我，某某太太死了。我不会有任何反应。就像这样，真的，在我生命的大部分时间就是这样。当然，有些人你可能会非常想念，因为他们不在了。但以其本身而言，这似乎很自然，在某个时刻，人会死。

斯特兰德：值得欢庆的是一个人有幸生而为人。无法出生的概率是极其巨大的。

《巴黎评论》：极其巨大。可以那么说。我完全同意。但是，如果诗歌在本质上是令人不安和可能引发焦虑的，那么散文有什么不同吗？

斯特兰德：我认为一个诗人所专注的东西和一个散文作家很不相同；诗人并不完全专注外在的世界。诗人的焦点固定在内在与外在相遇的区域，在那里，诗人的情感与天气、街道、他人、他所阅读的东西相遇。诗人描述它们的相交点：自我，自我的边缘，世界的边缘。自我和现实之间的阴影部分。有时焦点略向自我倾斜，有时更客观一点，偏向于现实世界。所以有时候，倾向于自我的时候，诗人会说一些奇怪的事情，奇怪的事物进入诗里。因为你离通常的世界越远，世界看起来就越奇怪。一些小说就是这样，但是大部分不是。大多数小说都在写那里有什么，而且小说家习惯抹去自我，总的来说，就是让叙述继续下去。有一些叙述者将自己带入小说中，比如菲利普·罗斯，聪明且令人惊讶。我总是被他的书迷昏头。比如，在《美国牧歌》里，世界是富有生气的，但他也在那里：罗斯就是祖克曼，他在那里，他在讲述故事。我们绝不会不意识到，是他在讲故事，但是我们从未完完全全意识到是他在讲故事。从某种意义上说，这本书比我最近读过的任何一首诗都神奇。

《巴黎评论》：我不知道你还是菲利普·罗斯的粉丝。我也是！你认为自己是一个不拘书籍类型阅读广泛的人吗？你认为自己是一个花费大量时间阅读的人吗？

斯特兰德：在我一生的某些时期，我读过很多书，还有一些时期我几乎没有碰过一本书。有一些小说我喜欢读了再读。有一些诗人，我读了又读。如今我倾向于重读更多的东西，因为我知道我喜欢过的是什么，我愿意回过去，看看我是否仍旧喜欢那些东西；通常这给我提供了一个尺度，让我知道我的改变有多大。有一个时期，我读维特根斯坦。有一个时期我读浪漫派诗人，读华兹华斯的许多诗。成年之后，我从未间断过阅读和重读华莱士·史蒂文斯或伊丽莎白·毕肖普。成年之后，我从未间断过从阅读菲利普·罗斯的书中获得乐趣，或是萨缪尔·贝克特，或者伊塔洛·卡尔维诺，或者塔玛索·兰多尔菲①。或者布鲁诺·舒尔茨，或者卡夫卡。大诗人如奥克塔维奥·帕斯，在过去一些年里我读了又读，还有约瑟夫·布罗茨基、德里克·沃尔科特。还有一些年轻的诗人，我也是以一种敬畏之感在读：乔丽·格雷厄姆、查尔斯·莱特、查尔斯·西米奇。

《巴黎评论》：我知道，你精通好几种语言——至少包括西班牙语、葡萄牙语、意大利语——而且你做过大量翻译。这样的经历对你自己的写作有价值吗？

斯特兰德：翻译就像是一场游戏。这是一项严肃的游戏，因为最终这就是你对另一个诗人的阅读。而你培养了对句法的各种可能性的感觉——你做出选择，你必须权衡。在翻译的时候，你必须问自己：我应该这样，或者我应该那样？而在你自己写作的时候，你不会问自己这些问题。也许在一首诗写作的后期阶段你会客观地对自己说，这里我需要一个双音节的词，重音在第一个音节上。这里应该有一行，而不是那里。这里应该有一个不工整的押韵，一个谐音，或者什么……但是当你写作时，在开始阶段，你不会问自己这些问题。你在翻译的时候，却总会问。

《巴黎评论》：在翻译时，你是用一种非同寻常的分析的观点看待自己的母语，将它拆开，看它如何起效，从实用的角度研究它的结构。你说一个诗人的首要责任是面对语言，这是什么意思？

斯特兰德：写诗时，我们在使用语言的过程中需要有一定的灵活性，保证来自过去（其他的诗歌）的语言所取得的成果仍然充满活力，确保将来的诗歌会充分利用这些成果，而非其失败之处。事实是，我们从过去的诗歌里学到了很多，学会了如何推进，怎样算是一个好的漂亮的诗句。换句话说，令人欣慰的是，将来的诗人将会阅读今天、昨天最好的诗歌，他们的诗不会源自新闻报道或各种指导手册。因此，诗歌语言具有某种连续

---

① 塔玛索·兰多尔菲（Tommasso Landolfi, 1908—1979），意大利作家、翻译家、文学评论家，代表作有长篇小说《秋天的故事》、短篇小说集《随机》等。

性。这是非常复杂的,但是我们是被我们语言里写出的最好诗歌所定义的,因此,我们也想让这最好的部分万古长存。如果诗歌只是新闻报道或电视解说词的修订本,那会是不能长久存在的语言;那是不能流传到未来的语言。

《巴黎评论》:那么,如果有一个诗人,或者某个自称诗人的人,比如,一个学生,他找到你说,可是我只对"现在"感兴趣。我不读过去的诗,我不喜欢,我没有太大兴趣。你会怎么看?

斯特兰德:好吧,我会问他,"你读过什么样的诗,让你觉得你想写诗?"因为通常诗歌吸引我们的,是个人独特的声音,我们想听到那声音——华兹华斯的声音、济慈、詹姆斯·梅利尔、安东尼·赫克特的声音,无论是谁。一个并不渴望听到这种声音的人,很有可能他自己也不可能有非常原创性的声音。

《巴黎评论》:所以,你在某种程度上和那些学院派作家是一致的?他们似乎总是在暗示说,诗歌的父母是他人的诗歌,这就是为什么对一个诗人影响最大的不是他认识的人,或他每天的经历,而是他读过的诗。这一点跟我的想法不太一样。

斯特兰德:其实,这完全取决于你写的诗。有些人可能受他们的母亲影响更大,而受到罗伯特·弗罗斯特的影响较小。诗人之间会有不同。但总的来说,我认为诗人受到其他诗歌的影响,比他们吃什么、和谁交谈等等影响更大,因为他们往往"深刻地"阅读其他人的诗歌,吃饭或者和朋友电话聊天却不是"深刻地"。因为诗歌不仅需要耐心,它们还要求一种妥协。你必须臣服于它们。一旦你这么做了,并允许它们进入你的系统,它们当然就更有影响力。一个诗人真正的食物是他人的诗歌,而不是烤肉饼。

《巴黎评论》:但是,你怎么看这个观点,即诗人应受广泛经验的影响，一个诗人应该探索生活，让它影响自身？你有没有过这样的感觉，觉得你应该什么都尝试一下，至少有那么一次？

斯特兰德：我不需要尝试菜单上的所有东西，才知道我喜欢什么。我可以做合理的猜测，猜我可能会喜欢什么，然后下单。我不必出去什么都经历一番，因为那太危险。我想保护自己。我不想经历很多很多不同的事情，而是有选择地经历，深刻地体验。

《巴黎评论》：有些作家，比如说，试图通过在酒精或毒品的影响下写作来提升他们的写作。

斯特兰德：酒精或毒品其实妨碍工作。我的意思是，如果我喝过几杯酒，我就不想写作了。我想再喝一杯。或者我就想去睡觉了。

《巴黎评论》：但是，如果诗歌，包括过去年代的诗歌，真的是诗人的主要食物，难道这不会导致一些相当奇怪的结果吗？比如，在他们的诗歌里，诗人们似乎总是喜欢引用其他人的诗句。我想说——天啊——如果一个当代的剧作家在剧本里插入十九世纪戏剧里的句子，那会被认为是可笑的学究。

斯特兰德：是的，太多的话，的确是累赘的，或者说是自大的。但有时，那是令人愉快的；有时，一个完美的诗行正好适合你的诗，而它来自一百年前的一首诗。诗歌总是在建立这样的联系。这不是炫耀。这是人的内心世界的表达。每个诗人在链条中铸造一个链接，这样它得以继续下去。这样想问题，可能有一点浮夸，但肯定不是学究式的。关于诗歌，学究们真的知道得非常少；他们是从外部体验它。他们中间有些人是理想的读者，但他们的工作是建立联系。这就是他们阅读的方式，他们不得不采用的阅读方式。但是，为什么我们竟然允许学术阅读的方式成为我们所有人阅读习惯的范式？

《巴黎评论》：然而……有一些现代诗歌，比如《荒原》，充满这样的联系——联系和典故——这个时候,阅读时就很需要那些"紧急学术帮助"了。

斯特兰德:是的,对我来说,离开批评性的介入,我不可能读《荒原》。

《巴黎评论》:但是,这难道没有问题吗?难道你不这样认为吗?我是说,你不是那样写的。

斯特兰德:我不会。

《巴黎评论》:嗯。你为什么不会呢?如果你觉得那样好,你会写——或者,对此你有什么异议吗?

斯特兰德:我不会那样写。艾略特是一个非常有学问的人,你知道的——他写诗非常喜欢引经据典。我的诗更自足。我认为,各种各样的诗歌皆有可能——有各种各样的人嘛。《荒原》,庞德的《诗章》——这是一种诗。它是引经据典的一个非常极端的例子。这些人意在修改文化,让它找到进入他们的诗歌的路径。

《巴黎评论》:而你愿意随他们开始那样的旅程吗?

斯特兰德:当然!

《巴黎评论》:值得尝试。你不认为这是一件不可能的事。

斯特兰德:不认为。不可能的标准是什么?标准是仅仅像人们理解日报那样容易?但如果以理解我们自身最艰深难懂的部分为标准呢?我们怎么知道我们是谁,我们是什么?我们如何知道,为什么我们这样说、那样说?如果你以此为标准,《荒原》就变得简单了。不那么困难了。

《巴黎评论》:问题在于,因为现代诗歌里运用典故的重要性,很多人,至少我这一代,在他们的学生时代形成了一种关于诗歌的扭曲观念,这让他们终生把诗歌丢弃了。我很感激，我有过一些很棒的英语老师，因为那些差的教师总是试图告诉我们，诗歌只是一种游戏，在其中，你用某一些单词代替诗人提供的密码。当诗人说"水"的时候，你用笔画掉它，写上"重生"，诸如此类。这就是全部，这是一个象征，象征这个；这是一个象征，象征那个。在某种程度上，我们必定会厌恶那些象征。

斯特兰德：是的，当然。听起来这些老师就是暴君，逼你屈服，逼诗歌屈服。我不认为那些被迫教诗的老师知道他们为什么要教诗，或者知道诗歌提供了什么。有些诗是不能释义的，正如有一些经验是无法被轻易理解的——而我们与这样的经验生活在一起。我们可以爱一首诗而不必懂它，我认为。我们也没有理由不能接受一首并不马上传达意义，甚至也许永不传达意义的诗。肯定有人问过老师：一首诗的意义，和对一首诗的体验，它们之间是什么关系？

《巴黎评论》：我们根本就没有体验！

斯特兰德：对一首诗进行释义，仿佛是为了替代这首诗，这样，我们就失去了一首诗。

《巴黎评论》：恐怕就是这样的。

斯特兰德：关键是要去体验一首诗！但这样一来顺序完全倒置了：一首诗成了老师关于这首诗所说的那些东西的代用品。

《巴黎评论》：没错，我的意思是，确确实实，因为我的老师对旧课本里的某首具体的诗做出解释，我记下那些解释，而诗就被这些笔记遮蔽了。满页就是令人目眩的箭头、圆圈和潦草的文字。你根本就没有好好读那首原诗。

斯特兰德：我不知道，老师们为什么害怕去体验一首诗……

《巴黎评论》：也许，因为那就好比在班上传递毒品吧，我猜想。

斯特兰德：诗歌是一种刺激。它是一种颤栗。如果人们被教会以正确的方式阅读诗歌，他们会感到非常愉快。

《巴黎评论》：这也是与另一个思想、另一个人紧密联系的一种体验。

斯特兰德：当然，这也是我希望读者在体验我的诗歌时能体验到的——某种亲密的感觉。

《巴黎评论》：是的。当然——不过我不知道如何说明这一点——作为一个读者，我也不想和每个人都有那种亲密。

斯特兰德：不。你必须喜欢那个声音。我的意思是说，你必须喜欢你所听到的音乐。

《巴黎评论》：没错。你喜欢什么样的声音，这是一个完全私人化和个人化的问题。它很难预知。就像我们其他大多数的个人偏好一样，它深入个人的心灵深处。我认为，我第一次被你的声音吸引的原因之一——当然，我当时想都没有想——是你常常使用很短的单词，甚至是很容易发音和拼写的单词。我很喜欢这样。也许我在说一些非常表面化的东西——但这是真的，不是吗？比如说，"细胞质"（cytoplasm）这样一个单词，它的拼写就很奇怪——你就会避免使用这样的单词，我说得对吗？

斯特兰德：我避免这样的单词，因为我在谈话中也不使用它们。科学词汇通常是复合的拉丁词。我不喜欢它们；它们最终都是抽象的——它们真的是对其他词语的再现。所以我喜欢直白的盎格鲁-撒克逊单词的直接性：单音节词，你知道，或者两个音节的词。我的偏好一直都是简单的、陈述性的句子，简单的词。当然，我的诗已经变得更加复杂了，句子本身……

《巴黎评论》：但是，你使用的单词并没有变得更复杂，我不认为变复杂了。

斯特兰德：没有。

《**巴黎评论**》：作为一个诗人，你似乎总是在不断发展和变化。随着你的诗性宇宙的扩展，这些毕生的偏好是否成了障碍？

斯特兰德：嗯，我觉得，在一首诗里一切皆有可能。但问题是，诗人在成长，他养成了一种倾向，会运用某些特定的词——它们会创造或暗示特定的风景，或者内在，或者特定的态度。这些事实上都构成了他的诗人身份。所以，当他使用一个从未使用的词汇表达主题时，很可能是很难适应的。这个词汇会显得很奇怪，可能最终会被弃置不用，诗人会选择他或她觉得更有效的词汇，因为最终——尽管做了实验，尽管实验时自以为是——我们想写的更多是我们自己的诗歌，我们自己的诗歌，听起来像是我们所写的诗歌。这是可怕的限制。在某些方面，这就是约翰·阿什贝利的天才所在，他拥有那么大的词汇量，几乎包含了一切。他在同一首诗里可以谈论戈培尔，或者蜂鸟，或者蒸汽挖掘机和痔疮。他能做到这样，很有可能，仅仅在十行内，就做得极具阿什贝利风格！但是，那些词汇非常少的诗人，比如，词语仅限于"玻璃""黑暗""石头"这样一些单词——多年里这些就是我喜欢的词——这样的诗人，就不能像阿什贝利那样。我觉得我必须突破这种限制。在我的长诗《黑暗港湾》中，你会看到很多其他事物忽然出现。你会看到森林之神马西亚斯和黑手党、被屠杀的农民，晚宴上的俄罗斯妇女……

《**巴黎评论**》：是的。诗歌的长度本身对你而言也是新的问题。你喜欢写很长的诗吗？

斯特兰德：写长诗需要有一点放松的东西。你不必把一切"削尖"。一首短诗的焦点有时压倒了一切。这在长诗里变得模糊了。

《**巴黎评论**》：而你好像有些喜欢三行一节的写法？

斯特兰德：是的，我想得有些限制。有时候有个坐标方格，有个视觉限制是有用的。它能给你某种目标,你开始感觉到你的诗行形成了某种节奏。这只是在主题上的。因为如果你知道,你写的是八节的诗,那么到了第七节,你知道,你已经接近尾声了,你必须收尾了!你会在第六节时就想收尾。

《巴黎评论》:我记得,应该是艾伦·金斯堡说过,三十五岁之后,他从来没再修改过他的任何一首诗。第一稿是唯一的手稿。

斯特兰德:有些人相信那就是写诗的方式。

《巴黎评论》:你曾经有兴趣尝试过这种方法吗?

斯特兰德:嗯,我也想只一稿就写成,但是这种情况很少发生。只出现过几次。我不是那种第一稿就能写好的天才。但是,有些人可以做到那样。

《巴黎评论》:可能有那样的人吧。我们永远不会知道——他们可能秘密藏起了一千份草稿。不管怎样,谁在乎呢?如果我们读到什么,我们喜欢它,我们才不关心有人是花了很长时间还是短时间内写成的呢。

斯特兰德:我也不认为作者应该关心这个。我们在一生中能写一点美妙的东西也是幸运的,说不定,我们可能已经写出来了。所以,谁知道呢?我对我的工作的价值一无所知——我所知道的只是,我做了什么,我喜欢做什么。

《巴黎评论》:你在三十岁时,有感觉到不一样吗?因为我就有不一样的感觉。

斯特兰德:哦,我感觉很不一样。那时我更踌躇满志。我感觉我注定要占据一个特别的位置。我那时候为了坚持写作,是需要这些的。现在,我不再需要这些了,我不相信这些成就。但是,如果有年轻作家跟我说到这些,我会很理解他们,我会满腹同情。

《巴黎评论》：尽管如此，你有时会不会感到烦恼，因为有数以百万计的人不尊敬你？有时你难道不觉得，你应该因你的成就，无论走到哪里，都受到人们的尊敬？毕竟，这是你应得的。

斯特兰德：嗯，有些人很喜欢我的诗。这比无人喜欢好得多。

《巴黎评论》：那么，数以百万计的其他人呢？

斯特兰德：我知道有几个人对我诗歌的感觉，这对我来说是最重要的。就是这么简单。许多读我诗的人，我并不认识。我甚至不知道他们在读我的诗时，是否喜欢我的诗。我没法知道，所以我不可能担心这个。如果成千上万的人喜欢我的诗，我想知道，是以什么方式？我的诗里有什么吸引了这么多人？我会开始好奇……

《巴黎评论》：是的。但是，尽管如此，难道你不会有时感到厌恶，我们文化中特定的某些人受到如此难以置信的崇拜，被偶像化了？例如，我最近在听艾略特·卡特的一张CD，我在想，这个人创造了非常微妙和美妙的音乐（包括为伊丽莎白·毕肖普的诗歌谱曲），在我们的社会中，却没有比那些只用三四个和弦写歌的人受到更多尊敬，难道这不让人难以置信吗？难道他没有理由对此表示愤怒吗？

斯特兰德：嗯，那些喜欢三四个和弦的人，也许不会喜欢他的音乐的。

《巴黎评论》：不会。

斯特兰德：他可能也不想在那些人当中流行起来。

《巴黎评论》：是的，他没想要。

斯特兰德：所以没什么好抱怨的。

《巴黎评论》：你是说，这是两种不同的观众。就像对着长颈鹿弹奏大象的音乐。

斯特兰德：要说嫉妒那些词曲作者，只有一个理由，那就是他们挣的钱，给予了他们自由，这是艾略特·卡特可能没有的。所以，如果艾略特·卡特能够走进艾尔顿·约翰可能用餐的饭馆，那很不错。但如果代价是写艾尔顿·约翰写的那种音乐，他不挣那些钱也可以。事情就是这样。如果我必须写杰奎琳·苏珊[①]写过的那种句子，写她那种小说，我在哪里都会抬不起头来！我会悄悄走进饭馆——非常昂贵的饭馆——我会悄悄住进……非常昂贵的旅馆。我会不好意思说，我写过那些东西。

《巴黎评论》：但你不觉得可怕吗？我们这个社会不够尊重诗歌，甚至不足以让诗人通过他们的写作养活自己。

斯特兰德：我认为，如果人们可以靠写诗谋生，诗歌会大不同。然后，你会不得不想要满足一定的期望。我们面对的将不是"诗歌之为诗歌"的传统，而是一整套新规范的限制，不是那种持久的标准，而是以市场，以什么卖钱、什么在短时间内吸引读者为标准。因此，或许没有货币价值，于诗歌反倒是更好的。

《巴黎评论》：如果可以说说我个人对你的看法的话，在我看来，不论好坏，写诗似乎是你的身份，你的自我认同的根本组成部分。你认为我说得对吗？

斯特兰德：嗯。我的身份无可救药地包裹在我的写作里，在我身为作家的存在里。如果我停止写作，我会感觉到自我的丧失。在我不写时，我感觉不到我是在恰当地活着。在我的生命里，有五年的时间，我没有写任何的诗，那是我生活里很悲惨的一段岁月，或许是最悲惨的。我写了许多别的东西。但是，没有什么像诗那样，让我满意，但我写了那些东西，因

[①] 杰奎琳·苏珊（Jacqueline Susann，1918—1974），美国小说家、演员，以长篇小说《迷魂谷》闻名。她是史上第一位有三部小说连续登上《纽约时报》畅销书榜单榜首的作家。

为我必须准备好，以便当诗歌又回到我的生活里时，我有足够能力写出不坏的诗。我会拒绝写，如果我觉得我正在写的诗很差。最后，我的身份变得不那么重要了。不辱没我所崇敬的高贵的艺术，这是更重要的。我宁愿不写，也不愿写坏诗，使诗歌蒙羞——即使这意味着，我不是那个常态的我。我这样说，似乎听起来傲慢而高尚，事实上却不是。我爱诗歌。我爱我自己，但我认为，我像爱自己一样爱诗。

《巴黎评论》：你似乎跟某些人的态度不一样，他们会说，嘿，我享受阅读和写作的享乐生活，而我丝毫不知我所做的一切是否对社会有益，我不在乎。

斯特兰德：那根本就不是我的态度。我很肯定的是，我在做的，其他诗人在做的，是很重要的事情。

《巴黎评论》：我还想问你一个更私人的问题。我不一定得问，但我想问，因为很好奇：你是否在乎在你死后是否还有人读你的诗？

斯特兰德：不开玩笑，但我在这个问题上有一点分裂。我当然希望在我死了之后有人继续读我的诗，但这只是想想而已。

《巴黎评论》：你是说因为你在想象……

斯特兰德：我真的很希望我在死后还能活着。没有别的了。在我死后有人读或者没有人读我，我不认为有什么区别。

《巴黎评论》：是的。

斯特兰德：这就像在我死后，我是死了还是没死，对我没有太多的意义一样。明白吗？当然，也有那么些人，他们将自己冰冻在人体冷冻舱里。他们只是想存在、存在、存在。有时我也想这样做。

《巴黎评论》：当然。所以，在你死后，你的作品是否会被人阅读这件事……

斯特兰德：我想大多数出版过书的人，他们的职业事关公共记忆的性质，都会被人们阅读一阵子，然后被抹去。我是说，过了一段时间后，几乎所有人都会被抹去，以便给新东西腾出空间。我认为这是公平的。我只是希望，这新的东西，或者接下来的东西中，还能包含诗歌。这就是我想要的。我认为诗歌是基本的人类活动，必须持续。我想，当我们停止写诗或读诗的时候，我们就不再是人类了。现在，我不能这样说了，因为有很多非常优秀的人，他们从来没有读过诗；但是我认为，诗歌是我们理解自身的一种方式，从中我们可以懂得活着的感觉是什么样的，从而使我们不会变成机器。

这很复杂，但是我认为，正是这种语言，诗歌的语言，使得我们可辨识地成为人类。

《巴黎评论》：或者，换个角度讲，正是这种语言，诗歌的语言，可以让我们为自己是人类而感到快乐，而且，无论如何都对各种可能性充满希望，而不是完全绝望。好了，不管怎样——你可以回去工作了。

（原载《巴黎评论》第一百四十八期，一九九八年秋季号）

马丁·艾米斯

◎陈以侃/译

马丁·艾米斯一九四九年八月二十五日出生于英国牛津，他的父亲，也就是布克奖得主金斯利·艾米斯爵士，曾经是这里的博士生。因为父亲去了很多地方教授文学，包括斯旺西[①]、普林斯顿、剑桥，他也就成长于那些大学城中。他十二岁时，父母离婚。

十八岁时，为了出演电影《牙买加飓风》，他到了西印度群岛。一九六八年，他回到英格兰，上了些所谓的"填鸭"班（读大学前的备考课程），进了牛津大学的埃克塞特学院，读英文专业，以一等荣誉学位毕业。二十出头那几年，他给伦敦的《观察家报》写书评，又很快到了《泰晤士报文学增刊》，担任编辑助理。他的第一部长篇小说《雷切尔文件》出版于一九七三年，在评论界广受赞誉，赢得了萨默塞特·毛姆奖（他的父亲也曾是这个奖项的得主）。在《泰晤士报文学增刊》工作期间，他出版了自己的第二部长篇小说《死婴》（1975），奥伯伦·沃[②]评价其为"不折不扣的才华横溢"。

从一九七七年到一九八〇年，艾米斯在《新政治家》任职。这是一份带有社会主义倾向的周报，他在此担任文学编辑，其间又完成了两部长篇小说，分别是一九七八年的《成功》(Success)和一九八一年的《他人》(Other People)。一九八四年，长篇小说《金钱》大卖；随后出版的是他的

[①] 斯旺西（Swansea），英国威尔士地区第二大城市。
[②] 奥伯伦·沃（Auberon Waugh, 1939—2001），英国新闻工作者、评论家，小说家伊夫林·沃的长子，以文辞犀利闻名。

报刊写作合集《愚笨的炼狱》(*The Moronic Inferno*, 1986), 以及短篇小说集《爱因斯坦的怪兽》(1987)。短篇集的主题是核威胁,其中展现的论辩色彩是他之前的小说中没有出现过的。

《伦敦场地》(1990)再一次直面核浩劫和星球的陨灭。有一位评论家形容这部小说"出色到张牙舞爪"。艾米斯之后又出版了一册报刊文字合集《拜访纳博科夫夫人》(*Visiting Mrs. Nabokov*)和一部长篇小说《时间箭》(1992)。

之后不久,正在离婚的艾米斯又成了文人间一段仇怨的核心人物。他有一个多年的经纪人帕特·卡瓦纳,是他的朋友、作家朱利安·巴恩斯的妻子。艾米斯辞掉卡瓦纳,与安德鲁·怀利签约,A.S.拜厄特谴责他为了负担离婚赡养费和大规模整牙工程而不惜背弃原则。艾米斯对于这段争议的回应是:"妒忌去参加舞会,从来不会把自己打扮成妒忌,它总把自己打扮成高尚的道德,以及对追求实际利益的厌恶。"

在那之后,他又完成了两部长篇小说:《讯息》(*The Information*, 1995)和《夜车》。《夜车》是一部悬疑侦探小说,背景设在一个没有命名的美国城市。

这篇访谈是数次会面的成果。第一次会面发生在一九九〇年的夏天,艾米斯在马萨诸塞州维尔弗利特度假(那里过去是个火鸡牧场),身着网球服,皮肤晒黑了,很是放松。他喝着咖啡,一下午都在抽自己卷的烟,其频繁程度让人想起《金钱》里的约翰·塞尔夫。这个主人公曾经向读者解释道:"除非我另行通知你,否则我永远在抽起另一支烟。"艾米斯目前住在伦敦西北部。

——弗兰西斯卡·里维埃尔,一九九八年

马丁·艾米斯《伦敦场地》的一页手稿

《巴黎评论》：你的小说创作一般是如何开始的？从人物开始，还是从主题开始？还是会接收到别的什么东西？

马丁·艾米斯：小说是怎么写出来的，大家有个很普遍的认知，但在我看来，这种想象其实不折不扣就是所谓的笔障（writer's block）。他们觉得，作家在起笔阶段，应该坐在桌前，对着一串人物、一列主题、一个情节框架，他明显是在费尽心力要把这三方面融合到一起去。真实情形从来都不是那样的。用纳博科夫的话说，它是一个搏动。一个搏动，或者一星光芒，作家此刻的行动只是认出它来。在这个阶段，作家的想法是，这里有个东西，我可以写一部关于它的小说。除了认出它来，我不知道还能怎么办。这个想法——这个光芒，这个搏动——或许对你毫无吸引力，但有一点，它是你的未来，是你的下一本书，这一点能吸引你。或许你私心里对这个想法感到厌恶、畏怯、兴致全无，但这些感受你已经顾不上了。有另一本小说可写，你只觉得安心。这个想法可以单薄到难以想象——某个场面，某个时刻的某个地方的某个人物。就拿《金钱》来说，我的那个想法是：一个大胖子在纽约想要拍一部电影。仅此而已。有时候，小说出现分前后，就像一个旅程，你先动身，而那些情节，我们暂且称之为情节的东西，慢慢展开，你就循着气味前行。两条土路，一模一样，你得选一条走，可能看上去两条都绝对是死路，但你还是得选一条。

《巴黎评论》：你一路写下去的时候，会不会担心之前的部分其实没写好？

艾米斯：你努力往前看，看自己要去的地方，而不是从哪里来。虽然有时候卡住了，确实是要回头的，难住你的其实不是接下来要写的东西，而是之前写的有哪里不对。你必须回去把它写对了。我父亲描述过，那个过程好比是这样：他得握住自己的手，很温柔，却又不容分说，告诉自己，好了，没事没事，不要着急。你在焦虑的到底是什么。他可能会这样跟自己聊起来：啊，其实吧，是第一页的问题。第一页怎么了？他可能会答，就第一句话。然后他就意识到只是一个小东西把他拖住了。实际上，我父亲很可能就那样坐下来，立马把最终版写好了，因为他说过，一个句子，你要是没有准备好跟它共进退，那就不要把它写下来。

《巴黎评论》：那言下之意，应该是他清楚自己后面要写什么。

艾米斯：他比我清楚得多。可能是这门手艺，经验多了，就会更知道后面要写什么。我更多只是闷头向前。

《巴黎评论》：对你来说，情节重要吗？

艾米斯：只有在悬疑小说里情节才重要。在主流的写作中，情节——情节是什么？它是个钩子。读者会好奇，事情后来怎么样了。就这一点来说，《金钱》比《伦敦场地》要难写得多，因为它说穿了是部没有情节的小说。我把这种小说称作"声音小说"（voice novel）。要是声音不奏效，你就完蛋了。《金钱》只有一个声音，而《伦敦场地》有四个。鸡蛋没有都放在同一个篮子里。那是四个篮子。这里面的那个钩子，就是一个女人安排别人来杀自己，我还是颇有信心它能引发好奇。虽然五百页的小说基本没有发生什么事，大家还是会想知道最后怎么样了。在这一点上，这是本"撩拨小说"（tease novel）。

《巴黎评论》：某些人有这种想被谋杀的倾向，你是在哪里读到或是听到过吗？

艾米斯：是的，这个想法，或者说，这道头脑上的抓痕，我都不记得是什么时候留下的。它甚至不是一本书，或许只是一篇我读到或是听说过的书评，或者是我在酒馆、地铁上听到了一段对话。总而言之，我所需要的只是一句话而已，也就是你刚刚概括出来的这句。那个时候，我想的还只是一个很短的小说，有一个谋杀者，一个被谋杀者，他们最终相逢。等到第三个角色被引进来，盖伊，那个"陪衬"，小说被打开，纳入某种更广阔的社会，这时候，叙事者也想要更多的空间，这个要求也得满足。最后，主导权交给了时间和空间，也就是伦敦，一个世纪末、千年末的现代都市。我很多感兴趣的、关注的事情，就这样被汇聚到了一起。还是得再强调一遍，你的主题不是像个飞镖盘一样挂在墙上，被当成一个目标。有人会问，你写这部小说是想表达什么呢？回答自然就是，我想表达的就是"这部小说"，四百七十页，一页都不能省略。它不是一句你可以印在徽章或者T恤上的流行语。把事情简化成要么是一句口号，要么是一种人物，这是人类的一大弱点，不过，我好像给自己主动招来了类似的批判——让"人"成为小说的妨碍。

《巴黎评论》：这是什么意思呢？

艾米斯：不管是读书评还是我收到的信，我都发现，大家读我写的东西，很愿意当成是专门写给他的。跟其他作家一起做签书会，不同的桌子边都有不同的人排队，你会看到截然不同的类型聚集在一起，挺有意思。

《巴黎评论》：你那一队是什么类型？

艾米斯：比方说，我跟罗尔德·达尔做过一场活动，大致不出所料，你明显看到人与人被划分开来。他那边，很多小孩，很多父母。朱利安·巴恩斯，他面前的队伍似乎都是有正经工作、不愁吃穿的人。而我的队伍，基本都是——你想象得到——眼神狂野的宵小之徒，紧紧盯着我看，好像我一定有什么特别的话要交代给他们。就好像他们在读我写的书，我肯定是知晓的，他们觉得，作者与读者间的这种二联体式的共生关系，它是如此强烈，我不可能对此没有感应。

《巴黎评论》：你最早想要写作是什么时候，或者说，你什么时候认定自己是个作家的？

艾米斯：我不如现在就聊会儿我爹吧。

《巴黎评论》：当然。

艾米斯：我其实一点也不介意聊我父亲，因为我看得愈发清楚，我们这种情况几乎是独一无二的。首先，文学才能似乎很难遗传。就我所知，父子组合里，两人都拿得出一套作品，或者，用我父亲的说法，父子二人都写得"还凑合"的，只此一家。你也知道，奥伯伦·沃和大卫·厄普代克[①]，偶尔能抛出一两部小说，但也不像我们这样，不管是同时还是先后，能搬出两大堆作品。我想澄清，这一点对我只有助益。或许对我父亲更难一些，这倒是有点意思的，我是过了很久才意识到这一点。要是我那几个小子也开始写作了，我不知道我会作何感想，反正我对青年作家一般都是很厌恶的。

《巴黎评论》：真的吗？

艾米斯：看到光芒万丈的才情从你的侧翼包抄上来，你是不会心花怒放的。讨厌和憎恶年轻作家算是写作者的通病，他要是你儿子的话，就更烦人了。另外，我仰慕我父亲的作品，而他对我的写作心存疑虑，很难投入，这在我看来，也是很自然的。我父亲曾经跟我说过，当一个二十五岁的作家拿起笔来，他其实就是在向一个五十岁的作家宣告，现在不是那样写的了，现在要这么写。年长一些的作家，迟早会跟当下这一时刻的感受脱节，虽然有几位能维持这种能力，非常了不起，索尔·贝娄就是很好的例子。当我父亲开始写作的时候，他就是在对老作家说——比如，萨默塞特·毛姆——不是那样的，是这样。当然会引来回应。《幸运的吉姆》有一个平装本，上面引用了萨默塞特·毛姆的一句话，大致说的是，今天的大学，到处都是战后涌出的新一代；艾米斯先生的目光是如此犀利，他的听觉是如此敏锐，精准地捕捉到了这一代人的姿态和风貌。封面上，毛姆的话到此为止，但本来的文章里，后面还有——他们是垃圾，他们对信念、对文学，等等，都毫无敬意，之类的。所以，在评判年轻作家的时候，老作家总会带着一些"他们是垃圾"这样的态度。

不管怎么样，说回到动笔时的情状。每个人十三四岁的时候，都想过

[①] 大卫·厄普代克（David Updike，1957— ），美国学者、小说家，约翰·厄普代克之子，出版多部短篇小说集，唯一的长篇小说《艾薇的转向》出版于2006年。

要当个作家或者画家,但只有那些真正成了作家、成了画家的人,才会被问到那个想法从哪里来。我前面说过,我也是在那个年纪,意识到我父亲是个作家,但我不清楚他写的是什么样的书。你要告诉我,他写的是西部小说,或是情色小说,我也不知道真假。

《巴黎评论》:你没有读他的书吗?

艾米斯:没有。那时候确实还太小,我当时谁的书都没读过。

《巴黎评论》:入行的时候,你们有没有聊过写作?

艾米斯:不能算有。他的懒是几乎让人佩服的懒:他从来没有给过我任何鼓励。我后来才意识到那有多宝贵,多不可或缺。有的作家会鼓励自己的孩子也去写作,我认识一两个这样的,但那种期冀完全是空洞的。又说回到我和我父亲,我们的情况几乎绝无仅有,因为文学才华并不能遗传。当一个作家父亲告诉一个作家儿子——每个儿子、每个人,都在某一段时间里是作家——说,你可以当个作家,你也可以拥有我的人生,这种承诺没么简单,最后一定落空。我父亲,大概不是因为卓有远见,而是天生懒散,从来没有鼓励过我,我也从来没有问他要过这样的鼓励。是什么让你成为一个作家呢?你获得了一种额外的感触,把你从体验中部分抽离出来。作家的体验,从来不会是百分之百地沉浸其中,他们总是有所保留,琢磨它的意义是什么,琢磨它们搬到纸上会是什么模样。永远都会有那么一点置身事外……好像它不真正和你相关,带着某种冷冷的中立。这种官能,我觉得,在我很小的时候就已经很健全了。那时候我还住在家里,有一天我父亲进我房间,我用手挡着打字机里的那张纸。我不想被他看到。他说,那是他第一次起了疑心。不过我当时就宣布了,我正在写一部小说,然后我从家里搬出去,一年之后,小说写完了。我把校样留在他书桌上,自己去度假了。等我回来的时候,他去度假了,不过留了一张字条,很简单,也很体贴,说他读得很开心,说这小说写得很有意思之类的。我觉得,像这样从头到尾通读我的小说,他之后应该再也没有过了。

《巴黎评论》：那是《雷切尔文件》？

艾米斯：是的，《雷切尔文件》。我觉得，他很艰难地熬到了我第三部小说的结尾。《成功》，他说那本书开头和结尾可以，中间不通。之后的那些书，他都读了大概二十页，就放弃了。这需要稍稍适应一下，因为你不只是作为他的儿子去经受这件事，也作为一个作家同行。但我完全没有什么怨气，一方面是习惯了，另一方面，他完全没法跟作家朋友撒那些善意的谎话，是我亲眼所见的。换作是我，与其冒伤害友情的风险，我宁可将我对朋友某部作品的看法做些向上的修正。但他不是那样的；在这一点上，他比我强悍得多。

《巴黎评论》：你那时候有没有感觉在继承你父亲的衣钵，还是竞争关系？开始的时候有没有感到畏惧？还是你就是想写作，其他的都无关紧要？

艾米斯：我其实明白，不管我第一本小说写得怎么样，他们即使只想看看能卖多少钱，大概也会拿去出版。这种心态还是很舒服的。这就像拥有很多压舱石，让人安心。我父亲越声名斐然，我就越有安全感。一开始，大家对我很慷慨，他们误以为我一定很不容易。唯一要记在亏损那一栏的东西，是后来才有的。那些慷慨的人等着我写个两三部小说之后就闭嘴，因为作家的儿子一般都是这样。就这么一直写下去，直到今天，我依然还没滚蛋，他们总有一种难以消受的感觉。"我们开始的时候干吗对他那么好？"有意思的是，我是最近才意识到，这件事对我父亲比对我难得多。也没有那么难；我成了个作家，我想他大部分时候是挺高兴的。但对他来说，要烦人得多。我是一点都不觉得烦。仰慕长辈，鄙夷后辈，都是人之常情。世界就是这么运转的。有那么一小段时间，我父亲会在写东西的时候朝我开冷枪，骂现代散文不可理解、索然无味，把我当成案例。多谢帮我做宣传了，老爹。不过，这也就是好玩，完全符合他的个性。然后我也回敬了一些冷枪。

《巴黎评论》：我听说，他在读《金钱》的时候，发现有个角色用的是你的名字，就直接把书甩到房间另一头去了。

艾米斯：我几乎敢打包票，当那个叫作马丁·艾米斯的角色出场时，我父亲让小说回旋着做了些飞行。因为我打破了作者和读者之间的契约，它要求作者不要胡闹，不要搅乱现实的层级。

我有一回逼问他，到底哪些散文作家是他欣赏的——当时在饭桌上，跟平时一样，大片大片的文学都被他逐一践踏得分文不值。曾经有人找他写文章，收在一个叫作"圣牛"①的系列中，我父亲说，我写美国文学怎么样？他们说，行，也可以。我父亲问，多少字？他们说，八百。我父亲说，啊，料理美国文学我觉得都要不了那么大篇幅。但要是真被逼问起来，他会说他还真挺喜欢伊夫林·沃的某一本书、安东尼·鲍威尔的几本书，再撑个半分钟左右，他就只能搬出迪克·弗朗西斯②了。他不喜欢简·奥斯丁，不喜欢狄更斯，不喜欢菲尔丁，不喜欢劳伦斯，不喜欢乔伊斯，美国人他一个都不喜欢，也无力去评判任何一个俄罗斯作家、法国作家、南美作家，等等等等。于是，他不喜欢我的东西，我也就感觉好一些了。

《巴黎评论》：与有荣焉。

艾米斯：一点没错。

《巴黎评论》：有没有谁的作品，读到之后，对你至关重要或者成了某种转捩点？

艾米斯：我最早读的文学是简·奥斯丁。

---

① 圣牛（Sacred Cows），常指一些没有确凿理由而号称"不可侵犯"的事物。
② 迪克·弗朗西斯（Dick Francis，1920—2010），英国赛马骑师，1962年之后以每年一本的速度写作大量畅销小说，大多是以赛马为背景的悬疑故事。

《巴黎评论》：对你影响很大吗？

艾米斯：我会说，我喜欢的、信赖的作家，他们的文字都依托于所谓的英式句法。有一大堆当代写作，在运用文字上让我觉得有种萧条之感。我曾经把它叫作"安贫乐道①笔法"。别了，给我那个账房里的国王吧②。给我厄普代克。安东尼·伯吉斯说作家分两类，A 类作家和 B 类作家。A 类作家是讲故事的人，B 类作家是语言的使用者。我大致要归在 B 类作家那个行列里。在纳博科夫的文字之下，在伯吉斯的文字之下，在我父亲的文字之下——相较于他的后期作品，他早期的写作更明显一些——都有英式句法，像诗歌的格律一样。这是一种基本的节奏，有了它，作者就可以自由地朝出其不意的方向折射文字。但那个句子始终就在那儿。说得粗陋一些，就好像我会说，我信不过那些连手都画不好的抽象画家。

《巴黎评论》：实验建立在结构或知识之上……

艾米斯：建立在你有没有能力写一个好的英文句子之上。大家夸很多当代散文，都在夸它们简练，夸它们费尽心机去抹除任何花饰，诸如此类的话。但我感受不到其中的深层韵律。我不觉得他们简洁是在各种可能之中选择了简洁，我觉得他们简洁是因为他们只能这么写。

《巴黎评论》：能力所限。

艾米斯：能力所限。所以说，一旦文字指望不上，你就只能关注一些次要的问题，比如故事、情节、人物塑造、心理剖析和结构。我对于结构越来越不在意了，虽然还戒不掉英国作家对结构的嗜好。对我来说，结构就如同餐厅里的装潢。结构是很容易的。你可以弄出样子很好看的小说，像一块制工精良的手表，一切都运转妥当。所有那些平衡权重的考量，那些色彩的搭配——就像美国的校园小说，我指的不是关于校园的小说，而

---

① Vow-of-poverty，常指因为宗教信仰而宣誓抛弃物质财富。
② 出自英国童谣《六便士之歌》(*Sing a Song of Sixpence*)，可能源自 18 世纪。此句中的国王可能指奢靡的亨利八世。

是那些在校园里写出来的小说。创意写作班小说。这些事情你都可以去做，但重要的是写得自由，写得有情绪，能运用语言给你提供的所有资源。限制叙事者的语言能力——或者说，将它限制在大家习以为常的范围之内，我对这种写作没有兴趣。我没有兴趣去写一本很具有现实感的笨小说。我笔下的有些角色确实是半文盲，但我总能想个办法把它调整好，虽然用的是他们的声音，但能让我不折不扣、使出全力去写。纳博科夫说过类似这样的话：我思考时是天才，我写作时是个才华卓著的文人，我聊起天来是个傻子。这其中的第一点和第三点，对所有人都是适用的。很多作家都展现过，一些照理说很平庸、不善言辞、不学无术之人，心里却有富于玄奥或诗意的想法，他们只是不知道该如何用言语来表述。对于小说家来说，替他们表述出来，还有比这更棒的工作吗？他们说每个人身体里都有一部小说，但很少有人把它写出来。要是你使出自己最为精湛的功力，替他们把这部小说写出来，最后得到的一定不是一本很具现实感的笨小说，不是那种——你肯定也读过——上来就是一句"我早上起来……"的小说。

《巴黎评论》：对你来说，有没有什么东西是极其难写的？

艾米斯：我之前确实有过一个想法，写一个短篇，叙事者是个两岁的孩子；等到条件合适，或许我还是会去写的。但即使到了那个时候，我想我还是会调整好，让我能使全力去写。我挺喜欢这些强加的难度。写《他人》，我用的是受限的第三人称视角，所有一切都是用女主人公的眼睛去看的。她不只是个女子，她的失忆是如此彻底，甚至不知道一张椅子、一个洗手池、一把勺子是什么。《金钱》里，我用的是一个半文盲的醉鬼。《时间箭》中，我有一个极其单纯的叙事者，活在一个时间倒流的世界里。你永远在寻找新的方法去观察世界，让它变得就像你没有见过它一样。就好像你活在这个星球上，其实从来没有真的适应。你有没有听过"火星派"诗人？

《巴黎评论》：没有听过。

艾米斯：最早，是克雷格·雷恩①的一首诗，叫作《一个火星人寄明信片回家》，里面都是小谜题，关于火星人眼里的地球生活。比方说，到了晚上，他们成双成对躲起来，合上眼睑看关于彼此的电影。只有孩子能公开承受痛苦。大人们都要进一个惩罚室，有水，但没有任何食物。他们坐着，沉默地忍受噪声，而每个人的痛苦都有不同的气味。

《巴黎评论》：哎呀！②

艾米斯：让人叹为观止的一首诗。跟大多数流派一样，"火星派"这个标签可以无所不包，也好像什么都没说，因为在我看来，所有的作家都是火星人。他们站出来说，这个地方，你没看对，不是那样，是这样。重新审视世界，就好像世界是新的，这跟写作本身一样古老。这也是所有画家试图去完成的，就是去看那里有什么，用目光去更新它。这一点也变得越来越紧迫，因为世界正在被磨平，森林不停地被屠戮，好造出纸来，供人们胡乱写下自己的印象。独创性越来越难，用单纯的眼睛去看世界也越来越难。单纯与此休戚相关。星球越来越不单纯，你需要更单纯的目光去观察它。

《巴黎评论》：保尔·瓦雷里有一句话，他说："藏起你的神，人类必须格外细心地藏好他们真正的神。"你有什么感想？

艾米斯：瓦雷里所谓的那些神，作家很少会聊起，因为这对于作家本人也是极为神秘的。他们不知道是什么让他们写作；在任何精神分析的层面上，他们不知道自己为何写作。碰到写不下去的地方，他们出去散个步，回来的时候问题就解决了，他们不知道这是为什么。他们在小说开头安插了一个小人物，后来他现身完成了自己的功用，作家也不知道是怎么

---

① 克雷格·雷恩（Craig Raine, 1944—　），英国诗人，著有诗集《洋葱，记忆》《一个火星人寄明信片回家》等，后者是火星派诗歌（Martian poetry）的代表作品。
② 原文 Yikes！，除了表达惊讶，隐含了某种不适。

回事。事情顺利的时候，你确实有种感觉，你写下的东西是以某种方式传输给你的。奥登把写诗比作清理一块旧石板，慢慢地文字就显现了。要揭示你的神，或许只有一个办法，就是被催眠。这是神圣的也是神秘的，即使对作家本人也是如此。

《巴黎评论》： 你能不能聊一聊其他作家和诗人对你的影响？我知道其中一位是索尔·贝娄。

艾米斯： 我更愿意说他们是鼓舞，而不是影响。当我头脑中有了一个没有完全成形的句子，卡住了，总是还差一点，我有时候会想：狄更斯会如何对付这个句子？贝娄或者纳博科夫会如何对付这个句子？最后杀出重围，当然要的是你自己会如何对付这个句子，但想一想你欣赏的那些作家，你会觉得背脊上被轻轻推了一把。有一次，我跟索尔·贝娄在电话中聊了很久，最后收尾，他说，行了，回去干活吧。我说，行。这时他说，别放过他们①。这也是狄更斯在跟我说：不要放过他们。不要放过读者。拉伸读者②。

《巴黎评论》： "拉伸读者"是什么意思？给他们制造麻烦？

艾米斯： 是的，我觉得你应该把所有谦逊和谨慎抛到一边，告诉自己，读者就是你。你写的终究是你自己想读的东西，是读了会给你最多愉悦的东西。回头看旧作，如果是十年前或者五年前写的，一般都很糟糕。

《巴黎评论》： 你已经朝前走了。

艾米斯： 朝前走了。不过，虽然半遮着眼睛，你还是会看到一些东西，会让你觉得，那一段还是有生气。就像有时候你会想到更年轻的自己，不管当时在做什么，总是精强力壮的。

---

① 原文为 Give'em hell，一种口语化的表达，字面意思为"给他们地狱"，此处或侧重如下含义：不要手下留情，要让对方觉得艰难、难以招架。
② 原文：stretch the reader，指给读者压力，逼他们发挥更大的潜力和能量。

《巴黎评论》：你会不会同意，一位作家的整个创作是有某种延续性的，它可能会左拐右转、曲折前进，但从长期来看，其实是在遵循某种先后次序？

艾米斯：我认为决定小说的是作者的声音，或许这也是为什么我对某些小说没兴趣，它们会兢兢业业模仿——比如，砖瓦匠的声音，但不管是砖瓦匠还是谁，甚至他可以是个词源学家，都一样。是什么给了那个声音特有的音质和特有的回响，这是我在意的，而它永远都在那里，自始至终。它跟作家不可模仿的那部分有关系。但作家也有一部分容易被戏仿，这两件事经常被混淆。

《巴黎评论》：作家的声音就是他的文风吗？

艾米斯：除了声音，他什么都没有。让一个作家跟别的作家区分开来、让他独一无二的，不是抢眼的转折，不是猝然而起的高潮，不是天衣无缝地衔接一系列情节。它是一种口吻，一种观察世界的方式。它是一种节奏，是诗歌里所谓的"跳韵"[①]，它不是每两个音节一个重音，而是重音接重音再接重音。当然每个句子都带着作者的商标也不好，那句话是怎么说来着，说有些画作是只用签名来完成的。显然要避免这样的东西，但我绝对不会因此束缚手脚。我从来不会去想，我们来写一段绝不可能出自他人之手的文字。确确实实，它是一个内在的过程，一个音叉校对音准的过程。你会不断地重念、重写那个句子，直到音叉不再颤动，直到你满意为止。

《巴黎评论》：你写作的时候，会把句子念出来吗？

艾米斯：不会，所有一切都在头脑中。哦，可能你已经试了几次，但通读的时候，还是有东西刺耳，有东西……节奏总觉得不太对，有个词很

[①] sprung rhythm，19世纪英国诗人霍普金斯（Gerard Manley Hopkins）提出的术语，指一个音步中，除了重音外，非重读音节数量不定的格律。霍普金斯指出这种格律存在于英国诗歌传统中，也更接近日常交谈。

可疑，你可能会将整个句子回炉重造，直到再也没有胳膊肘支出来[1]，不知道这样说你听不听得懂，直到那个句子看上去完全是舒服的。不同的作家认可的舒服也不一样。直到你觉得合适了，就再也不需要去动它了。

《巴黎评论》：你的初稿是一下子从头写到尾的吗？开头，中间，结尾？

艾米斯：说到初稿，这就牵涉序列了，最初的手写稿我一直觉得有绘画的意味，手眼之间的媒介，这时候要转到下一步去了。我要是给你看我的笔记本，上面会有很多扭曲的符号，各种调换，还有浅浅的叉号，你可以看到被删去的内容。你把这些东西移到打字机，立马就显得更有说服力，更难以动摇。顺便提一下，他们说电脑如何神奇，因为你可以随意地搬动文字，全是瞎扯。手写稿的流动性是不可比拟的。你把东西搬来搬去，但它们还在原处——意思是，你只不过暗示一种新的可能，但原本的想法还在那里。电脑的问题就在于你得到的东西是没有记忆的，没有出处，没有历史——那个在屏幕中央抖动的光标还是叫别的什么，让你误以为自己在思考。其实你没有。

《巴黎评论》：你会找人来打最后一稿吗？

艾米斯：不会，不会。结束一本小说的时候，不管写作本身应不应该拿奖，我一直觉得我把它打出来，就应该给我颁一个奖。布克奖是颁给打字的。即使是从第二稿到终稿，也几乎没有一页是不曾被完全重写过的。你知道只是重打一遍，也会给每一页加上三十到四十个小小的提升。如果你不去重打，那一页也就被你剥夺了那些提升。

《巴黎评论》：到了打字阶段，会更有势头。

艾米斯：当然，它会看起来更像一本书，而不是一堆涂鸦。

---

[1] 英文中有一个相关的表达，形容一个人"全是膝盖和胳膊肘"，意思是他姿态笨拙，膝盖和手肘经常撞到他人和物件。

《巴黎评论》：怎样的一天算是写作顺利的一天？多少个小时，多少页？

艾米斯：大家都以为我是那种有条不紊、埋头苦干的人。但说实在的，写作更像是一种兼职，意思是，能从十一点不间断地写到一点，这一天就很成功了。然后你就可以看书、打网球、打斯诺克。两小时。我觉得如果能有两小时专注的写作，大部分作家会很满意的。到了一本书快完结的时候，一是你更自信了，二是为了尽早甩掉这个东西，你毫无疑问已经有点歇斯底里，这时候你可以干六到七小时。但那也意味着你是用歇斯底里的能量在干活。

我又想清理我的桌面了（虽然它从来不是干净的），纠缠了我五年的东西，我想让它从我桌上消失。因为我开始写作的时候相对年轻，每一本小说都囊括我所知道的一切，所以每次写完的时候，我的油量都是完全耗尽的。我写完小说的时候就是一个傻子。所有东西都在那里，这里已经什么都不剩了。

《巴黎评论》：你说过，写完《伦敦场地》，感觉自己成了个"超空洞"。

艾米斯：我感觉自己是个临床认证的傻子。我的智商在六十五左右。连着好几个星期，我只能踉跄地到处晃悠，鞋带也不会系。同时，也隐隐地觉得幸福和骄傲。

《巴黎评论》：在你的写作中，你更容易受到视觉还是听觉的刺激，还是别的什么？

艾米斯：通过耳朵吧，大概。我的头脑跟所有人的头脑一样，充斥了叽叽喳喳的声音。我头脑中挥之不去的句子，我会觉得是某种共鸣，会想办法去用它。我加工视觉刺激就没有那么顺理成章了。要做视觉描绘的话我可以说都要先卷起袖子。

《巴黎评论》：你写了不少报刊文章。

艾米斯：报刊写作，尤其是书评，带着它自己另一个层级的难度。写小说基本上就是我每天起床时想干的事。要是我一整天都没写小说，我会觉得有缺憾。如果起来的时候，知道今天有报刊文章要写，往厕所走去的脚步都是沉重的——出于很多、很明显的原因，你不会满怀期待。它就不是你能完全掌控的东西了。

《巴黎评论》：它是不是一个很好的训练场？

艾米斯：我觉得你有责任贡献戈尔·维达尔[①]所谓的"书话"（book chat），并且坚持下去。里面有自私自利的元素，有些标准最好不要乱掉，这样，你下一本书出来的时候，大家更容易读得明白。有些作家觉得到了一定时候，就可以洗手不干书评了，我对他们毫无敬意。永远有论辩在发生，你应该参与其中。

《巴黎评论》：你的小说有多少是从真事中来的？

艾米斯：汤姆·沃尔夫写过一篇文章——应该是在《哈泼斯杂志》上吧？——说作家正在忽视现实世界，那里什么都有，很有意思，小说家应该去写它。他认为比例应该是调研占七成，灵感占三成。但问题就在于，现实世界可能很难正好嵌进你的小说里。在某种意义上，更好的调研是在你的头脑中。你需要细节，你需要话头，但你不想要过多的真相，你不想要过多的事实。我会把那个比例倒过来——调研三成，灵感七成。甚至三成的调研都太多了。你需要现实世界的几处星火微芒，但你要用自己的心神去过滤它们，将它们重新想象。不是转录，要重新想象。纯粹的事实在形态上不可能完美。它会成为妨碍，它会全是胳膊肘。这让我想起，我在聊非虚构小说的时候——像《冷血》《刽子手之歌》之类的——说过的一些话。这个体裁是很艺术的。《刽子手之歌》开头那一两百页，梅勒重新想象地点和人物，其中的艺术让人赞叹。但非虚构小说的问题就在于事实一

[①] 戈尔·维达尔（Gore Vidal, 1925—2012），极为高产的美国小说家、杂文家，以文辞犀利、机智见长，经常在报章和电视上参与政治、文化论争。

直就在那儿。那起谋杀始终就在那儿。这是事先给定的。这就让非虚构小说在艺术上很受局限。变换形态这个更为重大的动作发生不了，因为你被真相挡住了。

《巴黎评论》：我们能不能聊一下，你的人物是如何发展的？

艾米斯：我很喜欢引两句话，E.M. 福斯特说他以前会将他的人物一字排开，就好比让他们站在小说的起跑线上，告诉他们：都给我规规矩矩的！纳博科夫说过，他拿着软鞭子走过，他的人物都吓得哆嗦，他见过林荫大道听见他的脚步，树木都恐惧地掉光了叶子。我觉得我其实不是那样的。我觉得人物既是小说之内的命运，也是小说之外的……也就是说，你发明的人物，对于你将要写出怎样的小说会起到决定性的作用。我感觉，如果他们在你头脑中是鲜活的，那么他们也会有自己的想法，会把你带到你原来大概不会去的地方。《伦敦场地》，毫无疑问，在我头脑中提供动能的角色是那个女子。看上去是那个叙事者山姆一直在求她，让她给这场戏添点情趣，那场戏注意点结构，其实不是，其实我在求她。她的生命力是如此旺盛，如此的变化多端，我只能求她多帮帮我。帮我调整，带我进入下一个阶段。认为小说只是形式和技巧的游戏，人物是其中的卒子，对于这种想法我是抵触的。我几乎是在怂恿他们走到一条让我意想不到的岔路上去。

《巴黎评论》：你给了他们许可。

艾米斯：一点点许可。但我依然是老板。我是老板，他们是这个团队的成员。他们是"我的人"，就像政客都有他的人一样——他的深度智囊。我总是很愿意去听一听他们的想法，当然，我保留绝对的否决权；他们想要说什么，我可以断然否决，但我愿意先听一听。

《巴黎评论》：人物是如何在你头脑中显形的？

艾米斯：他们在外形上会有一个由头，某种外形的基座，然后，他们会有一个真人的原型。但那个真人,你最好不要太熟悉。根据一个你认识了十年的人去塑造角色,绝对不如根据一个你只认识了十分钟的人,因为角色要柔软可塑才好。

《巴黎评论》:似乎你聊到的很多东西都来自直觉。

艾米斯:另一方面,你也会变成一个须发花白的老手,意思是,手艺那一块会变得更容易、更顺手。你更了解自己是怎样一个作家,你更了解有哪些事情是不用说的。你要在大街小巷运送人物更省事了,你要让他们进出那些地方也少了很多琐碎。你更懂得抑扬顿挫。如果有一场戏几乎全是对话,那接下来一场就不要那么多对话了。它慢慢变成一种经验使然。所以,如果你想打破这些规则,那你就必须有很好的理由。除此之外,完全信赖直觉就好。除了直觉你也借助不了别的东西。"笔障",作家的崩溃,都跟自信不足有关。

《巴黎评论》:你写作的频率是怎样的?

艾米斯:每个工作日都写。我有一个干活用的办公室,正常的工作日,白天你在家里就找不着我了。我那辆奥迪马力强劲,开四分之三英里,穿过伦敦,把我送到那间公寓。除非我有别的非干不可的事情,我就坐在那儿写小说,能写多久就写多久。我之前也说了,你从来不会感觉你干了一整天的活儿,虽然也会有这样的日子。但很多时间似乎都花在了做咖啡、瞎晃悠上了,或者是扔飞镖、玩弹珠球、挖鼻孔、剪指甲,或者只是瞪着天花板。

你知道在国外报道的记者有个小伎俩,当年护照上是有职业的,那一栏里写着:作家。等你到了一些不太平的地方,为了掩饰身份,你简简单单把 writer 当中的那个 r 改成 a 就好了,你就成了一个"服务员"(waiter)。我一直觉得这里面很有道理。写作(writing)就是等待(waiting),至少对我而言肯定是这样。要是一整个上午半个字都没写,我完全不介意。我只会觉得,就说还没到时候。这个工作,似乎就是让你对那一天升腾起的东西保持敏感。我父亲说他每天早上走向打字机的时候有多么恐惧，我读到的时候很是意外。

《巴黎评论》：他确实是偷偷摸摸接近打字机的。

艾米斯：我几乎从没有这样的畏缩感。喝完第一杯咖啡之后，你的肺里会有种如泣如诉的吁求，想要今天的第一支烟，只要是抽烟的人，多少都有同感。我对写作的渴望大致就是那样，它是身体的要求。

《巴黎评论》：身体活动平衡了心理追求。

艾米斯：都在同一场游戏的标题之下。

《巴黎评论》：你对写作有什么迷信吗？

艾米斯：挺不可思议的——有时候我也感觉被电脑诱惑，直到我再次意识到，一支新"拜罗"能带给我的愉悦是多么不可思议。

《巴黎评论》：新"拜罗"？

艾米斯："拜罗"——就是圆珠笔①。一支好用的新"拜罗"。那是一种纸笔能带给你的孩童般的愉悦。

《巴黎评论》：新物资。

艾米斯：新物资。迷信……好像有人曾经跟我说过，我抽烟时写的东西要好很多。我敢肯定，要是我不抽烟了，也会开始写"寒风如刀割""天气热得像烤炉"这样的句子。

《巴黎评论》：你写作需要绝对的孤独吗？还是不太在意地点？

---

① 美式英语称圆珠笔为"ballpoint pen"，英式英语中则称其为"biro"，采访者因此疑惑。"biro"一词源出商用圆珠笔发明者 László Bíró 的名字，最初是英国一款圆珠笔的商标名，后被用以泛指一切品牌的圆珠笔。

艾米斯：我可以在寻常闹哄哄的家庭生活中写作，当然麻烦一些，但依然会有产出。但必须这样说，或许带着些遗憾，就是作家与常人的不同之处，首先就是他在孤独时最为活跃，孤独时活得最饱满。只说作家能忍受孤独，远远不足以表述实际情况。你最有意思的事情都发生在一个人的时候。

《巴黎评论》：你会被自己逗笑或者弄哭吗？

艾米斯：会……书房里会传出疯狂科学家的笑声——科学家用这种笑声宣告从污秽的试管里创造出了生命。

《巴黎评论》：从一支"拜罗"里。

艾米斯：是的。这样的时候不少。我在家写我第一本书的时候，父亲的书房就在我卧室的正下方，我经常听到笑声传上来，不是疯狂科学家的笑声，而是那种肩膀在抖的笑。我延续了这个传统。我发现，不只是滑稽场面让你发笑，而是任何东西写成了，你都想笑。说真的，我们忙活半天，笑声才是这个行当无意间造就的好东西。

《巴黎评论》：自我、自信有多重要？

艾米斯：小说家谈论自己的方式有两种。一种是他们演技过关，假装自己是谦逊得恰到好处之人，对自己的文才有大致客观的见解，对同代作家的评判也没有苛刻到不可理喻。第二条思路，是内心中那个自大狂的思路；跟你年龄相仿的写作者都是阴沟里的瞎眼虫子，毫无意义地四处蠕动，什么地方都去不了。你的惊世之才笼罩着一整个时代的写作者。你的同代人会干的就只有一件事——即使是他们之中最显赫的那几位——就是让文学上的"显赫"掉价。说白了，就是他们把文学搞臭了。你翻开报刊的图书版块，不理解为什么里面不都在写你。要说的话，整份报纸都应该写你才对。我觉得，没有类似想法，你肯定无法工作。你的"自我"差不多应该就是这个尺寸。有件事我不确定真实性，但一个诗人朋友跟我说过,即使是威廉·戈尔丁,他六点半走进文学派对的时候,也能惟妙惟肖地模仿一个自谦的文人,但等到了九点钟,整个房间都不敢作声,只听他大喊:"我是个天才!"给他个扩音喇叭多好。他们可能笑意盈盈,可能被夸的时候他们从来只知推却,很像个随和平易之人,但实际上……您还有什么要补充的吗?是的,我是个天才!采访结束。

当然,它也有对应的另一面——脆弱到吓人,一场场的大哭,一篇负面书评就能让他一心只求蜷缩成胚胎状,诸如此类。当"儿子-作家"有一个好处,就是我好像不太有这些东西——巨大的自恋。我看得清楚一些,或许是因为用写作来谋生或消磨时间,对我来说从来就不是一件很不寻常的事情。而我的那些朋友,比如朱利安·巴恩斯的父母是教书的,伊恩·麦克尤恩是军人的儿子,他们坐定到打字机前的时候,一定沉醉于自己的神力,想道:我之所以能养活自己,是因为我的想法是天下人都感兴趣的想法,就算不是全天下人,也足够我付房租了。这里面肯定有异乎寻常的满足感。在我看来,要看淡这种感觉并不容易。我从来没有感受过这种迷醉和愉快,但可能我也没有承受过什么。对我来说,它就是将人生推进下去的一种很自然的方式,我也完全不觉得自己是被选中的人。对我来说,它只是感知,对人生、人性的感知,或者感知某些东西的样子,某些东西发出的声响。笔记本打开,那一页上有两三个这样的感知,写作不过就是这么一回事。积累得足够多了,它们能让每一页小说也鲜活起来,就像阳光一样。只把它们叫作"妙语佳句""用词妥帖",肯定是不对的。你的遣词造句要再笨拙一些,像独有的文心沁出的水珠,从本质上只属于你,就是你自己。要是我明天死了,好吧,至少我的孩子——他们正朝我们走过来——至少他们会很清楚我是什么样的人,我的想法是什么样的,因为他们可以读我的书。所以,或许的确有谋求不朽的原则在起作用,即便只是为了自己的孩子。就算他们忘记了你的模样,他们也不可能说自己不知道他们的父亲是个什么样的人。

(原载《巴黎评论》第一百四十六期,一九九八年春季号)

盖伊·特立斯

◎贝小戎/译

要前往盖伊·特立斯的书房，你得先离开他上东区的联栋别墅，走下雅致的旋转楼梯，用另一套钥匙，进入另一个入口，再走下另一段台阶。他口中的地堡，是一个很长很窄的房间，比很多曼哈顿的公寓更大，有浴室、淋浴、厨房、几条长沙发、两张书桌，一张会客桌和一些椅子。但你不会失去处于地下室的感觉。你也会确定无疑地觉得进入了他的头脑之中。

书房里的书架直抵天花板，书架上摆满了书箱和文件箱。每个箱子上都装饰着精巧的拼贴画：报纸、杂志上的照片、剪下来的字、绘画、漫画。箱子里装着特立斯所有著作和文章的笔记、剪报、大纲和信件。那些拼贴画让纸板箱显得古怪、天真、耀眼，有一种大部分人保存文件时没有的欢欣。

桌子上散落的东西中，有一些密保诺牌三明治袋子，里面装满了照片和一丝不苟地打出来的写着名字和日期的标签。地板上散落着更多的照片，他和妻子五十年婚姻中他迷人的妻子南和他们朋友们的照片。特立斯要写一本关于他的婚姻史的新书，他开始为这本书给照片分类，这一乱象是他的宏大的整理项目的一部分，这个项目标志着他的研究工作开始了。很少有作家像特立斯那样开展透彻、热切的研究，为一本书花上他生命中九年甚至十年的光阴。他对每一天都有记录——他去了哪里，见到了谁，他有怎样的感受。照片会跟那些记录对应起来，放到文件里，按照年份加以整理。就像从文件箱上面的拼贴画就能判断出的那样，他做的记录不只是一箱箱笔记；它本身就是一种创造性的活动。

我们每次都是在下午早些时候见面，特立斯从他的地堡出来时，总是穿得非常漂亮。他穿得如此漂亮，以至于陌生人会在街上跟他说话，餐厅里的服务生会乐意为他效劳，比如专门为他找个地方放帽子。特立斯的父亲是一位裁缝，他的母亲开了一家生意很好的服装店，他说关于如何才能让人显得特别，他首先想到的就是通过衣着。他的西装是巴黎一位裁缝做的，这位裁缝的父亲是他父亲的师傅。特立斯告诉我，他有时会在下午去健身，我忍不住想问他穿什么去，但我不想让他在我脑海中的形象——定制的西装、背心、口袋方巾、白色领子的彩色衬衫、袖扣——变得模糊或者更加复杂。

他外表的讲究和正式也被贯彻到了他的作品之中。特立斯的书桌上摆着一台巨大的电脑，他在那里写作，但那台电脑看上去有几十年历史了；拥有这样的电脑的人，只把电脑当作更方便的打字机，甚至对这种想法也带着犹疑。特立斯不使用互联网。他也没有电子邮箱。在换作别人会发送电子邮件的场合，他则会寄给对方一张用打字机手打的明信片。他书桌上方的墙上是一个白色的泡沫塑料板，上面钉着他写的一页页纸、备忘录或者正在形成的想法。

特立斯今年七十七岁，占据着一个奇怪的位置：既声名显赫又被人误解。他的创新之处是用源于小说的技巧去写他的报纸和杂志报道，以此赋予它们短篇小说的形态和活力——这种后来被称为"新新闻主义"的风格，是他五十年代在《纽约时报》当记者时发明的。他凭借在《时尚先生》杂志上发表的精巧文章获得了关注，其中包括《弗兰克·辛纳屈感冒了》("Frank Sinatra Has a Cold")——七十年后，这篇文章被编辑选为他们发表过的最佳作品。从那之后，他写了好多本书，包括关于《纽约时报》的《王国与权力》(1969)、关于黑手党的《父辈的荣誉》(1971)、关于他的意大利家族史的《移民家世》(1992)，这些书都具有小说的丰富性。他的方法是尽可能地深入人物中去，挖掘一个独特的心灵，以这种方式来捕捉时代精神。特立斯虽然获得了成功，广泛地影响了好几代非虚构作家，

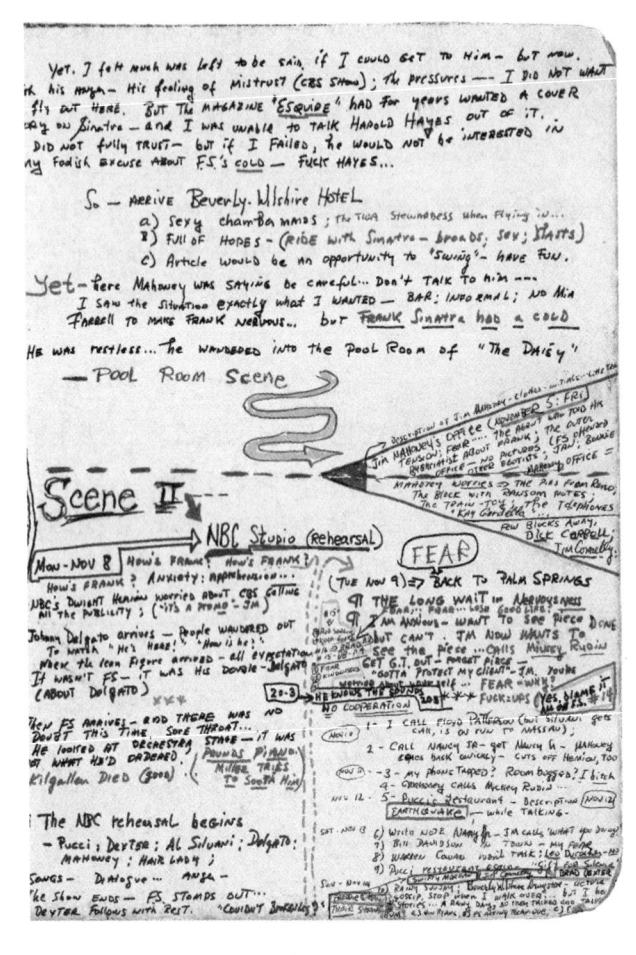

盖伊·特立斯写在衬衫纸板上的一页笔记

但书评人倾向于特别凶狠地攻击他。他最畅销的对七十年代性革命的研究著作《邻人之妻》仍在勾起一些人的反感。一些评论家和女性主义者攻击他，认为他的方法有些不正当，甚至变态——管理一个按摩院，加入一个交换伴侣的隐居地，尽管该书如今被视为一部文化观察的杰作。特立斯恪守他的著作的方式不同于大部分作家：他离开自己的家，住到他的写作对象的世界中去，这是大部分作家做不到的。他的书如此彻底，如此热情地进行研究，以致它们好像是在批评普通记者的方法有些淡漠、克制。

有好多个下午，我们坐在他浅褐色客厅的簇绒皮沙发上，一杯又一杯地喝可乐。我立刻看出，他的写作对象一定非常难以抵挡他的魅力和情感强度。他身为记者的一面热切地要去接管一切：他经常纠正或引导我的提问，他认为我原来的问题有时对他来说不够严厉。很多时候，就好像他宁愿由他来采访他自己。当然，是在有人陪伴的情况下。

——凯蒂·洛芙[1]，二〇〇九年

《巴黎评论》：你的写作日是怎样开始的？

盖伊·特立斯：通常我在床上跟妻子一起醒来。我不想跟别人一起吃早饭。所以我从三楼，也就是我们的卧室，走到四楼，我的衣服放在那里。我穿好衣服，就像是要去上班。我会系上领带。

《巴黎评论》：以及袖扣？

特立斯：是的。我穿得就像是要去市中心的办公室或者华尔街或者律所，虽然我要做的只是下楼，去我的地堡。在地堡里有一个小冰箱，我喝橙汁、吃麦芬、喝咖啡。接着我换衣服。

---

[1] 凯蒂·洛芙（Katie Roiphe, 1968—   ），美国作家、记者，著有非虚构作品《暮色将至：伟大作家的最后时刻》等。

《巴黎评论》：又换一次衣服？

特立斯：没错。我换上宽领结和毛衣。围上围巾。

《巴黎评论》：你喜欢地堡没有窗户吗？

特立斯：是的。没有门，没有晨昏之别。它以前是一个酒窖。

《巴黎评论》：你怎样写作？

特立斯：先是手写。然后我再用打字机。

《巴黎评论》：你从来都不直接用电脑写？

特立斯：哦，是的，我做不到。我想强迫自己慢慢写，因为我不想在纸上写太多。到上午结束，我可能写了一页，我会把它钉在书桌上方。午饭后，大约五点，我会回来再写一个小时左右。

《巴黎评论》：肯定在一个项目的中间，有几天，当你真正在写的时候，你会写了不止一页。

特立斯：不，没有过。

《巴黎评论》：但是你的书都很长。

特立斯：我会花很长时间。鉴于我写了那么久，我出的书相对来说很少。五十五年间，我只写了五本厚书，两本薄的，还有四部文集。不是很多。

《巴黎评论》：是因为你花很多时间修改吗？

特立斯：也不是。我打字，又重新打。当我觉得差不多了，我才弄到电脑上去。一旦到了屏幕上，我就很少改动了。花费很多时间的是写报道。

《巴黎评论》：你在写报道时，会用笔记本吗？

特立斯：我不用笔记本。我用衬衫纸板。

《巴黎评论》：你说的是干洗后的衬衫里的纸板？

特立斯：没错。我把衬衫纸板剪成四片，然后再把它们的角剪成圆边，以便能够放进我的衣兜里。我在写大纲时，还会用整块衬衫纸板。我从五十年代开始就这么做。

《巴黎评论》：所以一整天，你都会在衬衫纸板上写下你的观察？

特立斯：对的，然后到了晚上，我把我的笔记打出来。就是一种日记。但不仅是我的笔记，也是我的观察。

《巴黎评论》：你说的观察是什么意思？

特立斯：我的意思是，是我的个人观察，白天我见到人、看到事物，在衬衫纸板上做笔记时我的所思所感。夜里我打字时，在普通的打字纸上，我不仅是在处理我的日常研究，也是在处理我那天看到、感受到的东西。作为一位做研究的作家，我在做的事总是与我做这事时的感受混在一起，这些我都会记下来。我一直是任务的一部分。对看过我打出来的笔记的人来说，这是显而易见的。

最近我在浏览我六十年代的一些旧文件时，发现了一个很好的例子。当时我刚到洛杉矶的贝弗利·威尔希尔酒店，开始为写弗兰克·辛纳屈做研究。我听到有人敲门。是夜间女服务员。她来把床罩掀开，在枕头上放了一块巧克力。这位服务员非常漂亮，是一个来自危地马拉的健壮瘦削的女子，大约二十二岁，说英语带着很重的口音，穿着一件很好的条纹衬衫。我跟她聊了几句。然后我发现我写到了那些在贝弗利·威尔希尔酒店工作的女性，其中很多都很漂亮，大多来自很远的地方，每天沉浸于酒店客人奢侈、优越的生活方式之中。所以那时我本来是要写弗兰克·辛纳屈，但是这整场关于酒店房间和女服务员的戏剧，也在这里。

《巴黎评论》：你是对所有你遇到的人都有着同样的兴趣吗？

特立斯：我生命中的一个关键事实是，我不是在家中，而是在店里长大的。我的父亲是他堂兄的学徒，他堂兄是巴黎一位著名的裁缝，他的顾客中有电影明星和政要。我父亲在一九二〇年离开巴黎，乘船来到费城。他讨厌费城，在那里得了呼吸系统方面的疾病，有人建议他搬到海边去。

在新泽西的大洋城，他在商业街阿斯伯里大道买下了一家老店，开了特立斯小镇商店。在店铺的一头他开了一个裁缝店。在另一头，我妈妈开了一家服装店，她是在布鲁克林公园坡意大利裔美国人社区长大的。在商店楼上我爸妈有一间公寓。

我父亲的裁缝业一直没做起来。手艺人是很优秀的，但是在大洋城，没有足够多的人想买手工做的西装。所以我母亲挣钱养家。所有收入都是我母亲卖衣服得来的。她很成功，是因为她有办法让女性谈论她们自己。她的顾客大部分是大个子女性，夏天不去海滩的那种女性。我母亲会给她们衣服试穿，让她们看起来比她们觉得自己有权变成的样子更好看。她不是骗子。她卖得出去，是因为她们信任她、喜欢她，她也喜欢她们。我经常在那里，折衣服盒子、打扫柜台、干杂活。通过偷听，我对镇子有了很多了解。那些女性跟我们聊她们的私事，让我对更大的世界有了一些概念。

《巴黎评论》：你小时候写作吗？

特立斯：大洋城有一个周报叫《圣提诺纪事报》，它的编辑洛林·安杰文偶尔光顾我父亲的店。我上高一的时候决定写短篇小说，我父亲建议我去拜访他。安杰文先生说，我可以写一个叫"高中高光时刻"的专栏，只要我能找到足够多的关于学校活动的新闻填满它。

我在高中融入不进去。我跟其他学生长得不一样，我也肯定不像他们那样穿麦基诺夹克[①]。我父亲给我做衣服，我穿得太好了。但是这个专栏

[①] 一种方格厚毛呢双排扣短款外套，以其诞生地、美国城市麦基诺命名。

让我有理由去跟别人交谈。这跟我母亲在服装店跟那些有钱的女性聊天没差别。做新闻报道让我感到,即使我不是一个群体的一部分,我也有权去那里。

《巴黎评论》:你小时候读书多吗?

特立斯:我读的书是我的教区牧师眼中的垃圾小说。绝妙、下流的弗兰克·耶比——一位来自佐治亚州、住在西班牙的黑人作家。我在上大学时还读了一些《纽约客》作家的书。我就是在那时候偶然间发现了威廉·福克纳、欧文·肖、约翰·奥哈拉和约翰·契弗的书。

《巴黎评论》:你后来怎么去上了阿拉巴马的大学?

特立斯:那是一所我能够进去的学校。我高中时成绩很差,被当地所有大学拒收,等我知道结果,已经是暮夏了。我父亲的一位顾客是医生,阿尔德里奇·克罗,他出生于伯明翰,毕业于阿拉巴马大学医学院。他代我打了一个电话,几周后,我收到了录取函。

我在那里过得很开心,也及格了。我发愁的是要让我的分数不断上升。如果不及格,就会失去缓服兵役的资格。我就会被送到朝鲜战场去。

《巴黎评论》:你为什么选择新闻作为你的专业?

特立斯:主要原因是,新闻学好像是最容易的。但我在新闻方面比较大的突破发生于我跟吉米·平克森成为朋友的时候。快毕业的时候,吉米对我说,要是你想去纽约,你应该去拜访我的表哥特纳·卡特利奇,他是《纽约时报》的执行主编。所以一九五三年夏天毕业时,我做的第一件事就是乘公交车去纽约。我走进《纽约时报》大楼。那里的接待员说,我能为你做点什么,年轻人?我说,我想跟特纳·卡特利奇先生问个好。你预约了吗?没有。他说,哦,卡特利奇先生非常忙。你为什么来这里?我说,我认识他的表弟。

接待员像看一个疯子一样看着我,但是我穿得仪表堂堂——穿着我父亲做的衣服——所以至少我是一个仪表堂堂的疯子。六个小时后，我就进去见卡特利奇先生了。他问，是什么把你带到纽约来的？我说，哦，我是你表弟的朋友。他说，那会是谁呢，如果你不介意我问的话？我说，詹姆斯·平克森。卡特利奇看着我，他面无表情。我想，那个吉米·平克森跟他的亲戚关系太远了，以致卡特利奇甚至都不知道他是他表弟。但他还是雇用了我，当送稿员。所以我就那么开始了：给人送咖啡和三明治，给他们跑腿。一周半之后，我在报上发表了我的第一篇稿子。

《巴黎评论》：那篇写的是什么？

特立斯：送稿员必须夜里去时报广场，等着夜里晚些时候小报送到，我要把它们送给编辑们，以便他们看到其他报纸在报道什么。一天晚上，我在时报广场等待时，被围着旧时报大楼三面滚动的电子新闻屏幕惊呆了。一万五千只灯泡用五英尺高的字母拼出了那天的头条。我琢磨，它们是怎样做到的？

送好报纸之后，有些空余时间，我就回到旧时报大楼，爬上楼梯，直到看见四层有一个开着的门。门后面，一个人站在梯子上，拿着一个像是手风琴的东西。我说，打扰了，我是送稿员，我想知道，你在干什么？他说，我在弄头条。我问他要怎么做。他说，他们给我打电话，把头条读给我听，我把它们打到这个东西上，它会让灯泡以恰当的方式亮起来。他说他已经这样做了二十五年了。我问他，他做的第一个头条是什么，他说，哦，大选之夜，一九二八年。赫伯特·胡佛击败阿尔·史密斯。我问他，我能不能去拿一个记事本，回来采访他，请他谈一下他的职业生涯，以及一些他写过的著名的头条。他同意了。

当送稿员的一个好处就是，你会认识许多同事。尤其是在你很有礼貌的情况下。因为我在店铺里长大，我对他人彬彬有礼——是那种尊敬顾客的态度。所以我走到了梅耶·伯格跟前，他是那时《纽约时报》著名的记者之一，也是一个很出色、很慷慨的人。他说我可以在他的打字机上写这篇东西，然后给他看。我照做了，他很喜欢那篇东西。他拿给他的编辑看，不久就被刊登在了社论版，没有署名。

《巴黎评论》：那需要很大的自信。

特立斯：是的，我对自己不是非常自信，因为没什么人相信我。我总是想到约翰·厄普代克，他对自己非常自信，因为他的母亲说，你是世界上最牛的小混蛋（shit）。你棒极了，棒极了，棒极了——他相信了。大卫·哈伯斯塔姆[①]也是如此——他的母亲对他说，他是世界上最牛的混蛋（shit），他就信了。他有着巨大的自我意识。在他心目中，他就是戴高乐。我母亲从没跟我说，我是最牛的，我父亲也没那样说过。他们都很挑剔。我觉得我要向他们证明点什么。他们或者其他任何人都从没让我觉得我有天赋。

《巴黎评论》：你是什么时候意识到自己有天赋的？

特立斯：从来没有。我拥有的只是强烈的好奇心。我对其他人有着巨大的兴趣，同样重要的是，我能耐心地跟他们相处。

《巴黎评论》：你被提拔成为《纽约时报》的固定记者之后发生了什么？

特立斯：我的第一份工作是在体育部，但我不想写体育新闻。我想写人。我写了一位失败的拳击手，一位驯马师，还有一个在比赛期间在拳击台上打铃的人。我对小说感兴趣。我想像菲茨杰拉德那样写作。我收集他的著作，他的短篇小说和新闻报道。《冬日梦想》一直是我最喜欢的一篇。优秀的非虚构作家在写名人，或者话题人物、公众人物。没有人写无名之辈。我知道我不想上头版。在头版，你只能紧贴着新闻。新闻控制着你。我想控制故事。我想挑选普通的采访调派编辑不认可其为报道的题材。我的想法是使用小说家的一些技巧：场景设置、对话，甚至内心独白，如果你对你的人物足够了解的话。我那时在写短篇小说，《纽约时报》没有多

[①] 大卫·哈伯斯塔姆（David Halberstam，1934—2007），美国记者、作家、历史学家，代表作有关于越南战争的非虚构作品《出类拔萃之辈》等。

少人在写小说。有一次,在纽约大学棒球赛上,我听到一对年轻夫妇情侣吵架式的对话。我把这场对话写了下来,通过他们的所见、所说来讲述比赛的故事。在圣帕特里克节①游行时,我写了游行队伍队尾的那个人,一个捧着大号的人,他后面过来的是环卫卡车。我从这位大号演奏者的有利角度来写这场游行。

《巴黎评论》:编辑们或者其他记者对你的作品做何反应?这些作品显然在那时的《纽约时报》是不同寻常的报道。

特立斯:一开始,他们都以为我是编的。他们说,我是在写小说。我说,我写的不是小说。我非常谨慎地做到准确。在我当报纸记者的十年间,我从来没犯过一次需要更正的错误。有时我的稿子能发表,有时会被毙掉。但是我想写作,而不是报道。

《巴黎评论》:那时,你跟现在一样写得很慢、很仔细吗?

特立斯:我那一代其他的记者都会拿回一个编辑分派的任务,半小时后就能写出来。下午的其他时间,他们会读书,或者打牌、在餐厅喝咖啡,我一直很孤单。那些时间内,我不跟他们聊天。我只是想把我的文章写到完美,或者尽可能地写好。所以我反复重写,觉得工作日的每一分钟都要用来提高我的作品。我这么做是因为我认为那不仅是新闻报道,第二天就会被跟垃圾一起扔掉的那种东西。我一直有一种未来感。我从来没有在截稿时间两分钟前交过稿。这不容易,我觉得我只有一次机会。我是在为纪实报纸而写作,我相信我做的事情将成为永恒历史的一部分。

它最好非常优秀,因为我的名字在上面。我一直这么认为。我认为自己有这种看法是由于我看到我父亲怎样做西装。我深深地记得,他怎样认真地缝纫,他没挣到多少钱,但是我认为他很地道。那些西装上面有他的名字——纽扣不能第二天就掉下来。它们必须看上去非常棒,要非常合

---

① 为纪念爱尔兰守护者圣帕特里克而设立的一个传统基督教节日,在每年的3月17日或前一个星期六举行。

身，要耐穿。他的生意不挣钱，但是从他那儿，我明白了我想成为一个手艺人。

《巴黎评论》：你为什么离开《纽约时报》去了《时尚先生》杂志？

特立斯：我不能把自己限制在日常新闻一千两百字的限度里。无论到哪里，我都认为有一些其他人没有讲的故事。比如，当我走进职业运动员的休息室时，我会只听他们聊天，看着那些人的身体。他们跟那些跟自己从小一起长大的人待在更衣室里，会问他们在晚上的比赛中表现如何之类的运动员式的问题，但我想，不，这里有一个不同的故事。这些人之所以吸引人，不是作为表演者，而是因为他们交往的方式。比起那些在浴室里的同性恋男性，他们彼此之间更自由。其他记者根本没有看到这一故事，他们只看到了他们的职业。但由于是日报，我老是要丢下这些故事。我无法深入报道。这是我再也干不了这个工作的真正原因。

那时，在六十年代中期，汤姆·沃尔夫和吉米·布雷斯林[1]在《先驱论坛报》过得很开心。他们可以想写什么就写什么，我希望我能拥有那种自由。按照《纽约时报》的标准，我已经得到了很多自由，但跟他们相比还不够多。我希望有更大的空间，希望能想去哪里就去哪里。

《巴黎评论》：你认为其他作家怎么样？

特立斯：我最佩服的是汤姆·沃尔夫。我很早就认识他了，他在《先驱论坛报》、我在《纽约时报》的时候。我们是朋友，他经常过来找我吃饭。从风格上说，沃尔夫是无与伦比的。他是一个很独特的人，一个了不起的记者，一个很棒的作家。

我不会把布雷斯林和亨特·S.汤普森[2]放在这个水平。我从来没觉得

---

[1] 吉米·布雷斯林（Jimmy Breslin，1928—2017），美国记者、作家，1986年普利策评论奖获得者。
[2] 亨特·S.汤普森（Hunter S. Thompson，1937—2005），美国传奇记者、作家，代表作有非虚构作品《惧恨拉斯维加斯》《朗姆酒日记》等。他是《巴黎评论·作家访谈》"新闻的艺术"子单元的第一位受访者。

自己在跟布雷斯林竞争。我认为他粗鲁得没有必要。他把粗鲁变成了一种有销路的心智表现形式。汤普森很标新立异。他演奏许多人都懂的音乐，但是我领悟不了。我喜欢他的一些作品，读过他的一些书。我可能见过他两次，我对他没有敌意。近来我在看一部关于汤普森的纪录片，一位朋友向我指出，他的书架上有一本《王国与权力》。所以我决定，我本应该对他有更高评价的。

《巴黎评论》：你是否认为你属于通常所说的"新新闻主义运动"的一部分？

特立斯：沃尔夫在他关于"新新闻主义"的书中说我是创立者之一，这让我受宠若惊。但我从来没考虑过"新新闻主义"。我从来没觉得我属于一类做新事情的新人。我想像菲茨杰拉德那样写作。

《巴黎评论》：你感到在跟小说家竞争吗？

特立斯：是的。我有这种感觉。新闻不太受尊重。新闻记者，尤其是我这一代的，不太认真对待他们的工作。我则是认真对待自己的工作。这是一门手艺。这是一种艺术形式。我是在写故事，就跟小说家一样，只不过我用的是真名。如果你把我的书分解成一章章的，每一章都可以是一个独立的短篇小说。你把《王国和权力》中关于麦坎德利斯·菲利普斯、《移民家世》中关于加里波第、《邻人之妻》中关于哈罗德·鲁宾的章节拿出来，它们就可以组成一个短篇小说集。

非虚构作家是二等公民，是文学的爱丽丝岛①。我们进不去。是的，这让我很恼火。

《巴黎评论》：你有没有试过写小说？

特立斯：我写过一个短篇小说，一九六七年被《小姐》杂志发表了。

---

① 爱丽丝岛（Ellis Island），位于美国上纽约湾的一个人工岛，曾是美国主要的移民检查站，被视为美国移民的象征。

小说编辑给我写了一封很友好的信。但是我再也没有写小说。我认为我可以在非虚构领域做一些其他人没做过的事情。已经有那么多伟大的短篇小说家、剧作家和长篇小说家了,但没有很多真正杰出的非虚构作家。我想我宁愿成为一位杰出的非虚构作家。

《巴黎评论》:你那篇《弗兰克·辛纳屈感冒了》经常被单列出来作为"新新闻主义"的经典作品。那个写作任务是怎么来的?

特立斯:我在《时尚先生》的编辑哈罗德·海耶斯说,我想好了你下一篇的主题:辛纳屈。我告诉他我不想写。辛纳屈被写得太多了。我是说,天哪,又一篇写辛纳屈的稿子?但是海耶斯是一个很有礼貌的强势的人,不达目的不罢休。所以我就去了洛杉矶贝弗利·威尔希尔酒店,给辛纳屈的媒体经纪人吉姆·马奥尼打电话。他说弗兰克觉得不太舒服。他感冒了。马奥尼还有其他感到不快的事情。他对辛纳屈是黑手党成员的朋友这一谣言感到不快。马奥尼说,我们希望你签署一个协议,允许我们先看你的稿子。我说我不能那么做。他说,那我们可能就谈不成了。到了周末,我仍在酒店房间里,马奥尼给我打电话,问我在干什么。我说,我在等他给我打电话。弗兰克怎样了?哦,他不是很好。我说,他还在感冒吗?他说是的,他还在感冒。他又提出了签协议的事情,我又说那不可能。他说,我知道你在见一些人。是的,我在见一些人。你见了弗兰克的一些朋友?我说,我不知道他们是不是弗兰克的朋友,但是我一直在见人。他问我,这篇稿子你要写多久?我说我不知道,他就把电话挂了。

那天晚上十点左右,我坐在酒吧里,观察人,然后我非常确定自己看到弗兰克·辛纳屈跟两个金发女郎坐在酒吧的角落里。辛纳屈去打台球,然后我目睹了辛纳屈和一个叫哈兰·埃里森的人之间发生的一幕,我把它写在了衬衫纸板上。但我没有记全,我就到埃里森跟前,问他第二天能不能跟他聊聊。他给了我他的电话号码和地址。当面跟他聊的时候,我不仅问他每个人都说了什么,还问了他想了什么。我总是会问人们是怎么想的。辛纳屈让你感到惊讶吗?你以前见过他吗?你觉得他要打你吗,或者你想打他吗?

后来我认识的一个人有一个秘书,跟辛纳屈的女儿南希就读于同一个学校。她跟我讲了一个很好的故事,关于她去辛纳屈家开的派对的经历。在派对上,她不小心碰掉了壁炉架上的一只石膏做的小鸟。小南希说,哦,不,那是我妈妈的最爱。接着弗兰克·辛纳屈碰掉了另一只。

我给弗洛伊德·帕特森①打电话,我在《时尚先生》写过一篇关于他的文章,因为我知道辛纳屈会在拉斯维加斯看他的比赛。他给了我比赛的门票,我就一直跟着辛纳屈。我跟弗洛伊德保持联系,是因为稿子写好之后,并没有万事大吉。我会跟我写的人保持联系。我在二十五岁还只是一个年轻的体育记者时就这么做了。我跟他们保持联系,因为我觉得还会有更多故事。故事还在继续。

所以我得到了这样的一些素材。我几乎每天都给我的编辑哈罗德·海耶斯打电话。他问我进展如何。我说,我来这里是为了找素材的。哈罗德从不问我是否想回去,我也没想到问他我可不可以走。

《巴黎评论》:你跟辛纳屈有没有过眼神接触?

特立斯:有过,我确信他知道我是谁,但是他没跟我说话。我没有求他帮我,但是我在采访许多所谓的小人物。我专攻小人物。最后我回到纽约之后,我找了吉利·里佐,一个跟辛纳屈很亲近的酒吧老板。他带我去新泽西见了辛纳屈的父母。对我来说那是一个很好的机会,因为辛纳屈的母亲很友好,跟我讲了他跟艾娃·加德纳②的关系。我只能相信辛纳屈允许她跟我谈话,不然的话,我怀疑她都不会见我。我和辛纳屈都不承认我们在相互配合。换言之,我没有提出采访请求,他也没有说,不要写我。这是一场有趣的小小的舞蹈。

我交的这篇报道有大约一百页。他们一字未改。它被刊登出来时,

---

① 弗洛伊德·帕特森(Floyd Patterson,1935—2006),美国职业拳击手。
② 艾娃·加德纳(Ava Gardner,1922—1990),美国演员,弗兰克·辛纳屈的第二任妻子。

情况并不是说,哦,这是有史以来最伟大的作品之一。它不过是又一篇报道。

《巴黎评论》:你认为呢?

特立斯:我认为它还不错。我仍然认为它不是我最好的作品。我认为写《纽约时报》讣告作者的《坏消息先生》更好。我认为我写拳王阿里的那篇也比它好。我从没跟他说过话。就像写辛纳屈时一样,我依赖的是小人物。我也喜欢写彼得·奥图尔[1]的那篇。他是我做过的最聪明的采访对象。那是唯一一次我觉得我可以跟我在写的人交谈。写奥图尔那篇是我最早的没有用小人物来承载故事的杂志文章。

有趣的是,我写的稿子,有时被收入文集,像《弗兰克·辛纳屈感冒了》和《失败者》,后者是关于弗洛伊德·帕特森的,其中有一半我认为今天都不会被发表。我记得我几个月前接到一个电话,一位朋友告诉我,我将获得乔治·波尔克奖[2]终身成就奖。我的朋友说,他想把这个消息告诉《时尚先生》那帮人。我说,《时尚先生》?我不再给《时尚先生》写稿了。他说,但是你写了《弗兰克·辛纳屈感冒了》。我说,那是四十年前了。我不是小瞧自己,但事实是,我过去写的杂志文章,如今的杂志不再发表了。

《巴黎评论》:真的吗?为什么不发了?

特立斯:去年《时尚先生》出了一期周年纪念刊。我以为我可能有机会给它写一篇——虽然我认为这个杂志没有以前那么好了。所以我提议再写一次奥图尔。他们不想要。实际上,编辑根本没有回复我。

在大约一九九六年,我就知道杂志界变了。好多年不写杂志稿之后,《民族》杂志给我派了一个活,写拳王阿里与卡斯特罗在哈瓦那的第一次

---

[1] 彼得·奥图尔(Peter O'Toole, 1932—2013),英国演员,代表作有电影《阿拉伯的劳伦斯》等。
[2] 乔治·波尔克奖(George Polk Awards),美国新闻界最重要的年度奖项之一,设立于1949年。

见面。我交了，他们说不适合他们。太长了。我就把它给了《纽约客》《纽约时报》《GQ》《评论》《哈泼斯杂志》《大西洋月刊》《滚石》《时尚先生》——都被拒绝了。我想，怎么回事？这是一篇很好的稿子，在一九六七年立马就会被发表。最后，《时尚先生》的编辑说再看一次。他们想删减，我拒绝了。他们放了一段时间，最后还是刊登了。

《巴黎评论》：为什么你认为杂志产业的运作跟四十年前的差别那么大？

特立斯：我成长起来的时候，在"二战"之后的时期，许多想成为记者的年轻人梦想着当驻外记者。我从来没那么想过，因为我认为，这里就是一个异国。民权运动、反战运动、文化革命、同性恋的权利、女性主义——所有的新事物把我们的国家变成了就像一个异国，尤其是对老一辈来说。《邻人之妻》就是关于刚刚发生的道德的全面变化。在六十年代，这个故事不是在法国，甚至不在苏联——它在美国。

《巴黎评论》：你为什么放弃了写杂志稿？

特立斯：我为它们做了很多工作。我喜欢这种形式。但是我开始给《时尚先生》写《纽约时报》的人，然后我有了一个想法，写一本关于这个主题的书——《王国与权力》。

《巴黎评论》：你是否担心你在《纽约时报》的朋友和前同事对这种披露性的书的反应？

特立斯：没有，我不担心。不是说我不在乎。我非常在乎。但是我相信，每一天，《纽约时报》都在伤害人、毁掉人的职业生涯——剧作家、商人，蒙受不白之冤的人。他们是杀手。他们的评论、他们的批评和他们的国内、国际报道，有时是准确的，有时一半是对的，有时是诽谤。

我并不是为了跟媒体那些人打个平手而发起一场运动。我只是想，我要做到公正。在我心目中，我是在引用伟大的阿道夫·奥克斯[①]，他曾经说，《纽约时报》应该"非常公正、有礼貌地对待那些由衷地不赞同它的观点的人"。我认为这是这家报纸以前的信条。这比"刊登所有适合刊登的新闻"重要得多。所以我对那些我不赞同的人非常公正。这不是一本挑起论战的书，它只是一本报道性的书。我是对报道的报道。但它也是讲故事，里面有一些很好的故事。

《巴黎评论》：娶了一位编辑是什么感受？南是不是编过你的稿子？

特立斯：并没有，但是她会把我写的每一页大声读给我听。有一次，我让她读后来收入《王国与权力》之中的一篇文章。她说，这篇很好。然后我又写了更多，把它改得更好了，我觉得。我把新稿子拿给她看，她说，这样很好。我说，上周关于前一稿你也是这么说的。她说，好吧，我认为那一稿也很好。我抱怨说，她对我不够严厉，我希望她像一位编辑而不是妻子那样读我的作品。

但有时，我会跟她聊我要做什么。在《一位作家的一生》（*A Writer's Life*）中，我想写她的母亲和父亲，以及我跟他们总是处不来，她让我不要写。

《巴黎评论》：你为你的稿子花了很多时间做研究。你有没有想过，这变得太痴迷了，或者过度了？

特立斯：最开始的研究很困难、很花时间。我不是在写法国大革命的历史，那样我可以去图书馆，去查阅一千本书。比如我开始研究反淫秽法时，单是搞懂那些法律文件就要做很多工作。读那些案例——非常枯燥！或者我想研究一个餐厅，纳帕山谷烤肉，十四年前关闭了，我必须找人，走遍全国各地，就为了找到某一个曾经在那里工作的副厨师长。你没法用谷歌搜索搞定这些事。

[①] 阿道夫·奥克斯（Adolph Ochs，1858—1935），美国新闻出版人，《纽约时报》前所有者。他于1896年买下《纽约时报》，并将其一手打造为日后的新闻帝国。

我为了写作而收集的大部分东西最终都不会进入书中，但是我认为一个人做再多的研究都不为过。我所有的研究都很重要，因为它们给了我一个基础，给了我的主题一种比例感。我还会发现东西，把我引向其他故事。为了写一篇最后被改编进《一位作家的一生》的文章，我研究了一个生殖器被切掉的人，约翰·韦恩·博比特。博比特的故事是关于一名失去了勃起能力的男子。所以我对泌尿学特别感兴趣，开始参加泌尿学会议。我得知，有很多年轻男性在常见的受伤，如车祸、战争受伤、运动受伤之后，有了勃起障碍。迈阿密大学医学院有一整片区域都被用于努力帮助这些受伤的男性恢复勃起能力，那些还很年轻、结了婚、想要孩子的男性。

我找到医学院一位负责让男性勃起的女子。她是我遇到过的最有趣的人之一。她不漂亮，但她是全美国最强的给人自慰的人。我看她工作。男的坐在床上，还有一位男医生，但是她开始轻抚病人。她有着最神奇的手指。然后医生把精液取走，注入做好了准备的妻子的体内。我一直觉得，我会写一篇关于这位女子的文章，但是我一直没写，也没想好该怎样把她写入《一位作家的一生》。也许有朝一日我会为她找到一个位置。

《巴黎评论》：你是怎么知道什么时候把一篇文章变成一本书的？

特立斯：一个很好的例子是我关于韦拉扎诺海峡大桥的书[1]。一九五九年，罗伯特·摩西[2]提议，把住在布鲁克林湾脊区，也就是纳罗斯水道附近的几千人赶走，以便修建大桥。我被安排前往布鲁克林，报道该居住区抗议摩西的活动。我认为，对这些人来说，这是一场地震一样大的灾难。或者像战争——德累斯顿、波兰、广岛——整个城区被炸弹夷为平地，幸存者只能被重新安置。摩西不仅要拆掉建筑，他还要毁掉很多人的生活。

---

[1] 指出版于 1964 年的《大桥：韦拉扎诺海峡大桥的建造》(*The Bridge: The Building of the Verrazano-Narrows Bridge*)。韦拉扎诺海峡大桥是位于美国纽约的一座双层悬索桥梁，连接斯塔滕岛和布鲁克林。

[2] 罗伯特·摩西（Robert Moses，1888—1981），美国城市规划师、政府官员，韦拉扎诺海峡大桥由他主持修建。

我开始考虑所有会受到波及的人的类型。孩子们要去新的学校，拥有新的同学。一名男子跟他的街区的一位女子相爱——现在他们只能搬到另一个居住区。一位牙医失去了他的病人，一个教堂失去了它的教区居民，殡葬业者失去了他们的死者。我给《纽约时报》写了一篇关于抗议活动的文章，但是我觉得还有很多东西我无法写到一篇短文里去。

我想的第二件事是，你到底要怎样建一座大桥？我一直搞不懂怎样在水的上方修一条路。所以我就开始读相关的东西。我得知，以前人们会把箭头绑上绳子射到对岸去。我觉得这很有趣。现在都是用钢索，可怎么办？

《巴黎评论》：你还写了关于报纸产业、黑手党、性以及你的家人的书。这些题材有某一个主题把它们统一起来吗？

特立斯：历史感。在我所有的书中，我努力告诉读者我的人物从哪里来，他们是怎样抵达我找到他们的那个地方的。它永远不只是现在时态。它总是关于过去时态的。源头。即使是杂志文章也是如此。这个本能源于我开店的母亲。她是从布鲁克林来的新来者，她想了解经常光顾她的店铺的那些女性。

《巴黎评论》：你说你从来不会付钱给你的采访对象，但是你为博南诺犯罪家族[①]设立了一个基金。对此你如何解释？

特立斯：我在比尔·博南诺家为《父辈的荣誉》做研究时，经常听到他的妻子罗莎莉跟他抱怨钱的事情。他们需要钱，他们的孩子需要钱。我想，我在目睹一种报纸犯罪新闻作家从来没有报道过的事情，他们总是把黑手党写得很有钱，住在豪宅里。博南诺本人假装自己很有钱。但是在他们的内心中，我看到的是苦苦的挣扎。

[①] 一个意大利裔美国黑手党犯罪家族，活跃于20世纪30年代至60年代，是主导纽约市有组织犯罪活动的"五大家族"之一。该家族核心头目为约瑟夫·博南诺，后文提及的比尔·博南诺是他的儿子。盖伊·特立斯《父辈的荣誉》主要写的就是这对父子的故事。

出版时我唯一付过钱的东西是照片，《时尚先生》用的，以及后来书里用的。我购买了大约五十张照片，花了九千美元。我在书里披露了这件事。我写完稿子之后，我的经纪人坎迪达·多纳迪奥，马上就卖掉了平装本的版权，卖了四十五万一千美元。一千的零头让它超越了《教父》平装本版权的售价。那是在一九七一年，我人生中第一次有了钱。我买了现在住的房子。我觉得好像我必须为博南诺一家做点什么。我能想到的只有建大学基金，那时我给我女儿设了一个。《父辈的荣誉》支付了博南诺家四个孩子以及我女儿们的学费。很高兴我做了这件事，因为我现在有证据证明那是正确的决定。博南诺家的四个孩子都很正直，甚至其中一个是一位重要的医生。没有一个要去做他们的父亲选择去做的事情。

《巴黎评论》：那个不断扩展、野心勃勃，后来成为《邻人之妻》的项目是怎样开始的？

特立斯：一天晚饭后，南和我走着去列克星敦大道，在第五十八街附近，我看到一个标牌说有真人裸体模特。那是一九七二年。我对南说，让我们上去查看一番。她说，你去——我在家等你。第二天早上我又回去看，发现那是一家按摩院。前台有一个男的，给了我一个影集。他说，你可以从照片上的四个姑娘里面选。我选了一个，然后被带到后面一个小房间里。

那是在三楼，我能听到列克星敦大道上行驶的公交车、齿轮的咔嚓声，还有街上聊天的声音。我跟一个年轻女子在帘子后面。我问她是从哪儿来的。她说阿拉巴马。我说，哦，真的吗？我是阿拉巴马大学毕业的。她当然是一点也不关心。但是在她服务的时候，我一半享受着，一半对整件事很感兴趣——这女的是谁？她的童年是怎样的？来这里的男的是谁？

我开始每天都去这些按摩院。每次在按摩的时候，都跟这些女的聊天。

《巴黎评论》：你做笔记吗？

特立斯：不做。我在寻找一个真正会说的女的。我在挑选。我在寻找一个人物。一九七二年的大部分时间，一直到一九七三年，我都在找人物。我想写一下七十年代，以及对性有新态度的新一代。我觉得按摩院会是一个完美的实验室。我有许多我觉得非常好的可以写的女性，其中许多都上过大学，纽约大学或者亨特学院，但是跟她们在一起一段时间之后，做了很多笔记，带她们去吃完饭，见过她们的男朋友，她们会告诉我，我不能使用她们的真名。这是我遇到的最大的问题。之后失败了很多次，最后我找到了一个女的，说她会允许我用她的名字。

《巴黎评论》：为什么对你来说，使用真名那么重要？

特立斯：用一个人的真名时，我是在对读者说，你可以去查验。我想表明，你可以写真实的人物，写他们的私生活——这一直是小说家的地盘。我从不想走捷径：用匿名的人物，合成的人物。所以很多记者和作家都是说谎者。你知道是哪些人。我想跟他们不一样。这并不容易。在《邻人之妻》中，我花了三个月的时间来确定怎样在哈罗德·罗宾和约翰·布拉洛之间过渡。我想，天哪，如果我是在写小说，我可以把他们写成同一个人，因为他们都是犹太人，都来自芝加哥。但是我想写实情。

《巴黎评论》：你最后找到那个允许你使用她的名字的按摩女时，发生了什么？

特立斯：我邀请她和她的男朋友，一位医生，一起吃晚饭。我妻子南在做菜，那个医生站起来说，我去跟南一起做。他就去了厨房，而我和那个按摩女坐在外面的客厅里，在那儿聊天。他们在那里非常安静，我能看到那个按摩女有一些不安。好像那个医生跟南相处得很好。最后南出来，说晚饭做好了。晚饭后，我说我要去帮着洗碗。那个医生说，不，不要，我去帮忙。所以南和那个医生又回到厨房，我听到南说，不可以。

他在跟她调情。我能看到我的故事因此遇到了问题。接着南和那个医生从厨房出来，他和那个按摩女开始喝酒。医生喝醉了，晕倒在了地板上。他只能在这里过夜,他的女朋友陪着他。第二天早上,南对我说,你逼迫我,逼迫我见他们,最后我做了,但是我不会再卷入你为这本书做的研究了。

《巴黎评论》:那个按摩女还为这本书跟你谈过话吗?

特立斯:没有,几天后,她说她要退出。她说她要跟医生结婚了。他们结婚了,搬到迈阿密去了。我失去了她这样一个人物。这让我很沮丧,因为她是一个很好的人物。

《巴黎评论》:南很介意你在写这样一本书吗?你要去按摩院,然后管理一家按摩院,接着又去性聚居地?

特立斯:不介意。有时我会在"砂岩"——加利福尼亚的一个性开放者隐居地——的舞厅用付费电话打电话给她。我光着身子,上楼,弄些零钱。我会在六点或七点,她下班后给她打电话。我说,哦,我在这里看阿历克斯·卡姆福特医生给一些芭蕾舞演员做口活,或者类似的事情。我开始管理按摩院时,距离她上班的兰登书屋的办公室只有一个街区,我会邀请她过去看看,因为我想知道她对我做的事情的看法。但是她不想去。

《巴黎评论》:真的有必要把研究做到这种程度吗?去一两家按摩院是一回事,但是去两年,然后当了一家按摩院的经理?

特立斯:为了了解这些人,深入他们的头脑中去,我觉得我必须这样做。不仅如此,我必须以和他们没有差别的样子在场。我不能看上去像个记者。比如你去"砂岩"时,你要把衣服脱了。第一次对我来说很尴尬,很不自然,尤其是鉴于我的年龄和背景。但是到了第四、第五次,就不尴尬了。之后我住在"砂岩"。从早上到中午、晚上都光着。问题是他们必须要信任我,我也要信任他们。不然我做不成。

《巴黎评论》:但是不是意味着,比如《父辈的荣誉》,要差一些,因为你不能成为一个黑手党，或者犯下谋杀罪？

特立斯：不是的。我认为这没有区别。我参与到了《父辈的荣誉》之中。我跟比尔·博南诺、他的保镖和其他帮派成员一起乘车。我本来会被开枪击中。一九六六年，我开始去北加利福尼亚，去看博南诺。接下来八年，我定期去看他们，有一段时间，我住在他们家里。我一直在冒风险，虽然我没有真的犯罪。

《大桥》也一样。我从来没有换下过我的三件套西装，但是我戴了一顶安全帽，跟建桥的人一起闲逛。我到过大桥的最高点，在大桥还没建成的时候，我在桥上的人行道上行走，在上面摇摇晃晃地四处走。周末，我去印第安人居留地，以便写关于他们的故事。一个建桥的年轻人经常带我去他在圣卡纳瓦加居留地的家。他结婚了，有年幼的孩子。他父亲住在隔壁，是一位建桥工人，他祖父也做过建桥工人——这个小部落所有人都做过建桥工人。有一次，这个年轻的建桥工人提议让我住在他家，他又提议，我可以跟他姐姐一起睡。她二十七岁，尚未订婚，她愿意顺从这个想法。现在，这个插曲不属于建桥的经历，但它属于我置身于这个群体中的经历，在圣劳伦斯河边，一个混血莫霍克族建筑工人居住地。我不是一个外来者。我也不是他们自己人。我当然也不是钢铁工人或建桥工，但我感觉我能体验他们的世界。

《巴黎评论》：在《邻人之妻》的结尾，你使用了一种不寻常的技巧：你用了第三人称指代你自己。你为什么想有一个叫盖伊·特立斯的人物？

特立斯：我觉得用"我"会破坏掉语气。那会很刺耳。我还想强调我跟我周围的事物的距离，虽然我在它们之中。我也许是在桑拿间，但我也在桑拿间之外。我一直在想从街对面看过来，或者我在偷听其他人的谈话时是什么样子。作为一个报道者，我是跟环境脱离的。使用第三人称好像是把我写进书里的最显而易见的方式。我一直是一个观察者。

我一直超然于所有人之外。现在，我在努力写我跟南的生活，我意识到在五十年的婚姻中我在多大程度上是一个观察者。如果我将要写我正在做的事情，我就会想着怎样写这件事。我可能在打网球，但想着的是描写网球场上的景象。可以说，这是我做人的一大缺点。我从不在某处。全身心地在那里。

《巴黎评论》：《邻人之妻》惹起那么大的怒火是你希望的吗？

特立斯：当然不是。我希望的是，我把非虚构带到一个没人带到过的领域。我想闯进那个只有小说家有钥匙的小小的私人俱乐部。菲利普·罗斯跟我一样的年纪，约翰·厄普代克跟我一样的年纪。他们可以在小说里写性。我想用非虚构来写它。这是激发我的东西。

《巴黎评论》：《邻人之妻》出版后遭到的抨击都是人身攻击，你感到惊讶吗？

特立斯：我很失望，很惊讶。也许感到惊讶很蠢，但我确实惊讶。真正的评论在书出版之前七年就出来了。一九七三年，《纽约》(New York)杂志发表了一篇人物特写，污蔑我，贬低我。那篇文章叫《跟盖伊·特立斯一起裸体的一夜》，阿隆·莱瑟姆写的。我被描绘成在第五十七街一个按摩院里光着身子四处嬉闹。那篇文章发表之后，我名誉扫地。我工作的方式有何骄傲之处成了一个疑问，因为好像我是在用可以报销的钱去体验色情，还称之为研究。南也被拖了进来。更不用说我的女儿们了，她们当时在读研究生。

人们想让我觉得自己实际上是一个坏人，一个变态。但我认为我不是。我只是感兴趣，愚蠢地、纯粹地，以无与伦比的热情，对那些能扩大我的界限、扩大我自己特定经历的边界的事情有着无穷的兴趣。

《巴黎评论》：《邻人之妻》出版时，你的父母还在世吗？

特立斯：是的，但是他们没读过。实际上，甚至有报纸引用他们说了什么什么。他们从来没跟我谈到过这本书。《大洋城先驱报》上有一篇差评，我知道他们读过。对他们来说，这本书是尴尬之源。我对他们说，我可以把我大洋城的房子卖了,他们说,别,别,你应该留着。就这么多。

《巴黎评论》:你的作家朋友们做何反应?

特立斯:美国笔会的人对我很不客气。那些年,女性主义者尤其直言不讳。我要参选笔会主席,有人告诉我,我最好把自己的名字从名单上拿下来,虽然提名委员会把我的名字放了上去。我觉得这非常可笑,因为笔会那些人并不是天主教保龄球联盟的成员。他们本应该是第一修正案绝对主义者,保护写作的自由。这是我的版本的"红字"。我被烙上了罪人的标志。

《巴黎评论》:你做出了什么反应?

特立斯:我想躲起来。我想写一个完全不同的主题,一种接近美国人的内心的东西:汽车。我想写一个不是我的意大利人。我写的人总有一些我在里面,尤其是在意大利人、迪马乔、辛纳屈那里,所以我想我要写李·艾柯卡,刚被任命的克莱斯勒的总裁,他成了一个显著的全国性人物。有近一年半的时间,我一直在写一本关于克莱斯勒的书,花了很多时间跟艾柯卡待在一起,在他位于布鲁姆菲尔德山的家中。但是不起作用。我努力想通过写汽车来恢复我的声誉,而不是真的想写汽车。有时你发现你写的人物跟你的生活匹配,有时你发现它们不匹配。就像是谈恋爱。就像你跟一个人约会,最后不欢而散。

《巴黎评论》:在我看来,你的职业生涯中有一个不解之谜,就是很多人喜欢和尊重你的作品,但你得到了过多的负面评论。你觉得为什么会这样,负面评论会让你感到烦恼吗?

特立斯:通常负面评论都是在贬低我的技巧。他们不相信我。他们认为我是在编造。特立斯写道,某某人在想这个。我们怎么知道这个人在想那些?我之所以知道,是因为我反复采访了他们。我问,你当时在想什么?所以我能写出来。你必须打好基础,以便你能够问他们,你那时是什么感觉？你要跟他们有足够多的过去。

评论者经常感到困扰的是，我没有对我写的人做出道德评判。不仅《邻人之妻》如此，《父辈的荣誉》也是如此。他们说我对有组织犯罪太心软。我努力像他们看他们自己一样看他们。比尔·博南诺是一个谋杀犯，还有他的父亲，以及那些我在下曼哈顿第一大街跟他们一起厮混的保镖。但是我不觉得他们有别于那些因为杀人而被政府誉为爱国者的士兵。保护你的同伴们，只是这么回事。

我的书和文章也从来没有得过奖。我听说，我有几次角逐普利策奖，但未被选中。我没得过国家图书奖。但除了一两个例外，我不后悔我出版的任何东西。我得到的唯一的奖励是，我觉得自己已经尽力而为了。

《巴黎评论》：你曾经说，《邻人之妻》出版之后的时期是一个黑暗的时期。那之后发生了什么？

特立斯：我被困住了，一事无成。南去伦敦出差，我没有人可以去倾诉。我发现自己很孤独。所以我就去了罗马。结果我在那里一待就是三年。那段时间，我远离了整个出版界。我对出版人感到厌烦。我对编辑感到厌烦。我对经纪人感到厌烦。我决定在意大利研究我的家族史，那就是《移民家世》的开端。

后来发生了别的事情，让我想离开罗马。我最好的朋友是大卫·哈伯斯塔姆。我遇到他之后不久，他加入了《纽约时报》。一九六四年，他住到了这里的街对面。我是他婚礼上的伴郎。我们就像兄弟一样。然后在一九八二年，我认识他二十年之后，他打电话跟我说，盖伊，我想写写汽车，我想跟你的朋友艾柯卡谈谈。我说，大卫，我写这个已经写了差不多一年了。他说，是的，这是我写的二十世纪下半叶的美国系列的第三部分。他有一个更大的计划——我不知道那是什么。我说，让我们坐下来谈谈，因为我们不能写同一个主题。我很沮丧。我不想告诉他，我不能确定我想写这本书。我只是感到惊讶，我最好的朋友会进入我已经插了小旗的区域。两周后，他回到纽约，我们在我家里见了一面。南也在，我们吃了晚饭,他讲了他是多么想写这个。我就说,那会影响我们之间的友情。我们就不能再见面,每天都聊我们的工作了。我从没遇到过这种情况。我以为他已经改变了主意。但是他没有。他很坚定。我意识到,他比我更强悍。大卫写了他那本书,叫《大清算》(*The Reckoning*)。我没有读过。它让我们的友谊停止了十一年。

《巴黎评论》: 那时你有没有碰到过他?

特立斯: 有时我和南会在派对上看到他。我会离他远远的。如果人很多,我能做到。但有时我会撞上他。我会说你好,他也说你好,就这样。我的内心已经碎了。这就像离婚。

《巴黎评论》: 后来怎么结束的?

特立斯: 一九九三年,他打电话给我,说他想送我一个他写我的东西。那是他编的一本最佳体育报道合集的序言,以非常赞赏性的口吻,写到了他对我的尊敬。我意识到,他在努力跟我和好。之后我们决定去看棒球比赛,比赛之后,我们一起吃饭。一点点地,我们又变得像以前那样亲密,之后更加亲密。他和他妻子简飞往威尔士,参加我女儿帕梅拉的婚礼,我们在伦敦一起过了一个礼拜。然后他去北加利福尼亚演讲,我在洛杉矶教课一个星期,所以我提议,他过来,我们在一起待几天。但是他来不了,我就回纽约了。两天后,我得知他在西部一场车祸中丧生。简给我打的电话,我立刻赶过去。我们谈了一整晚。那对我来说是很糟糕的一年。我从没有一个朋友,会让我像喜欢大卫一样喜欢。

《巴黎评论》: 你宣布说,你的下一本书将是关于你的婚姻的。你是怎么决定写这个主题的?

特立斯: 没有人会蠢到写这个,或者试图写这个。而且,这是唯一的我有资格讲但我还没有讲的故事。我还能做什么别的? 我已经把故事都写尽了。我要写我的婚姻故事,写这种关系的亲密、复杂和不和,就好像我是另一个人一样。我就是这样,我想。我想写南嫁给我是多么不容易。为什么这个聪明、成功、经济上独立的女性要跟我在一起生活五十年?她认识出版界所有的人,她去法兰克福书展,参加各种销售会议,她有交际、关联和朋友。她为什么想处于婚姻状态?尤其在《邻人之妻》出版后,她受到文字羞辱,像希拉里·克林顿那样尴尬?谁会跟一个在她头脑正常时不该嫁的人保持婚姻关系?这种婚姻没有理由行得通。我想到那些因为琐屑的事情而离婚的人。如果我们没有离婚,我不知道为什么其他人要离婚。我要在行将就木之前弄明白这件事。

《巴黎评论》:你要怎么为此做研究呢?

特立斯:我雇用了几个研究助理,录下了很多个小时对她的采访。

《巴黎评论》:你为什么不自己做这个采访?

特立斯:我希望录下的是她自己的话,录音上可以证实的,她关于事情的描述。引述的她的话,有录音可以证实,她无法反驳。文字稿。因为我认为在很多爱情关系中,有两个不同的描述。表面上看,南很镇定,她非常平静,没什么是不对的。她说她的婚姻很幸福。我听到她谈及我,我想,她在说的是谁?那不是我!她通常在公开场合对我的性格或者我这个人的描述,会比我本人更惹人喜爱。

我还查阅了我的日程表和照片,以重现我们在一起的岁月。我保存了她写给我的每一封信,通常我还会记下我收到那些信件时的背景。我有南从一九五九年开始写给我的信,那时我们刚结婚。

《巴黎评论》:你曾经想象过自己在一段更传统的婚姻中的样子吗?

特立斯:没有。我看不出我能如何那样活个十年。我认为南也做不到。她也过着这种难以理解的生活。我觉得她可以跟很多其他男性而不是我一起生活。比如她的一些作者,她跟他们很亲近。那些关系,以及她的整个职业生涯,都有助于维持这种婚姻。

我了解的唯一的另一种婚姻，是我父母过的那种。它持续了六十多年，令人窒息。我的传统婚姻观是在我生活过的家里形成的。它非常憋闷。他们整个白天一起在店里上班，晚上又一起出去。他们从不吵架。他们全面相容。我母亲爱慕我父亲，我父亲也爱慕她。

《巴黎评论》：我想大部分人都会认为这是好事。

特立斯：我认为不是。我只是觉得无处可逃。如果你进入那样的关系，你没有任何活下来的可能。

《巴黎评论》：南对这本书有何看法？

特立斯：某一天她觉得没问题，第二天她又觉得不好。我刚拿到写这本书的合同时，我的编辑找她，问她觉得这个想法行不行。她说她没问题。她说，他想干什么，那是他的决定，但是我觉得他对婚姻一无所知。

我记得关于南的一些非常浪漫的事情。我有一辆 TR3 跑车，是我在一九五八年买的。它是一辆很小的带活动顶篷的车，有一个帆布顶篷。有一次，我开着它去基韦斯特。很长的一段路。回来的路上，我想去看托马斯·沃尔夫在北卡罗来纳州阿什维尔的家。我事先不知道，但是这个路线需要经过一座山。我没有加速，但是在山顶上，在一片冰面上，车失控了。我们开始打滑。我觉得车子要冲到路边去了，那有一百多英尺的高度差。我觉得要完蛋了。我看着南，她看着我。她脸上毫无恐慌之色。她一直在做填字游戏，她看上去就像在努力思考某个提示的答案一样平静。

我们越过路肩，掉进了一个泥沟。车子停了，歪向山崖一侧，但是没有翻。有一分钟的时间，我们就坐在那里。然后，南仍然非常平静地说，你为什么不下车，这样我好跟着你？我打开车门，我们并不着急。接着我们站在路上，挨着冻，等了一个半小时，才有一辆车过来，把我们带下去。那时我知道，这个女人很有性格。她不会惊慌失措。这件事发生在一九六二年。我们刚结婚三年。

《巴黎评论》：你计划在书中写到其他女性吗？

特立斯：也许会，但人们不明白的是：性没那么重要。它在任何关系中都不是最重要的。婚姻从来不是关于性的，但是在美国的小说中，有那么多短篇和长篇小说把性嬉戏表现为一种不可饶恕的罪。我从来不认为这应该是真实的。

婚姻是头等大事。其他的关系让我得以涉足其他我本来不会了解的世界。其他人的生活——那才是性感的东西。它们是第一手的小说。这是友谊的意义所在。

《巴黎评论》：你对隐私有什么概念吗？披露关于你的婚姻的全部细节会让你感到不愉快吗？

特立斯：我放弃了我自己的隐私。在这本关于我的婚姻的书中，我想比写《邻人之妻》时走得更远。我可以去任何地方，因为我没感觉到任何限制。也就是说，我不觉得自己不负责任、不够敏感、受到控制或者鲁莽。至少我不觉得我是那样，但是人们会说，不，你是那样。所以我也不知道。我确实觉得我有权利讲一个故事，我也知道我在写什么——我有资格去写。我的视角也许会受到其他人的挑战。我妻子可以写同一个故事，但那会是完全不同的东西。但是最后，它是我的视角。是的，我是超然于它之外的。但是超然不等于缺乏同情。它只是意味着你在做别的事情的时候也一直关注着这个故事。

《巴黎评论》：在某种意义上，这是不是那本这些年来你一直准备要写的书？

特立斯：这个主题我一直研究了五十年。不然我为什么要保存这些文件？我保存了每一片纸，给它们标了日期：照片、我写的信，还有我收到的信，以及关于它们我做的笔记。我保存了我做的每一次采访、我写的每一本书的笔记。

《巴黎评论》：你为什么想保存这些记录——那些衬衫纸板、笔记和文件？你是想着给其他人阅读，还是只是给自己用的？

特立斯：对此我没有想过很多。我只是不想把它们都扔掉。现在对我来说这已经成了一种痴迷。我不想让人以为我有一种膨胀的自我感，因为我没有。但是我觉得我是一个记录者。我想报道所有我看到的、听到的和我认识的人，以及我做过的事情，因为我认为它跟历史有联系。我有兴趣留下我的印记。我持续记录，为了证明我活着这一事实。

《巴黎评论》：就像 T.S. 艾略特的诗句，"这些片断我用来支撑我的断垣残壁"[①]？

特立斯：此言让我的陈词滥调有了知性的内涵。

《巴黎评论》：你会担心人们对你的新书的反应吗？它可能会让你想起关于《邻人之妻》的记忆。

特立斯：我不再在意这些了。这是人老了以后一个很大的好处。我的意思是，他们能把我怎么着？他们算老几？他们算老几？

（原载《巴黎评论》第一百八十九期，二〇〇九年夏季号）

---

① 出自《荒原》，此处采用赵萝蕤译文。

杰夫·戴尔

◎叶芽/译

一九五八年出生于切尔特纳姆[①]、受教于牛津大学的杰夫·戴尔认为他儿时的家庭教育属于"某种程度上的典型",他本人则是"'二战'后工党政府提供了恰当机会的受益者"。他的父亲是一位钣金工人,母亲在一家学校的食堂工作。戴尔以读者所熟悉的那种无情而随意的语气,向我提起他的学习生涯:"以完全被动的态度,我所做的一切就是从十一年级开始不断通过考试。"显然如此轻松的论调根本无法解释戴尔作品中那非凡奇特的躁动、涉猎题材之宽广、文字的喜剧能量,抑或它惊人的篇幅。

戴尔的第一本书《讲述之道》(*Ways of Telling*)出版于一九八六年,是对英国作家约翰·伯格写作风格的研究。接着,他于一九八九年出版了一部小说《记忆的颜色》(*The Colour of Memory*),一九九一年出版了《然而,很美》,一系列——短篇故事?散文?——关于爵士乐的文章,从而有效开启了戴尔如今广为人知的非虚构写作文体。在那之后他出版了三本被定义为小说的书——一九九三年的《寻找马洛里》,一九九八年的《巴黎还魂记》(*Paris Trance*)以及二〇〇九年的《杰夫在威尼斯,死亡在瓦拉纳西》——以及八本非虚构作品,它们包括一九九四年出版的《寻踪索姆河》,一本关于第一次世界大战的沉思录;一九九七年的《一怒之下:与D.H.劳伦斯搏斗》,一本文学评论;二〇〇三年的《懒人瑜伽》,一本旅行

[①] 切尔特纳姆(Cheltenham),英国英格兰中部城市。

随笔合集；二〇〇五年的《此刻》，一本关于摄影的书以及二〇一二年出版的《潜行者》，一本电影评论集。但是以上的分类没有一个能令人十分满意。戴尔的小说经常让人停下来果断地去思考非虚构的问题，他的非虚构则会欢快地离题万里，随心所欲地直指人性。

我们初次见面是在去年冬天的爱荷华市，戴尔当时是爱荷华大学非虚构写作项目的客座教授。我们好几个上午都在戴尔租住的房子后面一间闲置的独立办公室里交谈，时不时被甜甜圈、咖啡和午餐打断。我们晚上出去聚餐，当时正在放映莱奥·卡拉克斯的电影《神圣车行》，然后再去爱荷华市很棒的两家酒吧"狐狸头"和"乔治家"喝啤酒。戴尔的妻子、策展人丽贝卡·威尔逊当时正从伦敦过来探望他，也一起参加了数次我们的外出活动。接下来的几次会面分别发生在洛杉矶和伦敦。

戴尔本人十分平易近人，谈吐风趣，个子很高。面对一个温和的主题，他往往会兜回之前的话题，以确保我们讨论得足够全面、透彻，这个习惯——再一次——不会让他的读者感到意外。

——马修·斯佩克特[①]，二〇一三年

《巴黎评论》：首先我想……

杰夫·戴尔：不好意思，我要打断一下，不过——为了避免听起来像某个战争罪犯在海牙军事法庭上拒绝承认法庭的合法性一样——我必须反对这次访谈的范围。

《巴黎评论》：为什么？

[①] 马修·斯佩克特（Matthew Specktor，1966— ），美国小说家、编剧，著有长篇小说《美国梦机器》等。

杰夫·戴尔：访谈的范围叫作"非虚构的艺术"[1]。那我现在就可以哀号："那虚构的艺术呢？"但那样就得接受两者之间的区别，可这并不合理。虚构，非虚构——这两者一直都是相互融合的。

《巴黎评论》：你对它们完全不加以区分？

杰夫·戴尔：我认为如果接受这种区别，就不可能对我过去不管多少年以来所从事的工作做出一个合理的评定。拒绝对它们加以区分也是我那些书的部分主旨。我把自己所有的作品都视作……嗯，那个词叫什么来着？啊，对，叫书。我不把它们归为科学分析报告，但如果对所谓的小说和其他书中编造情节的比例进行比较，我会说它们完全相同。举个例子，有一天我在看书，看到一个情节像是《一怒之下》——这一切听起来好玄！——里那场在丹麦演讲的桥段。

《巴黎评论》：你声称因生病而没有准备好的那一幕？

杰夫·戴尔：是的。那一幕完全是虚构的。我的座右铭一直是"如果你不准备过度，就是准备不足"。我是个文法学校男，我做功课的。同样地，在小说里，很多东西源自现实生活。但那真的不是重点，重点是在小说和非虚构里所运用的写作技巧几乎是相同的。苏珊·桑塔格不一样，在她的作品里二者之间的差异非常明显。桑塔格总是说，为什么你不肯承认我的小说有多棒？好吧，虽然答案可能有好几个，但重要的一点就是她接受这种割裂而我拒绝。它们只是一堆书。回到你之前的问题，我认为虚构和非虚构之间的区别更多在于形式，而不是"真的发生过还是编造出来的"。进一步说，相较于形式，更多是关于某些特定的形式所带来的期望。根据一本书如何被介绍、包装以及分类，读者会有特定的期望。接着他们会期待那些被粗略分类的书按所属类别的特定方式去表现。因此当人们看到一本书不是按他们所认为的那样时会感到非常不快，

---

[1] 本访谈最初收入《巴黎评论·作家访谈》"非虚构的艺术"子单元，杰夫·戴尔是该单元的第六位受访作家。

即使这本书本身非常好，也并不想符合某些外在的期望。我的书在这一点上经常令人失望，也许在其他方面也一样，但我对此仁慈且必要地选择健忘。

《巴黎评论》：然而你的某些书被更为明确地定义为长篇小说。《巴黎还魂记》和《杰夫在威尼斯，死亡在瓦拉纳西》——它们被置于这种体裁形式当中，而《潜行者》和《然而，很美》则不是。你会更青睐于某种形式吗？

杰夫·戴尔：不会，不管是作为读者还是作家都不会。尽管小说似乎确实以某种非常有趣的方式让人克服了作为作家的绝对局限。作为作家，总体来说我的写作范围异常宽广。作为小说作家，其范围就不可思议地被局限了。一帮朋友，男孩遇到女孩——仅此而已。但它们的质量很高，我坚持认为，相当桑塔格兮兮（Sontagishly）。

《巴黎评论》：你如何看待创意非虚构写作？

杰夫·戴尔：戴维·黑尔[①]曾说过，英语中有两个最叫人郁闷的词，它们就是"文学小说"（literary fiction）。对此我再同意不过。但也许很快我们就得在美语中增加两个最叫人郁闷的词了，即"创意非虚构"（creative nonfiction）。如果创意非虚构是指希拉·海蒂书里的那些东西，那么请随时直接给我没有创意的历史书籍。我感兴趣的是好书——它们现如今以不同的体裁和形式表现出来，其数量远远超过我们以前所承认的。我反对那些站在小说家的阵营里，不管具体作品质量的好坏，就不假思索地认为小说优于其他体裁的人。

《巴黎评论》：你是否会把那种对小说的感受想象为某种残余的形式主义优越感？就像有喜欢爵士乐的人，就会有爵士乐势利眼一样？

[①] 戴维·黑尔（David Hare，1947— ），英国剧作家、编剧、导演，曾凭《时时刻刻》和《朗读者》两获奥斯卡最佳改编剧本提名。

杰夫·戴尔： 恰恰相反。我自己就是个爵士乐势利眼，我觉得这只是精神懒惰导致的一个习惯，一种狭隘的本位主义。

《巴黎评论》： 你说你发现写小说相对来说很困难。你该不是在暗示你的书都不难吧？我经常被它们带有迷惑性的轻松笔调骗到。

杰夫·戴尔： 啊，这个是因为我经常在校订文章时——把文风拉紧——似乎拉得太紧了，就像屁股里夹了张扑克牌。于是我又开始放松，给文章做按摩，让它变得更轻、更松弛。这是明格斯①的理想状态——拉紧与放松发生在同一个时候。总的来说，写作是困难的——而且变得越来越难。除了在桌前做出的努力、花费的时间外，我在写旅游文章时也会对此深有体会。无论当时身处何处，我都要在那儿四处张望、观察事物；我发现那很累人，实际上，我相当怕这种事。有一篇关于我某本书的评论上说我是个多么出色的观察家。我妻子对此狂笑不已。她有一次评论我的文章说：“我不知道你要怎么写它——你什么也没观察到，但同时你什么也不能编造。”这显然只是夫妻间的调侃，而不是文学评价，却是事实。我热衷于不必去观察——不仅仅是不观察，我更喜欢不必去阐明我没有观察到的东西。然而像厄普代克这类人似乎每天都活在超高水平的观察当中。作品具有一定品质和寿命的小说家可能都拥有这个特质——不知疲倦地善于观察。比如《纠正》这本书，弗兰岑给予读者的体验无论在规模上还是深度上都完胜我。即使我有同样的想法和才华去写这本书，我还是无法企及。

《巴黎评论》： 随着时间的推移，写作变得越来越难？

杰夫·戴尔： 这里面有各种各样的原因。首先，我意识到无用功注定会发生，也许只是因为我天生做事低效，至少在我的写作过程中是这样的。无论如何都无法避免的事实就是，我在刚开始的不管几个月内都毫无

---

① 查尔斯·明格斯（Charles Mingus，1922—1979），美国爵士音乐家、作曲家、擅长演奏低音提琴。

乐趣可言，这期间写出来的东西也没多少将来会变成铅字出版。在理想的世界里你会跳过这头三个月，从第四个或不管哪个月开始，但在现实中你不能。而且我发现开始动笔变得越来越难。在我十七岁的时候，如果老师布置一篇文章要求在圣诞假期完成，我会在星期五放假当天的晚上或第二天早晨就写完。不是因为我喜欢写作，而是因为我特别讨厌去想还要做某件我想尽快了结的事情。奇怪的是现在的我，五十四岁的年纪，职业生涯已过半，竟远没有当年那么自律了。

《巴黎评论》：那么无用功到底有多么无用呢？无用功是你的主题之一。

杰夫·戴尔：我想我所指的无用功是必要的无用，而且它对我来说还很重要。我同样很清楚，自己所从事的是那种欢愉的部分被延后到很后面的工作。如果能改变这一点当然好，但正如我对上周给我上网球课的教练所说的，在我这个年纪，我已经不可能对自己的反手击球进行深入的、考古学意义上的重建了。最多能做些微调——再回到写作上来说——比如学会离开网络半个小时左右，等等。还有很多其他的事情可以起到同样的效果。我很讨厌那些把自己太当回事的作家，作为一种抗议，我已经取消了写作在生活中的优先权。我仅在无事可干的时候写作——即便如此我还经常啥也不干。我真正喜欢干的事情是洗衣服。我喜欢一边晾衣服一边哼唱"二战"时的那首老歌"我们要把洗好的衣服晒在齐格菲防线上"，并在我妻子回家之前把洗好晾干的衣服叠好。她称我为"都比·达利特"①，因为我还做其他低种姓人做的清洁工作。要知道，在英格兰的天气下，衣服真的很难晒干。你也许对此很难理解，毕竟你是个美国人，生活在滚筒式烘干机无处不在的国度。这事太疯狂了——在爱荷华，自从我来到这里之后几乎每天都是大晴天，我却从来没有看到过有人在外面晾晒衣服。或者也

---

① 印度的男洗衣工通常被称为都比（Dhobi），达利特（Dalit）则是指印度种姓制度中的最低等级者，即贱民。

许它们被挂出来了,只是我没有注意到。不管怎样,重点在于,尽管在阴雨连绵的英格兰你很难将洗好的衣服晾干,但其难度与写作相比不可同日而语,因此当一天结束之际——或一周结束、或我们想看得更长远一点,当一生结束之际——当一位都比与当一位作家相比,其成就感自然也不可相提并论。我是说,如果我所干的事情只是洗衣服,你现在也不会来采访我了,对不对?还是说你会问,作为我们这个时代最杰出的一位都比,您能否告诉我您最喜欢的织物柔顺剂是哪一种……

《巴黎评论》:你的写作在时间上有固定的规律吗?

杰夫·戴尔:我在下午两点到五点之间总是要午睡。除此之外,我们必须逐本书进行讨论,并且要看我处在哪本书的哪个阶段。我想这意味着答案是否定的。我发现自己非常难以安定下来,集中注意力的"神力"——如果我们可以用这个词来美化一下的话——也非常有限,所以刚开始,我每隔几分钟就要从椅子上跳起来。慢慢的,我可以在桌子前坐得久一点了,直到最终我不用强迫自己待在那儿。总的过程就是一吐为快,不用格外担心拼写或其他任何东西。尽管一股脑地写以保证有东西在那儿,然后我才开始在遣词造句以及框架结构上进行加工。但是我越来越讨厌一开始的那个阶段,因此试图尽快结束掉,在起初的五分钟里强迫自己坐在桌前而不是起身去干点别的简直要把人憋爆炸。也许如果我能从一开始就写出合适的语句就好了。为什么我不那么做对我来说是个谜,或者说可能会是个谜,因为实际上根本就不是个谜。只是因为我太没有耐心了。我想把所有的内容都写出来,这样就可以进入有趣的咬文嚼字阶段了,结果却是欲速则不达。

《巴黎评论》:那么你是如何开始写稿的呢?用铅笔在本子上写?在笔记本电脑上写?

杰夫·戴尔:我会在信笺簿或者大本子上匆匆记下很多笔记或零星的想法,但真正的文章都是在笔记本电脑上写的,我日用来记事的黑色莱曼[1]小本子也帮了不少忙。电脑最棒的是自动纠错设置,我成功地——之前一直很害怕自己弄不了——将这一设置从旧笔记本电脑转到我崭新的苹果电脑上了。那些喷涌而出的文字更为快捷地具有了可读性——因为打错的字被自动纠正了。我坚持用那台旧的苹果电脑太久,键盘上很多字母都被磨没了。如果我稍有迟疑就会忘记字母 E 和其他一堆字母的位置,因此不得不一刻不停地敲击键盘而无法停下来思考。这就像凯鲁亚克遇到乔治·佩雷克,外带乌力波的胡言乱语。用笔记本电脑写作意味着草稿之间的区别消失了。一篇草稿不断地被消化为另一篇。通常我不到一天结束都不会打印东西出来,也许只是出于吝啬,不想花钱买墨盒——就像我的父亲,他认为茶包只用一次就扔掉是非常奢侈的行为。

《巴黎评论》:对了,你的父母亲怎么样?他们是你的读者吗?

杰夫·戴尔:不,完全不是。我成为作家这个过程中最重要的一点就是我来自一个不读书的家庭。我母亲偶尔会读一本蹩脚的关于"二战"的书。它们总是有着非常有趣的封面以及类似《他们无法杀死的三个人》这样的书名,故事背景被设定在缅甸的丛林里之类的。我曾问过她读后感,她回答说:"哦,口味很重。"你会认为她在说福克纳或乔伊斯。我父亲除了《每日镜报》,其他什么也不看。想到他们不会去看《巴黎还魂记》和《杰夫在威尼斯,死亡在瓦拉纳西》,不会知道书里面所写的一切,这让我感觉很好。我小学毕业后进了语法学校,在十四岁左右之前一直表现平平。然后一位名叫鲍勃·比尔的英语老师似乎格外有意鼓励我,从而激发了我对文学的兴趣。我个人觉得这个经历相当具有典型性和广泛性。一个工人家庭出身的孩子,一路坚持不懈地通过各种考试,上了牛津大学,最终在这里靠爱荷华城的"证人保护项目"[2]活着。

---

[1] 莱曼(Ryman),英国普及率很高的连锁文具零售店。
[2] Witness Security Program,全称"美国联邦证人保护项目",原指由美国司法部管理、美国法警局具体执行的证人保护计划,在审判之前、期间或之后为受威胁的证人提供保护。杰夫·戴尔此处纯属开玩笑。

《巴黎评论》：鲍勃·比尔用什么激发了你对文学的兴趣？

杰夫·戴尔：为我们备考普通水平测试而学习的那些东西。《理查三世》是第一本，然后是各类经典原著以及私下里更多当代的东西。

《巴黎评论》：那其中有美国作家的影响吗？或某类体裁的影响？

杰夫·戴尔：美国作家？有。他让我阅读你能预料到的那些作家——塞林格、约瑟夫·海勒和凯鲁亚克。他们似乎比英国同等级的作家（不论他们是谁）更当代。而且我们在准备大学入学考试时选了《了不起的盖茨比》。这在我的阅读生涯早期——尽管开始得有点晚了——是再正确不过的选择了，我知晓了美国作家并为之倾倒。

《巴黎评论》：在《一怒之下》中你写道，你是因为 D.H. 劳伦斯才想成为一个作家的，为什么？

杰夫·戴尔：那个声明只是在那本书中特定的语境下才成立，在法院里可能就不完全准确了。不过《儿子与情人》在某种角度上描述了我可能会经历的过程——出身于一个工人家庭，尽管与劳伦斯的大不相同，然后开启一段可能会跨越阶层的成长之旅。我也喜欢其他作家的书，但偏爱劳伦斯的紧张感。我的卧室墙上曾挂着他的照片，就像现在的孩子会挂他们的偶像明星或其他人的照片一样。我看的第一部传记作品是哈里·T. 摩尔的《爱的传教士》，完全正常的一本书。而谈到劳伦斯，任何人跟他在一起待上五分钟就会想写一本回忆录。他能闯入人们的生活，每个人都会被他的天赋所折服——当然紧接着就要跟他闹翻。我们在准备大学入学考试时还选了约翰·奥斯本的戏剧《愤怒的回顾》，劳伦斯与奥斯本那一代愤怒的年轻人之间的关联是如此明显。我代表着接下来的那一代人里工人阶级的男孩，他们进入大学，并不可避免地成长为如此具有英国做派的一员。

而我所代表的是这支直系血脉中的最后一代。在我之后，因为种族、性别的因素，情况变得更为复杂。我们可以说扎迪·史密斯是这方面的代表。哦,在这张与劳伦斯相关联的谱系图中,我必须特别提一下雷蒙·威廉斯。从更为广阔的文化、社会和政治意义上来说,我个人的经历让我能够完全理解他所取得的成就。

我要强调的是,出身并成长于一个工人阶级家庭的经历定义了我,并将继续定义我。这是我的核心所在。而这也不谋而合地解释了我对美国的热爱。

《巴黎评论》:这种热爱似乎贯穿在你的作品中,不论是你写爵士乐,还是电影或摄影。它从何而来?

杰夫·戴尔:这是个巨大的话题。从非文学和纯个人层面上来说,当我耳边充斥着美国口音而不是英国口音时,我总是更开心。美式民主——每个人都可以相互交谈,有共同语言!显然我喜欢美国的彬彬有礼。但我喜欢美国也仅仅因为它不是英格兰,我喜欢远离那无所不在、阴魂不散、让人痉挛的英国阶级。

《巴黎评论》:作为一个诗人的劳伦斯怎么样?

杰夫·戴尔:我喜欢他后期随意、明信片式的诗作,充满即兴创作的才情。《死亡之舟》("The Ship of Death")堪称一部史诗。

《巴黎评论》:其他诗人呢?

杰夫·戴尔:当人们问及影响力,我总是说罗兰·巴特、伯恩哈德、德里罗——所有这些类似"看着我,我不就是比利大傻瓜吗"的东西。但我经常忘了华兹华斯,因为他不是影响力,他在我的血液里。回到七十年代的英格兰,在完成高中课程、参加牛津大学的入学考试之前还有一个学期,那就是我们读《序曲》的时候。我至今还记得华兹华斯的大量诗文。我总认为自己喜欢雪莱,但当我读他的诗句时发现里面有太多的"哦""啊",而华兹华斯的靴子上沾满泥土。他唯有一路重步前行,方能侥幸华丽飞翔,最终抵达圣地。显然里尔克的诗里也有很多的"哦"和

"啊"，但我并不十分介意。那是不同的类型——是客观存在被形而上学撕裂所发出的声音，往往会导致哭号。或者可能恰恰相反。又或者，经过再三思量，那也正是你在雪莱那里获得的感受。哈哈！啊，一个思想诞生了。我很喜欢美国当代诗歌，因为它们有趣。比利·柯林斯、阿尔达·柯林斯[①]——我就是紧跟姓柯林斯的人。迪恩·杨让人忍俊不禁。在调子上，比起"哦""啊"，我更喜欢"哈哈"。

《巴黎评论》：你写过诗吗？

杰夫·戴尔：老天做证——从来没有！

《巴黎评论》：那从什么时候开始，你从一个热情的读者变成了作家？

杰夫·戴尔：大学毕业后当我不知道能做什么的时候。现在回过头看，我很庆幸自己没有受哪个魅力导师的蛊惑。比如说，那些受特里·伊格尔顿蛊惑的人，就消失在理论的旋涡里不见了。我的导师很清楚地说教书是他那个时代最叫人恼火的事情。我当时不知道自己想做什么，但离开大学后我的阅读更新得越来越快，新书一出来我就读它们的平装本，然后再看精装本的书评。你不是因为诸如"要么诺奖要么死"之类巨大的野心才开始写作的。往往野心源于一定程度的气恼。甚至都不是妒忌，就是气恼。别人写的书评看得我越来越恼火，因为我觉得自己也可以写。

《巴黎评论》：所以你开始写书评？

杰夫·戴尔：是的，那是一九八二、一九八三年的事。如果说我一直想成为一名作家，那肯定是个谎言。我可能是想过，但如果再往前看，我也总是想当一名足球运动员或其他的什么——只是那些想法并没有实现。我在牛津的最后一年就像其他人一样也申请了一些工作，但都没有成功。我需要再次说明，这并没有什么不同寻常的。写作经常是两者的混合

[①] 阿尔达·柯林斯（Arda Collins，1974—　），亚美尼亚裔美国诗人，代表作有诗集《这是日光》等。

体——你所渴望的，和当你别无选择时还剩下的东西。

《巴黎评论》：你是如何开始写第一本书《讲述之道》的？

杰夫·戴尔：当时有一个小出版社的编辑看过我的一些文章。大学毕业后我开始读巴特、瓦尔特·本雅明、雷蒙·威廉斯——所有这类将文学教育和政治相关联的东西。我读了伯格的《观看之道》之后开始阅读他越来越多的作品，我发觉它们都非常有趣且振奋人心。他的写作方式是我在英文写作中从未碰到过的——将文学评论与小说以及其他体裁相结合。再加上点政治元素，在八十年代早期绝对就是典范了。他是我最喜欢的作家，我曾为《今日马克思主义》采访过他。而且伯格是——现在依然是——如此出色的一个人。所以当这个编辑问我是否想过写一本书时，我马上回答说，对，一本关于约翰·伯格的书！遗憾的是，结果这本书写得太蹩脚了，完全没能运用上他所创造的自由手法。这也是为什么我将《然而，很美》——相较而言更为合适的致敬——献给了他。

《巴黎评论》：从哪个角度来说更为合适？

杰夫·戴尔：将评论与创作相结合，将解说与想象相结合。伯格不是搞理论研究的，但他研究得很深入而且充满激情。在他的书里，不论他碰巧写了什么都能让你全身心地投入进去。用和他看一幅画时相同的高强度去听音乐，这个想法既吓人又令人兴奋。

《巴黎评论》：你书中的故事讲述者总是四处游走或流亡的人，《懒人瑜伽》则是一本关于旅行的随笔合集。旅行对你来说是获取灵感的方式吗？还是搜集信息的方式？抑或两者皆是？

杰夫·戴尔：仅从非文学的角度来看，这个星球才如此迷人。而安妮·迪拉德[①]也在哪里说过，既然我们已经在这里了，那我们也许就应该

[①] 安妮·迪拉德（Annie Dillard，1945— ），美国作家，代表作有非虚构作品《听客溪的朝圣》等。

四处看看。如果你在四处看了，就告诉人们你所看到的。但是"旅行随笔"（travel essay）这个词在我看来是同义反复。所有最好的随笔都是从无知或好奇到知晓的一场认知探索之旅。这也是为什么撇开它们明显的睿智不谈，我对戈尔·维达尔的随笔感到有点腻烦的原因所在——他让你确信他从一开始就什么都知道了。所以综上所述，我喜欢在新的地方冒险，并调查出这个地方与自我之间在什么时候开始互动或融合——或二者之间从什么时候开始产生了巨大的裂缝。

《巴黎评论》：那结果是什么呢？我猜想不会是新闻报道。

杰夫·戴尔：不是。在我快要结束的这本新书《乔治·H.W. 布什号航空母舰》（*USS George H.W.Bush*）里，有一段我谈到当时最让我感兴趣的写作方式是新闻报道，以及我如何意识到在那份我不属于哪类作家的清单上，记者位于榜首。至于你所问的结果是什么——嗯，我不在乎。以《懒人瑜伽》里那篇《装饰艺术的绝望》为例，它首次发表于《观察者报》的旅游栏目，然后美国的《三便士评论》将它出版在杂谈栏目。接着它又以小说的面貌出现在英国出版的某本选集里，再然后它出现在《美国最佳旅行文学》中，并最终栖身于《懒人瑜伽》。文章的内容并没有变化，但人们对它究竟是什么的认知随着每一次不同的"化身"而变化着。

《巴黎评论》：有没有什么东西指引着你游走于各种与真实发生之事相背离的想象之物？是否有什么原则引导你远离事实？

杰夫·戴尔：如果我在写的东西基于某个实际发生过的事实，当我发现有机会让自己看起来比现实生活里更混球的时候，这事情通常对我来说会变得非常有趣。但这个转变与形成看起来合适的调子之间的差异不可察觉。在《一怒之下》这本书里我寻得了某种多才多艺的调子——而这个调子我在写这本书的早期就一下子找到了。关于《一怒之下》这本书，讽刺的是，有些人觉得它表现了作家写作的困境，而实际上它是我写得最顺手的一本书。

《巴黎评论》：一旦你找到了合适的调子就感觉自由了吗？

杰夫·戴尔：某种特定的调子能让你卸下一切转述真实发生的事情的责任。当你中了这种层次的转述的圈套时，你就根本没有乐趣可言了——事实上是非常无聊。可是当你找到了合适的调子，就我来说那是很接近我本来声音的声调，你们就能亲密无间地合作塑造人物了。

《巴黎评论》：你的书在结构上似乎都精心设计过，并且很少有雷同的情节。你是如何组织内容的？

杰夫·戴尔：很高兴你这么说。我爱提出并解决结构问题。那真堪称一种智力举重。我的一些书——《此刻》与《寻踪索姆河》——被说成没有结构，因为它们没有章节。写《此刻》这本书时，我大约百分之五十的努力都花在它的结构上了。没有章节像脚手架一样支撑着的话，结构建构起来不晓得要困难多少倍。任何白痴都能写一本带章节的书。说到这儿，我正在结尾的这本书《乔治·H.W.布什号航空母舰》有章节！

《巴黎评论》：那么在小说里呢？比如说，《杰夫在威尼斯，死亡在瓦拉纳西》中的两个部分你是同时构思出来的吗？

杰夫·戴尔：与妻子参加二〇〇三年威尼斯双年展时，我有了《死亡在威尼斯》的构思，当时《此刻》正在收尾，最终在我有机会开始写这本关于威尼斯的书之前，我们去了瓦拉纳西。在前往恒河岸边石梯途中的那一个小时，我对丽贝卡说："它将会是威尼斯和瓦拉纳西。"第一部分总是第三人称，第二部分是第一人称，但很清楚，主人公会是同一个人，并且故事会按时间顺序去发展。书写完后，我把它发给了我在灰狼出版社的编辑伊桑·诺索夫斯基——尽管众神殿出版社在此之前已经买下这本书了。他感觉需要点什么让这两部分联系得更紧密一些。我理解他的意思，也努力尝试去做了，然后我意识到不应该试图去解决这个问题，而应该彻底消灭它，让这两部分完全没有联系。

《巴黎评论》：你改弦易辙了？

杰夫·戴尔：是的。我决定了，书中将不会清晰地表明两部分是同一个主人公，而且第二部分也将没有任何东西不经意地依附于第一部分。没有任何证据表明第二部分发生在第一部分之后。没有一根叙事的绳索将这两部分绑在一起，相对应的，成百上千根看不见的游丝将穿插其中，就像似曾相识的回音在共鸣。人们有时会说："第一部分里的劳拉后来怎么了？"好像我弱智到忘记了第一部分里有这么个女人似的。在第二部分里她无处不在，只不过不是以我们习惯的方式出现罢了。就情节而言，这两个部分完全没有联系，但这本书绝对是一个统一的美学体验。老实说，近期出版的书里我还没看到比它更具结构性或更有趣的呢。不过，嘿，等我们转录和编辑这一段时，也许把这话改为由你来说会更好点。否则听上去我像个傻瓜一样在自夸。

《巴黎评论》：我保证会的！你觉得这些游丝或形象将这本书联系在了一起？

杰夫·戴尔：在理想情况下，人们一旦看完第二部分就会去重读第一部分。然后他们会发现第一部分并不仅仅是讲吸毒和舔屁眼。当然我也绝对不是将两本书黏在了一起。

《巴黎评论》：你能举个具体的例子吗？

杰夫·戴尔：在第一部分里，他们在船上参加了一个聚会，吸了很多可卡因，劳拉在那块漂亮的彩色地毯上跳舞，那是舞池。这不是个象征——她只是在这块地毯上跳舞。在第一部分里，他们在瓦拉纳西参加了一个印度古典音乐会，演奏家们坐在一块彩色地毯上。叙述者在听一个女人歌唱，他说："人们讨论完美的音高，但她的嗓音让我想到的是完美的身姿，是轻盈挪动的双脚。"我举这个例子是因为它是劳拉也在瓦拉纳西的表现方式之一。现在单独看它什么也说明不了，不是个象征，也不会将整本书联系起来。但如果你有了六十个这样的小情节，它们在两个部分里乍看起来似乎是毫不相干的细节，结合在一起就有点意思了。

《巴黎评论》：你做很多调查研究工作吗？

杰夫·戴尔：作家经常谈论他们的调查研究工作，但我总觉得自己所做的完全不同。我的书感觉更像是一个兴趣爱好的产物，甚至那本关于摄影的书也是如此，尽管当时我在写它时摄取了大量的新知识。如果你对某个事物感兴趣，你就会去钻研、探索。现在我们甚至可以跷着脚、不出房门就做到，因为一切都在互联网上。不过在写《然而，很美》时，我确实做了一些看起来像是调查研究的工作。我不得不动身前往类似爵士音乐研究所这样的地方翻查资料。不过那也感觉是个兴趣爱好，因为我的"方法"缺少调查研究所需要的勤勉，更像是在参加某个专家车库里的旧物销售，所有的东西都被我用作参考但不会购买。

《巴黎评论》：但那本书里事实与虚构之间的连接实在令人难以察觉。有一个场景是蒙克一边剥橘子，一边说"形状"。感觉那太有个人特征了，不可能是编造出来的。

杰夫·戴尔：不，我想那段是编的。我很难记起当时是如何写那本书的，但我记得自己非常享受那个过程。现在回过头去看，部分原因可能是因为我已经意识到它缺失了一些东西。我觉得如果它以阿尔伯特·艾勒[①]结尾会更好。不知道什么原因我当时没有那么做，最近我听了更多艾勒的音乐，在想应该写写他。或者更准确地说，我希望在《然而，很美》里写过他，因为现在我完全没有这个能力了。

《巴黎评论》：怎么会呢？

[①] 阿尔伯特·艾勒（Albert Ayler，1936—1970），美国先锋派爵士演奏家、歌手、作曲家。

杰夫·戴尔：嗯，首先，互联网让许多东西唾手可得，当初促使我写这本书的动机之一——找不到一本书能涵盖所有我喜欢的爵士乐，那就自己写一本——已经不复存在了。在 YouTube 上你可以听到唐·切利[1]说他第一次与艾勒相遇的情景。那实在是太棒了，堪称两位大师相遇最好的诠释，让我作为一个爵士迷过足了瘾，而作为一名作家就略显累赘了。另外我现在已经没有当年写美国黑人的自信了。拥有那股自信所需要的超负荷精力，现在的我已无法提供。因此我知道如何去写，但现在写不出了。这也是从长期角度来看写作生涯的有趣之处——有得也有失。

《巴黎评论》：在之前那种写作里有什么具体的方面是你已经抛弃了的吗？

杰夫·戴尔：《然而，很美》是有点拖沓赘述的。我对在里面谈论亚特·派伯[2]注射海洛因感到难为情，"仙丹那无比强烈的暖流"。我想——我希望——如果能在新近的版本里把它删掉就好了。夹杂过多情绪化的东西了。

《巴黎评论》：《然而，很美》是你的作品中第一本在美国出版的，对此你做何感想？

杰夫·戴尔：它是一九九一年在英国出版的，但反应平平。我对它曾信心满满，可最初的出版真是很令人失望。接下去又找不到美国出版商，如果不是我已经被英国出版界彻底碾压得没脾气了，那打击也许会很严重。

《巴黎评论》：在美国出版对你很重要吗？

杰夫·戴尔：那是我所想要的。当它没有实现时，我带着不公平和失

---

[1] 唐·切利（Don Cherry，1936—1995），美国爵士音乐家，传奇小号手。
[2] 亚特·派伯（Art Pepper，1925—1982），美国爵士音乐家，以萨克斯演奏闻名。

望的糟糕情绪继续工作。直到五年之后，伊桑·诺索夫斯基出现并在美国出版了这本书。现在听起来并没有多久，可在当时感觉像是没有尽头。

《巴黎评论》：你如何应对最初的挫折？

杰夫·戴尔：首先我跑到新奥尔良写《寻找马洛里》，然后又遇到困难，找不到愿意出版的英国出版社——那是人生的又一个低谷期。最终《寻找马洛里》在英国出版了，接着我写了一本关于第一次世界大战的小书《寻踪索姆河》。

《巴黎评论》：那一定还是很令人沮丧的……

杰夫·戴尔：我很清楚，在如何看待我的书这一问题上，自己的看法和世人的看法之间存在着差异。你需要保持一定的信心才能继续工作下去，但面对价值评定的沟壑，你也会担心自己会不会过于自信了。因此我认为一定程度的精神调适——抑郁的情绪已经内化得如此之深以至于自己都无法察觉——几乎是获取心理平衡的必然结果。当然它会自我显现。我想你今天已经愉快地观察到了我对自己这张习惯性闷闷不乐的脸所做的幕后准备工作。但是，嘿，回过头去看，至少我的书出版了，而且总有些事情是我想要去应对的，即使它并非我所预期之事。

《巴黎评论》：这似乎已经成了你的一个主线和方法论了。应对一些与预期不符的事情就是《一怒之下》的主题。而在那之前，《寻踪索姆河》是从你计划写的一本小说里分神（distraction）而来。

杰夫·戴尔：对，全都是分神！我一开始就想给《一怒之下》取个副书名叫"一次分神"，但感觉那样太伯恩哈德了，因此作罢。

关于《寻踪索姆河》这本书——有个夏天我去巴黎度假，打算写一本类似《夜色温柔》的小说。结果那是怎样一个夏天啊——难以想象的糟糕，尽管看上去像是会很棒一样。我当时有个女朋友，她是模特，漂亮极了，但我们绝对相互厌恶，然后过了一段时间，我恢复单身了，一切似乎又变得好起来。不管怎样，那又是另外一个故事了。我完全没有办法继续写这个小说，于是我就跑去参观索姆河战场和墓地了。去那里是有原因的——因为《夜色温柔》里迪克·戴弗的索姆河之行。我去之前完全不知道自己会发现些什么，结果拥有了一段人生中感悟最深刻的时光，尤其在看到位于蒂耶普瓦勒的纪念碑和上面那醒目的大字"索姆河战役失踪者"时，这种体验达到了顶峰。我放弃了那部小说，在接下去的几年里开始思考和撰写一本关于第一次世界大战的书。

《巴黎评论》：那听起来像是一种解放。

杰夫·戴尔：作为一个人生体验，在蒂耶普瓦勒的那个下午属于让你觉得人生值得的时刻之一——而我的写作生涯从某种意义上来说就是记录这些时刻。我喜欢去那种历史以地理的形态显现的地方，即时间以空间的形式显现。

《巴黎评论》：此话怎讲？

杰夫·戴尔：你到一个地方，问它的特别之处。答案有时会是：因为那儿是历史事件的聚集地。在《懒人瑜伽》里有很多类似的情景。如果我带着某种类似盖格计数器的能量测试仪去蒂耶普瓦勒，机器指针一定会开始移动。那是个有特别能量的地方，我对这样的地方感兴趣。跳转到《杰夫在威尼斯，死亡在瓦拉纳西》——在瓦拉纳西，盖格计数器的指针绝对会罢工，因为仪表盘根本无法读取已在那里聚集和渗透了上千年的能量。那里主要的宗教信仰——印度教——已经渗入每幢建筑物的每个分子当中。如果你不信它的话就太荒谬了。我以前说过，我喜欢——并密切关注着——那些因时间而卓尔不群的地方。我猜想那些神秘主义者或像安妮·迪拉德这样的人会说你可以在任何地方、任何时刻拥有类似的体验，但我需要借助一个特别的地方。

让我们回到关于解放的那个问题。通常要写非虚构的书，你需要先给编辑写个提案。我没写。我只是写了这本关于第一次世界大战的小书并希望有人出版它。更加成功的作家也许会收到来自出版商的压力,以确保这本书能继续上一本的成功。平庸的小说家有时会说他们处于某个出版商的压力之下,让他们写这个或写那个。也许他们的确如此,反正我肯定是从来没有体会过,而且我怀疑他们声称来自出版商的压力其实不过是他们自己想要有一本大卖的书。《寻找马洛里》当年出版的时候完全是个失败,所以我根本没有任何压力。我不必去担心要继续保持可读性,因为没有可读性可言。一些喜欢爵士乐的人读了《然而,很美》。往后跳转几年,一些对第一次世界大战感兴趣的人读了《寻踪索姆河》。但是人们很难发觉,是同一个人写了这两本书以及其他那些被我的意大利女友戏称为"失败者的小说"的书。我成功地说服自己这是个好现象,因为这意味着我是在为自己写作而没有受到读者的影响。而且当时我对军事历史的大量阅读也很抚慰人心地警示了早期成功的灾难性危险。

《巴黎评论》:最终您还是兜兜转转回到了那部小说,完成了《巴黎还魂记》。

杰夫·戴尔:是的,写完几本书之后再回到这本书时,我才意识到自己当年试图写它的时机是多么不成熟。我在中断期间所有的体会和感悟都在这本书里找到了归宿。随着年龄的增长你会清楚地认识到——写不同的书,你有各式各样不同的窗口期可以利用。你可以过早,因为你还会有其他的机会,如果太晚就不行了——末班车已经走了。不适合写菲茨杰拉德式小说的时机则是适合写《寻踪索姆河》和《一怒之下》的时机。

《巴黎评论》:你为你的书提前做什么样的规划呢?你写提纲吗?

杰夫·戴尔:不。我几乎不提前做任何规划,只是焦躁不安地让齿轮乱转。大部分时候我在构思。在动手写之前我需要想明白,但唯一能走上正轨的方法就是努力去写，然后看什么能成。写作的过程对我来说完全就是反复试验，不断试错。结构问题也是同样道理。到一定时候，我会对一本书的结构有了主意，但这情况很少出现在刚开始时。我先积累素材，然后在特定的时候有关结构的想法就会冒出来，它既是该主题自身的产物，也是正确对待该主题的方式。我写了很多不同题材的书，但如果我只是以同样的方式处理每一类题材，那么那些书就毫无价值了。在每一本书里，我都必须找到适合那个主题的表现形式。

《巴黎评论》：你持续写了很多关于"无聊"（boredom）的东西。对你来说无聊与写作之间是否存在某种特别的联系？无聊是一种具有影响力之物吗？

杰夫·戴尔：不是具有影响力之物，但是是一种因素。"当我是个孩子的时候，我经常感到极度无聊。"——我在这里引用巴特的话说明这事情很正常。也许我们需要区分两种情况。首先，作为读者或艺术欣赏者的无聊——只要此人具有一定程度的专注力，那么无聊就可以作为一种有用的指标和其他指标一起留在他的大脑仪表盘上。其次，有一种作为图书生产者的无聊。作为一个作家，我很早就决定不去做那些让我觉得无聊的事情，因此我认为自己成功地趋利避害了。同时，我故意相对迅速地抽身，以免在某个领域始终保持兴趣从而深耕一辈子。但另一方面，我喜欢的很多东西其他人也许会觉得无聊。我写过一本关于电影《潜行者》的书，而很多人认为那部电影无聊至极。我总是喜欢那些能令我恍惚出神的东西，因为那意味着你逃离了与时间的冲突。经常当你觉得无聊时，是你与时间之间起了摩擦。比如说，当我沉浸在塔可夫斯基或我为之疯狂的澳大利亚脖子乐队（The Necks）的作品中时，那股想让世界快进的冲动就被抹去了。

《巴黎评论》：《潜行者》是一本关于塔可夫斯基的书，但它也非常像是一本关于你自己的书。你认为这些部分具备同等的分量吗？

杰夫·戴尔：是的，我在里面，而且也在很多我其他的书里。原因很简单——因为我可以，而且考虑到我的作者身份，我还是最为可靠的调查员、矿井里的金丝雀[①]——不管我当时在写的是什么主题。实际上，回到你之前那个关于调查研究的问题，现在在发生在我身上的情况是，我属于那种永远不能雇人做调查的作家，因为所谓的调查与我的写作绝对是不可分割的。还想补充一点的是，我完全不在《此刻》里。它是很个人化的一本书，但并没有人物角色在里面游走。如果你愿意的话，可以称之为"客观的个人化"。

《巴黎评论》：写直截了当的评论文章感觉如何？你还在写有偿评论吗？

杰夫·戴尔：我年轻的时候确实写了很多书评，还有了做评论家的想法。我甚至还多次用过"评论项目"这个表述。现在我已经很少写了。我喜欢为一些我喜爱的书的新版本写导言。哇哦，好荣幸啊！

《巴黎评论》：回到写书评这个话题，有没有什么特殊的要求使得写评论特别费劲？

杰夫·戴尔：我认为不应该写太多，也不应该只写书评。否则就变成一个机械无聊的卖文糊口工作了。对我来说，写评论一直都是很容易的一件事——你试图用某种方式来描述你正在评论的东西，幸运的话，你所运用的描述方式恰好体现了被描述对象的特征。你清楚地表达出自己的感想，然后达到某种程度的判断。不过这之间的界限越难察觉，这篇评论就写得越好。

《巴黎评论》：你怎么看负面评论？你那篇关于朱利安·巴恩斯《终

[①] 金丝雀对瓦斯气体极为敏感，因此早期矿井采矿时会携带活体金丝雀以监测矿井内瓦斯浓度。

结的感觉》的评论获得了"年度毒舌奖"①的提名。写这样的评论会有报酬吗?

杰夫·戴尔:首先必须说明那真是个很傻的奖项。英国也应该为文学评论本身设一个奖项,不管其评论是正面还是负面的,在美国就有这样的奖。

《巴黎评论》:你正在毒舌"年度毒舌奖"!

杰夫·戴尔:是的!我现在不再写很多负面评论了。在年轻的时候,踢别人一脚这个行为本身就很有趣。而当你年纪大了,如果你觉得一本书很烂,读到第四十页停下来不读就好了,不用等到全部看完再把它撕烂。不过偶尔你会觉得人们对某本书的看法实在错得离谱,你并不仅仅在给出评价,而是在试图纠正全盘误导。从理想的角度来说,给出负面的评论是在捍卫价值观,因此还是有积极因素在里面的。还有,尽管最近几年我写的文学评论变少了,但实际上我写了很多关于摄影和摄影师的文章。很大的一个动因是相同的——持续进行中的自费自学项目。近年来我对学摄影的兴趣超过了我对小说的兴趣。

《巴黎评论》:你有过写作障碍吗?

杰夫·戴尔:我经历过写不出任何东西的时期,但我从来不觉得那是"写作障碍"。我觉得那只是某种懒于思考的陈词滥调。用一种显而易见的粗鄙说法来说,那暗示你体内有东西但因为某种障碍物而出不来。因此你变得越来越焦虑,于是就阻塞得越来越厉害。而我所经历过的阶段是我无话可说。这令生活变得有点无聊,因为,嗯,我总是有大把的时间,而不写作的话日子就变得格外长——尽管当你上了年纪后感觉时间流淌得飞快。另外我经历过畏惧写作的阶段。作家的畏惧。现在一篇文章的主题就

---

① Hatchet Job of the Year,由英国评论聚合网站"杂食动物"在 2012 年至 2014 年间颁发的一个奖项,旨在奖掖过去一年里写出了最愤怒、最有趣、最尖锐书评的一位评论家。杰夫·戴尔于 2012 年入围该奖项短名单。

出来了——如果有人能面对书写它这件事的话。我还被说服了一件事，那就是在我放弃写其他东西之前，我应该早就没小说可写了——尽管那意味着我们兜了一大圈，我现在承认了自己在一开始拒绝承认的写作体裁间的区别。也许我们应该重新开始？

（原载《巴黎评论》第二百零七期，二〇一三年冬季号）

阿莉·史密斯

◎刘慧宁/译

《纽约时报》的一位评论家在评点阿莉·史密斯的最新小说《秋天》时称："阿莉·史密斯有一颗美丽的心灵。"这就是她给人留下的印象，亲切、风趣，神思机敏得令人赞叹——在书房楼下那间略微凌乱但舒适宜人的客厅里，她一动不动地坐在皱巴巴的沙发上，一条腿蜷在身下。她工作的地方位于英国剑桥市一条窄街旁的一栋砖砌联排两层小楼里，她与伴侣萨拉·伍德（Sarah Wood）同住在一栋差不多的小楼里，就在同一条路上与之相隔几栋。史密斯语速飞快，吐字轻柔，带着淡淡的苏格兰口音滔滔不绝，常常引发一阵哄笑。她希望创造某种集合，让谈话成为一种协作。

史密斯出生于一九六二年，在苏格兰因弗内斯长大。她是一个工人阶级大家庭中最小的孩子，母亲是爱尔兰人，父亲是英格兰人，接受的是苏格兰教育（直到她开始在剑桥大学纽纳姆学院攻读博士学位）。快三十岁时，慢性疲劳综合征的一次严重发作让她的学术生涯偏离预期的轨道，自此她开始写作。如今，她已出版八部长篇小说和六部短篇小说集，她影响了也许可称作实验小说的这一类型，只不过她的作品有趣易读，且让读者心潮澎湃。她已成为大西洋两岸评论界的宠儿。《双面人生》(2014) 曾获得一些奖项，该书印有两个相反的版本，其中一个版本以深陷悲伤的当代少女乔治开头，另一个版本则以被从十五世纪推进二十一世纪伦敦的中性气质画家开头。这是不是听起来挺复杂？史密斯的文字深入浅出，让读者与其产生奇妙的共鸣。

这次访谈历时一年，分为三次漫长的对谈。第一次访谈的录音带给

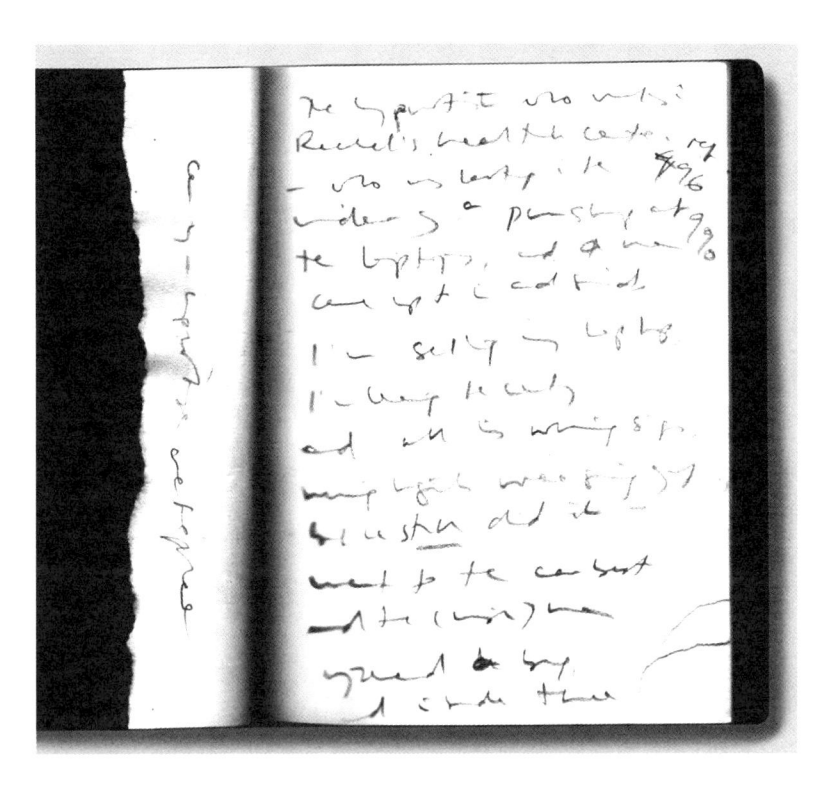

阿莉・史密斯手稿

采访者的誊写员带来了艰巨的挑战：该如何从几乎听不见声的录音中辨认出史密斯那带有口音的、引经据典的一连串细密快速的话语？接下来的两次访谈，麦克风放在离作家更近的地方，采访者也会在必要的地方停顿一下，重复短语并拼写出人名，随后的录音确实变得更容易识别了。

  要在规定的篇幅内把几个小时的采访压缩进去，让人相当苦恼。像这样一句话我是不可能删去的："音节这个韵律单位是一切的基础——单词、词组、句子、句子结构、段落，以及阅读时心跳动的节律。"这句必须夹带进导言中吧？当然要。阿莉·史密斯的一个魅力便是，她向我们展示了如何愚弄规则。

——亚当·贝格利[①]，二〇一七年

《巴黎评论》：你如何在生活中安排你的写作时间？

阿莉·史密斯：通常我九点左右起床，然后熬夜到凌晨一两点，一直到很晚都在工作。但写《双面人生》时，我是七点起床，前两个小时浏览资料——我写这本书的速度太快，但我对文艺复兴又了解得太少。因此，在我通常还在睡觉做梦的时间里，我读了一些书，比如关于十二、十三和十四世纪费拉拉[②]建筑材料构成的资料。例如，当地的河道一度改道，从而产生了一种全新的黏土混合物，一种新的砖。再比如和梦相关的事。但我一般并不这样。通常我根本不做调研。

  如果不需要赶稿，我往往会在上午处理一些行政事务，比如邮件，然后在下午两三点开始写作，一直写到八九点。不过我很懒。很多时间我只

[①] 亚当·贝格利（Adam Begley, 1959— ），美国传记作家，著有文学传记《厄普代克》等。此前他已代表《巴黎评论》访谈过唐·德里罗、伊恩·麦克尤恩、大卫·米切尔等多位作家。

[②] 费拉拉（Ferrara），意大利北部城市。

是发呆、在房间里转来转去,拿起东西、打开书,又把东西放下。

《巴黎评论》:你很早就知道自己有一天会写作吗?

史密斯:我很早知道自己会做点什么。我对很多事都在行,我是个快乐而又多才多艺的擅长很多事的孩子。

《巴黎评论》:你那时会如饥似渴地读书吗?

史密斯:我一直在读书,但如饥似渴吗?我那时热爱电影。也热爱戏剧。不过因弗内斯的剧院并不多。我小时候,当地所有的剧院——除了汽车站一个叫"小剧场"的会演业余戏剧的剧院——都随着电影的出现而关闭了。十四岁左右时,那里新开了一家很好的剧院,我会在那儿待很久,几乎看了所有上演的戏,也看了每一部电影——星期天晚上,会放映来自世界各地的电影。那里放映的第一部电影是《曾经沧海难为水》,十几岁时,我看瓦尔达、特吕弗、里维特、塔蒂的电影,法国、德国的电影,《肉体的代价》[1],玛加蕾特·冯·特罗塔的精彩电影。

但至于读书……我的父母知道并相信书有特殊的价值,但他们没有时间读书,家里也没有那么多书。我觉得那时的人们不会在家藏书——他们会去图书馆看书。我快二十岁和刚十几岁时的区别是我房间里书的数量,因弗内斯的一家名叫"利基"的二手书店开张后,我的房间逐渐堆满了书,我把周六的零花钱都花在了那里。后来,当地的书店——(除了二手书店)就那一家——把地下室也对外开放,开始摆放新出的平装书,企鹅的,皮卡多[2]的,从那时起我差不多就住在那儿了。我总是待在那儿。

《巴黎评论》:你去了阿伯丁大学,学的是英语专业。

史密斯:我不得不为此做斗争。爸妈想让我当律师,而我想念英语。

---

[1] 《肉体的代价》(*The Lost Honour of Katherina Blum*),或译《丧失了名誉的卡塔琳娜·勃罗姆》,系根据德国作家海因里希·伯尔同名中篇小说改编的一部电影,由施隆多夫和玛加蕾特·冯·特罗塔共同执导,于1975年上映。

[2] 指麦克米兰出版集团旗下的皮卡多出版社(Picador),或译斗牛士出版社。

部分原因是我比较懒,而且我知道自己念英语会很享受。这样我也不用违背自己的天性了。

《巴黎评论》:那时候你已经开始写作了吗?

史密斯:之前上学时就开始写剧本了——

《巴黎评论》:高中?

史密斯:小学已经在写了。在阿伯丁,我成了一位诗人,一位水平很差的诗人。后来我写了一些短篇小说。其中一篇发表在《苏格兰新写作》的选集中,另一篇收录在《星期日泰晤士报》的一本旅游作品集中。那是一次比赛,贝丽尔·班布里奇①是评委之一。编辑用铅笔在通知书下写了一条备注:告诉你一声,贝丽尔·班布里奇特别喜欢这个故事。哦,我欣喜若狂!那时我二十岁。

《巴黎评论》:然后你去剑桥读了博士。

史密斯:我来到剑桥,又开始写剧本。最后,我们带着三四个剧本参加了爱丁堡的艺穗节②。"我们"指的是我和我的伴侣萨拉,我认识她是因为她当时是导演。她执导了我写的几部戏。

在剑桥,我写了一篇关于乔伊斯、史蒂文斯和威廉斯的论文——关于一九二二年和一九二三年,也就是《尤利西斯》《簧风琴》(*Harmonium*)和《春天及一切》(*Spring and All*)问世的那两年。我对"真实"(the "real")的重要性及其使用有一套理论——或者说对"真实性"(authenticity)、"实在"(the "actual")的使用有一套理论。我对关于真实的哲学一无所知——我写的是我阅读时本能思考的东西。论文交上去,接受完审读后,我被要求修改——这意味着他们希望我修改成他们希望我修改的样子。他们要我

---

① 贝丽尔·班布里奇(Beryl Bainbridge, 1932—2010),英国作家,以心理小说创作闻名,代表作有长篇小说《瓶厂之旅》《人人只为自己》等。
② 全称"爱丁堡国际艺穗节"(Edinburgh Festival Fringe),全世界规模最大的艺术节之一,每年8月在苏格兰首府爱丁堡举行。

改的是第一章，是对现代主义的起源和广泛影响的概述。在当时还不流行将现代主义当作一种咆哮的能量，而是将其当作一个破碎的幻影般的碎片时代。总之，第一章被要求修改，在剑桥，如果你不在十年内重新提交论文，你会收到一封信，告诉你你不合格。但他们要我改的那一章给我带来了两份学术界的工作。我在金史密斯学院获得了讲师职位，还在思克莱德大学获得了一个讲师职位，我接受了后者。然后我就觉得，重写一个为我争取到两个职位的章节太可笑了，所以我没有重新提交。所以我上了不合格名单。我挺喜欢当失败者的。

《巴黎评论》：教学工作感觉如何？

史密斯：那十八个月挺有意思。我任教的第一个学期的第一天，所有新来的教职工在那座恢宏的大学礼堂里集合（我后来再也没去过那里），老员工告诉我们，要将学生称呼为"客户"。那一年半里，我拼命工作，勤奋的程度令人难以置信，很多时候我对我教的东西一无所知。我教乔叟时才真正去读了他的作品，在那之前我只是略读过。我也教过勃朗特姐妹的作品，这个我读过，五年前读过一次。诸如此类。而且我一直感觉到，我教的东西不一定是我的"客户"想要的。我没有告诉他们任何答案——《了不起的盖茨比》中码头尽头的绿灯"意味着"什么，《到灯塔去》中的灯塔"意味着"什么。

《巴黎评论》：然后你生病了。

史密斯：我的母亲是一九九〇年一月去世的，就在我提交论文前不久。那年八月，我去了思克莱德大学工作，心里十分悲痛，我想大家都是这样过来的——我们继续向前，面对该面对的，不停下脚步。后来，在思克莱德的第二个春天，我过马路的时候，感觉头被什么东西打了一下。感觉就像有人从我后面打了一个棒球过来——之后，就好像真的被什么东西击中过一样，我陷入了一种躯体化的崩溃。那几个月，我几乎无法在房间里走动，无法过马路，也无法上街。

《巴黎评论》：你的第一本书《自由之爱和其他故事》(*Free Love and Other Stories*)于一九九五年出版，是不是因为你生了那场病才有了那本书？

史密斯：实际上，写作让我减少了对自己疾病的关注。那是我在康复期间能够做的事。我很难使用手臂——手臂非常酸痛，整个身体都很酸痛——一字一字地手写，会很痛。但我发现可以写一些短的片段，然后合在一起成为短篇小说，我就这么做了。

《巴黎评论》：第一个短篇，书名中的那个短篇《自由之爱》——你把它放在开头是当作一种宣言吗？

史密斯：我记得出版商想阻止我这么做，不想把这本书叫作《自由之爱》。但我真的很喜欢开头那句话："我第一次和人做爱，是和阿姆斯特丹的一个妓女。"我记得当时我觉得第一个故事有决定性的意义——如果你从第一行开始就投入适当的注意力，它会告诉你一切。我想，如果从最开始就打开读者的敏感度，那么读者的敏感度在接下来的部分也会开放着。

《巴黎评论》：重读这第一部作品集时，你是带着愉快的心情吗？

史密斯：我没有重读过任何一部作品，真的。写完《自由之爱》十年后，我朗读了其中的一个短篇，我心想，这故事还可以。在心底会有一个东西告诉你，这故事是可以的，整体恰当地融合在一起。但是我不能去重读。

《巴黎评论》：你为这本书找出版商时遇到过困难吗？

史密斯：相较而言，有过点困难。我二十一岁在阿伯丁读书时，遇到了伯纳德·麦克拉弗蒂①，他曾对我说，把你的诗寄给我认识的一位代理。

---

① 伯纳德·麦克拉弗蒂（Bernard MacLaverty，1942—　），爱尔兰小说家，代表作有长篇小说《羔羊》《卡尔》《装饰音》等。

我就给她寄了一堆诗。那时她叫桑德拉·哈迪（Xandra Hardy），她后来改名字了，就是我的好朋友桑德拉·宾利（Xandra Bingley）。她回信说，这些诗都很好，但你还写散文吗？我把信放在了一边，但几年后，我真的写了一些散文，我给她寄去了大约九个短篇小说，她回信说，再写几个这样的故事，我就帮你寄出去。她寄给了五六个人。她收到了一些退稿信，其中有一封很有趣，说这些短篇不算他们出版的类型，它们太偏"生活方式"（lifestyle）了。

《巴黎评论》：生活方式？

史密斯：我觉得那是一九九四年时表达"gay"这个词的方式。但维拉戈出版社喜欢并接受了它们。他们说，如果你写一本长篇小说，我们会想看看，我们也很可能会接受。我说，好的，我来写一本，然后就开始写了。

《巴黎评论》：就是那本《喜欢》（Like），它就像一首序曲——阿莉·史密斯的一切都塞在了里面，混乱的时间、早熟的小女孩、得不到回应的爱、一幅意义非凡的画、一位文学学者、大量的双关语、对同时性（simultaneity）的迷恋，等等。《喜欢》的灵感来自哪儿？

史密斯：我想大概是来自英格兰和苏格兰的分裂。我经历了这场分裂，在可怕的分裂的撒切尔时代，全国上上下下都经历了这场分裂。这是一本非常分裂的书。

《巴黎评论》：我们能谈谈鬼魂吗？在《喜欢》中，你说苏格兰是"阴冷荒凉、冰冻三尺的北方"，"鬼魅横行"。然后你在《饭店世界》《精巧》（Artful）和《双面人生》中都写到了鬼魂。

史密斯：呃，这里面有不同面貌的苏格兰。我写"阴冷荒凉、冰冻三尺的北方"时，指的是低地和高地之间无树多山的较高海拔的荒原——斯洛赫德，德鲁莫赫特山口。但是高地，尤其是高地，充满了鬼故事。也不奇怪，看看历史就知道了。在詹姆斯党人叛乱和大清洗①之后，一个民族被消灭了，这个民族的语言也被消灭了。一种语言被宣布为非法语言。所以一个盖尔语单词对应的英语单词背后，总有一种幽灵的意涵。

我的父亲，一个来自英格兰北部的英格兰人，是一个严肃的鬼故事讲述者。我记得他讲过的两个鬼故事——对他来说那不是故事，他就像在讲现实中的轶事。这些事是发生过的。他说，他小时候，七八岁时，他和哥哥一起躺在床上，这时一个孩子出现在门口——那是当时失踪、后来发现被谋杀了的一个孩子，他出现在我父亲面前，那个孩子。后来，他参战的那些年，他说，他开车从某个地方回来，看到一个和他稍有交情的人站在路中间，穿着巨大的高筒摩托车靴。卡车驶过时，父亲挥了挥手，但那个人没有看到他。他到了目的地后，说他看到了那个谁，其他人告诉他他看见的那个人二十四小时前死了，撞了车，死在了路上。

《巴黎评论》：突如其来的神秘死亡和强烈的哀悼在《精巧》和《双面人生》中都有所体现。这种想象世界中的同情是源自你的自身经历吗？

史密斯：尤其是你刚才提到的那几本书，写那些书的那段时间，对我来说，对我们来说，是一段不断经历失去的日子。我父亲于二〇〇九年去世。两年后，我伴侣的母亲去世，一年多后，她的父亲也去世了。因此，我现在把这些书看作对悲伤的检视，有一部分是因为她。因为我们平凡地过着有限的生命，所以我们不被允许表达死亡带来的震撼。在一个不希望你表达悲伤的世界里，你很难表达悲伤，世界告诉你要继续向前，要继续。

《巴黎评论》：读《精巧》这本书时，我感觉到你在想象自己的死亡，

---

① 詹姆斯党人叛乱指 1688 年至 1746 年间发生在大不列颠和爱尔兰的一系列旨在让英国最后一位天主教君主詹姆斯二世及其后代重获英国王位的起义、叛乱和战争。"大清洗"又称"高地清洗"（Highland Clearance），指 1750 年至 1860 年间由苏格兰农业革命引发的针对苏格兰高地佃农的强制驱逐，大量当地佃农被迫移民他往，流散到新大陆。詹姆斯党人叛乱的主要参与者和"高地清洗"的主要受害者均为苏格兰高地盖尔人。

以及人们会如何哀悼你的死亡。

史密斯：不，比那简单。爱在等式的一端，那死亡就在另一端。爱情故事总是关于失去的可能性和必然性。《精巧》出自我的直觉。过去几本书我都写得快，但《精巧》我写得非常快。

∵

《巴黎评论》：从读者的角度来看，这本书让人感觉很精巧，爱情故事、鬼故事和批判叠加在一起，事实与虚构融为一体。

史密斯：我快到五十岁的时候，牛津大学写信问我："你想不想做个系列讲座——魏登菲尔德讲座？"我当时想，牛津！讲座！还问我愿意吗？我想，因为我已经快五十岁了，我现在肯定已经拥有了我应该拥有的权威，我现在肯定已经了解了一些有用的东西，我肯定可以成为一个更成熟的自我，已经凭借经验拥有了一些智慧，诸如此类。所以我答应了。但是，当讲座的日期越来越近，我却一拖再拖再拖，然后第一个截止日期就近在眼前了，真的近在眼前了。距离第一个截止日期只剩两周，而我一个字还没写。相反，我在读狄更斯的《雾都孤儿》，因为我开始对"精巧"这个词感兴趣，而那本书在我创作《精巧》时给我许多灵感。

但是，我无法做那个站在所有人面前、说着权威该说的话的人，说"事情就是这样"，我做不到。无论对我还是对我真正拥有的无论什么"权威"来说，这都不是真实的。我在写作讲稿和演讲的过程中发现了这一点。

《巴黎评论》：《精巧》是一部长篇小说吗？

史密斯：我认为它大概是。但如果有人说它不是，我也不会生气。

《巴黎评论》：你的许多长篇小说——我尤其指《饭店世界》《迷》和《纵横交错的世界》——似乎都是从一个令人震惊或困扰的事件中萌发的。升降机事故、琥珀的不期而至、迈尔斯决定占用客房——每件事都是一个催化剂。

史密斯：可能像电影似的——一种视觉手段，让你可以围绕它构建一个空间事件，然后这就成了小说。

《巴黎评论》：创作就是这样进行的吗？你想象这些事件带来的后果？

史密斯：《饭店世界》的情况是，在我坐下来开始写之前，我甚至不知道有这样一个事件。我向出版商承诺的是要写一部关于饭店的小说——住得起的人，在那儿工作的人，还有连门都进不起的人。但当我坐下来写作时，发生的是完全另一回事，就是那个"升降机事件"——起初，我以为自己写的可能是属于另一本书的内容，但后来我发现它就是这部小说结构的核心——一个在那里工作的女孩为了一个赌局而爬上升降机，结果升降机坠落到地上。最终，我非常感激这件事在那时发生。

《巴黎评论》：在《迷》中，放纵自己把一个人物变成一组诗是什么感觉？

史密斯：我记得我和朋友卡西娅坐下，我说想用十四行诗体来写下一章，你觉得怎么样？她说，只要有趣就行。然后我们去克里特岛度假，因为我不想在度假时停止工作，所以我给自己的任务是每天写一首十四行诗，太热的时候不能坐太阳底下，就坐在阳台的遮阳棚下，把十四行诗拼在一起。两周后我回家时，那章写完了。玛格丽特·阿特伍德曾带着睿智的眼神对我说，这份工作没有假期。她说得没错，但分艰巨的任务和不那么艰巨的任务。写这一章时我很享受。

《巴黎评论》：布鲁克、爱思翠、凯特[1]，你是一位能联结年轻女孩的鬼才。

史密斯：是说那些孩子比大人更生动吗？我不认为我在这方面有什么特别的天赋。如果运气好的话，他们都能成立，所有的角色。但我们这一

---

[1] 三人分别为阿莉·史密斯长篇小说《纵横交错的世界》《迷》《喜欢》中的人物。

代人到底是怎么了？我们着迷的——真正着迷的是自己的孩童形象。我们总是沉浸在昏昏沉沉并让人昏沉的怀旧情绪中。

《巴黎评论》：在《纵横交错的世界》中，你花了许多笔墨在一场晚宴上，那一定是有史以来最糟糕的晚宴之一。你认为自己是一个讽刺作家吗？

史密斯：我不认为自己是什么。

《巴黎评论》：你在书中讽刺了名人文化，也讽刺了活动文化、游民文化以及老年人护理的糟糕状况。你当时很愤怒吗？

史密斯：我恰好是在父亲病重之前开始写这本书的。我写了第一部分和第二部分的一小部分，然后他就去世了。他是九月去世的。二月份我重新开始写这本书，六月写完了——这是本不同的书。这本书是在哀悼的愤怒中完成的。这是它的能量——哀悼可以是愤怒的吗？无论如何它都是一种生命力。不过，写这本书时我发现，作品是值得信赖的，是忠诚的，在一切之下又在一切之上，总能保持稳定，哪怕我们自己已化作碎片四处飘浮，就像在没有空气、没有重力的太空旅行中，身边围绕着我们过去的样子或生活过去的样子这样一些幻影。

《巴黎评论》：你多早就能靠写作生活了？

史密斯：呃，我没有孩子，有很长一段时间我们住在一栋只用付很少房租的房子里。当我们搬进自己的房子、有了房贷时，我的收入比以前多了，这确实很幸运。所以，在生命的不同阶段，我都是幸运的。情况本可能会截然不同。现在也有可能变化。我记得自己曾编辑过一本小说集，里面的作家碰巧都是女性，二十世纪的每一年都选一篇作品，她们的生平令人警醒，有多少位是在壮年时声名显赫，却最终死于贫困。

《巴黎评论》：你认为小说家可以通过小说来进行某种宣传吗？

史密斯：只能是宣传小说。

《巴黎评论》：我想到了《公共图书馆》(Public Library)，其中就好像穿插了支持图书馆的游说活动，但这些都是故事之间的非虚构元素。你能写为某项事业服务的小说吗？

史密斯：小说是政治性的。小说不能不具有政治性。但是，如果带着政治性的目的写作，就意味着小说在政治性的同时，并不是小说本身。小说通过捏造事实，告诉你什么才是真正的事实。这就是所有小说家能做的。如果你对小说提出任何小说之外的要求，小说是做不到的。或者说，会不够好，行不通。

《巴黎评论》：我想到了《饭店世界》中的埃尔斯。你似乎本能地会同情边缘人群——穷人、受过创伤的人。

史密斯：我在边缘人群中长大，我继承了边缘人群的所有价值观。我从阅读和生活中明白了，边缘地带会发生非凡的事——发生变化，发生仪式，或者说，魔法，这是个更好的词。在边缘，一切皆有可能。那是对立面相遇的地方，是不同状态和元素汇聚的地方。

《巴黎评论》：你的母亲是爱尔兰人，父亲是英格兰人，但你是在苏格兰出生和长大的。你是苏格兰作家吗？

史密斯：是的。

《巴黎评论》：你是民族主义者吗？

史密斯：我不是。我不喜欢边界。我喜欢边缘，但我不喜欢边界。我无法成为民族主义者。民族主义的肮脏历史就近在咫尺，我无法成为一个民族主义者。我也不信任任何与分离有关的事物。但鉴于英国决定脱离欧盟后，保守党无法弥合任何社会分歧这一点已经日益明显，他们甚至无法真正面对这些问题，再鉴于英国在移民和难民危机方面的言论转变，以及右翼势力在国际上肆无忌惮的崛起，我现在会投赞成票，让苏格兰留在欧洲，这个选择它已经做出——换句话说，就是离开英国，而与更广大的欧盟团结一致。正如缪丽尔·斯帕克所说，我是苏格兰人，我由苏格兰的一切造就。它造就了我，也造就了我的写作。我记得十九岁那年在阿伯丁聆听阿拉斯代尔·格雷①和詹姆斯·凯尔曼②的朗诵会。我坐在观众席中时，那个年纪我就知道，听完他们的朗读后，我可以，我们可以，任何人都可以，在此刻写出任何东西——一切皆有可能。就是那样，我在苏格兰吸收的东西就是那样的。我是在那样的文学氛围中成长起来的，它非常明确地赞扬多元的声音，赞美边缘——你只要翻翻格雷的书，就能看到他是如何处理边缘的——赞扬形式的多元性和开放性。一切皆有可能，挑战传统所拥有的优势（odds），揭示传统的怪异之处（oddness），颠覆传统。这就是我的文学遗产。

《巴黎评论》：你母亲是爱尔兰人，你是否认为自己继承了一部分爱尔兰的遗产？

史密斯：不会，但如果说我父亲是一位伟大的真实鬼故事的讲述者，那么我母亲就是一位神秘的虚构者，或者说是隐藏事物的揭示者。星期六我洗完澡后，她会用毛巾把我裹起来，让我坐在她的膝盖上，然后她会突然变成另外一个人——我知道她对我的兄弟们也这么做，他们和我说过。她会变形成另一个人，一个虚构的人，声音非常真实。这种经历绝对是非常可怕的。如果她没有进入这些角色，她就会唱那些可怕的、凄凉的维多利亚时代的歌，那些歌唱的是死去的孩子。就像凯瑟琳·曼斯菲尔德在缝纫课上读狄更斯的作品把其他女孩吓哭一样，她也想把我吓哭，或者让我焦虑不安。

---

① 阿拉斯代尔·格雷（Alasdair Gray，1934—2019），苏格兰作家，其首部长篇小说《拉纳克》被视为苏格兰文学的里程碑，另著有长篇小说《可怜的东西》等。
② 詹姆斯·凯尔曼（James Kelman，1946—　），苏格兰作家，代表作有长篇小说《叛离》《为时已晚》等，后者获1994年布克奖。

《巴黎评论》：你提到了凯瑟琳·曼斯菲尔德。她是对你成为什么样的作家有影响的人之一吗？

史密斯：我接触曼斯菲尔德较晚，但我喜欢她的作品。二〇〇二年还是二〇〇三年，企鹅出版社请我为曼斯菲尔德的短篇小说集写一篇导读，给了四个月时间，我读过《在德国公寓里》(*In a German Pension*)，记得这本书很薄，所以我想，哦，只有几篇，我可以在四个月内轻松完成，就答应了。实际上我花了四年时间。我以前从没正经地读过她的作品，我完全不明白自己在读什么，尽管我知道她的作品充满了生命力，以至于会像电荷一样释放出微小的电击。但怎么会这样，为什么会这样？我无法接近她的技巧所塑造的层次感。它拒绝了我，或是我拒绝了它。直到一次偶然的机会，那时候我们去巴西参加一个艺术节，我躺在酒店的床上，倒着时差，开始读曼斯菲尔德的作品来度过这段时间。然后，我在她的文字中找到了宾至如归的感觉，令人震惊。我感到自己被它理解了，我也重新理解了——曼斯菲尔德总是在写它们——距离、外来感，知道自己在环境中不融洽或处于悬而未决的状态，介于不同的国家、自我、时间、人、心理、历史之间，且无论你多么有宾至如归的感觉，你都是在自欺欺人，而无论你在这个世界或在她的作品中感到多么陌生，那都是自然的，是最自然不过的。我爱曼斯菲尔德，她如此机巧，如此敏锐，在语言上就好像发梢的扰动都能感觉到那般灵敏，在所有的层次和表现中，社会的、心理的、直觉的，在所有不可能表达出来的事物中都是如此，并且只用最少的信息。她的笔触如此锋利，触及所有事物的最令人激动的活力，尤其是她的语言，她那生机勃勃的听觉世界。生命、生命力在她的笔下熠熠生辉，贯穿始终，那种生命力不仅改变了故事的形式，而且让它焕发了活力。

《巴黎评论》：那弗吉尼亚·伍尔夫呢？

史密斯：当我还是个稚嫩的学生时，我阅读并爱上了乔伊斯，那时我觉得伍尔夫有点意思，但我觉得乔伊斯是个世界级的作家。我现在去读伍尔夫时，她比我之前感受到的更有说服力，更让我相信，也更让我不相信,这是双重的——更真实,也更考验我。

《巴黎评论》:安吉拉·卡特呢?

史密斯:因为我之前在写和她有关的东西,所以我按时间顺序阅读了她出版的所有作品。按时间顺序阅读卡特作品的收获是,在那些脏兮兮的、黑暗的、滑稽的、如鲨鱼牙齿般锋利的早期作品之后,你最终以《明智的孩子》结尾,这是生命的胜利。想象一下,带着那种丰沛的仁慈、转换的视角走向外界,从才华横溢的愤世嫉俗与黑暗转变为才华横溢的生机勃勃与光明。

《巴黎评论》:那塞巴尔德呢?

史密斯:伍尔夫和塞巴尔德都在重塑长篇小说。《奥斯特利茨》是我读过的最令人不安的长篇小说,一部对"作为一部长篇小说"这一念头本身感到不安的长篇小说。塞巴尔德去世后,我又读了他的所有作品,与他在世时读的感觉大不相同。他让人彻底绝望,尤其是在《土星之环》中。这本书可怕而美丽,里面没有希望。然后有了《奥斯特利茨》,但在《奥斯特利茨》中,绝望最终也是一种虚构。

一九九八年,我去参加东英吉利大学的奖学金项目面试,一个叫马克斯的人在办公室接待了我——一位非常亲切的德国人,他领着我走过走廊去面试,然后坐在房间里旁听。那天晚上,我回到家,上床睡觉——然后我半夜醒来,心想,哦,天哪,那是塞巴尔德吗?[①] 那时我已读过《移民》和《土星之环》,我是他的粉丝。我的面试通过了,在东英吉利大学的几个月里见过他几次。就这样,我在和他毫无交集的情况下认识了他。哪怕只从这个切面来看,我所认识的他也是一个极富魅力的人物,他在我所见过的人中是独一无二的。而且,没有多少人知道他非常风趣、非常风趣、非常风趣。他让人捧腹大笑。我们还没能了解他作为作家的严谨。

---

① 马克斯·塞巴尔德(Max Sebald)是 W.G. 塞巴尔德在亲友间更常使用的名字。

《巴黎评论》：你在《精巧》一书中写道，短篇小说和长篇小说的区别在于它们与时间的关系，短篇小说永远都需要简洁。

史密斯：长篇小说和短篇小说都与时间有关。但长篇小说是关于延续的，而短篇小说总是关于故事会以多快的速度结束，这意味着短篇与死亡有着特殊的关系。这就是为什么我们对短篇小说如此着迷，也是为什么人们觉得短篇小说非常非常难——因为它被塑造成这样的形式，那就包含了这样一个事实，即短篇小说很快就会结束，快到你感觉得到它就要结束，就像我们知道我们的生命会结束一样。长篇小说不这么做，它们做不到这一点。长篇小说可能会涉及死亡，但无论如何，它们都是关于连续事件的。

《巴黎评论》：如果一篇短篇小说里有三个不同的事件，你的一些作品就是这样，那是什么样的情况呢？短篇小说和中篇小说之间，或者和长篇小说之间的界限在哪里？

史密斯：这些时刻会产生共鸣，一个回声来来回回飘荡。这在长篇小说中也会发生，但长篇小说中也会发生其他事情。因为长篇小说处理的是连续的时间，所以它也处理人物所居其中的任何一种社会的形态，以及我们的生活所采取的和正要采取的形态。短篇小说不一定要做这些事情，尽管它也可以。

《巴黎评论》：请问你能否以一篇短篇小说为例，详述从写作开始到结束的整个过程？

史密斯：你想我以哪篇为例？

《巴黎评论》：《迅速》（"Being Quick"），这篇中有阿莉·史密斯典型的视角切换。

史密斯：这个短篇接近开头的部分有这样一句话："死亡不在意料之中。"故事就是从这句开始的。我记得当时在想，意料之外的死亡，亲身经历会是什么样的？比如说，一个穿着白色西装、在国王十字车站徘徊的人，一个看起来很像 BBC 高管的人？这就是意料之外的。

然后这个短篇里还有一对恋人，一个在家里，另一个在车站正要坐上回家的火车。在这条线路上，人们经常会跳下站台自杀，每年都有好几起。从国王十字车站北上，每年都会有几次，你乘坐的火车会因为这些死去的人而延误。这太可怕了。你会——怎么说呢？——那些事会让你泄气。一种可怕的感觉。你在火车上，事情发生了——意外的死亡——当你在等着事情结束、等着回家的时候，你体验到了车厢里每个人的无私和自私。虽然发生了死亡事件，但琐碎、混乱的生活仍在继续。

一旦你写出了一个爱情故事，就会存在失去爱情的问题。无论你身处爱情故事的哪个阶段，这个问题始终存在。因此，这种张力也是《迅速》的核心——不在那里的人和在那里的人。一旦你有了爱情故事，爱人的疯狂也会随之而来。

我记得我试过计算，下了那列火车后，要走多久才能到达目的地，从某处到某处，各种情况下。我也喜欢"迅速"（quick）这个词，因为它的意思是"快"（fast）和"活着"（alive）。

《巴黎评论》：那个短篇中有这么一句话——"我越过他的头顶，凝视着伦敦微染暮色的郊外，凝视着那儿的杂草、涂鸦，匆匆消逝的方形灯光和傍晚时分数百人家的窗户。"你还记得这段吗？

史密斯：不记得了，但我记得那些杂草。此刻它们就出现在我眼前。醉鱼草。

《巴黎评论》：我爱"微染暮色"（lightly dusked）这个形容。又或者这对你来说有点太繁复了？

史密斯：不，不。我喜欢繁复。越繁复越好。现在已经没有人愿意冒险写出繁复了。为什么不呢？语言是一种无穷无尽的货币。抛洒词汇在我身上吧，我想成为神话中那个被抛洒了硬币的女孩。

《巴黎评论》：你记得写《迅速》花了多久吗？

史密斯：几个星期。有时我记写作的时间，比记名字更清楚。我写短篇最长花了十八个月，那个短篇叫《吊死的女孩》("The Hanging Girl")。很难写。我一拖再拖。最短的是花了一个下午，那是叫……哦，天哪，叫什么来着？《相信我》("Believe Me")——开头是一个人说"我出轨了"。我当时在写别的东西，并不满意，于是我暂停，把那个短篇放在一边，写了几行别的，那就是后来的《相信我》，就这样写出来的。那几个星期，我忙着写别的东西，它就这样悄悄地成型了。

《巴黎评论》：再说说《吊死的女孩》吧。

史密斯：它来源于明斯克一场绞刑的照片，那是一场公开的绞刑，我无法将那个画面从脑海中抹去，现在也是。我是在报纸上看到的，是《卫报》的副刊。我翻开报纸，看到了这张照片。我当时想，我有什么权利看到这个人死亡的样子？这是一张分成几个区域的照片，也就是你能看到这个女孩被执行绞刑前、执行中、执行后的画面。你还能看见她旁边吊着一个已经死了的人，而下一个人正等着被吊死。太恶劣了，真的，真的很恶劣。我觉得自己很可恶，只是因为我打开了一张报纸，不，只是因为我能够在未来打开一张报纸，就能如此随意地见证一个人柱死的瞬间。这就是那个短篇的由来。

《巴黎评论》：你把它从明斯克带到了当代英国，并让它成为一段爱情破裂的催化剂。

史密斯：那个爱情故事是整个故事中的非故事（nonstory）。它什么都不是。它只是个有意思的装饰。

一九九七年春天，我入选了一个加拿大的奖学金项目，这是一个非常好的苏格兰-加拿大项目，那一年是在彼得伯勒[①]的特伦特大学举办。我

[①] 彼得伯勒（Peterborough），加拿大安大略省中部城市。

一个人在房间里坐了三四个星期,校园里能看见的只有雪,风雪交加,我写了那个故事的开头,只写了独白的那部分,感觉不太对,但我快找到感觉了。然后我就停了下来,我无法继续写下去。我在写其他故事的间隙会回到这个故事,每次它都会发生一点偏转。第二个催化剂是我在电视上看《老友记》,我想,文化是什么样子的,能在同一个空间里,既有《老友记》的某一集,又有报纸上的那些死刑照片。

《巴黎评论》:你用第二人称写过几个短篇。这其中有什么吸引力呢?

史密斯:有一位伟大的苏格兰作家叫刘易斯·格拉西克·吉本[①],是一位苏格兰东北部的作家,我上学的时候,要读他的《日暮之歌》。我现在知道,我所做的一切很大程度上是因为刘易斯·格拉西克·吉本。他写的句子又长又富有节奏,以至于你知道那些句子出自思想,出自呼吸器官,而不是嘴巴。他的文字来自心脏和心灵的同步跳动。他对社会的书写如此讽刺而有趣。他写女人和男人,写得如此精彩。他的小说是现代主义的,尽管它们模仿并宣称采用了更古老的传统,而且大多以第二人称写成。他使用"你/你们"(you)的方式,轻易自然地进入了我的语言习惯。可以用他的"你"做任何事——它意味着距离,这很有用;它也意味着亲密,这也很有用。他用"你"来指读者,因此"你"和拿着书的人之间始终保持着交流。而且它所暗含的群体意义是绝妙的——"you"(你们)成为整个复数的社群,同时它也是社群中的个体"你",以及反对社群、从社群分离出的个体的"你",一个独立的"你"。而这仅仅是他使用第二人称所做的一切的开端。这种层次感无疑是我用第二人称写作任何东西的原因之一。

《巴黎评论》:《好声音》("Good Voice")的叙述者希望发起一个"关

---

① 刘易斯·格拉西克·吉本(Lewis Grassic Gibbon,1901—1935),苏格兰作家,以长篇小说三部曲"苏格兰之歌"闻名,下文提及的《日暮之歌》(*Sunset Song*)是该三部曲的第一部。

于声音，而非关于图像"的项目，"因为如今一切都是关于图像，而我感觉我们离人类的声音越来越远了"。这是作家会有的一种典型抱怨吗？

史密斯：我感觉这个想法尤其是从二〇一四年开始有的，那时我想写一个关于第一次世界大战的故事，那种纪念故事，是受委托创作的。我在网上看得越多，感受到的意义就越少。这些图片就那么出现在屏幕上，简直可怕。点击，点击，点击。我记得我当时想，我们正在用图像清空我们内在的意义——尤其是屏幕上的图像，它们是数码的，会直接消失。《好声音》的主要动机是声音与图像之间的差异——那时，我父亲的声音突然出现在我脑海里。对我来说，第一次世界大战是通过我父亲的声音而存在的，我父亲没有参加过那场战争，但对他来说，那场战争是通过他父亲的声音而活生生地存在的，他父亲在那场战争中吸到过两次毒气，并最终因此英年早逝。我从未听到过爷爷的声音，但它在我父亲的脑海中如此清晰，就像我父亲的声音在我的脑海中那般清晰。我当时在想这件事。

《巴黎评论》：你自身的这个故事和那个短篇小说都是关于逐渐抛弃所有规则的吗？如《费德里奥和贝丝》（"Fidelio and Bess"）中的叙述者所说："其实我可以做任何我想做的。"

史密斯：如果你不能质疑一种结构，又何必还要在这个结构周围晃悠？这就是我们发现结构的方法，我们也是由此发现结构为什么会以某种形式存在，为什么不以其他形式存在——就是去问为什么它是这个形状，如果将其他形状引入，会发生什么。

《巴黎评论》：对文学形式的实验是否具有政治价值？

史密斯：任何事物都有其政治价值，无论我们是否意识到那价值，也无论我们是否认为自己在按它行事。你不可能不做一个政治性的存在，即使你宣布自己不是一个政治性的存在。

《巴黎评论》：那么，当你——请原谅我的用词——戏弄（fuck with）

结构时，你在多大程度上意识到了自己的政治冲动？

史密斯：不用在意用词。在行动时我是没有意识的。如果有意识，故事就不是故事了。在行动时，你所能做的就是按照故事应有的方式来创作故事。

《巴黎评论》："短篇小说是一只寻找鸟儿的笼子。"

史密斯：弗朗茨·卡夫卡。短篇小说的生命总是在逃离短篇小说。或者说，通往短篇小说的大门永远是敞开的。结构在那儿，但你知道，有一个生命，在它里面的某处，在它的周围，或已经摆脱了它。

《巴黎评论》：你目前的项目，即四部曲中的第一部《秋》，是如何诞生的？

史密斯：作家奥利维娅·莱恩——我认识她很多年了，我们是亲戚，她是萨拉的表妹——去年五月还是四月来见我们。她知道我开始写关于四季的书了，她说，你看这个。她拿出一张模糊的照片，照片上是我们家的一只老猫，现在早已去了天堂。照片背面是我写给她的一封信，好像是一九九六年写的，里面说，我希望有一天能写四本关于季节的书。那是二十年前的事了。我感到欣慰。这证明了我这么多年来对这套书的思考终于进入实践了。但我曾想过，等我老了再写。在写完《双面人生》之后，我想，现在是时候了。我为什么不下一本就开始写呢？所以我现在一定是老了。

我的想法一直是，这些书是关于长存（longevity）的，同时也关于写这些书时世界上正发生的任何事的表象。二〇一五年十二月，那时，涉及欧盟成员国身份的公投还只是疑欧派政客眼中一闪而过的怀疑之光，我已经在着手第一本书的写作了。我正写着写着，一些事开始发生了——突然间，六月，脱欧公投就提上日程了。我简直不敢相信，鉴于苏格兰独立公投时有那么彻底、仔细的论证和思考，他们这次竟然只给了这么点时间。总之，在投票前的一段时间里，我在英格兰南部和北部的一些地方旅行，在这些地方随处可见对脱欧的强烈支持,而伦敦和我居住的剑桥却对此还没什么概念,或只是略知一二。我们感觉到了即将发生的事情,尽管我们希望它不会发生。至少我希望它不会发生。但这个提议带来的巨大震撼已经弥漫在空气中,我想,在脱欧之后,这本书必须直面时代,否则这一系列书就没有意义了。我看了看我手头的文本,它已经包含了一些母题,它们将在最终完成的版本中贯穿全书——比如围栏——故事的背后始终是贯穿古今中外的大规模人口迁移,一直可以追溯到荷马史诗甚至更早,但尤其是贯穿上个世纪的历史的。

《巴黎评论》:看到《秋》被称为"第一部严肃的脱欧小说",你高兴吗?

史密斯:无所谓。如果艺术不能让我们多少带点客观地看见自己的处境,那艺术,任何艺术,有什么意义?在这本书中,我一直在向后退,这是我从狄更斯那里借鉴来的——《双城记》中那著名的第一段,通过成为自身的反面来创造空间——让出足够的空间来让读者能够看见我们所处的空间。

《巴黎评论》:在我们这个"后真相"时代,写小说更难了吗?

史密斯:我们生活在一个谎言被许可的时代。我们一直生活在这样的时代,只不过现在谎言是公开的,在言辞上得到认可。于是形成了某种部落式的现象,也就是没有人会在乎某人是否在撒谎,因为他或她是站在我这边的。真相最终重要吗?真相当然重要。真相不是相对的,但要想让真相重新获得重要性,要想明白真相为什么重要,须付出巨大的牺牲,天知道这种牺牲会以什么形式出现。

《巴黎评论》:接下来是哪本?《冬》?

史密斯:会按照时间顺序。但不管叫哪个季节的名字,所有这些书也关于其他季节。《冬》并不是只关于冬天。任何一个季节都离不开其他季节。所有季节都存在于每一季节中。

《巴黎评论》：如果必须的话，你能写出线性情节吗？

史密斯：我觉得我做不到。总有些事物会变得曲折，而且我认为这是它生命力的一部分。因为时间不是线性的。

《巴黎评论》：我突然想到，你对时间的非线性的坚持可能与你小说中的鬼魂有关。

史密斯：我不认为死亡有什么重要性。我们身上背负着所有造就我们的人，我们造就的人，我们造就的生命，而我们造就的世界从我们造就它的那一刻延续下去。

《巴黎评论》：听起来像是一种希冀。

史密斯：希冀是我们拥有的一切——如果我们不去希冀，那思考便浪费了。这并不是出自天真的想法。我是在战后的世界里长大的，人们说，一定会更好。我们必须让每个人都过得更好。我继承了这种希冀。我们继承了抗议的观念，这观念我们须在未来重新继承。

《巴黎评论》：如果写作这条路行不通，你还会做什么？

史密斯：写音乐剧。

《巴黎评论》：如果将你的作品与现代主义传统联系起来，是否对理解它们有所帮助？

史密斯：我很幸运以前就喜欢现代主义。我喜欢它让读者参与其中的方式，这样阅读文本本身就成为一种创造性的行为，它每时每刻都在提醒是我们造就了这个世界。在大学里，我们从古英语开始按时间顺序阅读。最后一年，也就是四年级，当我们读到现代主义，尤其是美国现代主义时，我知道这就是我的家。多斯·帕索斯、E.E.卡明斯、菲茨杰拉德——

我们的课程非常有文化趣味，还涉及音乐等其他所有艺术。

《巴黎评论》：你用了"趣味"（playful）这个词。我想说，你的书充满了无尽的趣味，你会写双关语，引入文字的狂欢，再铺上层次感和形式的戏仿，显得生机勃勃。你认为写作是一种游戏吗？

史密斯：不，但我喜欢这种想法。写作其实是工作——真的是劳作。你必须产出一些东西，而且你知道你会因此得到报酬，这就是我写作的原因，因为它能还房贷。也因为我父母给我灌输的职业道德。就这么简单。但我很欣赏克莉丝汀·布鲁克-罗斯[①]把"让我们祈祷"这句话改成"让我们游戏"。布鲁克-罗斯，二十世纪的一位真正的实验者。

"让我们游戏"这句话，让语言进入了另一个层面（这可能听起来比刚刚那个更像是一种希冀），产生像光晕般的共振，在这其中我们对于一个事物产生双重或三重的理解。然后在这种认识中，我们理解了一种共有的联系，在我们与语言之间，我们与他人之间。这就像同时既被逗乐，又被理解为这世界上一个有思想的存在——这就是我喜欢双关语的原因。双关语从根源而言就是神圣的。如果你回顾一下文字诞生之初，在神圣的仪式中，双关语随处可见。宗教祭祀者用双关语来标记仪式中重要的、神圣的地方。双关语预示或标志着发生转变的地方，也就是巫术作用的地方。

《巴黎评论》："季节四部曲"中的其他三部小说是关于什么的，你现在想好了吗？

史密斯：我脑子里已经有了它们的脉络。不过，去年这个时候我以为的《秋》的主题，最终变成了别的主题。而且我不知道这个世界将来会发生什么。这是我们生命中的至暗时刻。跌至谷底。我们该怎么办？

[①] 克莉丝汀·布鲁克-罗斯（Christine Brooke-Rose，1923—2012），英国作家、文学评论家，以实验写作闻名，代表作有长篇小说《如此》《重制》等。

《巴黎评论》：这可能不是《巴黎评论》想访问的内容。
史密斯：没关系，我们今天的讨论不只是为了《巴黎评论》。

《巴黎评论》：没错，但就是苦了那个需要把这一切誊写成文字的人。
史密斯：你好，誊写员！谢谢你的誊写。

（原载《巴黎评论》第二百二十一期，二〇一七年夏季号）

乔治·桑德斯

◎卢肖慧/译

我和乔治·桑德斯第一次见面，是在他生活了十年的家中，那是位于卡茨基尔山区的一处牧场式平房。房子坐落在十五英亩[①]大的一片山林里，周围小道错落，是他与妻子、作家宝拉·桑德斯，在许多个伏案笔耕的早晨之后的那些下午开辟出来的。

桑德斯夫妇在纽约上州住了三十年。他们在这一带的两座"铁锈地带"城市，罗切斯特和锡拉丘兹，养育了他们的两个女儿；而桑德斯最开始的三部短篇小说集，《内战乐园每况愈下》(*Civil War Land in Bad Decline*, 1996)，《天堂主题公园》(2000) 和《劝诱之邦》(*In Persuasion Nation*, 2006)，写的都是在后工业经济环境之下拉扯孩子、守住职业的经历。然而，这些短篇并不为描写严酷现实的现实主义传统所束缚。其中不乏幽灵、还魂僵尸、不断转着的透明假额，还有从人脑直接上传电脑的记忆。许多篇目极为发噱，许多篇的结尾具有强烈的情感震撼力，而大多数的写作风格都相当简练、口语化，能一下子抓住读者。自一九九二年以来，桑德斯的作品不断登上《纽约客》杂志，并在二〇〇六年赢得麦克阿瑟奖，对当代美国小说产生了很大影响。许多喜爱桑德斯的作家常会抱怨，想要不模仿他，得下一番功夫。

近年来，桑德斯自己写作时，也在下功夫不那么"桑德斯"。在入围国家图书奖最后短名单的《十二月十日》(2013) 中，他尝试着用新的声

[①] 一英亩约合 0.4 公顷。

音；在其中一则短篇《逃离蜘蛛头》里，叙事者嗑了一味药，结果用亨利·詹姆斯的派头写起句子来了。这本书之后，桑德斯又出版了他的第一部长篇小说《林肯在中阴界》(Lincoln in the Bardo, 2017)，作品的背景是十九世纪的华盛顿，而不再是他早期作品中未来主义色彩的工作园区和主题公园。这部作品一面世，就登上《纽约时报》畅销书榜首，并获得了当年的布克奖。

桑德斯同我在他家厨房里一边捧着大瓷杯喝浓咖啡，一边说话。屋里家具没几件了，因为他和宝拉正在搬家。他们已决定卖掉这里，整年住在加利福尼亚州圣克鲁兹城外他们自己的住宅里。不过，他曾在里面写《十二月十日》和《林肯在中阴界》的小棚屋还是他写那些书时的老样子。他的书桌，夹在书架当中，正对一张桌子，桌上摆着约莫十来个相框，里面是身披袈裟的禅师相片。

我们随后的两次谈话是在锡拉丘兹大学校园中桑德斯的办公室里进行的。他在大学任文学写作课教授已有二十年，不过自从搬去西海岸之后，他主要教短期强化课程。办公室当中是一张旧木桌，曾属于德尔莫·施瓦茨①，桌上有不少咖啡杯底的深色印圈。从窗户看出去是一尊林肯塑像，这位共和党救世主被呈示为一位忧郁的年轻人，髭须净爽，眉头紧蹙，颔首。据传——谣传——塑像意欲表现林肯在安·拉特利奇于一八三五年死于伤寒后对她的悲思，一些历史学家认为她是林肯的初恋。

做完最后一次访谈后，桑德斯开车带我在锡拉丘兹附近转了转。时值深秋，草地上飘了些落叶。他带我看了他的短篇小说《绕场贺胜》的取景地——沿旷地边缘的一条乡土路，以及附近不远处大卫·福斯特·华莱士在其中写出《无尽的玩笑》的那幢破败房子。华莱士所住地下室的门漆得通红，漆皮已剥落，上面歪歪扭扭地标着数字"1"，被挂在半空的一只刺眼的灯泡照亮。"要是有人这样采访戴夫②就好了。"他说。

---

① 德尔莫·施瓦茨（Delmore Schwartz, 1913—1966），美国诗人、短篇小说作家，著有短篇集《责任始于梦中》、诗集《夏日知识》等。
② 戴夫（Dave），大卫的昵称。

XXXIV.

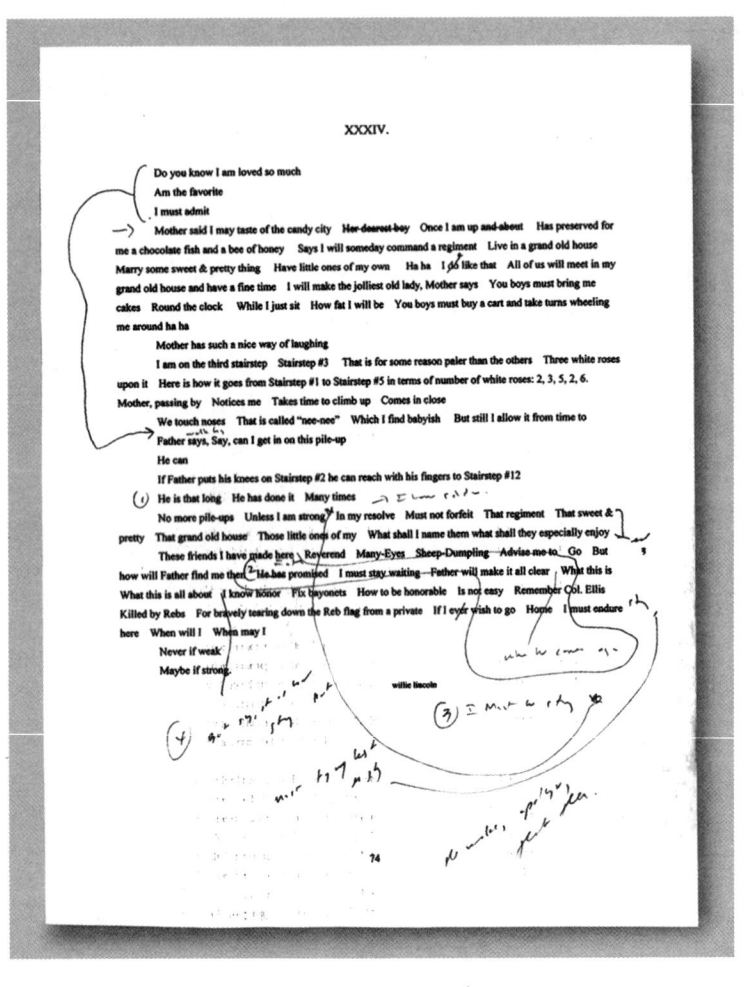

Do you know I am loved so much
Am the favorite
I must admit
Mother said I may taste of the candy city Her dearest boy Once I am up and about Has preserved for me a chocolate fish and a bee of honey Says I will someday command a regiment Live in a grand old house Marry some sweet & pretty thing Have little ones of my own Ha ha I do like that All of us will meet in my grand old house and have a fine time I will make the jolliest old lady, Mother says You boys must bring me cakes Round the clock While I just sit How fat I will be You boys must buy a cart and take turns wheeling me around ha ha

Mother has such a nice way of laughing
I am on the third stairstep Stairstep #3 That is for some reason paler than the others Three white roses upon it Here is how it goes from Stairstep #1 to Stairstep #5 in terms of number of white roses: 2, 3, 5, 2, 6.
Mother, passing by Notices me Takes time to climb up Comes in close
We touch noses That is called "noe-nee" Which I find babyish But still I allow it from time to
Father says, Say, can I get in on this pile-up
He can
If Father puts his knees on Stairstep #2 he can reach with his fingers to Stairstep #12
He is that long He has done it Many times
No more pile-ups Unless I am strong In my resolve Must not forfeit That regiment That sweet & pretty That grand old house Those little ones of my What shall I name them what shall they especially enjoy
These friends I have made here Reverend Many-Eyes Sheep-Dumpling Advise me to Go But how will Father find me then He has promised I must stay waiting Father will make it all clear What this is What this is all about I know honor Fix bayonets How to be honorable Is not easy Remember Col. Ellis Killed by Rebs For bravely tearing down the Reb flag from a private If I ever wish to go Hope I must endure here When will I When may I
Never if weak
Maybe if strong

willie lincoln

乔治·桑德斯的一页手稿

采访桑德斯不难。他健谈，和善，面对对他作品的任何夸夸其谈的附会分析，他都会立即置否，轶闻趣事信手拈来，还常把自己说成莽撞冒失的人，会因为错觉把自己送进哭笑不得的尴尬境地。二十多岁时，他曾在一个乡村歌曲乐队里当吉他手；六十岁时，他看上去就像来自纳什维尔城的老资格伴奏师，留着络腮胡，红色长发从前额向后梳。他的口音是芝加哥劳工阶级的那种，有点像唱歌。他说"you"（你）时，常用"ya"代替。结果，当他真说"you"——就像他告诉我"你（you）就得让恶敢作敢当"时，会唤起人的注意。

——本杰明·纽金特[①]，二〇一九年

《巴黎评论》：你十几岁时在你爸的餐馆"香鸡无限"打工，情形如何？

乔治·桑德斯：我很喜欢。我们是一家跟肯德基竞争的暴发户经营商的特许店。我是外卖员，一放学我就直奔那里——从来不做家庭作业——那里满是我认识、喜爱的人。我父母都在那里干活，还有我的妹妹们、姑姑们和学校里的朋友。夜夜都像开派对。

我们让人把那几辆一九七七年的雪佛兰面包车乔装改扮一番，里面铺上地毯，连车壁、车顶都铺上，还装了炉灶和迷你小冰箱，这样一来，我们就可以承办婚礼、成年礼和嘉年华，车侧还有我们禅意兮兮的警句——香鸡无限，岂限香鸡。我那时十六岁，刚拿驾照，所以这可是一件梦想成真的好差事。我开车在伊利诺伊州的密德罗申、奥克福里斯特、哈维和马卡姆之类的地方转，每晚转它四五个小时，八轨磁带播放器里放着欧曼兄

[①] 本杰明·纽金特（Benjamin Nugent, 1977— ），美国作家，著有长篇小说《好孩子》、非虚构作品《美国书呆子》等。

弟①——对一个未来写手来说,这活儿好极了。某家人进屋取钱时,你总有那么几分钟站在门廊里,这时你就不由得成了这户没意识到自己正被人观察的人家的一员。你能接触到这户人家特有的居家气味、古怪的装饰,并且,也许会从客用卫生间里跑出一只咧着嘴的宠物来,也许你会听见房子哪里有吼叫。有个家伙,他老这样跟我打招呼:你,讨老婆了没?我就说,我十六岁,先生,所以……还没。

不错!他会说。答应我,你绝不讨老婆。会毁了你。接着他老婆就从厨房里晃出来了,这年纪更大的可爱女人,脸上挂着笑……

如此等等。

在那年纪,我对世界有个愿景,是一种非常整洁、滴水不漏、毫无差错,如哈利勒·纪伯伦作品一般的高贵,就好像你要做个好人,就必须一本正经地凌驾于底下那一帮嗑药嗑得昏头昏脑的软蛋之上。有点像洁癖。每夜开着"香鸡车"出去,就是在不断地割舍这种观点。因为人间处处是疯狂,是杂乱无章,是罪孽。而我遇到的那些人却又是善良、怪异、令人爱惜的。一个夜晚,尽收眼底。

《巴黎评论》:"如哈利勒·纪伯伦作品一般的高贵"出现在短篇小说《海橡树》中;在小说里,安吉拉·西尔维送给叙事者"我"一本《先知》。

桑德斯:对,正是,那正是我。心气,嗬,非常之高。我那时喜欢纪伯伦、罗伯特·波西格②,安·兰德……我想我那时理解的文学是关于"怎么周正地做人",而不是关于"人生——它是复杂的"。

当时——我是一九七三年开始上高中的——很混乱,有酗酒、派对、吸毒所有这类的事。而我是反对这个的。我会去一个派对,看到人人喝得烂醉,就想,我为什么要这么干?太不像人样了。我属于少年老成的人。

---

① 欧曼兄弟(The Allman Brothers Band),美国摇滚和蓝调乐团,由杜安·欧曼和格雷格·欧曼组建于1969年。
② 罗伯特·M. 波西格(Robert M. Pirsig, 1928—2017),美国作家、哲学家,代表作为《禅与摩托车维修艺术》。

哪怕在那个年纪，我就有这种感觉，美国是个颓废、沉沦之地，而我不能随波逐流，我要离这闹哄哄的地方远点，不然我就会陷入一种我不想要的人生里去。我要做得绝对、绝对的好，那是我青春期的反叛形式。

《巴黎评论》：出现在你的短篇小说《伊莎贝尔》中的芝加哥相当残暴，你见过那样的事？

桑德斯：倒也没有，没有亲眼目睹。比起其他大多数芝加哥郊区，我们那里打架斗殴的事可能更多。小硬汉那样打架，我也打。不过《伊莎贝尔》中再现的芝加哥更多是来自家中长辈的传说。我祖父母住在盖奇公园区，在五十五街和加利福尼亚大道岔路口，我爸小时候在那一带见闻的事让我对诡秘的芝加哥有了一些感觉——私酒吧被艾尔·卡彭①给端了的上层老妇们，从中途机场开进城、取道五十五街的罗斯福车队。几乎每一家都是移民，一两代之内的移民。的确，到处你都能感觉到那个老芝加哥。

比如，我爷爷读高中那会儿，他和一个朋友正在街上走，一辆漂亮新车靠上来，开车的说：嘿，你们俩小孩，谁会开车？想不想开这车？我爷爷就想，嗯，好不奇怪。那人跳下车，窜进巷子去了，我爷爷的朋友就跃上车。之后另一辆车开上街，机枪扫射这辆车，这朋友就死了。再有，我爷爷和他兄弟走进一处废弃的肉食仓库，那是他们的类似帮会地点。结果他们看到同伙将一个黑帮对手吊在一只肉钩子上。他还活着，我爷爷和他兄弟好歹说动了其他人把他放下来。还有，我爸在一九五三年左右被帮派打昏，扔在一片弃地上，一夜人事不省。

而《伊莎贝尔》正来自那个芝加哥。到处都弥漫着种族主义和种族恐惧的气氛——这种非常"我们对阵他们"的心态。我最早的记忆之一，是我爸开车带我们穿过盖奇公园，那里正闹暴乱——抗议马丁·路德·金博士来访——只见树上爬着一个面目癫狂的白人，挥舞着一杆喷火枪。那是六十年代，而六十年代的所有癫狂感觉触手可及。

---

① 艾尔·卡彭（Al Capone，1899—1947），美国黑帮头目，禁酒时期做私酒生意，控制并卖酒给非法经营的私酒吧。据说在 1920 年代，他一年就挣了六千万美元。

《巴黎评论》：从城里搬到城郊有何变化？

桑德斯：我六岁时，我们从城里搬到奥克福里斯特区。我记得自己在新住宅里走丢了，因为它看起来简直像宫殿——屋子一间又一间，打开来又见其他屋子、楼梯什么的。那其实就是一栋不错的城郊住宅而已，但我们从城里公寓搬过来，感觉它就像一处乡间庄园，一处现代的乡间庄园。它有一个对讲系统，厨房里的球形灯很有点詹姆斯·邦德的派头，我觉得。我很喜欢住在那里。那里，不错，是城郊，但隔了一段去看，它其实只是一座小镇，熟识那么多人，追踪他们生活里的种种变化，实在很好；再有，对城郊奇异的生态系统——溪流、涵洞、半成品房，以及可藏身的雨水排放渠，等等——了如指掌，也是一件乐事。

我爸妈总是让我们感到我们深受呵护和关爱。我妈过去、现在都无条件地爱着我们。我爸那时大学还没读完——几年后他又回去上大学——不过他一直有钱。他是个非常讨人喜欢的快乐张扬的人，讲故事高手，推销高手。他会送给妈妈铺张的圣诞礼物。有一年，他送了妈妈一辆崭新的雪佛兰科迈罗——引诱她到窗前，那辆车就停在外面车道上，上面绑着一个巨大的蝴蝶结——诸如此类的东西。

《巴黎评论》：在你家里，是不是大家都想逗人发笑？

桑德斯：是啊。逗人发笑是一种让自己变强的方式。如果你是个渴望关注的小孩，我曾经就是，能说会道口才好，可以让你大受称赞。如果你在学校里考了好分数，很好。但如果你讲笑话水平高，与人交流谈笑自如，那就更妙。我父母两边的家人，从来都是如此。我只是把它理解为某种做人——自信的人——的方式，某种给人带来宽慰或显示正面能量的方式。

《巴黎评论》：你爸爸那边是芝加哥人，你妈妈那边是得克萨斯人。他们说笑的方式一定不一样吧。

桑德斯：不一样。我说话是芝加哥人的腔调。快速，顿挫，带鼻音。芝加哥那边的家人团聚时，会有五员大将同时高声说笑。调侃打趣说俏皮话,应有尽有。

在得克萨斯家族那边,幽默更加干涩含蓄。我有几个舅舅,模仿起别人来忒有一手。他们会编造滑稽角色,然后就待在那角色里。只要他们一走进来,整个屋子就都乐了——大家那么喜欢看见他们,实在叫我惊奇。现在我看懂了,他们是在即兴表演——揣摩屋里的人,相应调整他们的模仿。我的写作中肯定有这样的愿望——想要取悦想象中的读者,提一提他们的神,为的是赢得他们的赏识。

我曾听人说,作家往往来自那些懂得语言的巨大作用的家庭。就我而言,情形无疑是这样的,我两边的家庭都是如此。

《巴黎评论》:你写到的一些事情——南北战争、奴隶制度、冤鬼出没之地——传统上属于南方文学的领域。

桑德斯:我小时候曾有一段日子,自认为是流放中的得克萨斯人——我生在那里,每年夏天我们都会去阿马里洛探望祖父母。我把自己看成一名未来牛仔,不幸住在芝加哥南区、操着带鼻音的芝加哥口音。所以我的暑假之行就像重返故国之类的。

但我想,我们最终去写什么,是件神秘的事。对于内战,我并没有任何想发表高见的意图。只不过当我写这些事情时,我会顿时来电。我的感觉是,如果哪里有什么东西让你着迷,你就该去那里——你必须去。我不认为你非要弄明白为什么。我们在勘探语言富矿藏区域,那是激发我们的地方,蕴藏丰富的地方。你可以事后从理论、释义上把这一过程好好打扮起来吹一吹,但实际上,我们寻找的是一个兴奋点、一个潜力点,某个让你感觉你的语言变得丰富的地方——写一本书需要大量文字,也需要删去大量文字。因此,你得有一个蕴藏深厚的创意兴趣库。你是否选择了一个好话题,标志之一,就是你对诉诸文字的一切——语言、形式,所有这些——是否都有很强烈的看法。

你弹吉他时,某几个调性会对你更有触发力。你能看到,尼尔·杨曾有过一段D调时期,D调很能打动他——D小调,或是某种D调式。可是为什么呢？我怀疑就连他自己都答不上来。然而,《沙砾中的牛仔女》和《老人》以及其他许多了不起的歌曲都出自那段时期；那些日子里，也不知怎么的，他的两只手会不由自主地被引向 D 调，一旦到了那里，他就知道该怎么做。

关于写作，我最大的体会是，我们往往低估或忽视写作这件事的非理性、直觉性的方面。一个不怎么样的作家与一个好的作家，或一个好的作家与一个了不起的作家之间的区别，就看她凭直觉迅速做出的决定的质量高下了。

《巴黎评论》：你什么时候意识到自己想当作家？

桑德斯：上高中时，有位老师叫谢莉·威廉斯，她既美丽又风趣。她会把著名作家的电影幻灯片放给我们看，谈起他们时真的是如数家珍。

有一次，我们读霍桑，有一幅他的漫画像，倚靠着一座谷仓之类，看起来非常神气活现。她好像这么说的，说这人如今已死，但他活着时，瞪大眼睛看人间，这么看的过程中，人间就变样了。这主意很是吸引我——就是，我们对人间的爱能够保存在一个永恒的形式中，并分享给后人。在我看来，写作会是一条迫使你活出大人生的道路。

《巴黎评论》：可你并没打算学写作，你曾有一个乐队。

桑德斯：不错。我高三时入伙了个乐队，心里盘算的是跳过大学，你懂的，上路巡演去。后来，圣诞节假期，我去威斯康星州的威尔莫特山滑雪，一次类似观看芝加哥大都市车赛的旅行——十五分钟坐缆车上山，两分钟下山——回家路上，我一直在读《阿特拉斯耸耸肩》。我没意识到那是一部愚蠢的小说。在我看来，它只是一部小说，而我正在读它——是我好几年来读的第一本书。它用小说的老招数——语言、场景、人物穿插、激情谈话，等等——把我拽了进去。小说真是长。我觉得好不得意，竟能读这么一本长得不见尾巴的书。在一阵对艺术的头脑发热中，我顿生一念，嘿，我能上大学。我能。我能。那老套的幻象在我脑中灵光一现，我混在一群年轻人中间，我们谈论着哲学，穿过校园；这群人中，不错，还包括一些叫人倾慕的女孩，我们都穿着我认为的"大学卫衣"，胸前印着硕大的大写字母之类，我们说不定还举着啦啦队长的扩音喇叭。我以前从未想过要上大学，而这事的真实性，这一我或许真的能上大学的想法，猛击了我一掌，嗬，把我推出了乐队。

我的化学不及格，可能还有代数，但ACT①成绩挺不错。我请教另一位我敬佩的教师，我们的地质学老师乔·林德布卢姆，问他如果可以重新开始，他会去哪里读大学。他说科罗拉多矿业学院。然后他就为我打电话给他们。那是个相对省事的年代。他好像是这么说的，聪明孩子，本人还没申请，也许不妨一试？他们说如果我暑假去上社区大学，修满十八个学时的数学和化学课，并且平均绩点不低于二点五，他们就会考虑我。我就那么做了。我占了餐厅大桌做我的学习领地，错失了高三毕业后的所有赏心乐事，然后……进了大学。

《巴黎评论》：那乐队如何？

桑德斯：事实上，相当不错。主音吉他手瑞克·霍洛维尔长发过腰，穿流苏皮夹克。他了不得，弹奏连珠炮似迅猛。品位极高，非常精准。他还熟悉这行的业内人士。他和一个认识老鹰乐队的人有交情，打的主意是，如果我们能凑成个模样，也许能给前阵的前阵打前阵，为开场乐队的开场乐队开场，诸如此类。这一切现在听起来都不太靠谱，但我记得我们去一家音乐铺子，瑞克用从联艺公司拿到的一万美元支票买下了一台扩音机。反正，之后我就去那次滑雪，受安·兰德蛊惑，退出了乐队。我知道我让其他伙伴失望了。不过这是屈指可数的寥寥几次中的一次，更明事的我压倒了习惯性的我，似乎更明事的那个我有一个要保护"我们"的长远计划。

《巴黎评论》：在科罗拉多矿业学院读书期间，你想过写作吗？

---

① 全称"American College Test"，美国大学入学考试。

桑德斯： 想过。正如我那时身在芝加哥，而心系得克萨斯，算不得真正的芝加哥人；在工科院校读书时，我并非工程师，而是一个伺机当作家的人。这事我想过，想了很多。只是没怎么去做。想得最多的，是倘若果真那样——成了一个有了一本薄薄的、精美的、人人都在谈论的书的人——该有多酷。我当时还在读哈利勒·纪伯伦和安·兰德，随后我发现了矿院图书馆的一个角落——在楼上有一个很小很陈旧的文学藏区，一九四二年光景就停止进书了。于是我开始接触福克纳、海明威、斯坦贝克、约翰·多斯·帕索斯和托马斯·沃尔夫。我至今仍记得那股发霉的气味——那是三十年代的气味，我想——我还记得小窗外那一片前岭山景，记得一本新的旧书在手中的触感，记得有朝一日能用自己的手捧着自己的书的那一份又安静又温柔的梦想。

那时托马斯·沃尔夫很能唤起我的共鸣，因为他是那么诗意、壮美，而且那么带有自传色彩——像是纪伯伦、兰德与真正的文学之间的纽带——大量高贵的情感，悦耳动听的表达，我这么觉得。记得有一次，我从"正路子"学习中偷出一天，在清溪边读莫泊桑，读的是那种极小开本的旧版书。当时我正往日记里写着非常激情的文字，并在学校的文刊上发表了一两篇山寨版纪伯伦。我还记得自己牺牲了整个星期天阅读《丧钟为谁而鸣》，当晚走在回家路上，我有一股强烈的冲动，要抛弃学业，马上开始动手——去找一场战争打打，卷入什么悲剧，不要太糟，挂点彩但别送命，唔，然后解甲回家，写它——就是一种感觉，想看看自己是否"有种有能耐"——借用海明威式的说法。但我也感觉到不想让父母失望，不想让那两位帮我走到今天的高中老师失望，再说——我并没写多少，确实，读得也不够多，不够让我形成任何有用的看法。

说到这事，多少有些不成熟。我拒绝阅读任何当代小说。一个作家，只有等他或她死了，才能后顾无忧地称之为伟大。我脑筋绕不过这个念头：一个眼下还活着的人写这堕落、愚蠢的一九七八年世界，能写出什么美的东西。我不喜欢不敬的东西，至少在文学作品里。屁话[1]是严肃的，

---

[1] 原文为口语，采用了俚俗说法 shit。

屁话是真实的。所以，文学作品里没笑话。其他任何地方——处处是笑话，不用说。我活在自己营造的、一本正经的、一九三五年左右的美学气泡中，写了很多开头直抒"啊"的诗——"啊，高山，你是如何压迫着／我伤透脑筋的辛苦学习！"我现在确实后悔，后悔当初的怯懦。我为什么不去阅读所有东西，放开胆子投入其中呢？

《巴黎评论》：你为什么申请读锡拉丘兹大学的创意写作硕士学位呢？

桑德斯：哦，那是几年之后的事了——我二十大好几，在得克萨斯州的一个公寓楼群中心当场地管理，楼群对面是一家脱衣舞俱乐部。我应邀参加了那里的一个聚会，结果聚会变得相当狂野、醉酒、吵闹，尽管多少有点刺激。我不想失态，就踱到一个角落，拿起了一册《人物》。里面有一篇讲锡拉丘兹的文章，提到杰伊·麦金伦尼[①]和雷蒙德·卡佛。他们两个我都从未听说过，我甚至不知道有创意写作课这回事，也不知道去学校学写作竟还有人会付钱给你。

当时，创意写作硕士课程普遍遭人反感。当时的感觉是，倘若你果真是个当作家的料，就没必要这么跌身份。进入锡拉丘兹之后，我们都说过类似的话。我实在算不得那种创意写作硕士生。我更是那块料，更不纸上谈兵，更天马行空、狂傲不羁。这就像，我为什么不在巴黎？我为什么不在哪片牧场？落在一座学府里，我准是什么地方有毛病。

但是，一旦我们开始启动，我就看出来有多少东西要学了，我真的很感激能在那里学习。

《巴黎评论》：那是八十年代，你师从托拜厄斯·沃尔夫和道格拉斯·昂格尔[②]。

[①] 杰伊·麦金伦尼（Jay McInerney，1955— ），美国作家，代表作有长篇小说《灯红酒绿》《我的人生故事》等。他曾在锡拉丘兹大学跟随卡佛学习写作。

[②] 道格拉斯·昂格尔（Douglas Unger，1952— ），美国小说家，代表作有长篇小说《离开这片土地》、短篇小说集《寻找战争》等。

桑德斯：是啊，是一件荣幸的事。我记得道格拉斯不喜欢我们这帮一年级新生交上去的第一批小说作业。于是，就在文创课课间休息之前，他说，等大家回课堂，我们要在教室里逐个轮流，你们每人讲一个故事。

可怕！我想他是知道这个的，在那情形下——面对一个新的同行群体，没有时间"创作"一则像样的故事，严重担心表现不佳——会激发出人的反失败本能。为了"活命"，我们会抛开之前的写作，那些造作的、模仿的、"前卫"的玩意儿，拿出我们最本色的东西来。他是对的。我们每个人都讲了一个故事，比起我们交上去的文创课作业，这些故事更吸引人，更像本真的"我们"。

那天晚上我讲的故事并非一个好短篇，却是一段生动、精彩的趣事。故事引得哄堂大笑，有几个瞬间煞静，每个人都真正在听。我意识到——或者我该这么说，我开始意识到——你要在书中吸引人与你在人前吸引人多少有着异曲同工之处。除此，你还学到什么呢？你在一生中，学会了如何吸引别人——诱惑别人，游说别人，让自己从麻烦里脱身——而你的写作与这些招数可能会有一些相通的地方。如果一个人在文字里魔力四射，而在现实生活里却是另一回事，那该有多荒唐？它们并非一回事，但是是有关联的。

《巴黎评论》：心里想的和笔下写的要一致，不要在乎读者反响，这属于陈词滥调，但反过来一想，是在理的。如果你让娱乐本能释放出来，你就能创作出更真诚的作品。

桑德斯：对我来说，正是如此。虽说并非对每个人，但对我而言一点不错。

我写作时这么想：我要逗你乐上二十页。我希望你能一直读下去。实际上，我想让你读得不肯放手。

只要我专注于这些想法，最终的结果会比我预先安排好的来得更深刻、更聪明、更奇特、更发噱、更真诚。控制着我自己的那部分，感谢上帝，那个知道它的论题并形成政治立场之类东西的部分，弃我而去了，取而代之的是另一部分。我不是很明白，但这牵涉直觉和迭代——一遍又一遍，听凭那一刻的冲动。

当我听凭这种直觉，终于完成一个短篇时，真是……其乐无穷。这似乎比我一直以来苦心模仿海明威或乔伊斯要容易得多。对自己该怎样的文风，我有很强的主张，我知道该怎么做。我一直崇拜卡林[①]、普赖尔[②]、史蒂夫·马丁[③]和巨蟒剧团[④]。我知道娱乐行为的接受一方是什么感觉。比如我看《大白鲨》，体验极棒。我在影院里看了大概十遍，几乎能倒背如流，而乐就乐在那些令人激动、意外、惊悚的大瞬间。我上次看那片子，是独自一人，坐在一个很老的老人和一个孕妇之间。就在鲨鱼第一次冒出来之前，我想，我们不是少一个人，就是多一个人。

但这也是我最初被艺术吸引的原因——制造大效应，把人激起来——但不知何故，我转移了注意力，以为还有比这更"高"的东西——比如，理性智性、一本正经或深奥，多少要比"踢屁股"[⑤]意义更重大。踢屁股，倘若定义得精辟，它包含了所有这一切，而且让你读得不肯放手；你所读到的东西，似乎能与你最热切关注的那些事情直接交流。

《巴黎评论》：你和大卫·福斯特·华莱士有时会聊小说。我觉得作为小说家，华莱士的一部分美学观是："娱乐性"是问题。而你则必须对想被喜欢的冲动加以控制。有趣的是，你俩都写好笑的事、一针见血的见解，却是通过截然相反的方式。

桑德斯：我觉得他本人很逗趣的一点是，他不在乎你是不是喜欢他。无论他对你说了什么，都是他的真实想法。这很逗趣，也很可怕，并且很

[①] 乔治·卡林（George Carlin, 1937—2008），美国单口喜剧演员、作家、社会批评家。
[②] 理查德·普赖尔（Richard Pryor, 1940—2005），美国单口喜剧演员、编剧。
[③] 史蒂夫·马丁（Stephen Martin, 1945— ），美国单口喜剧演员、作家、电影制作人、音乐家。
[④] Monty Python，或译"蒙提·派森"，英国六人喜剧团体，以喜剧《蒙提·派森的飞行马戏团》成名。
[⑤] kicking ass，粗俚语，意为"（表现得）令人震惊或压倒性地强悍、积极、有力或有效"，多是就某事物带给人的直接感官冲击而言。

净化人。你会突然意识到自己的鄙陋——在某些事情上你撒了小谎,或拐弯抹角闪烁其词,或夸夸其谈。当然,他也是一位娱乐性极强的作家,原因也是如此。你会觉得他的写作是为了追求某种真相,为了说出这真相,他会千方百计,不管真相是什么,也不管为了它,他的措辞会有多么复杂。

不过我发现一个有趣的事。在成就一个好句子或一串好句子的瞬间,会发生这样的情形,感觉就像是自我弃你而去。另一个人出现了,而那个人比正常的、平日的你更好。我猜想,写作的各种途径最终都是为了企及那一瞬间,那个自发的、非自我的瞬间。尽管每个写作者都会有不同的感受,他或她对此的描述也会不尽相同,但说到底,只有一处圣泉,我们都想走近它,我们穿越着的,毕竟是同一片树林。

因此,戴夫觉得,被人喜欢的需求会导致他以自己不喜欢的方式写作。就我而言,无视我喜欢被人喜欢这一事实,会导致我用我不喜欢的方式写作。有受众意识,对他来说,感觉就像是要去迎合,或许——对我来说,则是通往亲密交流的道路。

《巴黎评论》:你的语言风格极其独特。与大多数其他作家相比,人们更可以单独抽你写的一个段落出来,大声朗读给在行的文学人士听,他们会说,是乔治·桑德斯。

桑德斯:唔,谢谢。这事对我来说实在很重要。我想做只有我才能做的事。如果别人认为我的东西稚气,或者……呵,随他们怎么想,这我可以接受。只要他们承认它独创,或新颖。

我这样看自己,我是从地下室窗户里爬进文学殿堂的。我受的教育、读的书籍都不够使我顺正路子写作,当我写一篇在我看来是"正路子"的小说时,它显得有气无力,不能传达我的体验。故事和语言多少得有点混乱低级、下里巴人。我喜欢这种思路:把构想从一处极窄小的语言切入口推出去——那种满出来的感觉。我喜欢这种思路:故事包容的情绪是如此之强烈,以至于它乱了礼规,使故事变得不体面,变得粗莽。

我在芝加哥长大,见识过很多这样的事。其实人们在用诗歌说话,以有限的措辞表达着天上人间的普世念想。

《巴黎评论》：是不是有这样一个瞬间，你跟自己说，我想我找到了一种语言风格？

桑德斯：一言难尽，因为我找到了它，失去了它，七年之后又再次找回了它。

我用一篇题为《漂浮物空间缺乏秩序》的小说申请锡拉丘兹大学，那小说还是我在阿马里洛时写的。我做了一个梦，把它连录带抄地写了下来，成篇的故事很怪，与我以前写的任何东西都不一样——并且马上就发表了。它完全是一反我的常态——简明扼要、科幻体。就它的风格、调子而言，可轻易归入《内战乐园每况愈下》。

但我对它不够懂，也不够有信心，没照这样重复下去。确实，这只是新手的三四页好运气初笔。后来我去了锡拉丘兹大学，不知怎么觉得自己必须"正经起来"。我抛开了那篇小说以及它在我笔下的样子。我不再写滑稽科幻。我要成为一名正儿八经的作家。我有着大把的时间，受着精良的指导，但我似乎写不出任何活的东西。离开那里后，我写了一部小说，一部现实主义大部头，从未出版，故事发生在墨西哥，七百页长，标题为《La Boda de Eduardo[①]，或曰〈爱德华多之姻缘〉》。

说来，研究生毕业后，我落入了这境地：见鬼，我以前还行，大概行了三个星期左右，但干这行，我显然太差劲。

之后有一天，上班时开一个电话会议，我漫不经心，眼角余光所及，便写了七八首苏斯博士[②]派头的歪诗，还配了画——好玩而已。我带回家去，我妻子宝拉很喜欢它们。我能听见她在隔壁房间笑出了声，不是笑它们，而是同它们一起笑。这开关，开启了我脑中的机窍。这又回到了"娱乐性"那个概念。她手不释卷地读这些诗，并不是因为她不得不读，也不是为了对我那了不得的才思表示仰慕——她只是觉得它们很发噱。这些诗比

[①] 西班牙语，意即"爱德华多之姻缘"。
[②] 苏斯博士（Dr. Seuss，1904—1991），美国儿童文学作家、漫画家。

我在读研究生期间写的任何东西都更劲道。这很痛苦，但也很开悟。这些诗背后的意图，是零，除了或许"打发掉这愚蠢的电话会议时间"。然而……它们却意味着某些东西。它们的意思并不太清晰。你很难一下子道出确切意思。它们的意思，在于阅读它们的体验；它们的意思，在我的愿望从"教诲人世"到"拒绝无聊"的转变过程中，脱颖而出了。

就这样，第二天我开始动手，效法《漂浮物空间缺乏秩序》炮制一篇——用了同样的故事，试着用相似的语气，但故事背景换成另一个主题公园，并照我写这些诗的方式来写。尽量写得好笑，要让读者放不下来，读起来要爽。这个故事就成了《造浪机坏了》。

我发现，把故事背景设在主题公园，能叫我的"海明威勃起症"消停。如果你要"作"海明威状，但在主题公园里——那就是拿自己当笑料。我转动操纵纽。杰斐逊·戴维斯变得过热，大礼帽下流出油来。汉克要气疯的。汉克最恨清除油污。这样写出来的调调感觉恰好描述了我实际经历着的日子——美国劳工阶层的生活，在这生活里，似乎文化讨厌你，就是要让你出丑。我当时在一家叫雷电（Radian）的公司工作，写技术文件，办公室在名叫"企业林"的一片建筑群里，钱挣得不多，发际线在后退，扎了一根怪异的、佯作反叛的马尾。那时我们已有两个孩子，日子美好、紧张，而且……忧惧。我们租了一处公寓住着，工作不稳当，从钱的方面来说，以后情形会如何，我们心里全然没底。

《巴黎评论》：《造浪机坏了》之后，你写了哪个短篇？

桑德斯：《受气包玛丽的恐怖活动大败笔》，之后第三篇应该是《内战乐园每况愈下》，我想。我有一段那样的日子，总在坐公共汽车回家的路上修改小说。离开办公室前，我先打印出一份誊清的稿子，抓几支那种写起来极畅快的红色毡尖笔。爽！说来，在公共汽车上修改文章，一则做不了其他事，再则又有时间限制——车程大约五十分钟——这改变了我的改稿方式。时间的限制就像交给我一只更高倍的显微镜，让我把注意力投到语词层面。我几乎完全按自己的口味对一个个词语字斟句酌，而不去考虑情节、故事或主题。考虑的只是文字在纸上看上去如何。这些文字的选择是出于逗趣、直觉,甚至任性。有点像我要它那样,就因为我要它那样。在短语层面上"抠字眼"开始产生出情节。通过修改,一旦你对事态进行了微观的限定,接下来要发生的事就变得清晰起来。差不多就是这样。非常享受、有趣。

结果我发现,比起我以前那些篇目,这方式写出来的短篇更复杂多变——更怪的事情发生着,事情似乎有了政治暗示。我更在乎那些人物了。主题公园一天天越来越复杂。我脑子里的"内战乐园"很大,有很多细节,它展现在我面前……一行接一行。我似乎仍能走进去。

《巴黎评论》:你最初是什么时候想到那个乐园的?

桑德斯:我的同事兼好友请我在她的婚礼上弹吉他。她在罗切斯特市附近的杰纳西郡博物馆举行婚礼。那是一座美丽的十九世纪主题公园,做得实在是滴水不漏——没有电线,所有作坊都经过精心策划,一展当时的真实场景,重演旧人的员工们都熟谙旧事。

于是,一天下午我们去那里彩排。我们有机会到处晃晃——除了我们,周围空无一人。有一些瞬间,我们真像返回了一八六二年。只有我们,和这些十九世纪建筑,还有风过树间。够神的。那天晚上回到家,我就萌生了把故事放在那里或诸如此类地方的念头。这个短篇的写作跨越了第一次海湾战争。一个想法开始渗透进来,它来自那场战争——一次道义的干预失去了它的航标,成了邪恶。但再说一句——并非刻意为之。我坐在公交车上,专心想着主题公园本身的功用细节,边走边瞧地进行那些微观修改时,它就钻进了那里。

我发现我能通过碎片创作,写出一个还算像样的短篇。我不必有一条主线或一个计划,不必知道故事的走向。我基本上可以一天写出几段,然后第二天对这些段落进行微观审视,删去一些部分,将一些部分挪来挪去,添加一些新文字。如果把一个片段的所有脂肪都切除掉,你会开始轻轻敲出它的意思来——然后,突然之间,它就会有它想要引发的事情。

所以，纸上会有这些就像是"激活点"的段落，但它们还没连上任何东西。然后结构就变成了链子，寻找最简捷的途径，把这些激活点片段连接起来。

这么说吧，倘若你把一个故事中所有没用的屁话都删掉，剩下的部分就会告诉你应该采用什么样的结构，这样好的片段就一点也不会丢失。之后，你试着理顺它们，使它们之间有前因后果的关系。是 A 导致 B，还是 B 导致 A？这很难解释。但此刻，所有这些决定都是在常识层面凭直觉快速做出的，它们在回答诸如此类的问题：这样改动是不是更有活力？怎样才能最快达到有意义的行为瞬间？如何把这笑话说得更好笑？

这很是令人开悟。曾有人告诉我，有全职工作，你就写不了书，因为没有可以集中心思的时间。我发现，对我来说，我反正总能集中心思。我能抓住小空子工作。哪怕十分钟，我也够时间修改几句句子，这就是说你的故事朝好的方向又走近一步。有进展！这种艺术创作的韧劲油然而生。就像是，这个我能做。也许要花上我十年，但倘若我一年发表一篇六页长的短篇小说，我就能卖最后集结成的书了。

《巴黎评论》：所以说，风格在一定程度上，是环境所致。

桑德斯：绝对的。我能更集中注意力，这与时间短缺有关。以前一直叫我十分抓狂的是那样的问题：我是怎么看结构的？有关角色性格发展，我的理论依据是什么？哦，这么说吧，小说到底是什么？这一新模式的整个思路就是要把诸如此类的问题撂到一边去。只要能让读者不放手、读下去，所有问题都会找到答案。而突然之间，作为额外惊喜，我竟进出对那些问题的看法来了，天哪，出口之前连我自己都一无所知啊。

《巴黎评论》：如果每句句子都出人意料又真实好笑，故事就会越来越有东西。

桑德斯：是的。相反，如果句子浮夸，读者会走神，小说也就……完了。

好多年后，《纽约客》杂志的比尔·布福德（Bill Buford）和我一起修改《海橡树》时，他完美地概括了这种方法。他像是把小说大卸八块——切掉旧场景，建议新场景，等等。我感觉很没信心，想讨他几句表扬，就用扭扭捏捏的腔调说，比尔，你喜欢这短篇的什么呢？

他沉吟良久，然后说：哦，我读了一行文字，我挺喜欢……足以让我读下一行。

就是它，他对短篇小说的全部审美观。非常完美。短篇小说是个线性的、短暂的东西，要让它灵验，我们必须一直被它抓在里面不放。

至于我，反正小脑袋熊一只，知道了写小说不必满腹高深理论，这让我——从前是，现在仍是——心有所安。我们无需多问什么，只需问：一个正常人，读到第四行时，会不会微微一震，紧接着就去读第五行？

《巴黎评论》：在你很多的早期作品中，比如《内战乐园每况愈下》，故事都相当富于同情心、仁厚善良，但有些细节却非常刻薄。

桑德斯：刻薄得很。我刚刚听了《内战乐园每况愈下》的有声书，哦，没错。刻薄，是的。我有强烈的讽刺冲动。我发现不喜欢比喜欢更容易——我进入一个情境，它错的地方会比对的地方更迅速、更强烈地吸引我的注意力。我视之为某种倾向而已。这并无对错之分，只不过我是这样的人，或者说，我是从这里——似乎略带不满、负面的心态——开始。可我还有全然相反的另一面——更温和、更抱希望、更乐天豁达，不愿伤害任何人的感情，对人温情，觉得活这一生的目的，归根到底，就是要变得有更多的爱——但这另一面也会以"别大惊小怪"为借口，对一些实际上相当消极、邪佞的东西抱容忍无视的态度，有点过于保守。

因此，我想无论写作还是生活，我都在这两种倾向之间切换。这也可以说是怎么看待写作技巧——我们培养一种讲故事的方式，就是要顾全我们心里存在的那些不同的人。

我欣赏弗兰纳里·奥康纳的说法——作家能选择他写的东西，但他无法选择能让它活起来的东西。对我来说，早先那些日子能在纸上活起来的往往是更阴暗的东西。所以说,我那时有本能的紧张倾向,背后还有点缺乏自信。碰上疑问,来个震惊。或者说,碰上疑问,则反传统思维。感觉是,对某件事的态度,最负面的,或最怀疑的,或最玩世的,才是最谙世最深刻者。那时我在写《内战乐园每况愈下》,我拼命想得到世人的关注。知道吗?我只想把一篇小说弄到杂志上去。我觉得,当我的思路飘向美国人生活中不对头——而且不对头得荒唐可笑——的地方时,文字会迸发出更多活力,故事会一下子偏向怪路子,而这怪路子也让人觉得新颖。它们只是更好——更鲜活,更有分量。

我赞同这些小说所说的东西吗?哦,实际上,是赞同的。但它们就像突然间说话太耿直的朋友。它们有点让我惊慌失措。有时我会觉得,唔,你们真粗蛮,但我不得不基本赞同你们的结论。嗨,你们叫人激动,但同时也让我窘迫。这就像我出于各种平常理由,买了一条狗,不料这狗却开始做起锋芒毕露、直言不讳的说教来。这狗,你是谢它还是怨它?我现在是这么看那些短篇的道德合理性的,如果你要制作一个仿真比例的善恶模型,你就得让恶敢作敢当。它必须是真正的邪恶。这样才会有一场真实可信的争斗,结果才会有意义。

但当时我只是站着,拿着我的文字能量检测仪,检测着能量输出值,试图留住那些激发活力的片段;而对它们道德-伦理方面的内涵,我没去多想自己的看法。

我的目的向来是,小说要很好地展现人生的美——人性中的和大自然中的善、爱以及希望,但小说同时也要很好地展现另一面——人和宇宙本身的惊人残酷。这一切都是真实的!且是同时发生着的!但我认为,从技巧上来说,展现正面的美德难度更大。

《巴黎评论》:你似乎一直把小说当作一项道德-伦理的事务来对待的。

桑德斯:是啊。我的第一份工作,无报酬的,是在教堂里诵读《使徒书信》。对我这样一个生来差劲的播音员来说,这活儿真不错。一只麦克风、一段好文字、一群痴迷的信众。然而有某些瞬间,我所读的真相,表述它的语言，以及信众们的即时反应——更纯粹的静，你或许可以这么说——融为一体。这么说吧，那真是一种道德-伦理的，同时也是艺术的体验。

曾有一段时间，我想把任何我欣赏的作家——大卫·福斯特·华莱士、乔纳森·弗兰岑、本·马库斯和扎迪·史密斯，有点拽人名的意思——拉进来探讨探讨我们该如何走出"刻薄村"。小说似乎正在变成某种主要用来否定一切的工具。它已失去了愉悦人的基调。我当然也参与其中，说实在的，这个国家可能是非常暴力、利益集团化和愚蠢的。而我也感觉得到，在我自己的作品中，某些模式不再被采用了，或者说不合格了——难道会有幸福的婚姻吗？难道会有不凶不恶的总裁吗？——诸如此类。我们的家庭生活如此温馨、充满关爱，我工作的公司里有各种各样的人，人们互相帮助，克服自己的困难来工作如此等等，但不知怎么，我觉得没本事把这些更积极进取的点点滴滴写进我的故事里。

我记得弗兰岑的《纠正》出版后，我和他在纽约散步。我问他，写出一本这么好、艺术上这么大胆又这么成功的书，是怎样一种感觉？那之后，还有什么好写的？他说，哦，我不认为那本书像我感觉的那样善（kind）。我觉得他这话实在很美好、很有见地。一个可爱的愿望，要善——他就是那样的——并且要写一本像你自己一样善的书。

《巴黎评论》：如果没孩子，你觉得自己会不会是个不一样的作家？

桑德斯：肯定的。我不敢肯定我会发表任何东西。我们有孩子之前，我是个一般而言的正派人，但没有道义上的紧迫感。后来孩子们来到世上，突然间一切都变得紧要了。人世有一种道德责任。如果我对这几个人爱得这么深，那么同样推理，世上每一个人有同样深爱他们的人——或他们应当有同样深爱他们的人。人世充满了因果业报。帮助你所爱的是好的，伤害你所爱的是坏的，哪怕再小的伤害也是大伤害。你看到有人来到这世上，小不点、新鲜、无辜，你就会想，这小人儿应该得到最好的。所以，这就意味着，每个人都应该得到最好的。

工作也变得有意义了。我曾做过撰写技术文件的工作,这是一份不好对付的活计,既枯燥要求又很高,实在并非我的梦想。可突然间,它成了一个可以写写它的有意思的地方,因为此地到处都是这样的人,他们都曾是别人的孩子,在这里的原因大抵和我一样,为的是挣钱养他们的家庭和孩子。

我知道其他作家可能会觉得孩子会妨碍他们。再说,还要看你的脑筋回路了,有可能确实如此。但对我来说,孩子们点亮了我的世界。在短篇中,你能看到这一点。如果我笔下的人物缺乏进取心,我就……给他一个孩子。突然间,他们就不再为了自己而干那份蠢活了。

《巴黎评论》:大家都知道,每个短篇都花了你大量的时间。

桑德斯:从一天,像写《十字杆》这样只有几段文字的小说,到写《森普立卡女孩日记》的十四年不等。通常来说……八个月?我眼下在写的一篇已经花了一年多时间。我往往会在某些时候卡住。我的一个学生曾引用爱因斯坦的话:任何有价值的问题都不会在它最初的构想层面上得到解决。我找不到任何出处证明爱因斯坦确实这样说过,但我希望他说过,因为太说到点子上了。当小说陷入僵局,你卡了壳,这就是它以自己的方式告诉你,嘿,笨蛋,你这是想在你最初的构想层面上解决我。

到某一时期,我学会了停止计时。年轻时,我会想,这篇小说我已写了四个月了,非得完成它不可。怎么会还没写完?但很快,我就发现这样对付我的小说行不通。从前有这样一则葡萄酒广告,奥逊·威尔斯用他洪钟般的嗓音说:"酒不陈,不出窖。"我欣赏那说法。写一篇像样的小说是一项巨大且可遇不可求的功绩,我们当不惜它所需的时间。你愿意花多少时间去创造能历时久长的东西呢?

《巴黎评论》:你在十四年的时间里写《森普立卡女孩日记》,是否有很长日子是将它搁置一边,然后再回头去写它?

桑德斯:是的,当然。有好几次它在那里一搁就是三四个月,而我去忙其他东西了。然后我再回头，有一点进展，又卡了壳。

说来，这就是写作的另一难对付之处——没有靠得住的方法。至少我还没找到。你写前一篇小说时发现的妙招，对这篇新小说，或以后的小说却不灵验。这就好比你是个水管工，但你去接新活计时，每次面对的都是不一样的管子材料、不一样的输送液体，给你的都是不曾见过的奇怪新工具。你就傻眼了。因此，这项工作的一部分，就是要心平气和地接受——接受你永远无法"主宰"写作。唯一要"主宰"的，就是让自己越来越习惯这一想法：你永远成不了主宰——在每一篇新小说中，你一直都是一个没有头绪的新手，确实，肯定的。你最好这样，不然你就会变成一个老油子文人。

《巴黎评论》：从最早的初稿到最后的定稿，《森普立卡女孩日记》改动了多少？

桑德斯：在许多年中，前半部分基本没变。这是令人烦恼的情形之一。我读着前半部分，心想，我知道这挺不错。接着我就到了某个地方——我可以指给你看它在文中的位置——总觉得过不去。我会接着写下面的十页、二十页甚至三十页，然后打磨它们，但我再次从头开始重读时，活力总在同一个地方跌落。我差不多就是在不断重复节拍而已——文字不错，但没新动向。一位电影制片人曾告诉我，故事的每一个结构单元都必须做到两点——本身具有娱乐性，并以某种不同凡响的方式推进故事。

因此，那一时期，我不断产生、不断打磨小说里那些后来都被我请进垃圾桶的章节。我有大约两百页的弃稿。它们都很不错，很好笑，打磨得和短篇其他部分的质量不相上下。但它们并没以任何了不得的方式来推动故事的进展。

一想到这事，就叫我焦虑症复发。

《巴黎评论》：你有没有早期草稿都没被用的情形？

桑德斯：没有，里面通常会有最初稿的一些内容，哪怕只是影子，或几行字。但一稿与一稿之间会有很多改动。情形往往是这样的。我先打字写一两页纸，然后开始修改它——调整语句直到我觉得可以了，删掉那些感觉是废话的东西或老套的表达。其中一部分……是不错的。总会冒出的一个字眼，是"肯定不错"。这种感觉就像是：任何正常的读者都会喜欢这个。你写出了某个"激活点"段落——我先前提到过的。你开始感觉到某些非同寻常的事正在发生。某个角色想要什么，或某件事情正当紧要关头，或某件显然接着会发生的事情想要发生，或来了一段生猛有力的对话。然后我就入伙了。我发表一通信心宣言之类。亲爱的故事，你还是一团糟，但我对你有信心。这种感觉从"这或许是一堆垃圾文字"变成"如果我坚持下去，它最终会有价值"。

也许这和恋爱关系没甚大区别。如果你是一个一吵架就分手的人，那这就是你所能深入的极限了——你是个吵不起架的人。你永远也不会知道，倘若你挺过第一架，以后会发生什么，也就是说，一丁点信心可能会给你带来什么。如果你说，死活我都不跟你掰，那么你就会挺过这一架，而另一头会出现让你意想不到的东西。所以说，学会修改它就是对它有信心的一种表示，我想——你已经在这"屁话天地"折腾了这么久，相信那"非屁话天地"，呃，就在另一头。

《巴黎评论》：《海橡树》是另一篇有数百页草稿的小说，是不是？

桑德斯：不错，而且我还能确切地告诉你那篇小说我卡在哪里。就在葬了伯尼姨妈之后。下葬后，我写了一个场景又一个场景，小说被我"写完"了四五次。

我记得自己当时去冲了个澡，一边在想，天哪，直到下葬后的那一刻，这短篇实在很不错。你怎么就不能把这玩意儿写完呢？你还算是专业作家吗？十分自责——我，是的，在淋浴室里自答。我想，显然伯尼姨妈是小说里最精彩的人，所以她一定得回来。这个，我几个月前就明白了。我让她在梦境、在闪回等等场景中回来。但在我想着"她一定得回来"这一短语时，我脑子里蹦出另一个小声音："从坟冢里。"它就这样毫不夸张地说补充完整了那一短语。之后我在两个星期左右就写成了这篇小说。非常顺手。我看过无数僵尸电影，所以我知道该怎么往下写。

在我看来，这个说法十分有意思，就是脑子里有一个会参与小说写作的潜在部分，而我们所谓的"写作过程"就是要摆脱脑子这部分的路障，让它能更自作主张。

《巴黎评论》：这让我对《波希米亚人》不禁好奇起来。那篇小说有一个如此巧妙的转折，霍潘利斯基夫人原来是个骗子。你起先就知道会这样吗？

桑德斯：不，根本没有。我写到了她第一次和孩子们打交道的地方——在书的第一百八十五页。重读我为她写的说教时，总让我觉得假——就像一个稚嫩写手，如当时的我，会为一个东欧女人写的那类说教。它有点模仿伊萨克·巴别尔的腔调。我觉得一读到这里，自己的阅读活力就会因为它的假而萎靡。但倘若我删掉这段话，整个故事会马上散架。它就像一座至关重要的桥梁，通向故事未成文的其余部分。

这么说吧，某个时刻，我一边读这段话，一边自答——这次是在书桌前——心想：你怎么变成这么个屁话连篇的人了？你知道这整段话全是假的。内心有个声音顶嘴道：我没撒谎。是她。也就是说，她的说教之所以让人觉得假，是因为……它就是假。她一直在谎称自己是难民。

有时候，你的文字里有纰漏。如果你只顾怪罪自己，唔，你是个不太灵光的作家。但如果你说，嘿，我只是个传声筒，那是角色在说话，这就是为什么这文字这么不靠谱——哈，那你就是一个高明作家，在塑造一个人物了。

对于像我这样零敲碎打地受文学教育的人来说，这非常有效力，因为我在表达上的纰漏可变废为宝了。

比方说，你故事中有个邮递员，你心里认定他是好人，是故事的主人公，但他有一次说话显得有点呆——他不断重复自己的话。他这么干，是因为作为作家的你,写了一堆重复的文字。好,你可以修改它,删掉重复的东西,大多数情况下你肯定得这么做。但如果说,重读时,他那独特的重复中有某种东西叫你喜欢。你会说,咦,这家伙干吗要重复自己?然后你就开始从那一点入手。他这么急于重复自己到底是为什么?他重复自己,对他作为一个人有多重要?他的重复如何影响他与别人的关系?突然间,你文字中的那一"纰漏"就成了人物性格的某个暗示了。

《巴黎评论》:听你这么说真有意思。因为我觉得在你的作品中,我们常会处于角色的意识流之中,而当它听起来开始"屁话连篇"时,也就是事端露头了。

桑德斯:正是。角色通过他"离谱"的用语,有时也当然是我"离谱"的用语,或通过他突然冲口而出的一些奇怪执念,通过他或她话语中抖搂出来的只言片语,告诉我一些我不知道的事情。这就是故事通过人物在说话:别拦我。多谢你让我出场,但我也有自己的一些想法呀。这叫人兴奋,因为在某种程度上,它意味着没有错误。有的只是写作计划的改变,而我们的工作就是要留神那些改变。

我的思路——我的日常思路——是可预料、平庸乏味且简单化的。如果我们坐在这里挖空心思想小说构思,我所有的主意都是平淡无奇的。因此,我们讨论的这种写作方式可以让我通过技巧,绕过可预料的日常思路。

《巴黎评论》:你新写的小说会先给谁看?

桑德斯:给宝拉。但差不多要到很后面的阶段——就像是,等到我肯定自己已尽了全力并觉得它不错的时候。

《巴黎评论》:你会响应宝拉的修改意见,对小说做大量改动吗?

桑德斯:是啊。她是我小说的出色读者——如果小说没能打动她,它准是有什么不对劲。她确实懂我——懂我种种不扎实的表现,我想你可以这么说。我一玩低级把戏,她就看得懂,而且不放过。如果我虚晃一枪,或者想从她眼皮底下混过一段糟糕的东西,她总能点破。

我十分信任她的第一情绪反应。倘若她读了什么,说:唔,还行……这就惨了。我通常会发几天怨气,比如,我干吗要给她看?然后小说重新回炉。有人这么懂你是福,真的。

但如果她对稿子的反应真诚、动情,我就知道有戏了。

等小说通过"宝拉测试",我就把它寄给《纽约客》的编辑黛博拉·特雷斯曼(Deborah Treisman)。黛博拉和我已合作了差不多十五年。再提一次——我十分信任她。她极爱护她的作者。她曾对我说,她的职责之一,就是要让作者——尤其是有所建树的作者——不重复自我,让每一篇新小说都体现他们真实的进步。知道有人这样关照着你,是一件美好的事。

和她合作很是愉快。这就像我们一起出发去探险,看看在修改过程中,我们怎么能让故事再出更多的彩。

我最初把《林肯在中阴界》一书寄给兰登书屋的安迪·沃德(Andy Ward),那是个令人提心吊胆的大日子。我不得不假想,这不是他所期望的我的下一本书。我收到一封回信,里面百分之八十都是"好""喜欢""我们来对付它"——真是出奇地给力。安迪有一手特别的功夫,看得出一本书会出落成什么样的作品,并以他的信心竭力扶持它。这本书接着就长成那样子了。他的信心使接下来的具体工作变得容易多了。

我刚起步时,会与一些更小杂志的编辑合作,我发现编辑在校改中有时会显得过于自负。比如,编辑必须占上风,他得比你更正确。这些了不起的编辑,像安迪和黛博拉,更有自信心。他们认识到,称赞值得称赞的,是编辑工作正当的一部分。精到的编辑工作也是称赞的一种表现——这意味着编辑和你一起置身故事之中,像你一样为它叫好,同时也真正在与故事的长短优劣直接打着交道。

《巴黎评论》:你有很长一段时间不写长篇小说,这很不寻常。在你职业生涯的前二十五年,你是否感到过要做改变的压力?

桑德斯:说来真还没有。我只感到来自自己的一丁点压力,因为在我成长的圈子里,长篇小说是一枚严肃的智性徽章,而短篇小说则是你为它所做的准备工作。当我开始写短篇时,我意识到这说法错矣。短篇很难写,我认为是最难写的形式。世上有很多滥长篇,它们根本敌不过耶茨的一个短篇。我很幸运,因为我的经纪人埃丝特·纽伯格(Esther Newberg)从不向我施压。她很早就告诉我说,如果你在《纽约客》上发表一个短篇,那就跟出版第一部长篇小说一样难。她非常赞同短篇小说并非次等文学形式的观点。《内战乐园每况愈下》激起一阵可喜的小小反响,使我以写作为生成为可能。所以我从未感到有任何压力。就像我说的,除了来自我自己的。

有几次,在写《乔恩》和《森普立卡女孩日记》时,我曾有过瞬间一念:啊,可能这就是它了。可能这就是我的长篇了!但是,一旦我用长篇小说的概念去套这篇东西,我就会犯错,把我所有苦苦得到、消化为己有的关于文章节奏和前因后果的规则都搁一边了。然后那玩意儿就会东一鳞西一爪,变得一团糟,直到我说,啊,对呀,抱歉,你终究是个短篇嘛。所以等到写《十二月十日》时,我就想,OK,乔治,你写短篇,写得日子蛮好过,所以不要做个忘恩负义的人。一路走到底,把自己变成一个次等艾丽丝·门罗。就光写短篇好了。而那是一种不错的感觉——它容许我去做更多尝试,这么说吧,这种形式将成为我的整个艺术生涯。

《巴黎评论》:接着,你就写了一部长篇小说。

桑德斯:接着,我就写了一部长篇小说。

但我甚至不确定它算不算一部长篇,真的。那宝贝书里有很多空白。我不知道那是一本什么样的书,只知道我得用一种看来令人振奋的方式讲述那一段事情,如此而已。

我不得不略微改变自己的文风观念——不得不同意使用一些不那么飞扬的、更规范的语言。在鬼魂的声音问题上,我让自己稍事模仿,风格方面效法——譬如——福克纳、乔伊斯。我的想法是，如果有如此众多的声音，我就不能听起来总像我自己一个人在说话。我也不能听起来像一个总想在语言风格上显得特别的人。有时，我要像个普通人那样说话。我从历史文本和十九世纪书信中取样，然后开始做一些"发明"，并很快就发现这些"发明"文本需要与真实文本交融，而不是凌驾于它们之上，这意味着"风格"突然间等同于"怎么需要就怎么样"了，即使这意味着你要减少亮眼的东西。这么多年来，我一直自喜于拥有一种独特的风格，而且是经过漫长挣扎才终于找到了属于自己的声音，感觉放弃它是冒险。但我同时也很激动，可以对自己说：哦，对你来说结果还相当不错——你还能怎样？我在什么地方读过，茱莉亚音乐学院上课的第一件事就是训练年轻演员去掉乡音。他们教某种单调平板的美式英语，这样演员就可以在这基础上加入方言和口音。我写这部长篇就有类似的感受，就好像，要想获得小说中那一个真实的、群体的声音，让它成为传送各种迥异声音的频道，我就必须牺牲"我"的声音。

《巴黎评论》：在《林肯在中阴界》以及《母亲节》中，人在濒死的刹那间，在由生向死的过渡时刻，一定要甘心放弃"自我"，不然死亡会强行从他们那里夺走那"自我"。为什么这个选择很重要？

桑德斯：我说不准。我想，在这两部作品里，角色都是在死亡降临的一刻才意识到，他一直称之为"他自己"的这东西，其实只是，而且向来就是一个暂时建构——"自我"是他用自己的思维臆造出来的。而此刻是向这种虚构道别的时候了。那些角色只是在真实——也就是死亡本身——强迫他们接受之前，才意识到这一点。我想，我走这一步要归功于《乞力马扎罗的雪》和尤其是托尔斯泰的一些短篇，诸如《主人与雇工》《伊凡·伊里奇之死》和《"瓦罐"阿廖沙》——不一而足，这些短篇都细述了临终时刻。

《巴黎评论》：你是从什么时候开始对托尔斯泰和其他俄罗斯作家感兴

趣的？

桑德斯：在写完《内战乐园每况愈下》一书之后，我觉得自己被困在书中所用的声音中了——那种精简的、第一人称、现在时的声音。我想通过阅读把自己解放出来。于是我就读了六个月的书，读的大部分是俄罗斯人的作品。

那一时期的俄罗斯人提出了很多重大问题，并使用老练的、艺术性的策略来得到非常规性的答案。在他们的作品中，你会意识到，善出于恶，反之亦然——这是一个连续体，而不是对立二元体。我觉得——当时是、现在仍是——对我们的存在方式进行批判很重要，因为美利坚确实是一个令人心有余悸的建构，这建构每天都在侵噬着人们，而且我还认为，任何"我们-他们"的批判都是不足的。批判的根本形式，是实实在在地审视事物的存在方式——它们究竟是如何发生的？某个特定人物身上混合着的多种冲动因素是什么？等等——努力写出一种神圣的歧义，一种三思而后得的困惑。因此，小说的最高境界，不是说"这是错的"，而是说"因而如此"。它要展示现实的多重性，且带有一点温情。

我们能不能让一堆彼此矛盾的理念在一起共同发声，并且不对任何理念的真实性加以否认？将它放在一篇小说中，又会是什么情形呢？曝光于那个矛盾体系之中，又会如何影响我们的道德定位乃至我们的行为？

《巴黎评论》：自二〇一六年大选以来，对自己作为一名作家所担当的角色，你的认识有任何改变吗？

桑德斯：眼下，我正在写有关尼古拉·果戈理那篇了不起的小说《外套》的文章。绝对不会再有比它写得更漂亮的政治小说了。无论谁读了它，都会对底层小人物重新生出怜惜之意的。难道还有什么能比这更政治？但果戈理并没有"挑战"沙皇。他正做着一件比这更伟大、意义更深远的事情——我想你可以这么说，他在"挑战我们每个人内心深处都存在的那个沙皇"。我的天赋非常有限，这种天赋的最根本处，以我之见，就是有时我能在读者内心唤起一两个更深切的共情瞬间。我对我被赋予的这份才能心存感激，并认为它本质上是政治的。

《巴黎评论》：像你这样忠实于短篇小说形式，这情形不多见。对火炬能否传下去，你有没有后顾之虞？

桑德斯：没有。短篇小说是一个很美的形式，人们会找它。或者它会找他们。这形式会随时间而变。它必须变，它应当变，我喜欢在锡拉丘兹大学教书，原因之一是，你会遇到一届又一届有才气的年轻人，这使你成为一个乐观的人。你得给这样的学生某种传承指导——你得把诸如此类的观念传授给他们，比如：是的，你要对每一行句子负责。就是你。没有任何其他人。

我记得早年还在雷电上班那会儿，在写《内战乐园每况愈下》时，我想，老天，这同一段落我已经写了五天了。这正常吗？这时我脑子里那个明智的小声音问道：嗯，是不是越写越好了呢？如果是，那就正常。也许并不正常，本身说来，但显然你非得这样做不可。于是，我心里豁然开朗了。这么说吧，它要多难就会有多难，我的工作则是别脖子一缩逃掉。

好吧，你坐在那里和一名学生面晤，这时候你隐约断定她开始碰到情形了。你看到她的创作正处于这个节骨眼上。对于像我们学生这样有才气的写作者，你无需太多言语。只需要点到一两句，赞许他们天性好，不露声色地鼓励他们。是的，确实得花这么长时间，短篇小说这种形式确实会对这份细致的关注予以厚报。是的，你的工作就是把你的艺术观刻在每一行文字上。好的作家听了这话会松一口气，因为他们一直怀疑就是这么一回事。

（原载《巴黎评论》第二百三十一期，二〇一九年冬季号）

劳伦斯·费林盖蒂

◎李以亮 / 译

在我们采访他时,劳伦斯·费林盖蒂已经九十九岁了。等访谈发表的时候,他就一百岁了。与此同时,双日出版社准备出版他的第三部小说《小男孩》(*Little Boy*),这是一部自传体意识流小说,出版商更希望它是一本回忆录。费林盖蒂一九五八年出版的《心灵的科尼岛》销量超过一百万册,他不仅是一位著名诗人,还是一位反主流文化的偶像,以其与艾伦·金斯堡和杰克·凯鲁亚克等"垮掉的一代"作家的合作以及他联合创办的书店/出版社"城市之光"而闻名。作为一名公众人物,他几乎取得了所有成就——接受《纽约时报》的采访对他来说不算什么,但是,接受《巴黎评论》访谈的前景仍然能唤起他的文学抱负。

费林盖蒂于一九一九年出生于纽约的扬克斯,基本上算是一个孤儿;他的父亲在他出生前就去世了,而他的母亲被送进了精神病院。他是由他的一位姨妈抚养大的,先是在法国的斯特拉斯堡,后来在纽约的布朗克斯维尔——她在那里把他交给了她富有的雇主比斯兰德一家照顾,后者则把他送进了寄宿学校。费林盖蒂于一九四一年从北卡罗来纳大学毕业后,日本偷袭珍珠港的事件爆发,他进入海军军官培训学校学习,成了一艘潜水艇上的指挥官。他参加过诺曼底登陆,并被派往太平洋参加计划中对日本的攻击,但在广岛和长崎遭到原子弹轰炸后,该计划被取消。几周后,他去视察长崎遭受的破坏,这段经历给他注入了坚定的和平主义,播下革命意识的种子,使他成为诗人和出版人。

战后，在《退伍军人教育援助法案》的资助下，费林盖蒂在哥伦比亚大学获得硕士学位，在索邦大学获得博士学位。在巴黎期间，他开始诗歌写作和翻译，并开始绘画，这是他毕生的一项追求。一九五一年，他回到美国，迁居旧金山。一九五三年，他与彼得·D. 马丁联手创办了美国第一家纯平装书书店"城市之光"（City Lights）。一九五五年，费林盖蒂发表《逝去世界的画卷》(*Pictures of the Gone World*)，同时出版了"城市之光"的第一本书，以及"口袋诗丛"系列的第一册诗集。一九五七年，他因出售"口袋诗丛"的第四册即艾伦·金斯堡的《嚎叫和其他诗》而遭逮捕，并以传播淫秽品罪受审。美国公民自由协会（ACLU）为费林盖蒂进行了成功的辩护，这成为终结美国文学审查制度的关键战役之一。除了《小男孩》，费林盖蒂此前还出版过两部小说和十几本诗集，以及戏剧、翻译作品、旅行日志和书信集。

我们的采访在二〇一八年夏天进行，前后花了好几个星期，地点在费林盖蒂自一九七八年以来就一直居住的北滩公寓。近年来，黄斑病变损害了他的视力，以至于他再也无法阅读，这位曾经的活跃户外运动爱好者被迫放弃了在旧金山的长距离步行和自行车骑行运动。然而，即便如此，他看起来也远不到一百岁的样子。他的身姿依然不显佝偻，他的握力依然很是强劲，所有试图说服他使用手杖的尝试都被拒绝了。在他人的协助下，他仍然继续写作，并保持着活跃的社交和职业生活。尽管名声在外，他却似乎没有任何膨胀的自我意识。

——加雷特·卡普尔斯[1]，二〇一九年

---

[1] 加雷特·卡普尔斯（Garrett Caples, 1972— ），美国诗人、编辑。他主导策划了城市之光出版社的"聚光灯诗歌系列"（Spotlight Poetry Series）。

4

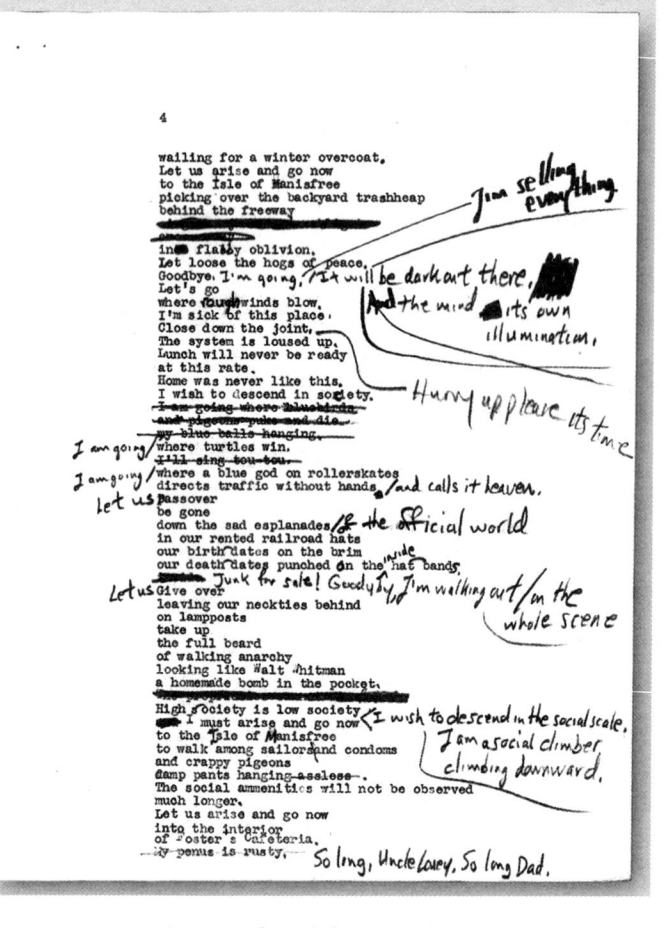

    wailing for a winter overcoat.
    Let us arise and go now
    to the Isle of Maniafree
    picking over the backyard trashheap
    behind the freeway

I'm selling everything

    in~~to~~ flabby oblivion.
    Let loose the hogs of peace.
    Goodbye. I'm going.
    Let's go
    where ~~tough~~ winds blow.
    I'm sick of this place.
    Close down the joint.
    The system is loused up.
    Lunch will never be ready
      at this rate.
    Home was never like this.
    I wish to descend in society.

It will be dark out there, And the mind its own illumination.

Hurry up please its time

    ~~I am going where bluebirds~~
    ~~and pigeons puke and die~~
    ~~my blue balls hanging.~~
I am going/ where turtles win.
    ~~I'll sing tou-tou.~~
I am going /where a blue god on rollerskates
    directs traffic without hands,/and calls it heaven.
Let us passover
    be gone
    down the sad esplanades /& the ~~official~~ *inside* world
    in our rented railroad hats
    our birth dates on the brim
    our death dates punched on the hat bands.

Let us Give over *Junk for sale! Goodby, I'm walking out /on the whole scene*
    leaving our neckties behind
    on lampposts
    take up
    the full beard
    of walking anarchy
    looking like Walt Whitman
    a homemade bomb in the pocket.

    High society is low society
    ~~&~~ I must arise and go now *I wish to descend in the social scale.*
    to the Isle of Maniafree
    to walk among sailors and condoms *I am a social climber climbing downward.*
    and crappy pigeons
    damp pants hanging ~~assless~~.
    The social ammenities will not be observed
    much longer.
    Let us arise and go now
    into the interior
    of Foster's Cafeteria.
    ~~My penus is rusty.~~ *So long, Uncle Louey, So long Dad.*

劳伦斯·费林盖蒂的一页手稿

《巴黎评论》：你想从巴黎开始。你什么时候去那儿的？是一九四……

劳伦斯·费林盖蒂：一九四七年到一九五〇年，依据《退伍军人教育援助法案》，我在巴黎的索邦大学攻读研究生。让-保罗·萨特和西蒙娜·德·波伏瓦以及其他存在主义者当时还很热。

《巴黎评论》：你见过萨特或他们中的任何人吗？

费林盖蒂：我经常看见波伏瓦和萨特坐在利普餐厅，就在圣日耳曼大道花神咖啡馆的对面。他们流连于二楼，在游客开始拥来前，他们不得不逃到城里其他地方去。而我是一个学生，我还不打算走上前去跟萨特先生进行文学对话。我可以看到他在向服务员示意，然后我就从那里溜走了。

《巴黎评论》：你当时懂法语吗？

费林盖蒂：法语是我的第一语言。很小的时候我就住在法国，和我母亲的一个亲戚住在一起，我母亲生病了，她没法照顾我。我们住在斯特拉斯堡附近的一个小城，就是德雷福斯上尉[①]出生的那个小城。

《巴黎评论》：对于小时候搬去法国和回到美国，你有什么记忆吗？

费林盖蒂：没有，我还太小。我记得在五层楼的阳台上，有人把我抱着，那是法式古典建筑的阳台。我们站在阳台上，阅兵式游行队伍正在经过。那大概是在一九二二年。这就是我对于斯特拉斯堡的全部记忆。

《巴黎评论》：你是从什么时候开始说英语的？

费林盖蒂：我不知道。我大概才把它捡起来。

《巴黎评论》：你认为先说法语后说英语对你的诗歌有什么影响吗？

[①] 阿尔弗雷德·德雷福斯（Alfred Dreyfus，1859—1935），法国犹太裔军官，1898年他被误判为叛国罪，引发了著名的"德雷福斯事件"。

费林盖蒂：不是很多。我的意思是，具体的某个诗人——比如阿波利奈尔——当然影响了我的诗歌。

《巴黎评论》：他的哪首诗对你来说很特别？

费林盖蒂：嗯，你知道的，就是那些著名的诗。《米拉波桥》。

《巴黎评论》：我知道桑德拉尔[①]对你来说也很重要。

费林盖蒂：哦，是的，桑德拉尔。我读过他的一本书，书中说他经西伯利亚大铁路，穿越俄罗斯到达西伯利亚。我也做过同样的事，心想他可真是了不起，竟然完成了那样一次旅行！现在我不知道他是真的完成了，还是那是他编造出来的。

《巴黎评论》：你什么时候真正开始写诗的？

费林盖蒂：在到巴黎之后，我才真正开始的。这事深受 T.S.艾略特和埃兹拉·庞德的影响。我没有发表任何东西，也的确没有什么可发表。我想它们都存在伯克利的班克罗夫特图书馆的某些蓝色笔记本里了。

《巴黎评论》：在你成为诗人的过程中，翻译诗歌的经历起过很大作用吗？

费林盖蒂：是的，我当时在翻译雅克·普列维尔[②]。他是很容易翻译的。他用非常简单的语言写作。多年以后，我把他的《假释》(*Paroles*)作为"城市之光"的诗集翻译出版了。"城市之光"最终成为他许多年里在美国唯一的出版商。

《巴黎评论》：你见过他吗？

[①] 布莱斯·桑德拉尔（Blaise Cendrars，1887—1961），瑞士法语诗人、随笔作家。
[②] 雅克·普列维尔（Jacques Prévert，1900—1977），法国诗人、剧作家。

费林盖蒂：从来没有。几年之后，我收到了一张明信片——可能是他在喝醉之后写的——寄自里维埃拉的某个地方。但那是在我们的版本真正传播开来之后。他一定是拿到了一册。

但无论如何，"二战"后的巴黎和今天是如此不同。那时巴黎在德国的占领结束后仍然处于休克状态。在一九四七年，你会看到成排的人提着他们的小桶等着取他们的那份牛奶。直到五十年代，巴黎才真正恢复正常。乔治·惠特曼创办了莎士比亚书店[①]——最初被称为"西北风书店"（Le Mistral）——就在今天的莎士比亚书店的同一位置，在左岸，巴黎圣母院对面。乔治·惠特曼可能是我一生中所遇见过的最古怪之人。

《巴黎评论》：你们俩是怎么认识的？

费林盖蒂：他有个妹妹在哥伦比亚大学哲学系，我当时在哥伦比亚大学攻读硕士学位。当我决定去巴黎时，她给了我他的地址。他住在圣米歇尔大街一家叫苏伊士旅馆的三等或四等旅馆里。那简直是一个废料场。乔治住在一个大约十二平方英尺的房间里，书从三面墙一直堆到天花板。他坐在一把破椅子上，用一个斯特诺牌的固体酒精罐煮午饭。那应该是一九四七年底。我想，他创办"西北风"是在几年之后。然后，一九六四年，在同一地点，他意识到莎士比亚书店的拥有者西尔维娅·比奇已经不在人世，于是出去买了一块黄铜名牌，开始把自己的书店称作"莎士比亚书店"。他和西尔维娅·比奇没有任何联系，尽管他有一个女儿，他给她取名"西尔维娅"。他女儿现在经营着这家书店。

《巴黎评论》：你在哥伦比亚大学研究什么？

费林盖蒂：我拿到了研究约翰·罗斯金和透纳的硕士学位。罗斯金写

[①] 此说不确。莎士比亚书店（Shakespeare and Company）最初由西尔维娅·比奇于1919年创办于巴黎左岸，1941年闭店。1951年，美国书商乔治·惠特曼在比奇书店旧址附近创办西北风书店。两家书店本无关联，直至1964年，为纪念莎士比亚诞辰四百周年和两年前去世的西尔维娅·比奇，乔治·惠特曼决定将自己的书店更名为"莎士比亚书店"，该书店的历史遂得以延续至今。

过许多书，合为《现代画家》系列。整个系列的主题是，在中世纪绘画里没有光。一般来说，绘画是完全黑暗的，直到意大利文艺复兴时期，天空中才开始出现一点点光亮。几个世纪过去，越来越多的光出现在画布上。因此，当透纳在十八、十九世纪出现时，光涌现了出来。在透纳生命的最后阶段，他的绘画几乎都是纯粹的光，几乎没有任何具象。

有人在敲我的门，你介意我去一下吗？可能是邮差……哦，是我的新小说的校样，《小男孩》。

《巴黎评论》：这是一本意识流风格的书？
费林盖蒂：是的，你可以这么说。

《巴黎评论》：你认为它是一本回忆录，还是一本小说？
费林盖蒂：哦，不，不是回忆录！双日出版社的编辑盖里·霍华德第一次给我打电话时，用的是"回忆录"这个词，我对他强调这不是回忆录。我认为这是一部在其中虚构了一个"我"的小说。我所做的类比，就像詹姆斯·乔伊斯的《青年艺术家的肖像》一样，里面是一个想象性的我。斯蒂芬·代达勒斯有点像想象性的詹姆斯·乔伊斯，这本书绝对是自传性的。我真的很喜欢《青年艺术家的肖像》的最后一页。它是现代文学中最重要的几页之一。我一度几乎能全文背诵。

《巴黎评论》：好吧，回到你在哥伦比亚大学的时光。那些年你住在哪里？
费林盖蒂：我在格林威治村几个不同的地方都住过。

《巴黎评论》：你还记得当时纽约的文化生活是什么样子吗？
费林盖蒂：一九四五年的时候？我不知道。我在海军待了四年，我对纽约文学界发生的事情一无所知。我去过阿尔贡金酒店，因为我知道，那是文学界大佬们经常去的地方。我偷偷四处张望，希望能见到一些战前的

"圆桌骑士"。我记得一些名字,像海伍德·布鲁恩[①]。但我从来没有想方设法去见他们中的任何一位,尽管我在那里逗留过几次,在那些小房间里。哪里都看不到阿尔贡金人[②]了。

《巴黎评论》:那时候你去听过什么音乐会吗?

费林盖蒂:以前我经常去卡内基音乐厅。甚至当我在海军服役时,在我回纽约度假的时候,我也会去卡内基音乐厅。除了管弦乐队,还有很多音乐会和室内音乐。下船后,我会花很多时间去听古典音乐会。

《巴黎评论》:你四十年代听过爵士乐吗?

费林盖蒂:不,我没有。我太正统了。

《巴黎评论》:你是什么时候开始画画的?

费林盖蒂:我真的是被耽误了。现在我真希望我能去巴黎的法兰西艺术院,但我选择了文学路线,索邦大学。我离开巴黎的那一年,也就是一九五〇年底,那是我成为一名画家的开始。我在巴黎画了一幅画,一幅很小的画,叫作《二》(*Deux*),它被展出过好多次。

《巴黎评论》:从离开巴黎到你来旧金山之前,你走过一段怎样的路?

费林盖蒂:我在纽约停留,收拾我的衣服和其他东西,但我几乎是直接到了旧金山。我是在一九五一年一月一日到达的。

《巴黎评论》:是什么让你选择了旧金山?那时你就知道这将是一次长期的迁居吗,还是你只是想看看?

费林盖蒂:不。我肯定是打算迁居西部的。在五十年代,旧金山还是

[①] 海伍德·布鲁恩(Heywood Broun, 1888—1939),美国记者,美国新闻业协会(TNG)的联合创始人。
[②] 阿尔贡金人(Algonquins),北美印第安人的一支,上文阿尔贡金酒店的名字即源于此。此处被费林盖蒂拿来指代那些"二战"前出入于阿尔贡金酒店的文学名人。

最后的边疆地区。在这里，一切都是开放的。

《巴黎评论》：你是乘飞机，还是坐火车来的？

费林盖蒂：坐火车。那时还没有飞机航班，据我所知，至少是没有商业航班。我坐火车到奥克兰购物中心，再坐渡轮到了渡口大厦，然后肩膀上扛着一个袋子走向市场街。我对旧金山一无所知，只知道它是葡萄酒之乡。我知道威廉·萨洛扬[①]住在那里——我读过《我的名字叫亚兰》。他是我唯一读过的旧金山作家——我当时还没读过斯坦贝克的任何作品，直到后来才读了亨利·米勒。

《巴黎评论》：米勒那时已经在这里了吗？

费林盖蒂：他的作品只能在法国出版，还没有美国版。詹姆斯·劳克林[②]出版了米勒的《空调噩梦》，却不愿意出版他的《北回归线》。风险太大。他说他没有钱为它打官司。我想，对于他来说那本小说实在是太惊人了。

《巴黎评论》：你最初是如何接触到这里的文学圈的？

费林盖蒂：我刚到这里的时候，这里唯一的书店是类似保罗·埃尔德书店这种，在市中心。他们都不卖期刊。我从一开始就觉得，在这里有文学社团的存在之地。这里的书店都在五点钟关门，周末不营业。一个文学人士能做什么？他应该去哪里？从一开始，一九五三年彼得·迪恩·马丁和我创办"城市之光"书店时，我们的想法就是为文学界创造一个场所。我们曾经在《旧金山纪事报》上刊登过一个一英寸大小的广告，上面写着："文学界的聚会之地，始于一九五三。"这就是我们起初的设想。

《巴黎评论》：你最初是怎么认识彼得·马丁的？你把你翻译的普列维

[①] 威廉·萨洛扬（William Saroyan, 1908—1981），美国剧作家、短篇小说家。
[②] 詹姆斯·劳克林（James Laughlin, 1914—1997），美国出版商，新方向出版社创始人。

尔给了他的《城市之光》杂志发表，对吧？

费林盖蒂：那是一九五三年。我已经在内河码头有了自己的绘画工作室，在使命街九号那栋很旧的奥迪弗德大楼里。我把整个挺大的顶楼作为工作室，每月要花费二十九美元。我以我妻子柯比为模特画了一幅画，在那个工作室。那是我最早的真正的大型画作之一，有六英尺高。在角落里，有一个大肚火炉用来取暖。那里一楼以上都没有电，所以我们只能在白天工作。在同一层楼，还有其他画家，我后来才知道他们都很有名。弗兰克·洛德尔，他后来成为旧金山具象派画家之一。从我的前窗可以俯瞰海湾。那是一个很棒的工作室，就像我还身处巴黎一样。

《巴黎评论》：你是如何开始在这里结识诗人的呢？是通过给《城市之光》投稿吗？

费林盖蒂：是的，就是这样。一九五三年六月，我从工作室出来，看到那家伙和一个朋友正在悬挂一块牌匾，"城市之光口袋书店"，就在"城市之光"如今所在的地方，哥伦布街和百老汇大街的交界处。我开车经过，不知道什么原因停了下来。那时候，停车没有什么问题，北滩到处都有很多位子。我走到街对面，告诉他我的名字，他说，哦，你给我寄过一些普列维尔诗歌的翻译。他将它们发在了《城市之光》上。我就是这样和彼得·马丁取得联系的。

彼得有一个绝妙的主意，开一家平装书店。直到那个时候，美国还没有平装书，只有凶杀悬疑小说和一些堪称垃圾的东西才会有平装本在报摊上出售。那是平装书革命的开端。第一批高质量的平装书，只有几家出版商在做。然后，它真正流行开来，所有的纽约出版商都开始这样做。开一家全平装书店的想法堪称天才之举，尤其是在那个时候，因为我们正好赶上了未来的浪潮。彼得说他需要五百美元的启动资金。我说，好吧，我有五百美元。于是我们握了握手，就是这样。我们就这样成了合作伙伴。一年后，他离婚了，搬回纽约，开了一家"纽约客书店"，他经营了很多年。

《巴黎评论》：你是一直以来就打算通过开书店成为一名出版商吗？

费林盖蒂：嗯，我不仅仅想开一家书店，我还想成为一名出版商。在法国，最大的出版商最初通常是开书店的。这是一个合乎逻辑的进程。

《巴黎评论》：你是在创办"城市之光"之后，才遇到像肯尼斯·雷克思罗斯①这些人的吗？

费林盖蒂：是的。文学团体开始走到一起。至于说我是怎么认识雷克思罗斯的——我的妻子塞尔登·柯比-史密斯来自南方腹地。她的祖父埃德蒙·柯比·史密斯将军是内战中最后一位投降的将军。但是她已经摒弃了南方——对邦联之女联合会②来说，她毫无用处。她去了斯沃斯莫尔学院，在那里她结识了一位朋友，霍莉·贝伊（Holly Beye），后者后来搬到了旧金山。贝伊是一位成名的诗人，谁都认识。她带我和柯比参加了一个周五"社交晚会"，雷克思罗斯是这么叫它的，地点就在他家里，位于老菲尔莫区斯科特街二百五十号。菲尔莫区当时完全是黑人区，雷克思罗斯有一间很大的旧公寓，下面就是杰克唱片行。我独自一人又去过几次。我什么都没有说。我完全处在一种敬畏状态中。雷克思罗斯似乎拥有百科全书般的知识。我就坐在后面听着。那里有罗伯特·邓肯③、杰克·斯派塞④以及许多其他诗人。菲利普·拉曼蒂亚⑤也会出现。

雷克思罗斯是一个很会讲故事的人，但是有一半都是他编造的。比如，我想他说过，哦，奥斯卡·王尔德来旧金山的时候，我见过他。如果你细查一下，就会发现王尔德来旧金山压根是雷克思罗斯出生之前二三十年的事情。

---

① 肯尼斯·雷克思罗斯（Kenneth Rexroth, 1905—1982），美国诗人、翻译家、评论家，被誉为"垮掉派教父"。
② 全称 The United Daughters of the Confederacy（UDC），美国内战后由南方邦联士兵的女性后裔组成的一个社会组织，宣扬白人至上主义。
③ 罗伯特·邓肯（Robert Duncan, 1919—1988），美国黑山派诗人，旧金山文艺复兴的代表人物。
④ 杰克·斯派塞（Jack Spicer, 1925—1965），美国诗人，旧金山文艺复兴的代表人物。
⑤ 菲利普·拉曼蒂亚（Philip Lamantia, 1927—2005），美国诗人、评论家。

《巴黎评论》：是的,那是一八八二年。

费林盖蒂：这是典型的一例。雷克思罗斯在KPFA① 有一个读书节目。他不愿提前准备。你会听到他在广播中打开包裹,然后马上开始滔滔不绝地谈论他刚刚拆封的那本书。他似乎可以长篇大论地谈论任何你能想到的作家。我在KPFA上听雷克思罗斯的节目,学到了很多东西。

《巴黎评论》：我们可以说雷克思罗斯影响了"城市之光"的出版书目吗?

费林盖蒂：哦,是的。在那些年里,雷克思罗斯是旧金山诗人的家长。从五六十年代一直到七十年代,他的影响力都是主要的。他的作品由"新方向"出版,而"新方向"被认为是诗歌的象牙塔。

《巴黎评论》：那金斯堡呢?他对书目有影响吗?有没有作家是他介绍给你并最终获得出版的?

费林盖蒂：有的,艾伦真是太慷慨了。他是一个伟大的推动者,不仅仅是他自己,他还推荐了一大堆诗人;如果没有他的推荐,这些诗人永远不会得到出版。

《巴黎评论》：我猜他给你带来了一些书,比如卡尔·所罗门② 的书。

费林盖蒂：哦,是的。

《巴黎评论》：你认为"城市之光"被东海岸的出版社忽视了吗?我是说,让我吃惊的是,《巴黎评论》直到现在才来找你。

费林盖蒂：我来自纽约,在我还是一个孩童时,哈德逊河以西的任何地方都是不可思议的。它们就是不存在。这让我想起一张很棒的《纽约

---

① 位于加州伯克利的一家公共广播电台,由和平主义者刘易斯·希尔创立于1949年。
② 卡尔·所罗门(Carl Solomon, 1928—1993),美国作家,艾伦·金斯堡的朋友,著名的《嚎叫》就是题献给他的。

客》封面,那张封面呈现的是曼哈顿,那就是你看事物的立足点,然后,越过几座山是西海岸,中间是一个大沼泽。作为一个纽约人,这就是我所认为的现实。

《巴黎评论》:你有没有发现你出版的书很难在纽约的出版物上得到评论?

费林盖蒂:你在开玩笑吧?在艾伦·金斯堡变得声名狼藉之前,我们在纽约压根没有得到过任何评论。我自己的书,由新方向出版社出版的诗集《心灵的科尼岛》,成了全国畅销书,发行超过一百万册,但它至今仍没有得到任何评论。

《巴黎评论》:是通过雷克思罗斯,你的书才被"新方向"选中的吗?

费林盖蒂:不,我不这么认为,尽管他一直在提醒劳克林接受它,并让他开始意识到旧金山正在发生什么,在诗歌方面。但我寄《心灵的科尼岛》的手稿过去时,不是寄给劳克林,而仅仅是寄给新方向出版社的。我不知道谁是管事的头儿。我没有附加任何人的推荐函就寄了出去。此前,我联系过巴贝特·多伊奇[①],附上了《心灵的科尼岛》一个早期抄本。我在哥伦比亚大学上过她的诗歌课,我想请她为我的诗集背书,因为我当时正在申请古根海姆基金。她回信说她的学生太多了,她不能为所有人背书,如此等等。所以事情就这样结束了。

《巴黎评论》:而新方向出版社就这么接受了书稿?

费林盖蒂:我把它寄了过去,劳克林几乎立刻给我回了信,说他想出一个平装本。他们刚开始出版平装书。他们是在一两年前开始着手的。《心灵的科尼岛》第一版是用非常便宜的新闻纸印刷的,所以如果你见到一本第一版的话,会发现所有书页都发黄了。

---

① 巴贝特·多伊奇(Babette Deutsch,1895—1982),美国诗人、批评家、翻译家。

《巴黎评论》：他出过很多这样的书吗？

费林盖蒂：不是很多。他没有在我身上冒太多的风险。

《巴黎评论》：既然我们在谈论《心灵的科尼岛》，那让我问一问你有关书名的问题吧。书名来自亨利·米勒，对吧？

费林盖蒂：是的。

《巴黎评论》：这是一个狂欢节隐喻，而你选择这个书名，是为了把它和你的纽约渊源联系起来吗？

费林盖蒂：不，不是特意如此。这是一个抽象的书名。

《巴黎评论》：我之所以这样问，是因为在《费林盖蒂最佳诗歌》（2017）中有一首诗，最初收在《遥远的心之四轮轻便马车》（1998）一书里，其中有这样的诗句："无证驾驶一辆不真实的汽车／在世纪之交／我父亲撞上了我母亲／在科尼岛玩开心碰碰车游戏时"。你的父母是在科尼岛认识的吗？

费林盖蒂：这是一个真实的故事。每个人都在不同的碰碰车里，他们撞在了一起。但这不是我选这个书名的原因。如果在纽约长大，科尼岛就是孩子们梦想去玩的许多地方之一。我记得那里曾经有一条第三大道高架铁路，它后来被拆掉了，但这条铁路上的一列火车前部写有"科尼岛"字样。一个小孩子抬头望去，看到一列开往科尼岛的火车，他就会希望自己也在上面。在《心灵的科尼岛》里，有一首诗就是关于第三大道高架铁路的。

《巴黎评论》：是你在《读叶芝，我不思考》一诗中提到过的发现叶芝那本书的那列火车吗？

费林盖蒂：我还留着那本《叶芝诗集》，蓝色封面，白色内页，其中一页上用铅笔写着："骑士，策马向前。"这句话写在叶芝位于爱尔兰西海

377

岸的墓碑上。"投出冷眼 / 看生，看死 / 骑士，策马向前。"

《巴黎评论》：请跟我再说说你和新方向出版社以及詹姆斯·劳克林的关系吧。

费林盖蒂：劳克林是一个有钱人，他拥有一个滑雪胜地，还经常打高尔夫球。雷克思罗斯的作品已经由劳克林出版了，所以，他总是强力地劝导劳克林，要他知道文学界到底发生了什么。他说，诗歌领域正在发生一场革命，而你对它一无所知，所以，离开你的高尔夫球场，关注一下诗歌界发生了什么吧，因为其他出版商正在参与其中。我是说，格罗夫出版社已开始发掘劳克林本应发掘的东西了。城市之光书店也是如此。劳克林从来没有出版过艾伦·金斯堡的书，尽管他告诉我，他本来有机会在我们之前出版艾伦的书。

《巴黎评论》：哦，这么说金斯堡曾经投稿给⋯⋯

费林盖蒂：金斯堡的书对劳克林来说太离谱了，因为他是个新英格兰绅士，有绅士出版人的传统派头。他是最后一批伟大的绅士出版人之一。《嚎叫》和金斯堡对他来说都太过了。他告诉我，他之所以拒绝金斯堡，是因为他没钱在法庭上为《嚎叫》做辩护。

《巴黎评论》：你认识格罗夫出版社的巴尼·罗塞特[①]吗？

费林盖蒂：哦，当然。我是在纽约的格林威治村认识他的。由威伦茨兄弟经营的第八街书店最初就在格林威治村，巴尼·罗塞特和格罗夫出版社就在一两个街区之外。巴尼出版了很棒的书。

《巴黎评论》：在"城市之光"之后，旧金山本地的出版业情况如何？

费林盖蒂：我们帮助很多旧金山的小出版社搞发行。有一段时间，我

[①] 巴尼·罗塞特（Barney Rosset, 1922—2111），美国出版人、格罗夫出版社创始人，被认为是 20 世纪最重要的出版家之一。

们会列出一份小型出版社出版书目，我们将这份书目收在"城市之光"的出版目录中。人们可以通过我们订购这些出版社出版的书籍，这给他们带去了一点国际发行量。

《巴黎评论》：你那时对戴夫·哈塞尔伍德[1]以奥尔汉出版社名义出版的诗歌感兴趣吗？

费林盖蒂：感兴趣，但他的书都太贵了。我从一开始就想做便宜的平装书。哈塞尔伍德、乔纳森·威廉姆斯以及其他小出版社的图书定价都很高。我不想做一个精英出版社。我对普通人更感兴趣。

《巴黎评论》：回到"城市之光"的出版目录，"城市之光"出版的第一本非口袋本诗人图书是肯尼斯·帕钦[2]的长篇小说《羞涩色情作家的回忆录》(*Memoirs of a Shy Pornographer*)。

费林盖蒂：那是重印。我们并不是最初的出版方。我想，是雷克思罗斯让我去找了帕钦。我的意思是，正如我所说，雷克思罗斯是旧金山最重要的文学人物。我对他的建议非常看重。

《巴黎评论》：你喜欢帕钦的作品吗？你理解并喜欢它吗？

费林盖蒂：当然。如果我不喜欢，我就不会出版它了。它显然是异见者的诗歌。

《巴黎评论》：我看过"城市之光"的书单，你在一九五七年出版了三本书，分别是玛丽·庞索特[3]、丹尼斯·莱维托夫[4]和威廉·卡洛斯·威廉

---

[1] 戴夫·哈塞尔伍德（Dave Haselwood，1907—2014），美国诗人、出版人，他于1958年在旧金山创办奥尔汉出版社（Auerhahn Press），出版了众多诗人的作品。
[2] 肯尼斯·帕钦（Kenneth Patchen，1911—1972），美国诗人、小说家，"垮掉的一代"代表人物。
[3] 玛丽·庞索特（Marie Ponsot，1921—2019），美国诗人、随笔家、文学批评家。
[4] 丹尼斯·莱维托夫（Denise Levertov，1923—1997），美国诗人。

姆斯的作品。当时被认为是垮掉派的鼎盛时期,而你却出版了这三位非垮掉派诗人的作品。你从不认为自己是垮掉派出版人吗?

费林盖蒂:庞索特与垮掉派诗歌相去最远。我们是第一个出版她的作品的出版社,后来她又与阿尔弗雷德·克瑙夫出版社开始合作。她从来都不是一个畅销书作家,但她是作为一位博学诗人出名的,在纽约讲授诗歌多年。

《巴黎评论》:你最初是怎么认识她的?

费林盖蒂:我受《退伍军人教育援助法案》资助第一次去法国时,庞索特和她的女性朋友玛里·路易斯·巴雷特就在船上。柯比也在,她要去索邦大学学习一年的法国文明课程。庞索特和玛里似乎都活在朱娜·巴恩斯的《夜林》(*Nightwood*)一书里。故事发生在巴黎的切尔切-米迪街。我想她们就在那条街上找了一套公寓。

《巴黎评论》:你在一九五八年首次出版了格里高利·柯索[①]、在一九五九年出版了鲍勃·考夫曼[②]。是什么吸引你出版他们的作品?

费林盖蒂:柯索在波士顿出版了他的第一本书。他把它寄给"城市之光",我想我回了信,却再也没有得到他的消息。然后,他亲自出现了。就这样,我们拿到了他的那本《汽油》(*Gasoline*)。他不是艾伦·金斯堡的追随者。金斯堡来自纽约下东区,犹太人、激进分子、共产主义传统,而格里高利·柯索则完全没有受过教育。他唯一一次接受教育是在柯林顿州立监狱。格里高利来自街头,艾伦则来自一个知识分子传统。

《巴黎评论》:那考夫曼呢?

费林盖蒂:我想说,他使用了很多原创的修辞手法,尽管他自己从未使用过这个说法。他有独到的声音。没有人像他那样说话。没有人像他那

[①] 格里高利·柯索(Gregory Corso,1930—2001),美国诗人,"垮掉的一代"代表人物。
[②] 鲍勃·考夫曼(Bob Kaufman,1925—1986),美国诗人,"垮掉的一代"代表人物。

样写诗。这跟艾伦·金斯堡一样。你第一次听到这位诗人，你就会说，我以前从没听到过类似这样的东西。如果你听人朗诵《嚎叫》，就会是这样。

《巴黎评论》：那罗伯特·邓肯呢？你在一九五九年出版了他的《诗选》。

费林盖蒂：尽管我们出版了他的作品，我对他的感受力并没有什么兴趣。但他是旧金山诗歌的重要一脉。他当然不是一个革命性的诗人。大家心照不宣的评价是，他是一个同性恋诗人（gay poet），但这个词从来没有被用过。艾伦远不止是一个同性恋者。这对他来说并不重要，尽管他自己可能会说这很重要。

《巴黎评论》：比这晚一点，是什么让你在一九六七年出版了拉曼蒂亚的《诗选》？

费林盖蒂：拉曼蒂亚是旧金山最具独创性、最令人兴奋的诗人。他来自欧洲传统。我们出版在诗歌方面出现的新东西，诗歌中出现的新东西就是像艾伦·金斯堡和菲利普·拉曼蒂亚这样的诗人的联合，他们来自不同的世界，在"城市之光"聚在一起。但他们都是原创性的、独立的。

《巴黎评论》：你是否觉得劳克林在出版科索和考夫曼的作品时，起初从你这里得到过启示？

费林盖蒂：我们允许这样做，因为在那时小出版社的功能是发现，就像"城市之光"。如果我们发现了一个诗人，就不应该阻止更大的出版商出版他的作品。比如，我们让他们去新方向出版社。新方向出版社多年里都是我们的榜样，但后来，我们终于意识到，"新方向"的书单中缺少的是政治。新方向出版社不涉及政治。所以我们冲进场去，扮演现代诗歌的左派。

《巴黎评论》：你的政治立场是如何形成的？

费林盖蒂：到了一九六〇年，我开始参与政治，这对我来说是新鲜事物。在我开始听雷克思罗斯讲的东西之前，我在政治上是很幼稚的，没有受过政治方面的教育。雷克思罗斯来自中西部，芝加哥郊外。实际上，他是世界产业工人工会的老成员。现在没有人知道世界产业工人工会是什么了，但它是一个工人的老政党，世界产业工人党（Industrial Workers of the World）。

《巴黎评论》：所以你从雷克思罗斯那里学到了很多左派政治的实际知识？

费林盖蒂：哦，是的。他认为自己是一个哲学意义上的无政府主义者。无政府主义是一种可行的理论——但它从来不是一种真正的意识形态，只是一种理念。在十八、十九世纪的欧洲，追溯到法国作家，比如蒲鲁东，人们仍然可以将无政府主义视为一种可行的统治形式，一种非政府的形式。无政府主义提供了一条逃离变异性的工业文明的途径。人类可以在没有庞大政府机构的情况下管理自己。但今天，地球人口是当时的两倍多。如果没有某种形式的政府，太多的人就无法生存。那么一来，所有人最终将会自相残杀。在五十年代，仍然有很多左派人士，他们认为无政府主义是一种消除军事与工业二者复合的可能方式。军事与工业的困惑。我们刚开始意识到，军事与工业的困惑正在压倒这个国家的政府和生活。雷克思罗斯就是置身于这样的背景并且走出来的。

《巴黎评论》：那时候"城市之光"还有其他编辑吗？

费林盖蒂：没有。我的确还有一个助理编辑。我记得的是盖尔·杜森贝里（Gail Dusenbery）。她可能是我的第一个编辑助理，但她搬到西北部去了。南希·彼得斯（Nancy Peters）是第一位真正的编辑。她和菲利普·拉曼蒂亚走在格兰特大道上，离我们的城市之光出版社大约一个街区。我穿过街道，问南希是否愿意做我的编辑助理，因为盖尔·杜森贝里刚刚辞职。她答应了，我和南希的长期关系就是这样开始的。

《巴黎评论》：当然，南希后来成为了"城市之光"的合伙人和执行董事。她也经常担任你的编辑，包括你最近的诗集《费林盖蒂最佳诗歌》。它只有一百五十页左右，为什么这么薄？

费林盖蒂：我想精挑细选。我希望里面有一些很好的诗，但我把编辑的工作完全交给了南希。这完全取决于她的判断。

《巴黎评论》：哪些诗你认为被遗漏了？

费林盖蒂：我可能会选上《暗杀拉格》(*Assassination Raga*[①])。《费林盖蒂最佳诗歌》里有一首长诗叫《在海上》，是献给巴勃罗·聂鲁达的。聂鲁达在他写的每首诗里都有这种对海洋的感觉。那首诗是我最后一首大诗。我是在伯利兹城写下它的。上面是不是注明了"伯利兹城"？

《巴黎评论》：是的。

费林盖蒂：有日期吗？

《巴黎评论》：二〇一〇年二月。"一个老水手/坐着凝视/大海。"这是你吗？

费林盖蒂：肯定是我。天啊，我是说，我在海军待了四年，从来没做过案头工作。我总是在船上。我总是在木船上。除了最后一年，作为一艘大型运输船的领航员，我在太平洋上，准备前往日本。但是战争的大部分时间里我都在木制的海军猎潜舰上，在那里你离大海很近。你在看什么？

《巴黎评论》：《在海上》里有一段我很喜欢。

> 青苔在生长
> 在火山岩中

[①] 拉格（Raga）原指印度教的一种传统曲调，费林盖蒂在此系借用。

沉默寡言
永恒

在太阳轮转里
等待轮到它
我再也不会回到这里
再也不会
呼吸这风
在这漫长的转途中
在晨光里
在大海低语的地方
耐心和盐

这是非常精彩的一段。我喜欢这里所有的转折。

费林盖蒂：我得说，我真的很喜欢这首诗。

《巴黎评论》：我对这里的文字游戏很感兴趣，从"沉默"（taciturn）到"永恒"（eternal），再到"轮转"（turn）和"回到"（return）。这都是自发写出来的吗？

费林盖蒂：是的，我从没想过这是修辞反复或者别的什么。就像诗里所说，我坐在伯利兹城海边，全是手写出来的。

《巴黎评论》：一挥而就写出全诗吗？

费林盖蒂：差不多吧。

《巴黎评论》：你认为这是你所创作的最后一首重要诗作吗？

费林盖蒂：啊，是的。

《巴黎评论》：我知道你可能不喜欢我的下一个问题，但我还是得问一下。你写《在海上》时一挥而就，你能再谈一谈你通常的写作过程吗？在写诗的时候，你倾向于手写还是打字，什么是你……

费林盖蒂："过程"这个概念对我来说是很陌生的。我一直不喜欢这个概念。不，我的诗是天然成熟的，是从空气中生长出来的。这就是整个过程。事实上，我最初的两本书《逝去世界的画卷》和《心灵的科尼岛》，其中很多诗歌都是自己冒出来的。我通常是坐在打字机前，脑子里想到什么就写什么。前几天，我惊叹于《心灵的科尼岛》中的几首诗，不知道它们是如何一下子就冒出来的。跑进我的脑子里的思想，它自己完全成形了。例如，"火车高架桥那边的廉价糖果店/是我第一次/怀着不真实的情感/爱上的地方"。

《巴黎评论》：你为何如此不喜欢谈论创作过程？

费林盖蒂：说到底这是一个基本观念的问题，那就是：现在每个人都热衷于谈论方法。我对谈论方法毫无兴趣。你可以说这是一个舞台秘密。这就是诗人赖以生存的东西。他所使用的修辞手法，对他来说是有独创性的，这使他区别于其他人，成为一位具有原创性的诗人。这一切取决于语言的修辞手法，以及它们原创性的多寡。

《巴黎评论》：你出版了一本类似诗学的书《什么是诗？》（2000），但你倾向于用谜语或禅宗公案的方式来谈论它。这么说准确吗？

费林盖蒂：不。我永远不会想到禅宗。我不是加里·斯奈德。

《巴黎评论》：对你来说，是什么使一个东西成为好诗？

费林盖蒂：这归结到所有的标准修辞手法。明喻和暗喻。是它们创造了一首诗。

《巴黎评论》：我想问问你我最近读到的一首诗，收在《如何描绘阳光》一书里，出版于二〇〇一年。你还记得《嘴》这首诗吗？

费林盖蒂：不，我不记得了。

《巴黎评论》：让我来读读第一页给你听。

> 我厌倦了我的嘴
> 它太小了
> 而且它说得不够
> 唱得不够
> 而且它不发光
> 像你的眼睛
> 在它应该歌唱时
> 它总是沉默
> 或者只是随便哼哼
> 唇薄而且固执
> 实际上是一个紧闭的嘴
> 我的一生里
> 一直想把它张得大一点
> 只是有些事情它不能说
> 虽然心在催促
> 这是一张有着复咬合的嘴
> 虽然它从不咬活人
> 只咬死去的动物
> 它曾经习惯吃
> 眼前的任何东西
> 它经历了各种战斗
> 跟死牛猪羊羔兔子水牛
> 以及各种羽毛的鸟

它总能成功把它们嚼碎

　　他真是个混蛋，这张嘴——

费林盖蒂：［笑］

《巴黎评论》："——是一个原始法西斯，扮演审查官/总是压制某些思想"。我觉得这一行非常棒，"他真是个混蛋，这张嘴"。你不太记得这首诗了吗？

费林盖蒂：我完全忘记了。

《巴黎评论》：我真希望它出现在你的新书里。

费林盖蒂：是的，这是一首很棒的诗。我不知道南希为什么没有选这首。

《巴黎评论》：接下来是《盲诗人》这首，你还记得吗？

费林盖蒂：哦，记得。

《巴黎评论》：它们几乎像姊妹篇。

费林盖蒂：真是很奇怪，我写过一首叫《盲诗人》的诗，在我的眼睛变得如此糟糕的十五或二十年前。我现在就是个半盲人。

《巴黎评论》：那时候你还没有眼睛方面的问题吧？这首诗更像是在指涉荷马？

费林盖蒂：是啊。但我能看到别人看不到的东西。

（原载《巴黎评论》第二百二十八期，二〇一九年春季号）

恩里克·比拉-马塔斯

◎俞冰夏 / 译

恩里克·比拉-马塔斯的作品由一系列令人眩晕的引用、剽窃、框架、自我剽窃、跑题与元跑题组成，这些激烈又睿智的谵妄式文本使他成为西班牙语文学界最具原创性及最著名的作家之一。他一九四八年出生于巴塞罗那，一九七三年发表了自己的第一部长篇小说——一句坚持不被打断的长句。为了保持对某种先锋写作神秘传统的忠诚度，之后他搬去巴黎，住在从玛格丽特·杜拉斯那里租来的一间阁楼里。后来他返回巴塞罗那，此后的几十年间出版了多部长篇小说、一部短篇小说集和多部文学随笔集。

一直到他出版第六本书《便携式文学简史》（1985）的时候，比拉-马塔斯才真正成为前无古人的作家。此书将自己包装为某种揭秘由二十世纪艺术家与作家组成的某个秘密社团的历史读物，这些艺术家与作家中包括杜尚、瓦尔特·本雅明、卡夫卡等。《便携式文学简史》肆无忌惮地将虚假的句子塞进真实的人嘴里，把虚构与历史完全混淆，这使得比拉-马塔斯变得臭名昭著——也在欧洲文学史中立下了新的瞬间。现实唯有通过一个喜剧化的、让人眼花缭乱的文本网络才能被领会——这是此书的基本预设。比拉-马塔斯继续在他疯狂的解构主义小说《巴托比症候群》（2000）、《蒙塔诺的文学病》（2002）和《巴黎永无止境》（2003），以及一系列被他叫作"批评式小说"的作品，如《切特·贝克思考自己的艺术》（*Chet Baker piensa en su arte*，2011）、《卡塞尔不欢迎逻辑》（2014）和《电子马里昂巴》（*Marienbad électrique*，2015）当中探索从《便携式文学简史》延展出的寓意与复杂性。

比拉-马塔斯获得过多个重要奖项，如罗慕洛·加列戈斯奖、埃拉尔德奖、莱特奥奖、美第奇奖等。日常生活中的他谦逊朴素，对年轻人非常关心——我们是通过我们共同的好友亚历杭德罗·桑布拉和瓦莱里娅·路易塞尔认识的。他的穿衣风格偏老派优雅，某种程度上好像在掩盖他轻快、调皮、富有想象力的灵魂。我们进行了两次长时间的访谈，交谈时掺杂法语与西班牙语，比拉-马塔斯的经纪人莫妮卡·马丁提供了翻译帮助，有时候也加入对话。多语种混合的文本经由转写、编辑，被重新翻译为西班牙语并由比拉-马塔斯本人重新编辑，最终再翻译为英语定稿。它多语种、多层次的历史似乎是比拉-马塔斯多变风格的某种写照。

对比拉-马塔斯来说，"现实"只有被插入此前存在的词语网络时才能真正得到闪闪发光的生命——甚至，对话也一样。我们的两次谈话在巴塞罗那阿尔马酒店花园中进行。比拉-马塔斯因其安静的氛围选择这里——但事实上，更大的原因是这里是他最新长篇小说《难以名状的迷雾》(*Esta bruma insensata*，2019)中最后一场对话发生的地方。这两种对话，一种来自虚构，一种来自现实，最终开始互相渗透——这也是他的期望——并抵达了各自不同程度的真实。

我们聊完以后，在去巴塞罗那对角线大道上的欧罗巴咖啡馆之前，比拉-马塔斯邀请我去他的公寓，向我展示了他的小书房。书架上放满了他热爱的作家——贝克特、卡夫卡、塔布齐、杜拉斯、乔伊斯、罗伯特·瓦尔泽，以及诸如罗德里格·弗雷桑[1]、罗贝托·波拉尼奥等他的朋友的作品。我想，这一空间正是比拉-马塔斯文学哲学的视觉形式——脆弱，有很强的未来感，有无尽的价值：写作好像一种绵长、耐心的过程，可以完全吸收和创造超然的外部世界。

——亚当·瑟维尔[2]，二〇二〇年

---

[1] 罗德里格·弗雷桑（Rodrigo Fresán，1963— ），阿根廷作家、记者，波拉尼奥密友，代表作有小说《肯辛顿花园》等。
[2] 亚当·瑟维尔（Adam Thirlwell，1978— ），英国小说家、《巴黎评论》特约编辑，代表作有长篇小说《政治》《逃离》等，曾两度入选《格兰塔》英国最佳青年小说家榜单。

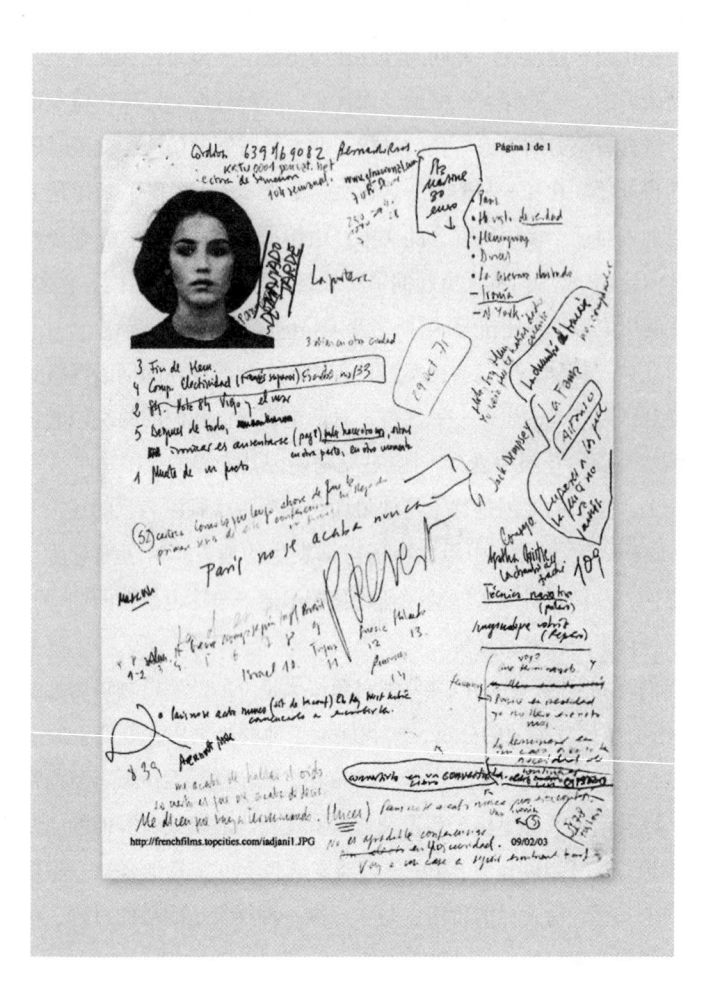

恩里克·比拉-马塔斯手稿

恩里克·比拉-马塔斯: 我警告你——没人相信我说的话。我最近接受了一次采访,采访发表以后,采访我的人跟别人说,我说的全是胡编乱造出来的话。我很惊讶,因为认识我的人都知道我最讨厌撒谎,更因为我认为文学史正好缺那么一个篇章,那个讲述一些作家——从塞万提斯到卡夫卡到贝克特——如英雄一般与任何形式的装腔作势、欺诈行为做斗争的史诗篇章。我真的是说做斗争。某种看起来当然像个悖论的斗争,因为我们叫作战士的是一些埋头于小说世界的作家,然而从这样的战役或者冲突当中我们才得到了最真实的——也因此在我眼里最有意思的——世界文学篇章,那些当虚构小说尝试趋近仿佛先验地与之彻底相反的事物(即真相)时,由二者的冲突所孕育的文学篇章。我不知道,可能让那位采访者感到困惑的是我"说话的方式"。有没有可能是这样?我毫不知情地把一种难以置信的氛围给予了真正发生过的事情。

《巴黎评论》: 可能是因为你所体验的某种"症候"别人无法感同身受。比如那天晚上你叫了辆出租车,司机说,晚上好,帕萨文托博士[1],就好像你是你小说里的人物一样。我跟别人说这故事的时候没一个人相信我,但我当时在场!你的反应好像这是最正常不过的事一样。

比拉-马塔斯: 确实,这是正常的,好像那一瞬间我以为整个巴塞罗那都读过我的小说一样。那段时间我总是出门,从城市一端叫辆出租车乘到另一端,跟司机聊天。我觉得所有出租车司机都在某个时候听我讲过我的书,甚至——今天听起来有点匪夷所思甚至可笑——听我讲过我写书过程中碰到的什么技术问题。我会大半夜乘车穿过巴塞罗那,大谈特谈西里尔·康诺利[2]!

---

[1] 比拉-马塔斯出版于 2005 年的长篇小说《帕萨文托博士》(*Doctor Pasavento*)中的主人公。
[2] 西里尔·康诺利(Cyril Connolly,1903—1974),英国文学评论家、作家,代表作有《天赋的敌人》等。

《巴黎评论》：你有没有担心过真相和看起来好像是真相的东西并不一定完全重合？

比拉-马塔斯：有，但我经过了很长一段时间才完全理解其中的问题以及这意味着什么。我是一九八八年出版《永远的家》(*Una casa para siempre*)的时候才第一次想到这点——巧的是《迈克的问题》(*Mac y su contratiempo*, 2017)正是对那本书的重写。在《永远的家》这部早年的作品里——它是一位腹语者娓娓道来又拐弯抹角的传记——我写到一个女人，她有种癖好，喜欢在她旅行经过的每个城市或小镇买面包。现实世界里，我也和那个女人一起去过波兰、埃及和希腊的各种地方，在每个地方她都确实严正要求买块面包，哪怕她根本不想吃。我为她的这一爱好迷惑，她也从来没告诉过我为什么。所以，在《永远的家》一书里，我写了这么一个女性角色——叙事者的母亲——会从去过的所有地方收集面包。好了，书出版以后，《国家报》某位声名显赫的文学批评家写道，我是个有点前途的年轻作家，但毫无疑问"想象力过于丰富"，证据正是"不可能发生的那个面包收集者的故事"。那位批评家如今已不在人间，但他还在世的时候，我一直在那些跟书有哪怕一丁点关系的派对或者酒会上找他，想跟他澄清这是真实发生在我身上的事情，甚至想告诉他那位有趣的收集者的名字。［笑］

《巴黎评论》：我想知道你的这种"症候"是否和另一件让我印象深刻的事情联系在一起。我总觉得你藏在你的文字背后。比如说，我对你的童年、你的成长背景一无所知。

比拉-马塔斯：我的童年完全平安无事，灰蒙蒙又挺快乐的童年，在更灰一层的巴塞罗那，所以没什么可说的。可能这能解释我为什么很少在小说里触碰童年这一主题。前几天我才读了里卡多·皮格利亚的《批评与小说》，好像和我们现在讨论的事情有点关系。里面有句话，差不多意思是："我很喜欢我最初几年的日记，因为里面我在尝试与真正的虚空做斗争：无事发生，现实里从来无事发生。"皮格利亚的说法无疑把我带回了我自己那些无话可说、没有任何故事可讲的日子。那些日子很艰难,我青春期的前几年,之后一切变得更糟,糟糕透顶;哪怕你找到了个可以讲的故事,你也知道你还是写不出来,反正海德格尔那些大词很"不幸"还在你耳朵里嗡嗡作响的时候你肯定写不出来。我记得乔治·斯坦纳引用过一句话——"在你蠢到无话可说的时候,你才去讲个故事!"

《巴黎评论》:你能多谈一些童年的情况吗?你的父母是怎样的人?他们是加泰罗尼亚人吗?

比拉-马塔斯:他们都是加泰罗尼亚人,来自巴塞罗那的小布尔乔亚中产家庭。在家里——我父母、我姐妹、叔伯姑嫂、祖父祖母——我们都只说加泰罗尼亚语。我在学校会说卡斯蒂利亚语①,但只和一些特定的同学说。

我在别的地方说起过这个。我是在内战后九年出生的,当时空气里的冲突氛围,虽然没有一个人会讨论,但大家都能闻到。没有人提起内战,只有在孩子不愿意吃饭的时候,父母才会不可避免地提到他们遭受过的战时饥荒。那年代长大的孩子脑子里的印象是,在不久之前,有什么很可怕、很重大的事情发生了——这又加重了我无话可说的感觉,因为我自己身上无事发生,所有一切都指向有什么很糟糕的事情曾经发生过,并且无人提及它。

这又让我想到赖纳·马利亚·里尔克的《马尔特·劳里兹·布里格手记》里的一句话,我深爱了很多年的一句话:"他们讲故事的年代,真正好好讲故事的年代,一定在我出生之前。我从来没听任何人讲过一个故事。"

《巴黎评论》:你说你很少写童年这一主题,但你写过一篇文章叫《兰波街》。

---

① 即我们通常所称的"西班牙语",得名于历史上存在过、后并入西班牙的卡斯蒂利亚王国。

比拉-马塔斯：是因为我的朋友梅赛德斯·蒙玛尼约我写这篇文章，那是一九九〇年代的事情了，她要编辑一本有关我这代西班牙作家的童年的挺有意思的集子。我在这之前从来没写过与童年有关的东西，所以我一开始根本不知道怎么写，但后来我写了这篇《兰波街》，关于从罗塞隆街的我家到位于圣女贞德路的无垢圣母学校之间的那段路。有十四年的时间，这是我每天要走四次的路线，只有五分钟的路程。我肯定走了有一万五千次！

《巴黎评论》：你曾把你的这一童年路线比作卡夫卡那里被压缩的世界。

比拉-马塔斯：卡夫卡从来也没远离过他自己的圣女贞德路。他基本上没离开过布拉格老城那几条街的范围。他们说有次他站在自己家里的窗前，俯瞰布拉格的主广场，在一个朋友面前的玻璃窗上画了三个圈，跟他说："这是我的学校，那是我的大学，往前那么一点是我的办公室。"他停了一下，又说："我的整个人生就被包含在这三个圈里。"对我而言也是一样。圣女贞德路在我的作品里是个神秘疆域。那段路曾经包含我的一切，如今依然包含我的一切。我只要离开这一路线往南走——这座城市肯定有超出我所谓"童年地域"的地方——就会觉得我走到了什么土壤贫瘠的地方，一个没有历史的地方。举个例子，在《帕萨文托博士》这本书里，我为纽约布朗克斯这条"路"发明了一个平行世界。"我的"帕萨文托博士有两个童年，一个在巴塞罗那，一个在纽约。

《巴黎评论》：我有时候会想，我们的记忆力必须更好，才能更容易理解那么多复杂的事情。但对你在家和学校之间的那段路程来说，我们的记忆力足够了！当然，记忆会不断延展。

比拉-马塔斯：是，在圣女贞德路上，一切都显而易见。打个比方，我朋友的祖母从五楼跳下来的时候一头撞进去的那块铺路石还在那里。她坠楼的地方离我母亲让我一周去两次的剃头店不远——这是她能把我放几分钟自己可以去街上做点事情的地方。在那条路上以前有——当然现在也有——一座城堡，这是某种经典的童年幻想，因为那地方根本不是什么城堡，或者只在孩子的想象里才是城堡；那里是"马卡亚之家"，由普伊格·卡达法尔奇①设计，看起来是空的，实际上里面住着聋哑儿童。这些聋哑儿童看起来同时还是孤儿，这是我某一天在那个宫廷式建筑外面晃悠时发现的。他们的手语让我震惊——我之前没见过。更让我震惊的是那些年轻人，跟我年龄相仿，不但没有家长，还住在这样奇怪的建筑里。

那条路也是我的性启蒙——我爱上一个年轻护士，可能是因为她的制服，制服之下我只能想象到赤裸的肉体——和政治启蒙所在：我每天和一对非常谦虚的卖杂志和漫画书的犹太店主夫妇对话，他们有时候会谈起自己黑暗的过去，我当时对纳粹的野蛮历史所知甚少，花了一些时间才把他们说的事梳理清楚。在我脑海里，他那家店和布鲁诺·舒尔茨笔下的肉桂色铺子很相像。今天，这家神秘又破烂的店铺——当时仿若地中海巴塞罗那一块黑暗的中欧飞地——变成了一家灯光闪耀的庸俗酒吧。

那条路上还有家电影院。叫智利影院。一家普通的市民影院，同一时间只能放两场电影，且只放那些市中心的大电影院一个月前已经放映过的影片。

《巴黎评论》：你很喜欢那家电影院？

比拉-马塔斯：比起电影院本身，我更喜欢的是智利影院门厅里三块玻璃展示板上放的电影剧照，每周一换——放映日程总是一周一换，没有例外。第一块展示板上是当周放映的两部电影的剧照。第二块展示板上是第二周要放的电影的剧照。最后，在第三块展示板上，你会看到——在"即将上映"魔法字样的旁边——你从未见过的全新电影剧照，到周末的时候，它们就会被移到第二块展示板上。那块"即将上映"展示板每周一

---

① 何塞普·普伊格·卡达法尔奇（Josep Puig i Cadafalch, 1867—1956），西班牙现代主义建筑师。他于1901年设计建造了"马卡亚之家"，该建筑最初为私人住宅，1940年代末被改建为聋哑人教育学校，现为一处文化中心。

都让我万分激动，因为，在那些总是永无止境的周日之后，它是我从家走到学校的那条单调的马路上唯一新鲜的东西。

《巴黎评论》：你与电影的关系也延续了下来，是这样吗？

比拉-马塔斯：是。一九七〇年代，我一天去两次电影院。我是那时代电影风格的拥趸。事实上，在我二十岁生日那天，也就是一九六八年的三月，我开始为巴塞罗那一家叫《影像》(Fotogramas)的杂志工作，那本杂志是当时"时髦"的象征，佛朗哥独裁时代最"摩登"的出版物。我主要看那些当时人叫作"地下电影"的电影，在那本杂志上我成了这类影片的专家。菲利普·加瑞尔和他的御用演员皮埃尔·克里蒙地是我的英雄。我想像他们一样，主要是体格上像他们一样。真的，从导演的角度来看，比起戈达尔，我对加瑞尔兴趣更大——我觉得我更能与他的作品产生共鸣。

也是在那个时候，我发现了作者电影的自由度。我当时还不知道，这类一九七〇年代的自由电影将对我后来的写作产生重大影响。我还记得我去看了二十五遍《去年在马里昂巴》，主要是因为我看不懂这部片子。我一直在想我是不是智力有缺陷，才不能理解它获得的一片追捧。

《巴黎评论》：你是否认为电影与文学之间有什么正式的联系？在你的一篇文章里，你曾谈到戈达尔喜欢往他的作品里插入引用……你是从他那里借用的这种方法吗？两者的功用是否一致——戈达尔在电影里插入一句引用，和你在小说里插入引用，它们的蒙太奇效果是一样的吗？

比拉-马塔斯：我会说两者有联系，我想肯定有。我看过所有戈达尔的电影，它们总是被写着动人文学引用的默片字幕所打断，后来我在写作的时候，也想做同样的事。我真正决定这么做，引用大量其他作家，是因为看到苏珊·桑塔格一九八五年给艾德瓜多·科萨林斯基的《都市巫毒》(Urban Voodoo)写的序里，赞扬那本书"以碑文的形式奢侈运用引用"，让她想到"由引用缝制而成的戈达尔电影"。我想我看到桑塔格的话后感到一种信心,我引用他人的焦渴①,并非异常之举。

《巴黎评论》:焦渴?

比拉-马塔斯:是的。焦虑。和某种渴求,要从很老的没什么意义的东西里提取一些文化残余。几天前我看了《星际探索》,打个比方……我很难不把这部太空电影跟康拉德的《黑暗的心》做比较。布拉德·皮特的角色要去搜寻自己遗失在宇宙里什么地方的父亲——电影围绕这一主题展开,就像我最新的小说《难以名状的迷雾》围绕相似的搜寻展开一样。很巧,小说的最后是一段两兄弟间的对话,就发生在我们此刻所在的花园酒吧——跟康拉德的小说也有相像之处,所有人总是谈到库尔茨,但库尔茨本人一直到小说最后才出现,只说了四个很蠢的字:"恐怖!恐怖!"

但是,我怎么说到这里的?我想肯定有好的理由,但我现在想不起来了。〔笑〕

《巴黎评论》:我们为什么谈这些?哦,对了,我们在谈一样东西和另一样东西之间的联系。但回到你人生的初始,一天看两部电影的时候……

比拉-马塔斯:后来一本书改变了我的人生——雷蒙·鲁塞尔②的《孤独之地》(*Locus Solus*)。我发现自己可以用与我的国人告诉我必须使用的写作方法完全不同的方式写作……这个时候我才真正开始对文学产生兴趣。我感到我终于能清晰地看见我之前在塞万提斯小说里瞥见的东西——疯狂、冒险和智慧可以共存。

《巴黎评论》:你在哪里上的大学?你学的是什么?

比拉-马塔斯:早上我去学法律专业,在那个年代,对巴塞罗那的中产阶级来说,这是不可避免的选择。下午我去学新闻专业,我觉得这比背

---

① 原文为意大利语:ansia,意为焦虑。
② 雷蒙·鲁塞尔(Raymond Roussel,1877—1933),法国诗人、小说家、剧作家,对20世纪法国超现实主义、新小说派作家影响至深。《孤独之地》首次出版于1914年,是鲁塞尔的长篇小说代表作。

那些我都不怎么同意的法条有意思。

《巴黎评论》：你当时读一些什么书呢？整个文学圈又是什么样的？

比拉-马塔斯：我读那些所谓"二七年一代"的西班牙诗人——路易斯·塞尔努达、费德里科·加西亚-洛尔迦、佩德罗·萨利纳斯[①]——那时候我才刚刚接触一点叙事写作，只读过胡安·贝内特，一个很难懂的、福克纳一般的西班牙小说家。

《巴黎评论》：我没弄错的话，你是在非洲服的兵役？

比拉-马塔斯：是，在北非。我的兵役经历很像《摩洛哥》，约瑟夫·冯·斯登堡的那部精彩电影。至少被困在沙漠边缘脏兮兮的军事基地那么一整年的时候，为了不彻底绝望，我宁可这么想。我宁愿想象自己是加里·库珀的那个角色，晚上我会去那些阿拉伯咖啡店，想象玛琳·黛德丽在追求我。

《巴黎评论》：你那时候多大？

比拉-马塔斯：我在非洲过的二十三岁生日。巧的是，我是在那里写的第一本书，《女人在镜中思考景观》[②]。那本书只有一句话，没有任何标点符号。如果你尝试去读的话，很快会发现这本书在字面意义上不让你呼吸。我的意思是，你可能会窒息。算某种相当挑衅的先锋写作技法，不加标点符号，你说呢？我是躲在军队便利店里写的这本书，我早上在那里上班当店员，下午，上校命令我当会计。在这过程当中，也是在他的命令之下，我还要调查是谁偷走了店里的威士忌库存。最后我发现上校本人才是把店喝干的主。

不上班的时候，我就坐在那里写我的第一部小说，最初只是为了不在

[①] 佩德罗·萨利纳斯（Pedro Salinas, 1891—1951），西班牙"二七年一代"代表诗人，主要诗集有《预兆》《一切都更清晰》等。

[②] *Mujer en el espejo contemplando el paisaje*，首次出版于1973年。

服役的时候浪费太多时间,从来没想过出版。然而我回到巴塞罗那之后,有个朋友把书稿寄给了图斯盖兹出版社,比娅特丽斯·德穆拉刚开的一家独立出版社,她一定要出版。我哭了,我不想出,因为当时我只想当电影导演。好吧,比娅特丽斯当时说,我当时的举动肯定让她很不舒服,就因为你这么哭哭啼啼,我偏要出。

你可以想象,对我来说,出版那本书是一种惩罚。

《巴黎评论》:你有次告诉我,在出版第一部小说的同时,你回到巴塞罗那,又在《影像》杂志上编造了好几篇专访,其中有篇是马龙·白兰度的专访。

比拉-马塔斯:《影像》主编艾利桑达·纳达尔不知道这件事,这是真的,我确实编造了对马龙·白兰度的采访——太糟糕了,我让他说的那些话——还有鲁道夫·纽瑞耶夫①、帕特里夏·海史密斯、安东尼·伯吉斯,等等。我不会说英语,我很怕艾利桑达知道我根本没办法做这些采访、更不用说翻译它们以后会把我开除——这是我的第一份工作——所以我就决定胡编乱造。这些都是从马龙·白兰度开始的,我那时候还年轻,我有本事让他说一些完全超现实的话,比如,他讨厌嬉皮士,因为"他们只知道在高高的草坪上睡觉"。

《巴黎评论》:你还能从你的第一部小说当中识别出你自己吗?

比拉-马塔斯:能,因为它没有背叛我本人。但我在第二本书《受启蒙的女杀手》(*La asesina ilustrada*,1977)里明显更能看到我自己。因为《受启蒙的女杀手》——书很薄——是我之后写的东西的小小样品。那也是一部有很重诗歌气息的中篇小说,我这么多年来都没有对此失去兴趣。我是在巴黎写的,在玛格丽特·杜拉斯的"美好房间"②里。虽然书很短,

---

① 鲁道夫·纽瑞耶夫(Rudolf Nureyev,1938—1993),苏联芭蕾舞蹈家、编舞家,重新确立了男演员在芭蕾舞剧中的重要地位。

② 原文为法语:chambre de bonne。

还是花了我整整两年才写完——不是因为我不能把字写下来,而是因为我花了那么多时间才把谋杀情节搞明白。当然,我当时也并不知道怎么讲故事,这也是事实,因为截至那时候,我只读过诗歌和胡安·贝内特的小说,对长篇小说没有兴趣。所以,我的前两本书有浓重的诗歌气质,却没有多少、甚至可能一点小说驱动力都没有。

《巴黎评论》:我总觉得真正的小说家都厌恶小说,更喜欢诗歌。

比拉-马塔斯:有这个可能。如果没有跟诗歌的强烈联系的话,我觉得小说是无法存在的。

《巴黎评论》:但你从来没出版过诗歌。

比拉-马塔斯:没有!因为我只在十六岁以前写过诗。我记得有一首的标题有点鲍勃·迪伦的感觉,叫作——这也是我当时心境的写照——《大自然中的青春》。

《巴黎评论》:所以对你来说,小说和诗歌的联系究竟是什么?是视角的质量不同吗?

比拉-马塔斯:有可能。这种质量可能是作家嘴里说的所谓"感知力"(perception),感知即将发生之事件的艺术。这是门技术,也是一门艺术,比方说,我们能在卡夫卡的小说中轻易看到这一点……文学是有这种超能力的一面魔镜,或者一座能提前敲响的钟。我们不能把感知力和预言混淆起来。卡夫卡很喜欢福楼拜的《布瓦尔和佩库歇》,里面预测愚蠢会在西方世界迅速散播,无法制止。但卡夫卡比其他人又往前走了一步。和福楼拜不同,他描述了问题的中心,也就是个人在面对杀伤力极大的权力机器、官僚主义和政治系统的时候,那种完全的无能为力与萎靡不振。

《巴黎评论》:在我看来,我们都很喜欢的那些小说家与其说在与某种事件发生关系,倒不如说在探索某种意象。我想到卡夫卡的时候,总会想到他想探索或者批判的某种诗意状况。

比拉-马塔斯：我最喜欢的是会采纳罗兰·巴特给一位批评家朋友提的建议的那类作家，他建议对方抛弃虚假的客观，"投身不再作为分析的'客体'而是作为写作活动的文学"。也就是说，我最喜欢的那类作家在某个阶段当过批评家，他们又到了另一个阶段，意识到如果要致敬文学，就必须加入写作的行列——进入斗牛场，竭尽全力，把文学里始终紧要的东西延续下去。

《巴黎评论》：谁可以被定义成这样的"深渊探险家"呢？

比拉-马塔斯：好吧，你说得对，我深爱的作家都是职业深渊探险家，他们有解剖事物的倾向。他们会花大量篇幅脱离主题，在写一些看起来不痛不痒的细节的过程中重塑自己，正是这些细节向我们提供了有关我们看不到的东西——可能因为我们没有光——的线索，那些存在于"现实"正中心的东西；而这"现实"，在我看来，还在被建构的过程当中。有句卡夫卡的名言，出自他的曲劳笔记[①]，现在已经成了我的写作座右铭："强加于我们的都是消极之事，积极之事我们生来具备。"在《难以名状的迷雾》里，我叙述了文学作品里配角的人生，讲得好像一场慢动作发生的灾难，一切都悬置在空中，如同《黑客帝国》里的子弹场景。西蒙·施耐德[②]肯定被平行宇宙入侵或者中毒了。整部小说都想说明内在世界比现实要重要得多，现实在别的地方，在消极的领域……我们都很清楚积极之事是什么，它们已经被写到吐血了。但我觉得有关消极之事，还有很多可写之处。

《巴黎评论》：这让我想到，去非洲前，你拍了两部达利风格的先锋短

[①] 曲劳（Zürau），20世纪初德属波西米亚地区的一个小镇名。卡夫卡1917年罹患肺结核后曾在此地休养一年，其间写下的一百零九条笔记后被马克斯·布洛德结集为《曲劳箴言集》一书出版。

[②] Simon Schneider，《难以名状的迷雾》中的主人公，一个"引用专家"，后文会再次提及他。

片,在卡达克斯……

比拉-马塔斯: 第一部叫《所有悲伤的青春之事》,现在去处不明。是从雷·布拉德伯里的小说改编的,两个渔夫发现一条美人鱼,但不想让她去岸上。另一部叫《夏末》,受了帕索里尼《定理》的影响,讲的是一个小布尔乔亚家庭如何被蛇蝎女郎的精心计划摧毁。

《巴黎评论》: 你的电影生涯如何结束的呢?

比拉-马塔斯: 那时候我刚开始写作,电影上映前几天,我就不得不去非洲了,在那里我开始写小说。小说发表以后,我有了很荒唐的想法,认为自己可以当作家,这把我带去了巴黎,我想在那里模仿海明威的生活,他描述为"流动的盛宴"的那种生活。

《巴黎评论》: 你在巴黎认识人吗?

比拉-马塔斯: 我认识阿道尔夫·阿里耶塔,玛格丽特·杜拉斯的一个朋友,我们之前在马德里见过。我几乎一到巴黎就进入了阿里耶塔当时在圣日耳曼的地下电影片场。这是很愉快的友谊,因为阿里耶塔拍的正是我想拍的那类电影,有人还在拍,我心里觉得有所安慰。他是个行走的摄影机。在今天这当然没什么了不起,所有人都拿着手机永远在拍东西。但那时候,在一九七四年,那是一种非常激进的摄影计划。在我看来,阿里耶塔什么都拍,因此他就是电影本身,而生活本来就像长度不一的电影长片。陪着阿里耶塔在巴黎行走也是在不停地拍电影。

《巴黎评论》:在《巴黎永无止境》里,你写到了你在巴黎的日子,以及写成你的第二部小说的经过。现在的你与住在玛格丽特·杜拉斯阁楼里的青年艺术家的形象还有关系吗?还是你会完全否认当年的自己?

比拉-马塔斯: 我完全认可当年的我!现在我知道,那段经历当中最重要的是我认识了杜拉斯。我去巴黎的时候烦透了那些"普通人",也烦透了当年数不胜数的那些受尊敬的、像模像样的作家——不要说当年,今天这样的人更多。在巴黎我心里有了数，我喜欢的是杜拉斯这样的作家，那些不会出现在学校荣誉证书上的作家，那些观点与众不同、绝不美化自己、人格充满缺陷同时又才华横溢的作家。我觉得杜拉斯最糟糕的那一面——她真的是个残暴得非常壮观的人——对我影响很深。

《巴黎评论》：残暴？

比拉-马塔斯：说残暴是因为她痴迷于写作，这源自一种非常真诚的信仰，她认为自己能超越词语，抵达另一个——不可描述的——现实。为此她愿意付出一切。她，讲老实话，很可怕。换种说法，她是带着使命感写作的。如果我没记错的话，她把抵达"不可描述之物"的过程叫作"穿透阴影"，一种"内心"的阴影。我记得这个，因为她相信所有人都有内心黑影，她觉得很奇怪，竟然不是所有人都写作。

《巴黎评论》：我记得你说过你从前很享受当演员、异装，等等……

比拉-马塔斯：我异装扮演玛琳·黛德丽，学她晚年唱歌——几乎一动不动，肖像画一般——当年非常成功。事实上，我这辈子做的唯一能真正叫作成功的事情，我们通常认为的那种成功，是在阿里耶塔的酒店房间里扮演黛德丽。人们从城里各种各样的地方跑来看我。我真的很惊讶，你都不需要动，就能获得这样的成功，这样相当铺张的成功。

《巴黎评论》：我记得你给我看过那些照片。你能谈谈你对异装、戏剧和性别解构的喜好吗？

比拉-马塔斯：我喜欢创造新的现实。从这个角度来看，我没有变过。我喜欢成为别人，男女不限，我想要过和我自己所谓只能活一次的生活不一样的生活。

《巴黎评论》：文学创造现实。

比拉-马塔斯：是的。对我来说，文学最吸引人的地方是可以观察它如何打破我们的存在,把一切象征和语言推到最前方。这是文学最刺激的方面。因为语言并不能复制现实,而只能制造和摧毁无法企及的主观现实,这种主观现实同时拖拽着主观的政治与美学包袱。我认为从《堂吉诃德》第二部写成以来,这就是显而易见的事实。很多很聪明的人告诉我从《巴托比症候群》开始,我写的都是某种神话自传,接近于——哪怕物理意义上的距离无法企及——《堂吉诃德》第二部的元文学氛围。

《巴黎评论》:可以说,如果没有《堂吉诃德》第二部,小说的历史就不存在。

比拉-马塔斯:没错,不存在。我不能更同意这一点。我现在开始觉得你和我有相似之处。

《巴黎评论》:瓦莱里娅·路易塞利有一次告诉我,只有两个不是拉美人的拉美作家——你和我。

比拉-马塔斯:这是相当犀利的看法,我觉得,因为我们都喜欢波兰作家维托尔德·贡布罗维奇,而他在拉丁美洲的声誉毫无疑问远超其他地方——可能是因为,如里卡多·皮格利亚所说,他才是真正的"阿根廷作家"。

《巴黎评论》:你是从什么时候开始接触拉美文学的?你说你很晚才读到博尔赫斯。

比拉-马塔斯:有段时间我计划写一本关于我与拉美关系的书,可以回答你的这个问题。一切是从我读比奥伊·卡萨雷斯和博尔赫斯开始的,他们让我拍案叫绝。奇怪的是,当时我以为他们是十六世纪的古典作家,我从来没想过他们是在世之人。我从来没想过后来我会和比奥伊成为朋友。所以那本我没写的书,那本能回答你这个问题的书,会从我读这两位阿根廷作家开始,接下去会是一个决定性的画面:我与拉丁美洲文学最开始的联系，也就是我与塞尔西奥·皮托尔①在巴塞罗那的初次见面，在一九七〇年。他是第一个真正读我写的东西、听我唠叨的作家，他给了我继续写下去的信心。而被他翻译成西班牙语的又能是除维托尔德·贡布罗维奇以外的谁呢？这之后，通过与皮托尔的友谊，我受邀访问墨西哥，这个国家给我留下了比其他地方更深刻的印象。

《巴黎评论》：你最喜欢皮托尔的哪本书？《逃亡的艺术》？

比拉-马塔斯：《逃亡的艺术》是最重要的，但我非常喜欢他在俄罗斯写的一个短篇小说四重奏《布哈拉之夜》，还有一个短的长篇小说《旅程》（*The Journey*），这是一部迷你杰作。这些好书里有种旅行、文化碰撞的需求，这也是他赞美安东尼奥·塔布齐的原因，他说这个意大利人属于一个值得尊敬的行列，那些哪怕没生在双语并行或者靠边境的地方、也会主动去拥抱多种语言的人。这些作家的作品，皮托尔说，是桥梁也是聚集地，他们能为两三种不同文化的婚礼当证婚人。皮托尔把塔布齐放在这一行列里，其中还包括博尔赫斯、佩索阿和拉尔博②。

《巴黎评论》：他们与贡布罗维奇或者其他作家，比如穆齐尔之间是否也有联系？他们一样会混淆体裁，比如小说与随笔？这也能解释这些作家为什么都对日记体情有独钟。

比拉-马塔斯：这里有一些联系，当然。无法否认。很少有作家能比皮托尔更好地混合小说与随笔。他是我眼中的大师。我每次这么说的时候，他都不相信我。［笑］

《巴黎评论》：那波拉尼奥呢？我感觉波拉尼奥对你来说是另一个重要

---

① 塞尔西奥·皮托尔（Sergio Pitol，1933—2018），墨西哥作家、翻译家，代表作有长篇小说《夫妻生活》、随笔集《逃亡的艺术》等，并曾翻译过包括贡布罗维奇在内的众多作家的作品。
② 瓦莱里·拉尔博（Valery Larbaud，1881—1957），法国作家、诗人、翻译家，会六种语言，代表作有长篇小说《费米娜·马尔克斯》等。

的拉美文学邂逅。你是如何认识他的？是在巴塞罗那吗？

比拉-马塔斯：是在布拉内斯。我妻子宝拉是文学老师，当时刚刚在布拉瓦海岸的布拉内斯开始一份新工作。有一天她告诉我，布拉内斯有个智利作家。我说，好吧。智利人。没别的了吧？这就是全部。但她说的正是波拉尼奥。我们是在一九九六年十一月二十一日跟他认识的，在"新星"酒吧，我记得是个很不怎么样、毫无生气的地方。我和宝拉去那里喝杯果汁，刚点完，波拉尼奥就走了进来。

认识波拉尼奥对我来说很重要。有什么东西把我们联系在一起，我和其他作家在一起的时候没那么容易找到，那就是对文学的热情。他也对我的写作的一个很重要节点带来很大帮助，因为我当时在写《垂直之旅》（*El viaje vertical*, 1999），我自己坚信这小说里无事发生，他让我给他讲讲情节，听完后他说，你疯了吧，小说里发生了很多事啊。我觉得是他的这些话驱动我继续写作，写了一辈子。一年后，我开始写《巴托比症候群》，我写那本书的时候非常少见地灵感迸发。

《巴黎评论》：你曾说《荒野侦探》给你指明了一种新的写作方法。你能仔细说说吗？是从行文意义上来说吗？

比拉-马塔斯：我要大方承认，我不能忽略一个事实，那就是我就《荒野侦探》的结构向波拉尼奥发出过严正挑战。他气坏了，但最终正是这一争论巩固了我们的友谊，也是因此，我发现他根本不想改动小说里的任何一点东西。这也让我看到他小说里所有的细节都是精心设计过的，没有任何意外存在。他告诉我这些的时候表现出的那种坚定的决心——他对自己写过的每个字都知道得清清楚楚——让我非常欣赏。

这些日子里，有时候想到我们那场争论，我才意识到波拉尼奥当时其实是在告诉我，他对自己在做的事情完全清楚，他在布拉内斯花了很多年思考这本书、写这本书。他的肝脏出问题很多年了，虽然没人相信有那么严重，也肯定没人觉得他会那么快去世。但他自己非常清楚，自己没有很多时间，这也能解释他为何在生命里的最后几年写得如此拼命。

《巴黎评论》：我们来谈谈你自己写作里拼命的部分。你曾说你的作品是一系列有关写作艺术的思索。这一概念我认为，彰显于你喜欢在自己的作品中引用他人的文字以及作家的名字，甚至其他作品里的人物。在《便携式文学简史》中，这一特色最为明显，但在你之前的作品当中，我也能感觉得到。

比拉-马塔斯：是的，之前也存在，但只是一些简笔，一种自说自话。它们第一次正式以下了决心的方式出现是在《便携式文学简史》中。

《巴黎评论》：《便携式文学简史》写于一九八五年，是你的第二部"处女作"——第一本玩弄真实人名的小说。

比拉-马塔斯：人们注意到这部"激进小说"（radical fiction）——在墨西哥他们管我这部小说这么叫，我也很惊讶，因为我自己已经信了我写下的每一个字——里的人物是一些很熟悉的名字，比如杜尚、达利、毕卡比亚[1]、司各特·菲茨杰拉德、瓦尔特·本雅明，等等。尤其在西班牙，人们有点吃惊，因为这跟他们熟悉的状况大为不同。那时候，巴塞罗那是个欧洲城市，但马德里还很土气。我现在想想，我写得根本不那么特别——毕竟我非常清楚地记得其他作家有同样的做法。比如在了不起的彼得·汉德克的《短信长别》最后，一个真实人物约翰·福特出场，和小说主人公进行了对话——现实与虚构在其中以一种对我来说前所未有的方式调情，非常美妙。我发现福特说话的方式很聪明。他喜欢说复数，像很多美国人一样。朱迪斯问福特是否经常做梦，福特回答："我们现在基本不做梦了。真做梦的时候，我们会忘了它。我们什么都可以说，所以没什么需要留待做梦的了。"

《巴黎评论》：你自己文学游戏里的另一部分是，你经常把真实的话派发给不同的作家和人物。

---

[1] 弗朗西斯·毕卡比亚（Francis Picabia，1879—1953），法国前卫画家，法国达达运动的早期主要人物之一。

比拉-马塔斯：这是从《便携式文学简史》开始的，我是在某种我至今无法解释的不间断的极乐状态下写的那本书。

《巴黎评论》：这里面还有个让我很感兴趣的东西，那就是文学与匿名或者去人格化的关系。你喜欢萨蒂[①]的那句话："我叫埃里克·萨蒂，和所有人一样。"[②] 我觉得让我感兴趣的是你经常用一个"我"作为叙事者，这个"我"同时既是你，又不是你，因为这个"我"本身是其他作家写过的句子的某种拼贴。你用真人名字的时候也一样，好像那个名字已经被以某种方式掏空了。

这让我想到二〇〇一年你在加拉加斯接受罗慕洛·加列戈斯奖时的演讲，你说文学高于作家存在。

比拉-马塔斯：我们能从比如说博尔赫斯身上看到这一点。彻底放弃自我的匿名文学、公开承认原创性无法以任何形式存在的文学。博尔赫斯认为写作与速记无异，所有作家实则皆为速记员。文学是一册伟大的羊皮卷，一墙由引用构成的马赛克，作家和作品从在此之前的作家和作品当中生成。在这样的逻辑之下，当代的所谓"艺术原创性"是个骗局。誊写员，或者作家，从来不是无中生有，而是在玩弄业已传承下来的故事。或者，换种说法，他们改写、强化或扭曲已经存在的东西。

《巴黎评论》：你喜欢借用其他作家的名字，但很少借用小说人物的名字。

比拉-马塔斯：是的，但我也不知道为什么。最早，这一过程起源于我从我自己的书架上随便选择作家。一般是这样的——我不知道《便携式文学简史》的故事要怎么走，所以我离开书桌，比如我写一句这样的话"之后，亨利·米勒转过头跟他朋友说……"被打断了，我会从书架上随便拿本书下来，随便打开，我眼睛看到的第一第二句话就会被塞进可怜的

[①] 埃里克·萨蒂（Erik Satie, 1866—1925），法国作曲家，20 世纪法国前卫音乐的先驱。
[②] 原文为法语。

米勒嘴里。这种方法，当然还有其他一些方法，帮助我解决不知道怎么写下去的问题。如果一句话不适合，也不是问题，因为我自己会改成适合跟着前一句话的句子。

《巴黎评论》：所以你从来不会因为不知道故事怎么发展而产生焦虑？

比拉-马塔斯：不会，因为任何随机取来的句子都可以在我所讲的故事里发挥作用，推动情节发展。思想也一样。这本质上类似于雷蒙·鲁塞尔所采用的方法，他在《我如何写我的某些书》一书里把这方法解释得很清楚了。

《难以名状的迷雾》里也暗暗地包含了我自己的写作过程，因为中心人物是个"引用专家"，某种名人名言词典，这人的工作就是找到并把文学名言卖给其他作家。这是一种罕见的工作，不为人所知，因此也没有所谓的"北斋"[①]联盟——这些名人名言专家们自己管自己叫"北斋"。《难以名状的迷雾》里的这些引语自己形成了难以预料的故事，因为它们编出了我意想不到的情节，最后我不得不搬出了……托马斯·品钦。品钦，顺便说，现在可能就在这座花园里。我这么说是因为小说最后就发生在我们现在坐的地方，在巴塞罗那市中心阿尔玛酒店的花园里。这是完全的偶然，我必须补充说明。但在这种逻辑下，你也很可能就是品钦，只是我还没发现罢了。

《巴黎评论》：我记得多米尼克·冈萨雷斯-福斯特[②]写过你，我觉得写得非常好。她说："通过借鉴生活中的事件编造故事，或者在生活里编造事件再让它们成为故事，如果没有对写作的深刻理解的话，只能说有趣程度有限。对比拉-马塔斯来说，个人生活和小说世界之间的跳跃里混杂着他在已经成为巨大图书馆的世界中探索的过程。"

[①] 原文为 hokusai，是日本浮世绘画家葛饰北斋（Katsushika Hokusai）的名字。
[②] 多米尼克·冈萨雷斯-福斯特（Dominique Gonzalez-Foerster，1965— ），法国视觉艺术家，以视频投影、摄影和艺术装置方面的工作而闻名。

好像你从《便携式文学简史》开始的探索变得越来越当代了，所有人现在的生活里都有便携式图书馆，某种他人词语与图像的花色组合。

比拉-马塔斯：我也很喜欢多米尼克的作品。但那时候，我根本不知道我会给她留下什么样的印象。有一天我们谈到弗里茨·朗的《门后的秘密》，我说我从来没看过这部电影，但曾经在圣塞巴蒂安的玛丽亚·克里斯蒂娜酒店的公共厕所里一头撞到朗。多米尼克很怀疑我跟朗碰面的真实性，因此，她用同样的逻辑，认定我所有的写作都来自凭空杜撰。

《巴黎评论》：你描述延续性问题的方式里有个地方让我很感兴趣，那就是，你几乎是在用拓扑学术语来思考文学。

比拉-马塔斯：我没怎么想过这个问题，但可能你说得没错。事实上，就我看来，我最欣赏的一些作家的作品的真正内核是其自然随意的姿态，这在我这里跟童年有关。一种仍会被世界、被生活所惊奇的表述，背后总是跟着某种想站在门边探出头去的隐秘欲望，这毫无疑问也是为了巩固那种因存在于这个世界而生发的惊奇感。我们只能相信新的惊喜在等着我们，否则便无法活下去，这就是我们总在门边停留的原因所在。我记得伊丽莎白·哈德威克在她的《不眠夜》开头用了一句歌德的名言——"开头总是美好；门槛是该暂停的地方。"我觉得这句话太迷人了。事实上，这句话确确实实具有让我闭嘴和暂停的效果。

《巴黎评论》：我感觉暂停和延续的问题在你的写作里既是技术性的，又是你的小说深入研究的方向之一。好像真相只能以离题的形式现身——只能通过你所谓"可无穷无尽无限扩展的语句"来表达。

比拉-马塔斯：可能是这样，是的。我想这是很多作家都感兴趣的主题。我经常思考延续性问题，比如，当我在采访当中被问到日常写作流程的时候。我有个理论，这个问题是从海明威接受《巴黎评论》访谈后才开始被经常问到的，他说："写到自己还有元气、知道下面该怎么写的时候停笔，吃饱了混天黑，第二天再去碰它。"海明威这种总是在你知道下一步是什么的时候暂停的想法引起了很大轰动，他提的建议也很传奇。这种问题——现在当然非常常见——问作家工作流程的问题肯定是从那里来的。听起来像个很无辜的问题，但其中隐藏了另一个问题：当你不知道小说如何进展的时候，你怎么继续写？

《巴黎评论》：我想不应该听歌德的建议，不要停在门槛，因为这样有可能被困住，不是吗？继续刚才的拓扑学说法，你也谈到过如何规避困局或者死胡同——每本书都把你带到无法写作的边界，或者，如你所说，"死胡同是我作品的中心动力"。

比拉-马塔斯：我是这么说过。《巴托比症候群》之后，每当我写完一本书，我的朋友们就会问我，你现在还怎么写下去？好像我已经把我能写的故事带到了没有回头路的地方，带到了死胡同里。每当我发现这一点的时候，每当我发现我的书进入死路一条的时候——我确实总在竭尽全力探索深渊的最深之处——我总会想起比奥伊·卡萨雷斯在布宜诺斯艾利斯雷科莱塔区一个广场上对我说的话。他说，智慧的用处在于，在你发现自己被困的时候，能找到逃离困局的小洞。

每写完一本书，我都觉得自己被困在死胡同里，没有任何明显的继续写下去的可能，然而我总能依靠智慧，找到得以逃生的最最小的缝隙。我的小说和随笔全部来自死胡同。可能这就是我的作品倾向于以处于极端情况之中的人物开头的原因，身处死胡同的边缘，他们完全没意识到自己将要进入更难容身之地。

《巴黎评论》：写作对你来说，是筑造你之后会从中逃生的那座监狱。

比拉-马塔斯：这是一种积极的看问题的方法。但你可能是对的，证据是我每写完一部小说，在我什么也不写的时候，我总感到特别自由。

这些都帮我认识到，写小说是非常迷人的冒险，但与此同时，你也明白，小说生来就是死的，因为小说这种体裁无法完全表现现实。当然正是这种"残次商品"特质以及对此的反思让构造小说的过程非常迷人。

411

《巴黎评论》：换句话说，构造能让人信服的现实的方法有很多种？

比拉-马塔斯：没错。事实上，作家是在十九世纪才成为我们今天意义上的"作家"的，在他们找到了不同的写作方法——这些方法不可通约——并做出选用何种方法的决定之后。

《巴黎评论》：到了二十一世纪呢？

比拉-马塔斯：有人提到这个的时候，我总会想到里卡多·皮格利亚跟我说过的"退休数学家的闲聊"。

《巴黎评论》：哪种闲聊？

比拉-马塔斯：那种非正式的聚会，皮格利亚住在普林斯顿的时候自己会去参加。这种聚会从来都是非常小的一群公认才华横溢的数学家参加，但是在很年轻的年龄——比如四十岁——他们就已经退休了，因为他们已经做完了他们在某个领域应该做的事情。那些人非常聪明，皮格利亚这么说的，都是西方文学的狂热爱好者，乔伊斯和他的《芬尼根的守灵夜》、萨缪尔·贝克特和维托尔德·贡布罗维奇的专家级读者，他们同时喜欢阿诺·施密特①和豪尔赫·路易斯·博尔赫斯。皮格利亚说，他从来没在其他地方找到过如此厉害的读者。他们知道自己再也想不出什么新鲜东西了，他们最好的思想已经完成了，不管他们还能活多久。那他们做什么呢？他们读书。他们花好几个月研究《神曲》，一学期读一章。夜晚到来的时候，他们坐在桌边交流感想、讨论文学，就好像文学已经灭绝了一般。正如我觉得文学在未来会濒临灭绝，或者已经灭绝一样。这一画面总结一下就是：日落时分，一群退休数学家，一群智慧且值得信任的读者，在讨论着一种古老的追求，即文学追求，这追求既令人陶醉又危在旦夕。

《巴黎评论》：你的写作里让我喜爱的正是对写作的完全投入，而这让

---

① 阿诺·施密特（Arno Schmidt, 1914—1979），德国作家、翻译家，代表作有受乔伊斯《芬尼根的守灵夜》启发创作的长篇小说《波顿之梦》等。

我开始好奇文学与出版的关系。你不仅能把写作虚构化,还能把阅读虚构化,虚构出文字抵达另一个人时所发生的状况。你能想象一部你永远不会发表的作品吗?

比拉-马塔斯:我能想象,当然了。漂浮于普世文学的叙事之上!但我选择出版我写过的所有东西,因为有一次,在帕尔马一家酒吧里,我的一个童年朋友或者说冤家指责我"为了出版而写作"。他的这种指责——因为我当然明白这是种批评和指责——在我看来好像有点过火。同时,我从来没读过他写的任何东西。他从来没发表过。有一天我让他告诉我他声称写完了扔在抽屉里的书的书名,他确实告诉了我。他寄给我一张纸头,上面写着八个书名,每个都精妙绝伦。只不过我还想看到书封。

《巴黎评论》:你觉得这种过火指责源自何处?好像出书在某种程度上是一种文学之耻,就好像出书和文学相悖一样。

比拉-马塔斯:可能,可能出版和文学确实是相悖的。一方面,我希望有人读我的书、欣赏我,另一方面,我想有人曝光我是个装逼犯。我不喜欢被人注意,但如果有人注意我,我又会感到心潮澎湃……我不该出书的——我内心深处其实是个非常害羞的人——但当我必须出现在公众面前,参加各种活动的时候我又很享受。因为我同时有歇斯底里症和强迫症。可能我那位冤家朋友的症状更糟。

《巴黎评论》:在你写的东西成为出版著作的过程当中,你改写和重写的概率有多大?

比拉-马塔斯:这几年,我比过去改写得更多了。在本世纪初,我写《蒙塔诺的文学病》和《帕萨文托博士》的时候,几乎不怎么改,因为可能那时候我根本不追求完美。我当时一路向前地写作,内心的想法是如果我写坏两三本书,也不是什么大不了的悲剧事件,我总有时间能证明自己。我觉得那时候我写得比现在"自由",我的目的只是让我那些西班牙同行们写的一本正经的小说看起来更像笑话。我最近读到,写作的自由度与作家的青年时代相关。后来，有些自由丧失了，被智慧取代了，人的自省能力有了进步。但有时候我想，如果这是事实的话——我很怕这是事实——智慧只会磨平作家的棱角。因此万事都有正反面。

回到改稿这个话题，现在我改得很多。《难以名状的迷雾》是我最近的作品，我像疯子一样改。有人问我是不是一直在写作的时候，我回答，我不是在写作，我是在改稿。

《巴黎评论》：在我看来，西班牙的文学传统——不像拉丁美洲——对真诚的要求度似乎更高。这准确吗？但如果是这样的话，我们又该如何看待现实，或者说真实是一种建构这一想法？

比拉-马塔斯：是，真诚和忏悔式写作在西班牙被认为价值很高。人们真正喜欢的是读起来很真实的东西。这完全是胡说八道。他们总把真诚误会成好的文学，这让他们更喜欢"现实"——我不清楚是哪种现实——而不是虚构。很巧，昨天我被问到这个问题，现实与虚构的关系，我引用了维特根斯坦，在我看来，他对这个问题有深刻的理解："当然，如果水在锅里煮的话，锅子会冒蒸汽，因此我们看得到蒸汽图像从锅子图像里冒出的画面。但如果有人非要说锅子图像里也一定有什么东西在煮呢？"在西班牙，大多数人认为两样物事里都有东西在煮。这个国家很奇怪。有时候我喜欢瞎扯一句纳博科夫有关现实与虚构之间区别的话，总希望能刺激一下那些所谓的"非虚构"作家，让他们经历一点点小小的人生危机："虚构就是虚构。把故事叫作'真实故事'是在同时冒犯艺术和真实。"纳博科夫完全正确，如果你问我的话，讨论什么非虚构写作简直是胡扯。这些作者有没有意识到对一个真实故事的任何叙述版本都是一种虚构？你把世界组织成语句的那一瞬间，你就已经改变了它的本质。

《巴黎评论》：我还很欣赏你在自己的小说里对正常事物尺寸的颠覆能力。小的东西会变大，有些东西会彻底消失。好像什么迷你版的东西忽然长大变成了全尺寸一样，似乎一个小细节或引语就占据了整本书。

比拉-马塔斯：小中才能见大。我们知道，在整个历史上，人类对某个不起眼的东西变重要这种叙事一直都有浓厚兴趣。我对什么更重要、更严肃、更伟大之类的事情不感兴趣。卡夫卡也是改变正常事物尺寸的人。皮格利亚解释过这一点。在《短格式》(*Formas breves*)里，他说："卡夫卡能把隐秘的故事讲得简单清晰，又能非常警觉地叙述显见的故事，直到它变得神秘又黑暗。这一内外颠倒是'卡夫卡式'写作的中心思想。"卡夫卡就像博尔赫斯、爱伦·坡和杜尚一样，懂得如何把一个叙事问题变成讲故事……杜尚这个让我很想笑，因为他说的话跟我夜游横穿巴塞罗那时会和出租车司机讲的话相像到离谱的程度。

《巴黎评论》：杜尚——特别是《杜尚访谈录》——对你的写作有重大影响，是这样吗？

比拉-马塔斯：他一直存在于我的生活之中，我只能这么说。我非常喜欢西班牙语版皮埃尔·卡巴纳的《杜尚访谈录》，封面上有《蒙特卡洛筹码》，杜尚做的一个"现成品"摩纳哥赌场筹码，最上面是个满是肥皂泡的人脸。但我觉得这个阿纳格拉玛出版社版本的封底简介比封面更有意思，上面写道："杜尚，照安德烈·布勒东的说法，是'本世纪最聪明（对很多人来说也是最讨厌）的人之一'。他也是最神秘的人之一。"事实上，如果不读《杜尚访谈录》，是不可能理解我的写作的——我的写作，甚至我的生活。我把那本书当作心灵鸡汤，杜尚对卡巴纳说的很多话对我都有着深重的影响。就在那本访谈录里，杜尚说："我希望有一天我们可以无需工作活着。我运气好，能在雨滴之间躲闪。到了一定阶段，我意识到不需要给生活添加太多不必要的负担、太多要做的事情，比如娶妻、生子、在乡下拥有一套房子、一辆车。我很高兴，我很早就意识到了这一点。"

这些话对我来说是个起点。听起来可能有点天真，但事情就是这样。我看到一条我必须追随的道路或者生活模式。在雨滴之间躲闪！

《巴黎评论》：你的《便携式文学简史》没有杜尚一定很难写成——没有之后的观念艺术作为例子的话。

比拉-马塔斯：我和当代艺术世界的真正接触从苏菲·卡尔[①]打到我家的一通电话开始，她要求见我。我不认识她。或者说，我之前见过她一次。我本该为《国家报》采访她，但最后太恐慌了，根本没法跟她对话，于是我就转身跑了。十年以后她打电话到我家，完全忘了我之前恐惧症发作和逃跑的事情，我们约好一周后在巴黎见面。在巴黎，在花神咖啡馆，她提议我把她未来六个月的人生写出来。她说，除了杀人以外，她可以做我要她做的任何事情。我接受了她的提议。回到巴塞罗那以后，我写了第一个我决定要她去活出来的故事，故事发生在亚速尔群岛。但她没去亚速尔，所以整件事就算是废了。在那一章的最后，她本应去找到我的鬼魂并给它拍照，我已经在圣米盖尔岛悬崖边上一座废弃的房子里放好它了。结果整件事经过一系列戏剧性事件以后彻底凉了，我后来重新叙述了一遍——如果算是小说的话——写成了《因为她从来没问过》(Because She Never Asked)。

《巴黎评论》：她的提议当中似乎隐藏着一个探索我们所谓"生活"和"文学"之间区别的机会。

比拉-马塔斯：我记得和卡罗丽娜·洛佩斯——波拉尼奥的遗孀——在一家咖啡馆里聊天，我把跟苏菲之间发生的事情都告诉了她，包括苏菲还没有去完成她让我给她写的那个故事那件事。也就是说，她没去亚速尔，真让我难过，因为我一直等着，等着的时候什么别的都不能写。那个时候卡罗丽娜警告过我，朋友之间的那种警告：苏菲提议的是一个很危险的游戏，因为它太接近生活，跟文学却没有关系。这已经超出了文学的范畴，她这么说的。我发誓我在那一瞬间之前想都没这么想过。这是我第一次意识到还有超出文学范畴的东西。超出文学和语言的边缘。

[①] 苏菲·卡尔（Sophie Calle, 1953—　　），法国作家、摄影师、装置艺术家、概念艺术家。

《巴黎评论》：你是什么时候认识多米尼克·冈萨雷斯-福斯特的？

比拉-马塔斯：是在和苏菲·卡尔认识之后——这个经历和与苏菲的故事截然相反。多米尼克没让我写她的生活，而是让我参与一项很多年来一直未被定义的工作。多米尼克是我认识的创意人里最勤劳的，她的生活就是创作。

《巴黎评论》：可能所有真正的创作在某种程度上都无法被定义，正如同在你自己的写作当中，两种未来文学的范式也会搏斗和重叠。一方面你认为未来的小说将会变得杂糅、多重、随笔化——小说不再有诸如情节、人物或者整体性等基本概念。另一方面，你也认为未来的作品将不再是文学性的，而会更像某种姿态或某种行为。

比拉-马塔斯：我对"现成品小说"（readymade novel）这一概念很有兴趣。这一概念认为今天的先锋作家都想当概念艺术家，他们的小说应该被看作当代艺术。就像马塞尔·杜尚认为小便池可以是艺术一样，"现成品小说"同样质问文学究竟是什么，应该在未来成为什么。"现成品小说"并不试图通过许多具体细节，或从全知全能的角度，或从多重视角，或其他我们传统上对小说的预期来理解现实，它只提出一个想法或问出一个问题。"现成品小说"更感兴趣的是艺术作品背后的概念——它本身背后的概念——而非其执行。

《巴黎评论》：这让我想到不久前你写过，最终，困难的艺术会有它的瞬间，把观众或者读者全部变成艺术家和诗人。你多次提到佩特罗尼乌斯的故事。"换句话说，"你在《巴托比症候群》里如此写过，"如果《堂吉诃德》讲的是一个爱做梦的人把他的梦想活出来的故事，那么佩特罗尼乌斯的故事是一个勇敢地把自己写下的东西活出来，并因此停止写作的作家的故事。"

比拉-马塔斯：它提示我，停止写作的唯一可能性是我把自己沉浸于生活之中，全力以赴去活，那样我就不需要写作了。

《巴黎评论》:"全力以赴去活"包括哪些东西?

比拉-马塔斯:我要知道的话,早就去做了。

〔本访谈由马鲁·帕蓬转录为文字,由苏菲·休斯从西班牙语译为英语。弗兰克·怀恩协助翻译了文中《杜尚访谈录》中的内容。〕

(原载《巴黎评论》第二百三十四期,二〇二〇年秋季号)